HANGIL
GREAT BOOKS

인류의 위대한 지적유산

HANGIL
GREAT BOOKS
193

# 인간의 유래 1

찰스 다윈 지음 | 김관선 옮김

한길사

HANGIL
GREAT BOOKS
193

# The Descent of Man, and Selection in Relation to Sex

by Charles Darwin

Translated by Kwan-Seon Kim

Published by Hangilsa Publishing Co. Ltd., Korea, 2025

다윈의 생가와 에든버러 의과대학
영국 슈루즈베리에 있는 다윈의 생가.
다윈은 1809년 2월 이곳에서 태어났다.
다윈은 아버지의 권유로 에든버러 의과대학에 진학하지만,
의학 공부에 흥미를 갖지 못하고 1827년에 학교를 그만둔다.

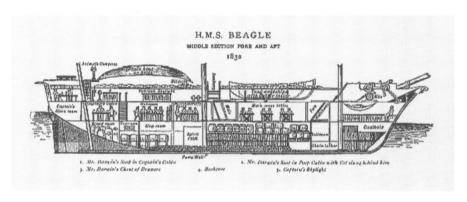

1831~36년까지 비글호 항해를 통해 진화설과 자연선택설의 기초를 닦다

다윈은 1831년 12월 총 73명의 인원을 태운
비글호를 타고 플리머스를 떠나 항해를 시작한다.
비글호가 아프리카의 섬 카보베르데에 정박하여
23일 정도 머무는 동안, 다윈은 이곳 해안 절벽이
한때 바다 아래에 있었다는 것을 발견한다.

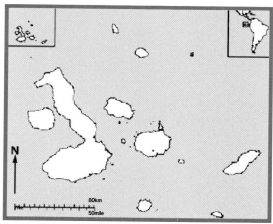

플리머스를 떠나 5년간 항해를 마치고 영국에 도착하기까지의 여정

1834년 비글호는 남아메리카 최남단 마젤란 해협을 지나
태평양에 접어든다. 다윈은 탐험 중에 얻은 표본들을
계속해서 케임브리지 대학교의 헨슬로 교수에게 보냈다.
1835년 9월 비글호는 갈라파고스 제도에 도착한다.
다윈은 이곳에서 남아메리카 대륙과 유사한 종들이
서로 다르게 변화되어 있다는 것을 알게 된다.
비글호는 1836년 10월 모든 탐험을 마치고 영국에 도착한다.

다윈에게 영향을 준 헨슬로, 라이엘, 월리스

케임브리지 대학에서 만난 식물학자 헨슬로(왼쪽 위)의 강의를 들으며 다윈은 자연과학에
빠져들게 된다. 지질학자 라이엘(오른쪽 위)의 『지질학 원론』은 다윈에게 큰 영향을 미쳤으며,
라이엘은 평생 다윈의 절친한 친구이자 지지자가 된다.

다윈(왼쪽 아래)의 오랜 연구가 거의 마무리될 즈음, 말레이반도에서 연구 중이던
월리스(오른쪽 아래)에게서 한 통의 편지를 받게 된다. 그 편지에는 다윈이 오랫동안 연구했던
내용이 고스란히 들어 있었다. 청천벽력과도 같은 편지에 다윈은 한때 실의에 빠지지만
주위의 권유로 1858년, 런네 학회에서 월리스와 공동으로 논문을 발표한다.

HANGIL GREAT BOOKS 193

# 인간의 유래 1

찰스 다윈 지음 | 김관선 옮김

한길사

일러두기

1. 이 책은 찰스 다윈의 *The Descent of Man*(Prometheus Books, 1998)을 번역한 것이다.
2. *으로 표시한 부분은 옮긴이의 주이고, 이 책의 뒷부분에 실린 용어 해설에 자세한 설명을 실었다.

# 『인간의 유래』와 다윈의 진화론

김관선 전 서남대 교수·생물학

찰스 다윈(Charles Darwin)의 『인간의 유래』(*The Descent of Man*)가 세상에 나온 지 130년 이상이 지났지만, 이 책은 오늘날 생물학자, 심리학자, 인류학자, 사회학자 그리고 철학자 들의 마음속에 자리 잡고 있는 많은 문제를 다뤘다. 빅토리아 시대의 차분한 산문체로 씌어진 다윈의 견해가 처음 출간되었을 때와 마찬가지로 오늘날에도 여전히 새롭게 느껴지는 것은 다윈의 재능이 비범했기 때문일 것이다.

이 짧은 해제는 『인간의 유래』가 출간되었을 당시의 위상을 살펴보고, 다윈이 제시했던 논점이 오늘날까지도 영향을 미치는 영역을 지적하며, 다윈이 알지 못해 (특히 유전학 분야에서) 야기되었던 해석의 제한점을 살펴보기 위해 씌어졌다.

『인간의 유래』는 다윈의 작품 가운데 『종의 기원』(*On the Origin of Species by Means of Natural Selection*) 다음으로 중요하다. 지금부터 논의할 내용들은 여러 학자들이 많이 다루는 내용이기도 하다. 그루버와 배렛은 다윈의 『M 노트』(*M notebook*)와 『N 노트』(*N notebook*)를 대상으로 이 주제에 대한 다윈의 견해가 어떻게 전개되어갔는지를 면밀하게 분석했다.[1] 기셀린은 다윈의 일반 연구방법론을 통찰력 있

---

1) H.E. Gruber and P.H. Barrett, *Darwin on Man: A Psychological Study of Scientific*

게 논의했으며 한 장(章)을 할애하여 『인간의 유래』를 다루고 있다.[2] 그리고 캠벨이 편집한 『성선택과 인간의 유래』(*Sexual Selection and the Descent of Man*)에 실린 평론들도 이 문제를 흥미롭게 다루고 있다.[3]

## 출간 당시 『인간의 유래』의 위상

### 내용

이 책의 원제목인 『인간의 유래, 그리고 성선택』(*The Descent of Man, and Selection in Relation to Sex*)의 구성은 제목에서도 드러나듯이 두 가지의 큰 주제로 이루어져 있으며, 이 두 주제는 인간에 대한 성선택의 기능을 논의하면서 결국 하나로 접목된다. 제1부의 주요 주제는 인간은 다른 동물에서 유래되었지 특별하게 창조되지 않았다는 것이다. 하지만 다윈은 인간과 동물 사이에 연속성이 존재한다는 증거를 그저 나열하는 것만으로 그치지 않았다. 그루버와 배럿도 지적했듯이,[4] 다윈은 지성을 적응으로 변화될 수 있는 형질로 연구하려 했으며, 그것을 지성이 가장 뛰어난 생물인 인간을 통해 연구하려 했다. 이러한 다윈의 시도가 이 책에 나타나 있다. 제2부의 주제는 자연선택 외에도 성선택이 작용한다는 것이다. 따라서 한 종의 일반 형질이 오랜 세월에 걸쳐 변화될 뿐만 아니라, 공작의 암컷과 수컷에서

---

볼 수 있듯이, 성에 따른 특징이 변화될 수도 있다는 견해를 보여준다. 제3부에서는 이 두 주제가 종합적으로 논의되면서 인간에게도 성선택이 충분히 일어날 수 있다는 점을 보여준다.

『인간의 유래』어떠한 부분도 『종의 기원』을 참조하지 않고는 이해할 수 없는데 『종의 기원』에서 제시한 세 가지 논거는 다음과 같다. 첫째, 동식물 개체군의 모든 개체는 야생이든, 가축이든, 재배식물이든 간에 변이가 일어나는데 이들 변이의 일부는 다음 세대로 전달될 수 있다. 둘째, 만약 자연 상태의 개체군이 일정 기간 비교적 안정된 상태를 유지한다면 번식기에 도달할 수 있는 개체보다 더 많은 자손이 태어나는 경향이 있다. 따라서 생존경쟁이 일어나고 특정한 변이는 그 변이를 갖춘 개체에게 생존경쟁에서 이득을 줄 수 있으며(자연선택), 이러한 개체는 자손에게 그들의 형질과 변이를 물려줄 수 있을 것이다. 셋째, 지질학적으로 오랜 시간을 거치며 이러한 자연선택의 과정에서 새로운 종의 진화가 일어날 수 있다. 다윈은 성선택과 자연선택은 약간 다르다고 생각했으며, 성선택을 중요하게 취급했다. 수컷(드물게는 암컷)의 일부 형질은 짝짓기에서 그 형질을 갖춘 개체에게 유리하게 작용했으며, 그 결과 암수의 형질이 서로 다른 성적 이형(sexual dimorphism)이 생겼다. 다윈은 자연선택과 성선택이 함께 작용할 수도 있고 그렇지 않을 수도 있다고 했는데, 암컷과 수컷의 구조는 자연선택과 성선택의 중간 어느 지점에서 타협되어 결정된다는 것을 보여주고 있다.

계속해서 살펴보겠지만 다윈이 해결하려던 가장 큰 의문 가운데 하나는 변이가 어떻게 일어나고 유지되며 어느 정도까지 유전되는가 하는 문제였다. 그러나 유전학에 관한 이해 없이 해결하려던 이러한 시도는 실패할 수밖에 없었다. 이유를 밝히지는 못했지만 변이성이 존재한다는 관찰 결과에 자신의 이론을 최종적으로 세운 다윈의 힘은 용기와 감각이었다.『인간의 유래』의 중요한 기초가 되는『M 노트』와『N 노트』를 시작했을 당시(1838)에도 다윈은 변이와 유전의 기초를 발견하려 했다. 그는 인간의 지성에 관한 정보가 유전성 변이에 관한 가설을 증명하는 데 유익한 근거라고 생각하게 되었다. 그래서 남미 원주민, 특히 영국 사회로 수송된 세 명의 푸에고 원주민에 관한 논의가 실린 것이다.

### 다윈의 견해

다윈이 1837년부터 1839년까지 기록한『B 노트』,『C 노트』,『D 노트』,『E 노트』는 진화를 전반적으로 다루고 있으며,『M 노트』와『N 노트』는 인간·정신·유물론에 대해서 논의했다. 이 작품들을 연구하면서 그루버와 그외의 많은 학자들은 다윈이 처음부터 인간의 진화 문제를 염두에 두고 있었다는 것을 보여주었다. 인간 그 자체와 자연 속에서 차지하는 인간의 위치에 대한 주제는 다윈의 사고 속에 깊이 자리 잡고 있다. 자연선택의 원리를 선언하고 그것을 인간에게 적용시키려는 첫 시도는『N 노트』에서 나타난다. 일반적 내용을 다룬『C 노트』의 앞부분에는 다음과 같은 구절이 있다. "인간과 동물 사이에 단절이 있다고 해서 인간의 기원과 동물의 기원이 다르다고 주장하는 것은 절대로 받아들일 수 없다." 그리고『M 노트』에는 "개코원숭이를 이해하는 사람은 로크보다도 훨씬 더 형이상학에 접근해 있다"라는 자신만만한 구절이 있다.

간단히 말해 비록 다윈이 인간에 대한 자신의 견해를 대중에게 발표하는 문제에는 상당히 과묵한 편이었지만 그 자신의 생각은 명백했다.『종의 기원』과『인간의 유래』에서 제시된 지식의 기본 체계는 1838년에 이미 다윈의 머릿속에 자리 잡고 있었다. 따라서 그 이후에 다윈이 보여주었던 행동은 커다란 두 가지 우회 전략, 즉 진화에 대한 일반론의 출간을 오랫동안 늦추고, 인간의 진화에 대해 자신의 견해를 오랫동안 드러내지 않는 것이었을 수도 있다. 월리스(A.R. Wallace)가 독자적으로 자연선택의 원리에 대해 선언하자 다윈은 이에 자극받아 1859년에 『종의 기원』을 출간하게 되었는데, 다윈이 그렇게 오랫동안 출간을 연기한 이유에 대해서는 아직까지도 계속 논의되고 있다. 『종의 기원』에는 어느 정도의 심리학적 문제를 논의한 '본능'이라는 제목의 장(章)이 있지만 고등한 정신활동에 관한 논의는 피하며 "인간의 기원과 그의 역사에 한 줄기 빛이 비춰졌을 것이다"라는 애매한 말로 인간에 대해 언급하고 있다.

사람들은 자연선택에 따른 진화로 인간의 기원을 설명할 수 있다는 견해가 다윈에게서 유래했다고 생각했으며, 헉슬리(T.H. Huxley)는 1863년에 발간된 『자연에서 인간의 위치』(Man Place in Nature)에서 이것을 분명히 했다. 독일의 훌륭한 생물학자인 헤켈(E. Häeckel)도 마찬가지였다. 헤켈은 '유인원과 인간 사이에 존재하며 말을 하지 못하는 원숭이 인간'이라는 뜻을 가진 피테칸트로푸스 알랄루스(Pithecanthropus alalus)를 언급함으로써 '잃어버린 고리'의 개념을 가상적으로 만들어낸 사람이다. 이에 반대되는 주장은 주로 월리스가 제시했는데, 1864년에 발간된 한 평론에서 월리스는 인간의 신체 구조는 자연선택의 원리로 모두 설명할 수 있지만, 인간의 정신만큼은 어떤 '높은 지성'이 창조해낸다고 했다.

다윈은 자신의 책이 세상에 큰 충격을 줄 것이라고는 미처 생각하지 못했던 것 같다. 그것보다는 자신의 입장을 자세하게 드러내고 자기가 수집한 방대한 증거를 제시하려 했음이 틀림없다. 1871년 당시 다윈은 유명인사가 되어 있었다. 모든 사람이 이 주제에 대한 다윈의 생각을 알고 싶어했을 정도로 그것은 당시의 주된 관심사였다.

다윈이 미래에 겪게 될 곤란에 대해서 큰 걱정을 한 것으로 보아,

다윈은 이 두 가지 문제에 대해 오랫동안 망설였다는 것을 알 수 있다. 창조의 필요성을 무시한 『종의 기원』 때문에 다윈은 이미 곤란을 겪을 만큼 겪은 후였다. 그러나 월리스와 그외의 다른 학자들이 지적했듯이 『종의 기원』에서 다윈이 보여주었던 메시지는 인간의 위치에 관한 종교적 견해와 근본적으로 어울릴 수 있는 것이었다. 그러나 『인간의 유래』에 나타난 철저하고 노골적인 유물론은 신의 역할을 남기지 않는 것으로 더 나쁜 상황이었다. 더구나 다윈은 대중의 반대로 야기되는 단순한 폭풍 이상의 실질적인 위험을 자신이 저지르고 있다는 것을 알았다. 에든버러 대학 시절 다윈은 "정신은 물질이다"라는 주장으로 플리니언 학회 기록에서 공식 삭제된 동료 학생의 논문을 읽은 적이 있다. 1819년 저명한 외과의사인 로렌스(W. Lawrence)는 『생리학 강연』(*Lectures on Physiology*)을 출간했는데, 이 책은 유물론을 상세히 설명했다는 이유로 비난받아 모든 책이 회수되었고 로렌스는 강사직을 사임하게 되었다. 1822년 해적판이 나돌았을 때 로렌스가 출판업자를 상대로 소송을 냈지만, '불경스럽거나 선동적이거나 비도덕적인' 작품에 대해서는 작가의 재산권을 인정할 수 없다는 찰스 1세의 성법원(Star Chamber: 형사법원으로 배심원을 두지 않았으며 불공평하기로 유명하다)의 법령을 소급받아 패소하게 된다. 그러나 다윈은 『인간의 유래』에서 이 책을 참조한다.

『인간의 유래』에 담긴 기본 견해가 이미 1838년의 『M 노트』와 『N 노트』에 들어 있었다고 해서, 심한 비난에 대한 두려움 때문에만 다윈이 그 시절에 책을 내지 않았다는 것을 의미하지는 않는다. 기본 체제에 덧붙일 증거를 모으고 관찰을 계속하며 온당함을 입증할 어려움이 해결할 과제로 남아 있었던 것이다. 상당 부분이 독창적이었던 이 작업은 1867년부터 1871년까지 이루어져, 『인간의 유래, 그리고 성선택』이 이 작품으로 실현되었고, 함께 연구했던 『인간과 동물의 감정 표현』(*Expression of the Emotions in Man and Animals*)은 별개의 책으로 세상에 나오게 된다.

## 다윈의 과학적 방법

작품 해설에서 다윈의 연구 방법을 살펴보는 것은 흥미로운 일이 될 것이다. 그루버는 다윈이 실제 행한 것과 행했다고 말하는 것 사이에 일치하지 않는 점에 대해서 아주 재미있는 논의를 제시했다.[5] 다윈은 그의 여러 책에서 자신이 공인된 귀납법을 고수하고 있다고 끊임없이 말하고 있다. 즉 사실들을 먼저 정렬한 후에 결론을 찾는다는 것이다. 예를 들어 『종의 기원』에서 다윈은 "어떤 의미를 가질 수 있는 모든 종류의 사실들을 수집해서 곰곰이 생각하며 5년이 지난 후 그 주제에 대해 약간의 기록을 겨우 끌어낸다"고 주장하고 있다. 마찬가지로 『인간과 동물의 감정 표현』에서 다윈은 "내가 관찰한 사실만을 근거로 세 가지 원리에 도달했다"는 식으로 말하고 있다. 그렇지만 『B 노트』, 『C 노트』, 『D 노트』, 『E 노트』, 『M 노트』, 『N 노트』에 따르면 오늘날의 과학자에게 더욱 친숙할 것 같은 전혀 다른 이야기가 가능하다. 그루버는 이것을 다음과 같이 멋지게 요약했다. "다윈이 쓴 『노트』들과 그의 실제 연구 방법에서 오는 불일치는 방법론적으로 많은 결함을 갖고 있다. 다윈의 연구를 보면 서로 다른 여러 가지 절차들이 이론화, 실험, 관찰, 문제제기, 해설 등 어수선한 과정 속에 뒤섞여 있다. 오히려 다윈은 이러한 혼란이 일어나도록 시간을 주면서, 끊임없이 추려내고 질서를 찾았다. 서로 관련이 없어 보이는 사실들에 의미와 일관성을 제공하려는 기본 취지하에 지속적으로 연구하는 것이 '다윈 방법론'의 중요한 부분이었다." 『노트』 시리즈에 함

---

5) H.E. Gruber and P.H. Barrett, 같은 책.

축적으로 들어 있는 증거 외에도, 다윈이 주고받았던 편지들을 보면 개인적인 견해와 공적인 행동 사이에는 다음과 같은 불일치가 나타난다. "관찰에서 얻은 지식이 어떠한 기여를 하려면 특정 견해에 찬성하거나 반대해야만 한다!" "이론이 당신의 관찰을 유도하게 하라, 그러나 당신의 평판이 좋아질 때까지는 이론의 출간을 미루어두어라. 서둘러 출간하게 되면 사람들은 당신이 관찰한 것들을 의심하게 될 것이다."

베이컨 학파, 파퍼 학파 또는 그외의 학파가 간직했던 순진할 정도로 단순한 과학적 방법은 다윈 시절보다는 오히려 오늘날 널리 유행하고 있다. 우리는 "법칙을 발견하는 유일한 이점은 미래를 예견하고 산재된 사실들의 의미를 파악하는 것이다"라는 다윈의 서술이 옳으며, 자료를 수집하고 이러한 목적을 추구하는 비선형적인 방법이 대부분 과학의 전형적인 특징이 된다는 것을 믿고 있다. 기셀린은 다음과 같이 말했다.[6] "밖에서 본 과학은 해답 덩어리로 보이지만 안에서 본 과학은 질문거리를 찾는 방법이다. '예언'과 '가설 – 연역' 모델은 진짜 과학자가 무엇을 추구해야 되는지에 대한 명제로서 다소 미미해 보인다." 이해하려는 노력과 '산재된 사실에서 의미를 파악하려는 노력'은 그전의 작품들에서 잘 드러나고 있다. 그리고 『인간의 유래』에는 오늘날까지도 계속되는 질문들이 들어 있기에 흥미로운 것이다.

자연선택으로 진화가 일어난다는 이론에 쏟아지는 비난 중의 하나는 이 이론이 그저 그런 이야기들의 모음에 지나지 않고, 문제가 되는 행동이나 형태의 특징에서 암시되는 용도에 부합하도록 특정한 행동이나 형태가 적응에 맞게, 즉 '최적으로 설계'되었다고 주장한

---

6) M.T. Ghiselin, 같은 책.

다는 것이다. 진화의 수수께끼를 이루는 개개의 조각들은 똑같은 것도 없고 임의로 조절되지도 않으며 비교할 대상도 없이 얻어진 것들이지만 나름의 해석이 가능하다. 이들은 진화사상이 형이상학적이고 본래부터 왜곡될 수 없다는 포퍼의 제안을 뒷받침하는 보편적인 근거가 되고 있다.[7] 그러나 다윈에게는 이 방법론적 문제와 그 해답에 대한 현대적인 감각이 있었다. 다윈은 지리적 품종이나 종, 또는 그외의 분류학적 집단들을 신중하게 비교하여 얻은 정보를 이용하여 행동, 형태 또는 생물지리학적 특징의 보편적 경향과 유형을 찾아내는 것이 가능하다는 것을 보여주었다. 게다가 생물의 지리적 분포나 흔적기관 등에서 발견되는 이러한 유형은 종종 계통적 유형과 관련되어 있을 수 있다.

그러한 비교연구법으로 우리는 아직 연구하지 않은 종에 대해 예견할 수 있다. 몇 가지 사례를 들어보자. 클러턴 브록 등이 연구한 영장류의 '사회경제적 성비'(번식기의 수컷당 암컷의 수)와 성적 이형 사이의 관계를 통해 우리는 연구되지 않은 종에 대해서도 사회경제적 성비와 성적 이형 중 하나를 알면 나머지를 대략 예견할 수 있다.[8] 그들의 철학적 지위가 무엇이든 간에 이들 방법에 따른 예견이 검정될 수 있는 것으로 보아, 이들 방법은 질적으로 물리학과 다를 바가 없다. 진화생물학이 개개의 사례에 대한 자세한 묘사에 지나지 않는다고 극단적으로 주장한다면 다윈이 사용한 비교방법론의 힘은 이해될 수 없다.

그렇지만 생물과학의 많은 예견은 우리가 잘 알고 있는 고전물리

---

7) K.R. Popper, *Unended Quest,* Lasalle: Open Court Publishing Co., III, 1976.
8) T.H. Clutton-Brock, P.H. Harvey, and B. Rudder, "Sexual dimorphism, socioeconomic sex ratio and body weight in primates," *Nature* 269, 1976, 797~800쪽.

학의 예견들과 중요한 차이가 하나 있다. 물리학과 공학에서 대부분의 예견과 가설은 결정론적이어서, 그 이유가 되는 명쾌한 근거가 있다. 그러나 집단생물학, 생태학, 진화생물학의 많은 예견은 기상학이나 포트폴리오 이론(과거의 통계로 예측할 수 있는 미래 상황에 대비한 현재의 준비에 대한 이론)과 마찬가지로 본질적으로 확률론에 근거를 둔다. 그루버, 배렛, 모노[9] 같은 학자들이 이러한 점을 강조했다.

## 다윈의 문체

다윈의 문체에 대해서 언급하는 것도 가치가 있을 것 같다. 다윈의 글은 단순명료하다. 따라서 오늘날의 사회과학에서 많이 사용하는 우회적인 표현에 익숙한 독자들에게 다윈의 글은 놀라울 정도로 의인화되어 있으며 목적의식을 가진 것으로 보일지도 모른다. 기셀린은 이 주제를 자세히 분석하여 다윈의 '의인화된 표현과 그의 주장' 사이에는 차이가 있다는 것을 명백하게 보여주었다.[10] 기셀린이 말했듯이 다윈은 정교하고 명확한 의미를 전달하기 위해 일상용어를 우아하고 명쾌하게 사용했다.

다윈이 그 당시에 쓴 책과 그가 만약 오늘날까지 살아 있다고 가정할 때 저술했을 책에서 보일 문체의 가장 큰 차이는 아마도 여러 인종에 대한 논의와 남녀의 차이에 대한 논의에서 나타날 것이다. 그 시절의 다윈은 문명화된다는 것이 교육받은 영국인처럼 된다는 것을 의미한다고 분명하게 말하기는 했지만 인종 문제에 대해서는 매우 객관적인 시각을 유지하고 있었다. 젊은 시절의 비글호 탐험은 이 문제에서 다윈에게 어느 정도 영향을 미쳤다. 그 당시 푸에고 인디언

---

9) J. Monod, *Chance and Necessity: An Essay on the Natural Philosophy of Modern Biology,* New York: Knopf, 1973.
10) M.T. Ghiselin, 같은 책.

의 기괴한 행동은 다윈에게 강한 인상을 남겼다. 그들은 종교를 갖고 있지 않았고 머리털이나 조악한 의복에 신경을 쓰지 않았으며 이렇다 할 도덕적 규범도 갖고 있지 않았다. 식량이 부족하면 그들은 가장 먼저 할머니들을 먹어치웠다. 그렇지만 다윈은 영국에서 일정 기간 교육받은 이들 원주민이 문명화되는 것을 보았다. 그들도 개량될 수 있었던 것이다. 다윈에게는 그 당시의 편견과 이데올로기를 초월한 그 이상의 것과 문화를 볼 수 있는 능력이 있었다.

성차별에 예민한 독자라면 다윈의 「남녀의 지능 차이」에 대한 논의를 읽고 상당히 분개했을 것이다. 그러나 이 문제에서 다윈은 단지 '시간'에 대한 견해를 나타냈을 뿐이다. 이 문제에 대한 다윈의 태도는 "알맞은 기회와 훈련이 여성에게 주어진다면 여성의 지능이 남성처럼 될 수도 있다"고 제19장에서 애매하게 암시하는 것으로 어느 정도 완화되고 있다.

### 19세기의 다윈 작품이 안고 있는 몇 가지 과학적 문제점

다윈 작품의 대중적 평판에 대한 논의는 종교 문제, 광범위하게 본다면 철학 문제로 귀착되는 경향이 있다. 우리는 자연선택 이론이 심각한 과학적 반대에 직면하고 있다는 사실을 제대로 알지 못한다.

유전학과 멘델의 유전법칙을 정확하게 이해하지 못한다면 자연 상태의 개체군이나 가축들이 보이는 변이의 원인과 유전성은 도저히 알 수 없다. 1838년경 다윈은 이 수수께끼를 해결하려 했으며 자신의 이론을 튼튼한 기초 위에 세우고 싶어 했다. 이미 살펴보았듯이 『인간의 유래』의 기초가 되는 『M 노트』와 『N 노트』는 인간의 기원으로부터 유전성 변이의 근원과 메커니즘을 밝히고 유전성 습성에 관한 가설을 검정하기 위해 시작되었다. 유전성 변이를 제대로 설명할 수 없게 된 다윈은, 결코 만족할 만한 해결책을 낼 수 없었던 두 가지 커다란 문제에 평생 매달리는 운명이 된다.

첫 번째 문제는 다윈 시대의 보편적인 지식, 즉 유전이 부모 형질의 융합으로 일어난다는 사고에서 생겨났다. 그러나 융합에 따른 유전으로는 절대로 변이를 설명할 수 없다. 단일 변수로 여길 수 있는 키나 체중 같은 하나의 형질을 생각해보면 이것을 쉽게 알 수 있다. 특정 형질에서 어머니가 개체군의 평균보다 x만큼 떨어져 있고 아버지는 y만큼 떨어져 있다고 생각해보자. 그렇다면 융합설에 따라 자식의 형질은 평균에서 (x+y)/2만큼 떨어져 있게 된다. 즉 자식의 키는 부모 키의 평균이 된다는 식이다. 여기서 양친 세대의 변수가 평균에서 흩어진 정도를 분산 σ2로 나타낸다면 자식 세대의 분산은 σ2/2가 되는 것으로 계산된다. 즉 세대를 거듭할수록 집단의 분산은 줄어들어 결국 키도 몸무게도 모두 비슷해진다는 것이다. 간단히 말해 19세기 중반의 전통적인 지식인 융합설은 변이성을 보이는 자연 집단에서 나타나는 경향과는 전혀 일치하지 않았다. 다윈은 이러한 불일치 때문에 곤란을 겪었다. 물론 해답은 유전자가 '융합'이 아닌 멘델의 방식에 따라 입자 상태로 전달된다는 사실에 있었다. 멘델식 집단유전학의 기본 법칙은 1908년에 증명된 하디-바인베르크의 법칙으로 나타낼 수 있는데, 이는 돌연변이, 선택, 유전자 표류, 이주, 선별적 짝짓기 등과 같은 교란요인이 없을 때, 세대가 지나도 유전자의 빈도와 분산이 일정하게 유지된다는 것이다.

수수께끼의 열쇠를 제공하는 멘델의 논문은 『인간의 유래』가 세상에 나오기 전인 1866년에 출간되었다.[11] 비록 독일에서 출간되었지만 그 논문이 잘 알려지지 않은 학술지에 실린 것은 아니었다. 따라서

---

11) G.J. Mendel, "Versuche über Pflanzen-Hybriden," *Verh. Naturf. Ver. in Brunn* X, 1865(1865년판이지만 1866년에 발간되었다).

다윈과 그의 동료 학자들이 읽을 수도 있었다. 피셔(Fisher)는 멘델의 논문이 19세기 영국의 박물학자들에게는 완전히 외국어나 다름없는 수학적 기호로 씌어졌기 때문에 관심을 끌지 못했을 것이라는 흥미롭고 그럴듯한 제안을 했다. 드비어는 다윈이 수학에 무지한 것을 후회했다고 기록했다.[12] 만약 피셔가 옳다면 다윈의 후회는 훨씬 더 컸을 것이다! 멘델의 법칙이 재발견되기 위해서는 20세기 초까지 기다려야만 했다.

유전학에 대한 다윈의 기본적 이해가 부족하여 생긴 두 번째 문제는 오늘날 우리가 습성·풍습·행동의 유전과 유전자 유전이라고 일컫는 두 유전 방식의 차이를 다윈이 충분히 이해하지 못했다는 것이다. 『인간의 유래』나 그외의 작품 속에서 다윈은 동물이 여러 세대 동안 특정한 방식으로 행동한다면 이것이 영구히 고착되는 행동이 될 것이라고 여러 번 말하고 있다. 오늘날 우리는 일부의 행동방식이 유전적으로 결정된다는 사실을 알고 있지만 이러한 변화를 일으키는 돌연변이는 교육과 학습에 따른 정보 전달과는 무관하다는 것을 이해하고 있다. 행동의 전달과 정보의 유전적 전달 사이에는 엄청난 차이가 있다.

멘델의 유전학을 알지 못했기 때문에 변이와 유전성을 다루며 큰 곤란을 겪은 것 외에도 다윈은 성선택을 취급하면서 또 다른 기술적인 어려움을 겪게 되었다.[13] 일반적으로 성선택을 논의하기 위해서는 반성 유전자(sex-linked gene)의 개념과 이차성징을 유발하는 호르몬의 기능에 대한 개념이 있어야 한다. 그러나 다윈 시대에는 이들

12) G.R De Beer, *Charles Darwin: A Scientific Biography,* New York: Doubleday, 1964.
13) P. O'Donald, *Genetic Models of Sexual Selection,* Cambridge: Cambridge University Press, 1980.

개념이 전혀 알려져 있지 않았다.

그 시절 물리학에 소개된 기본 에너지원은 전자기력이나 인력 등이 전부였으므로 전혀 다른 종류의 어려움이 생겨났다. 켈빈은 태양 에너지원이 2천만 년 이상 연소될 수 없다는 것을 보였다. 용암 상태의 지구는 약 2,000~4,000만 년 정도의 기간이 지나야 오늘날의 온도로 식는다는 계산도 있다. 이 두 계산은 지구가 기껏해야 수천만 년 정도밖에 되지 않았거나 아니면 빅토리아 시대의 물리학에 기본적인 결함이 있었다는 것을 의미하는 것이었다. 켈빈의 주장을 접한 다윈은『종의 기원』제3판부터 지질학적 시간에 대한 모든 수리적 언급을 삭제했다. 여러분은『인간의 유래』에서도 연대기에 관한 뚜렷한 언급이 전혀 없다는 것을 알게 될 것이다. 물론 핵력(核力)의 발견으로 우리는 빅토리아 시대의 물리학이 사실 몇 가지 점에서 기본적으로 불완전했다는 것을 알게 되었다. 태양은 거의 50억 년 동안 핵연료를 연소시키고 있고 지구 내부에서 방사성 동위원소의 붕괴로 발생되는 열로 켈빈의 계산이 틀렸다는 것을 알게 되었다. 오히려 초기에 다윈이 순수하게 유도해낸 지질학적 계산이 인간의 진화를 설명하기에 충분할 정도로 긴 시간으로 오늘날 우리의 견해와 가까웠다.

## 현재 시각에서 본『인간의 유래』의 내용

『인간의 유래』제1부에서 다윈은 여러 생물들의 형태와 행동을 비교 분석하여 인간이 다른 동물들과 근본적으로 다르지 않으며 이들이 보이는 차이는 단지 정도의 문제라는 것을 주장한다. 인간의 신체 구조에 관한 다윈의 주장은, 뇌를 제외한다면 그 당시 비교적 논란의 여지가 없는 것이었고 오늘날에도 옳은 것으로 받아들여지고 있다.

다윈 시대에 인간과 동물들의 관계를 둘러싼 논쟁은 기본적으로 과학과 종교 사이의 문제였다. 앞에서도 언급했지만 월리스는 한 평론에서 인간의 형태가 자연선택으로 모두 설명될 수 있지만 인간의 "지적 능력과 도덕적 능력은 [……] 성령의 보이지 않는 세계에서 [……] 또 다른 기원이 있는 것이 틀림없다"라고 말했다.[14] 최근 북미 지역에서 부활하고 있는 반지성적인 원리주의(미국의 신교파의 일파로 성경의 창조설을 확신하고 진화설을 전적으로 배격함)를 제외한다면, 인간으로 이어지는 진화 계열의 어디에선가 창조가 함께 일어났다는 견해는 이제 더 이상 쟁점이 되지 못한다. 그렇지만 많은 사회과학자는 또 다른 학설들을 내놓고 있다. 그들은 인간의 문화와 문명이 다른 동물 세계의 것에 비해 아주 특별하고 독특하기 때문에 고유한 용어를 통해서만 분석할 수 있으며 하급 용어, 즉 생물학 용어를 이용해서는 분석할 수 없다고 생각한다. 이것은 흥미롭게도 월리스의 견해나 19세기 종교적 견해와 비슷하다. 즉 인간의 신체는 유인원에서 유래된 것이 틀림없는 생물학적 구조이지만, 인간의 특별하고 유일한 정신에서 유래된 인간의 문화는 나름대로 새롭고 높은 단계를 밟고 있어 진화생물학의 지식으로는 이 단계를 절대로 이해할 수 없다는 것이다. 일부 사회학자와 인류학자, 그리고 윌슨의 『사회생물학』 (Sociobiology)에 실린 여러 학자의 견해에 따르면 진화생물학의 원리로 인간 사회를 이해하는 것이 어렵다는 것을 알 수 있다.[15]

　문화와 사회 구성에 관한 큰 의문은 제쳐놓더라도 다윈 시대부터 오늘날까지 많은 사람은 지각, 도덕, 언어 그리고 그 외의 지적 특성이 인간과 짐승을 명백하게 구별짓는 인간 고유의 속성이라고 생각

---

14) A.R. Wallace, *Darwinism: An Exposition of the Theory of Natural Selection with Some of Its Applications*, London: Macmillan, 1889.
15) E.O. Wilson, *Sociobiology: The New Synthesis*, Cambridge, Mass.: Harvard University Press, 1975.

한다.

의식에 관한 모든 의문점은 그리핀의 『동물 의식의 문제』(The Question of Animal Awareness)에서 논의되었다.[16] 이 책은 오늘날 동물 심리 행동학 분야에서 많이 이용되고 있는데, 인간과 하등동물 간의 차이는 정도의 문제로 그 차이를 잇는 연속체가 있다는 견해에서 출발한다. 우리는 다윈의 『인간의 유래』를 읽으면서 비록 다윈이 이용했던 사례는 달라도 그가 주장하는 요점이 오늘날 그리핀이나 그를 따르는 학자들의 견해와 완전히 일치한다는 사실에 놀라게 된다.

좀더 일반적으로 말한다면 『M 노트』와 『N 노트』에서 나타나고, 특히 『인간의 유래』의 제3장, 제4장, 제5장에서 정제되어 나타나는 다윈의 사상을 보면서 우리는 다윈을 심리학을 태동시킨 인물로 여기게 된다. 그루버가 논의한 것처럼, 『M 노트』와 『N 노트』를 통해 "우리는 다윈이 1837~39년에 언급한 심리학, 즉 기억, 습성, 상상, 언어, 심미적 느낌, 감정, 동기, 의지, 동물 지능, 정신병리학 그리고 꿈에 관한 광범위한 화젯거리를 만날 수 있다". 『인간의 유래』와 『인간과 동물의 감정 표현』(이 작품에 나타나는 다윈의 수많은 통찰력은 오늘날의 심리학자들이 재발견해내고 있다)에서 보여준 것처럼 다윈의 연구 방법은 인간과 동물의 정신적 유사성을 찾고 이들의 정신이 더 높이 발달될 수도 있었을 진로를 제시하는 것이다. 『종의 기원』 마지막 부분에 실린 "이제 심리학은 지적 능력과 용적이 단계적으로 획득된다는 새로운 원리 위에 놓일 것이다"라는 다윈의 자신만만한 어구가 『인간의 유래』에 의해 실현되고 있는 것이다.

'진화론, 특히 자연선택 이론이 인간의 도덕과 윤리에 대해 무엇을

---

16) D.R. Griffin, *The Question of Animal Awareness,* New York: Rockefeller University Press, 1976.

말해야만 하는가?'라는 철학적인 문제는 긴 역사를 갖고 있다. 다윈을 포함하여 대부분의 진화생물학자는 이 주제에 대해 한마디로 요약하고 싶은 유혹에 빠졌다. 최근 들어 이 질문에 대한 연구가 활발하게 일어나고 있는데, 이들은 비교적 새로운 분야인 동물 행동 연구의 영향을 받고 있다. 예를 들어 윌슨의『인간의 본성』,[17] 알렉산더의『다윈주의와 인간사』,[18] 스텐트가 편집한『동물의 도덕성』[19]에 실린 여러 논문이 그 예다. 게다가 놀라운 것은 이들 책에서 말하는 주제에 대해 옛날에 다윈이 언급했던 것들이 오늘날과 비교해도 결코 시대에 뒤지지 않는다는 것이다.

모든 생물학자는 다윈의 작품, 특히『인간의 유래』가 또 다른 철학적 주제인 '정신 뇌'에 관한 논의를 확실하게 정리했다는 사실에 기본적으로는 동의할 것이다. 그루버도 지적했듯이 다윈은『B 노트』의 한 구절에서 '지적 능력'과 '대뇌 구조'를 동등하게 취급함으로써 정신과 뇌가 서로 분리될 수 없는 것이라고 말한 적이 있다. 이에 관한 논의를 계속 펼치기 위해서는 현대의 생물학 지식을 상당 부분 무시해야 할 뿐만 아니라 정교하고 교묘한 말솜씨가 있어야 할 것이다.

성선택에 대해 살펴보기 전에 인간과 동물에서 나타나는 문화의 진화와 사회 구성의 진화에 관한 오늘날의 연구 추세에 대해서 알아보자. 물론 여기서 사회생물학의 최근 연구 동향을 살펴보는 것은 매우 피상적일 수밖에 없다는 사실을 알아두자.

최근에 일어난 진보의 대부분은 '자연선택이 무엇인가?'에 대

17) E.O. Wilson, *On Human Nature,* Cambridge, Mass.: Harvard University Press, 1978.
18) R.D. Alexander, *Darwinism and Human Affairs,* Seattle: University of Washington Press, 1979.
19) G.S. Stent, *Morality in Animals,* Weinheim: Verlag Chemie, 1979.

한 정확한 정의에서 출발한다. 멘델 유전학이 재발견되면서 일어난 20세기 전반의 신다윈주의 혁명은 자연선택에 관한 다윈의 기본적인 견해와 집단 내 유전자 빈도의 변화에 관한 상황을 밀접하게 연관시키게 되었다. 결론은 각 개인의 '다윈 적응도'(Darwinian fitness)에 관한 정확한 정의였다. 기본적으로 이 값은 번식기까지 생존하게 될 평균 자손 수로 측정된다. 다윈 적응도는 여러 가지 요인의 영향을 받는 것이 틀림없는데, 이들 요인으로는 짝짓기가 성공할 확률, 자손의 암수 성비 그리고 더욱 중요한 것은 자손이 생존경쟁에서 살아남아 번식할 수 있는 확률 등이 있다. 그렇지만 적응도에 관한 이러한 기계적인 정의는 각 개체와 그들의 직계 후손에게 초점이 맞춰 있다. 해밀턴의 연구[20]를 통해 우리는 한 개체에게 얼마나 많은 직계 자손이 있느냐가 아니라 그 개체의 얼마나 많은 유전자가 다음 세대로 전달되느냐가 중요하다는 사실을 알고 있다. 예를 들어 사람과 같은 배수체 성의 체계에서 여러분의 아들이나 딸은 여러분 유전자의 절반을 갖고 있고 여러분의 조카는 여러분 유전자의 1/4을 갖고 있으며 사촌의 자식은 여러분 유전자의 1/16을 갖고 있다. 따라서 한 개체가 자신의 유전자를 다음 세대에 전달한다는 의미는 자신의 번식 성공을 의미할 뿐만 아니라, 혈연도(degree of relatedness)에 따라 감소하기는 하지만, 친척들의 번식 성공을 동시에 의미하는 것이다. 친척들이 번식 성공에 기여하는 양에 대해 해밀턴은 '포괄 적응도'(inclusive fitness)라는 이름을 붙였으며, 이 용어는 특정한 사회적 행동 진화를 연구하는 데 강력한 도구로 이용되고 있다.

　'포괄 적응도'의 개념은 포식자를 발견했을 때 위험을 알리기 위

---

20) W.D. Hamilton, "The Genetical Evolution of Social Behaviour," *J. Theor. Biol.* 7, 1964, 1~52쪽.

해 동물들이 지르는 소리나 친척 자손의 양육을 도와주는 등 자연에서 발견되는 많은 이타적 행동을 설명하는 데 특히 도움이 된다. 해밀턴은 대부분의 사회성 곤충이 반수체-배수체의 성 구조를 갖고 있으며, 그에 따라 암컷들이 미래의 자식보다 현재의 자매들과 더욱 밀접한 유전적 관련이 있다는 사실에 주목했다. 해밀턴은 이러한 특징에 따라 불임성 일벌이나 일개미들이 자매들을 양육하는 '진정한 사회적' 행동이 진화되었을 수도 있다고 했다. 『종의 기원』에서 다윈은 사회성 곤충의 불임성 계급에 대해 "처음에는 도저히 설명할 수 없었고 내가 세운 모든 이론에 치명타를 줄 수 있을 정도로 특히 어려웠다"고 언급하면서 이 문제에 많은 지면을 할애했다. 다윈은 특유의 통찰력으로 집단 내의 친척 구조가 해답이 될 수 있을 것이라고 보았다. 오늘날에는 사회적 행동에 관한 진화를 조사하기 위해 사회성 곤충을 대상으로 정량적 연구가 이루어지고 있지만, '포괄 적응도'에 관한 현대 이론을 갖지 못했던 다윈은 이러한 매력적인 방법을 생각해낼 수 없었다.

윌슨의 『사회생물학』은 진화적 사고를 사회 집단의 생태와 행동에 적용시키는 연구에 대한 대략적인 설명이 되고 있다. 세력권, 짝짓기, 최적의 집단 크기, 집단 내 의사소통과 집단 간 의사소통, 사회적 기생, 약탈, 숙주 등에 관한 야외 연구, 실험실 연구, 이론 연구 등이 이런 연구 영역에 포함된다. 이에 해당하는 최근의 훌륭한 연구로는 크렙스와 데이비스의 『행동생태학』,[21] 클러턴 브록과 하비의 『사회생물학 선집』,[22] 마클의 『사회적 행동의 진화』[23] 등이 있다.

---

21) J.R. Krebs and N.B. *Davies, Behavioural Ecology: An Evolutionary Approach,* Oxford: Blackwell, 1978.

22) T.H. Clutton-Brock and P.W. Harvey, *Readings in Sociobiology,* San Francisco: Freeman, 1978.

『인간의 유래』와 그외의 책에서 다윈이 많이 사용한 비교분석연구법은 다른 많은 연구의 본보기가 되고 있다. 예를 들어 쇼트는 음경이나 유방의 크기 같은 여러 가지 성적 특징이 인간, 침팬지, 고릴라, 오랑우탄과는 서로 어떻게 다른지에 대해 보고했다.[24] 이 주제는『인간의 유래』에서도 간단하게 언급되었고,『M 노트』와『N 노트』에서는 더욱 자세하게 다루어진 것이었다. 또한 쇼트는 형태의 차이가 종의 짝짓기 습성과 깊은 상관관계가 있다는 것을 보여주었다. 클러턴 브록과 하비는 영장류 집단의 생태와 사회 구성에 대한 정보를 이용하여 개체군 밀도, 성적 이형의 정도(수컷과 암컷의 체중 비), '사회경제적 성비'(번식기의 수컷당 암컷의 수), 먹이 집단과 번식 집단의 크기, 생활 공간의 크기, 집단의 하루 이동거리 같은 수치들 사이에서 나타나는 유형을 밝혀냈다.[25] 버트럼은 탄자니아의 세렝게티 평원에 서식하는 사자, 표범, 치타, 하이에나, 야생 개와 같은 주요 포식동물의 행동생태학과 사회 체계의 관계에 대해 비슷한 조사 결과를 보고했다.[26] 이들 비교연구에서 나타나는 '진화 규칙'의 일부 유형은 약탈 관계에 대한 적절한 논의에서 유추될 수 있을 것 같다.

앞에서 언급했던 윌슨과 알렉산더의 책에서도 알 수 있듯이 생물학자들 사이에서 사회생물학의 원리를 인간에게 적용시키려는 시도가 늘고 있다. 또한 많은 인류학자는 여러 인간 사회의 사회 활동과

23) H. Markl, *Evolution of Social Behaviour,* Weinheim: Verlag Chemie, 1980.
24) R.V. Short, "Sexual Selection and Its Component Parts, Somatic and Genital Selection, as Illustrated by Man and the Great Apes," *Adv. Stud. Behav.* 9, 1979, 131~158쪽.
25) T.H. Clutton-Brock and P.W. Harvey, "Primate Ecology and Social Organization," *J. Zool., Lond.* 183, 1977, 1~39쪽.
26) B.C.R. Bertram, "Serengeti predators and their social systems," in A.R.E. Sinclair and M. Norton-Griffiths(eds.), *Serengeti Dynamics of an Ecosystem*, Chicago: University of Chicago Press, 1979, 221~248쪽.

사회생물학적 예견 사이의 상관관계를 활발하게 찾고 있다. 바라시가 알렉산더의 책을 논평하면서 밝혔듯이 "동물에 관한 연구는 한 개체의 행동뿐만 아니라 복잡한 사회적 행동에 영향을 미치는 자연선택에 관해 무엇인가를 제안할 수 있을 것 같다. 그리고 최대의 적응도가 산출되도록 얻어진 이들 제안들은 서로 다른 문화를 대상으로 시험될 수 있을 것이다. 그에 따라 이 세상의 여러 인간 사회는 다양한 문화와 우리의 생물학적 지식이 들어 있는 하나의 커다란 실험실이 되는 것이다."[27]

사회적 동물에 관한 연구에서 끌어낸 원리를 인간에게 적용시키기 위해서는 문화적 변화와 진화적 변화의 관계를 조사하는 것이 무엇보다 중요하다. 만약 문화가 행동방식에 따른 정보 전달의 수단으로 간주될 수 있다면 우리는 인간의 가르치고 배우는 놀라운 능력을 예시하는 듯한 문화가 동물들에게도 있다는 것을 알 수 있다. 다윈은 이것을 이해하고 있었으며 『인간의 유래』에서 동물들의 행동 유전, 즉 동물들의 문화에 관해 적절한 사례들을 제시하고 있다. 현대의 일부 학자들은 유전적 전달과 문화적 전달의 역할을 진화적 변화 속에서 이해하려고 하며 이 주제를 구조적인 이론 체계에 집어넣으려고 한다. 그러기 위해서는 집단유전학의 개념을 확대하여 학습 효과와 교육 효과를 함께 고려하는 것이 필요하다. 이렇게 라마르크식으로 획득 형질의 유전을 집단유전학에 포함시키게 되면 그 범위는 필연적으로 넓어지게 된다. 이 이론은 근래 카발리 스포르차와 펠드먼,[28] 럼스덴과 윌슨[29] 등의 학자들에 의해 세워지고 있다. 우리가 여기서 다윈보다

---

27) D.P. Barash, "Human behaviour: do the genes have it?" *Nature* 287, 1980, 173~174쪽.

28) L. Cavalli-Sforza and M.W. Feldman, *Culture in Animals,* Princeton, N.J.: Princeton University Press, 1981.

좀더 앞으로 나아간 것처럼 보이는 주된 이유 중의 하나는, 다윈도 이 문제를 통찰하고는 있었지만 한 가지 중요한 재료인 유전학을 알지 못했기 때문이다.

그루버는 다윈의 『C 노트』를 요약하면서 "원래부터 자연선택의 개념에는 성선택 고유의 개념이 들어 있다"고 했다. 그러나 이것은 다윈이 점차로 성선택을 강조하게 되었다는 설명, 즉 자연선택을 뒷받침하기에 역부족인 사례들을 지원하기 위해 『인간의 유래』에서 성선택을 강조할 수밖에 없었다는 설명과는 모순된다. 그렇지만 자연선택을 생존의 문제로 취급하려는 경향이 있었던 다윈은 성선택을 자연선택과는 별개의 메커니즘으로 보았으며, 『인간의 유래』에서 성선택을 자세히 다루는 것이 가치가 있다고 생각했다.

현대적인 견해에 따르면 성선택은 자연선택의 일부에 지나지 않는 것으로 생각한다. 이미 지적했듯이 다윈 적응도에 대한 오늘날의 정의는 다음 세대로 전달되는 한 개체의 총 유전 정보를 말하며 번식기까지의 생존 여부, 짝짓기 방식 그리고 성비에 관한 사항들이 모두 고려되어야 한다. 따라서 종의 물리적 환경과 생물학적 환경은 그 종의 짝짓기 방식—일대일, 일대다, 난혼(亂婚) 등—에 영향을 주고, 그것은 다시 성적 과시나 성적 이형 같은 '여분의 진화'에 영향을 미치게 된다. 이들 성적 요인들은 침략, 방어, 생존과 관련된 다른 요인들과 같은 방식으로 논의되어야 한다. 다윈 적응도는 이들 모든 요인들이 적절하게 합산된 총계이며 자연선택이 일어나는 것은 바로 이 포괄적인 양에 달려 있다.

이들 견해의 타당성을 밝히기 위해서 한 생물의 색깔을 만드는 진

---

29) C. Lumsden and E.O. Wilson, *Gene-Culture Coevolution,* Cambridge, Mass.: Harvard University Press, 1980.

화의 힘에 관해 논의해보자. 첫째, 색깔은 식량을 찾는 동시에 다른 동물에게 잡아먹히지 않으려는 도피 문제의 영향을 받는다. 그 결과 먹이(새똥이나 잎사귀 또는 나뭇가지처럼 보이는 절지동물들, 얼룩말)나 포식자(호랑이, 사마귀, 아귀) 모두에게서 위장이 일어난다. 또 자신이 맛이 없거나 독을 갖고 있다는 표시로 화려한 색깔의 광고를 하는 쪽으로 변화될 수도 있는데, 그 예로 맛이 없는 두 종이 비슷해 보임으로써 포식자의 학습 속도를 저하시키는 뮐러(Müller)형 의태와 맛있는 종이 맛없는 종의 색깔을 흉내내어 포식자를 속이는 베이츠(Bates)형 의태가 있다. 둘째, 색깔은 체온을 따뜻하게 유지하거나 차갑게 유지할 때, 또는 사막에서 굴을 파고 사는 일부 동물들이 급격하게 체온을 변화시킬 때 영향을 준다. 뚜렷한 포식자가 없는 거대한 초식동물의 색깔은 열역학적 효율로 결정된 것이 거의 틀림없다. 코끼리, 코뿔소, 하마의 칙칙한 회색은 그렇게 해서 생긴 것이다. 셋째, 성선택은 화려한 색깔의 수컷에게 도움을 주었을 것이고, 흔치는 않지만 암컷에게도 그랬을 것이다.

여러 가지 요인 중 어느 것이 가장 우세하게 작용할지는 그 종의 생태에 달려 있다. 때로는 명백하지 않은 상황도 있다. 북극곰이 열역학적 이유로 흰색이 된 것인지, 아니면 먹이에게 몰래 접근할 때 주변의 눈과 얼음 색깔에 맞춰 자신을 위장하기 위해서 흰색이 된 것인지에 대해서는 여전히 논란의 여지가 있다. 최근 들어 성선택에 따른 착색과 포식자를 피하기 위한 착색이 어떻게 다른지를 보여주는 적절한 사례들이 보고되고 있다. 예를 들어 엔들러는 『진화생물학』 (Evolutionary Biology)에서 서인도제도 최남단에 자리 잡고 있는 트리니다드섬의 여러 강에 살고 있는 송사리과인 구피의 수컷은 포식자가 없는 지역에서는 매우 화려한 붉은 점이 생기지만 다른 물고기에게서 강한 포식의 위협을 받는 지역에서는 색깔이 훨씬 약해진다는

것을 보여주었다.[30]

『인간의 유래』를 읽어보면 기본적으로 다윈이 이 모든 것을 이해하고 있었다는 것을 알 수 있다. 더구나 성선택에 관한 다윈의 견해는 본질적으로 옳다(이것은 오늘날의 생물학자들이 다윈을 존경하는 이유 중의 하나이기도 하다). 그러나 성선택과 자연선택(다윈은 이 용어를 생존 문제에 대해서만 사용했다)을 구별하는 다윈의 기준은 오늘날의 기준과는 달랐다.

다윈은 『인간의 유래』 제16장에서 생태학적 통찰력과 비교연구를 통해 조류의 새끼와 성체가 깃털색이 서로 차이를 보이는 사례를 여섯 부류로 나누어 설명했다. 제16장에 스며 있는 정신은 오늘날 성선택에 대해 이루어지는 많은 연구의 바탕이 되고 있다. 예를 들어 랙은 일부일처제, 일부다처제, 일처다부제, 난혼의 습성이 있는 조류의 비율을 조사했다.[31] 그는 짝짓기 습성을 먹이와 관련시켜 설명하면서 조류의 일부일처제와 성선택이 갖는 중요성에 대해서 논의했다. 오리언스는 논의를 확장하여 조류와 포유류가 보이는 짝짓기 방식의 진화를 연구했다.[32] 그는 여러 가지 짝짓기 방식에 유리한 생태적 환경을 고려해서 포유류에서는 흔치 않은 일부일처제가 조류의 92%나 되는 종류에게 채택되는 이유를 설명할 수 있었다. 짝짓기와 성선택의 유형에 대해서는 스미스가 『성의 진화』에서 자세하게 논의했다.[33]

성적 이형이 모두 성선택으로 설명되는 것은 아니다. 생태적 요인,

---

30) J.A. Endler, "A predator's view of animal color patterns," in M.K. Hecht, W.C. Streere, and B. Wallace(eds.), *Evolutionary Biology* 11, New York: Plenum, 1978, 319~364쪽.

31) D. Lack, *Ecological Adaptations for Breeding in Birds,* London: Methuen, 1968.

32) G.H. Orians, *Some Adaptations of Marsh-Nesting Blackbirds,* Princeton, N.J.: Princeton University Press, 1980.

33) J.M. Smith, *The Evolution of Sex,* Cambridge: Cambridge University Press, 1976.

특히 생태적 지위(ecological niche: 종이 차지하는 작은 분포 단위의 서식 장소)가 확장되면서 종의 성적 차이가 생길 수 있다. 예를 들어 섬에 서식하는 딱따구리는 대륙에 서식하는 동종의 딱따구리에 비해 암수의 부리가 크게 다른 경우가 많다. 대륙에서처럼 그들을 억누르는 다른 종이 없는 상황에서 딱따구리는 자신의 생태적 지위를 확장시키는 데 부리를 이용한다. 뉴질랜드에서 멸종된 조류인 후이아도 뚜렷한 성적 이형을 보이는 부리를 갖고 있었다. 후이아나 그와 비슷한 사례들을 논의하면서 다윈은 이들을 일차적으로 생태적 요인 때문에 생긴 자연선택의 결과로 보았다. 그러나 다윈은 성선택이 성적 이형에 영향을 줄 수도 있을 것이라고 제안했다. 셀란더는 성선택과 조류의 성적 이형에 대해서 심도 있게 논의했다.[34]

앞에서도 언급했듯이 다윈은 『인간의 유래』에서 성선택에 대해 논의할 때, 성적 차이를 일으키는 생물학적 메커니즘에 대한 이해 부족으로 크게 어려움을 겪었다. 여러 동물의 성 결정 방식이 알려지지 않았던 19세기에, 생물학자들이 성과 관련된 유전의 전반적인 개념에 대해 알지 못했음은 당연했다. 다윈도 자기가 논의한 많은 현상을 설명하는 데 무언가가 필요하다는 것을 알았지만 끝까지 그것을 알지는 못했다. 이것은 우리가 이 책을 읽으며 메워야 될 큰 공백이다.

우리는 척추동물을 비롯하여 대부분의 동물에서 유전자 조성과 염색체 구성이 성에 따라 다르다는 것을 알고 있다. 이것은 성에 따른 외모에 영향을 미치는 유전자가, 성염색체나 상염색체에 위치할 수 있다는 것을 의미한다. 여성은 두 개의 X 염색체를 갖고 있지만 남성은 하나의 X 염색체만을 갖고 있으며 이것은 별개의 Y 염색체와 쌍

---

34) R.K. Selander, "Sexual selection and dimorphism in birds," in B. Campbell (ed.), *Sexual Selection and the Descent of Man, 1871-1971,* Chicago: Aldine-Atherton, 1972.

을 이루고 있다. 결국 성염색체상의 유전자들은 성에 따라 다르게 발현될 수 있다. 예를 들어 여성의 경우 하나의 X 염색체에 놓인 단순 열성유전자는 다른 X 염색체에 놓인 우성유전자에 의해 억제되고, 그 결과 그 여성은 우성형질을 보일 것이다. 그렇지만 남성의 X 염색체에 놓인 단순 열성유전자는 X 상동염색체가 없으므로 억제되지 못하고 그대로 발현될 것이다. 혈우병이 이에 해당하는데, 이 돌연변이 유전자를 갖는 남성은 혈우병을 앓지만 여성은 이 유전자를 하나 갖고 있을 경우 혈우병이 생기지 않는다. 더 일반적으로 말하면 암수의 외모와 관련된 특징은 성염색체와 상염색체에 실려 전달될 수 있다는 것이다.

성장과 이차성징의 발현에 미치는 호르몬의 역할도 다윈 시대에는 알려져 있지 않았다. 그렇지만 거세당한 수컷이 종종 암컷이나 어린 개체와 비슷해진다는 사실을 지적한 것으로 보아 다윈은 기본 개념에 거의 도달했던 것 같다. 자세한 메커니즘을 알지 못했던 다윈은 모든 성적 특징이 함께 작용하여 수컷의 극단적인 색깔이나 구조가 만들어진다는 애매한 말밖에는 할 수 없었다. 오늘날 우리는 염색체상에 자리 잡고 있는 유전자들로 성이 유전적으로 결정된다는 사실을 알고 있다. 그러나 포유류의 암수 성체가 보이는 형질의 차이는 여전히 호르몬의 지배를 받고 있다. 태아기의 수컷은 특정 유전자의 도움을 받아 성호르몬을 분비한다. 현재까지 밝혀진 바에 따르면 암컷은 호르몬의 큰 도움 없이 직접 분화한다. 수컷에서 분비되는 성호르몬은 특정 조직의 성장을 자극하여 일차성징과 이차성징을 암컷 형태에서 수컷 형태로 변화시킨다. 외부 생식기의 특징적 구조, 털의 분포, 젖샘의 소실, 덩치의 증가, 골격 구조의 변화, 뇌의 특정 부위에서 나타나는 신경조직의 유형, 성적 행동 등이 이에 포함된다.

『인간의 유래』에서 다윈의 관심을 끌었던 또 다른 문제는 성비(性

比)였다. 출생할 당시의 성비는 성선택과 짝짓기 방식의 논의에서 고려되어야 하는 문제였으므로 심도 있게 다루어졌다. 무척추동물의 넓은 세계로 눈을 돌려보면 특히 이 사실을 잘 알 수 있다. 기셀린,[35] 차르노프,[36] 레이 등[37]은 성선택과 성비를 연결시켜, 나이가 들면서 암컷에서 수컷으로 변할 수 있는 능력을 진화시킨 것이 일부 동물에게는 더 이로울 것이라고 했다. 차르노프는 더 나아가 일부 새우 종류가 이러한 이론값을 실제로 따르고 있다는 것을 양적으로 보여주었다.

이 모든 사실 뒤에 숨어 있는 것은 성 그 자체가 진화적으로 어떠한 이점이 있느냐의 문제다. 암컷은 처녀생식을 이용하여 자신의 유전자를 온전히 물려받는 자손을 낳을 수도 있는데 왜 자신의 유전자를 절반만 갖는 자손을 낳고 있는가? 성이 재조합되면서 야기된 다양한 변이가 종의 적응성을 높여 결국 그 종에게 유리하게 작용한다는 식의 간단한 답변으로는 충분하지 않다. 19세기와 현대의 다윈식 자연선택에 따르면 주로 개체 수준에서 연구가 이루어지며 집단을 대상으로 하는 선택은 다뤄지지 않았다. 성이 진화한 이유는 오늘날에도 큰 흥미를 끌고 있으며 논쟁의 여지를 갖는 주제다.

---

35) M.T. Ghiselin, "The evolution of hermaphroditism among animals," *Q. Rev. Biol.* 44, 1969, 189~208쪽.

36) E.L. Charnov, "Simultaneous hermaphroditism and sexual selection," *Proc. Natl. Acad. Sci. USA 76*, 1979, 2480~84쪽.

37) E.G. Leigh, E.L. Charnov, and R.R. Warner, "Sex ratio, sex change and natural selection," *Proc. Natl. Acad. Sci. USA 73*, 1976, 3656~60쪽.

## 결론

　과거의 과학 작품은 미래를 연구하기 위한 기초를 제공하지만 쉽게 인용되지 않는 것이 과학과 문학의 큰 차이 중의 하나라는 말이 있다. 레벤후크와 파스퇴르의 업적이 획기적이라는 사실은 인정하지만, 오늘날 미생물에 관한 연구 논문의 참고문헌에서 레벤후크와 파스퇴르의 이름을 찾기는 힘들 것이다. 그러나 셰익스피어, 디킨스, 톨스토이의 작품들은 흥미와 즐거움을 주며 여전히 읽힌다.

　다윈은 중간 범주에 들어가는 것 같다. 그의 책들은 19세기 어떤 과학자의 책보다 더 많이 읽히며 인용되는 것으로 알려졌다. 과학 문헌의 인용에 관한 한 보고에 따르면『인간의 유래』는 연 40회 정도 인용되며 계속해서 증가하는 추세라고 한다. 이미 살펴본 대로 그 이유는『인간의 유래』가 보여주는 견해, 문제점 그리고 연구 방법이, 우리가 동물을 통해 사회 구성의 진화적 기초를 이해하려고 하듯이, 오늘날의 생물학, 심리학, 사회학, 인류학의 최첨단 분야에서 이루어지는 많은 연구들을 예견하기 때문이다. 다윈의 책들, 특히『인간의 유래』를 통해 우리는, 지난 수십 년 동안 이루어진 우리 지식의 많은 부분이 이미 130년 전에 다윈이 갖고 있던 지식의 일부였다는 것을 분명하게 알게 될 것이다.

# 인간의 유래 1

# 인간의 유래 2

# 서론

　이 책을 쓰게 된 이유를 간단히 설명하는 것이 이 책의 본질을 이해하는 데 가장 좋을 것 같다. 나는 여러 해 동안 인간의 기원, 즉 인간의 유래에 관한 많은 기록을 수집했다. 그렇다고 이 주제로 책을 내려는 의도가 있었던 것은 아니다. 내 견해에 반대하는 여러 편견을 그저 수집이나 해보자고 생각한 것은 사실이지만 나는 오히려 책을 내지 않기로 결심했다. 『종의 기원』(*Origin of Species*) 초판에서 나는 "인간의 기원과 그의 역사에 한 줄기 빛이 비춰졌을 것이다"라고 말했다. 이 말은 인간이 지구상에 출현한 방법이 다른 생물들과 동일하게 취급되어야 함을 뜻하는 것이었다. 그 정도로 넌지시 말하는 것만으로도 충분한 듯했다. 그러나 지금은 사정이 완전히 달라졌다. 제네바 국제학회의 회장이었던 박물학자 포크트(C. Vogt)는 1869년에 있었던 강연에서 대담하게도 다음과 같은 말을 했다. "적어도 유럽에서는 어느 누구도 종(species)이 개별적으로 그리고 독립적으로 창조되었다고는 생각하지 않는다." 이것으로 보아 어떤 한 종이 다른 종의 변형된 후손이라는 사실을 많은 박물학자가 인정한다는 것만은 분명하다. 특히 젊은 신진 학자들은 더욱 그러하다. 많은 사람이 자연선택의 작용을 인정한다. 비록 일부 사람이 내가 자연선택의 중요성을 지나치게 과대평가했다고 주장하지만 그것은 앞으로 공정하게 밝혀질 문제다. 그러나 유감스럽게도 저명한 원로 박물학자들 중 많은 분이 모든 생명체가 진화한다는 사실을 아직까지 받아들이지 않고 있다.

현재 대부분의 박물학자가 받아들이는 견해는 언제나 그러하듯이 결국 일반인들도 받아들일 것이다. 때문에 나는 내 노트들을 한데 모으게 되었다. 이전의 내 작품들 속에서 얻었던 보편적 결론들이 인간에게 얼마나 적용될 수 있는지를 알고자 함이었다. 나는 이런 견해를 하나의 종에 적용시켜본 적이 한 번도 없었기 때문에 이것은 더욱 매력적으로 보였다. 우리의 관심을 단 하나의 종에 국한시킬 때 우리는 중요한 논리적 근거 하나를 잃게 된다. 즉 과거와 현재의 생물들이 보이는 지리적 분포나 그들의 지질학적 계보 등 전체 생물을 함께 연관 지어 고찰할 수 없게 된다. 한 종의 상동 구조*, 배발생*, 흔적 기관 등은 그것이 인간의 것이든 다른 동물의 것이든 고려할 문제로 남아 있으며 우리의 관심사가 될 수 있다. 그러나 나는 이와 같은 중요한 사실들이 점진적인 진화의 원리를 설명할 만한 충분하고도 결정적인 증거가 된다고 생각했다. 그렇지만 다른 논의를 통해 강력한 지지를 얻는다면 항상 그것을 먼저 고려해야 한다.

나는 이 책을 통해 인간도 다른 모든 종과 마찬가지로 과거에 살았던 어떤 생명체에서 유래되었는지를 살펴보고 인간의 진화 방식, 그리고 소위 말하는 인종 간의 차이가 갖는 의의에 대해서 고찰하려 한다. 논의를 이러한 문제에 국한시킨 이상, 여러 인종 간의 차이에 대해서 세밀하게 묘사하는 것은 필요치 않을 것이다. 이러한 주제는 많은 훌륭한 문헌에서 충분하게 다루고 있다. 인간의 역사가 매우 오래되었다는 사실은 최근 페르테스(M.B. de Perthes)에서 시작하여 저명한 많은 학자가 밝혀내고 있다. 그리고 이것은 인간의 기원을 이해하는 데 꼭 필요한 기초가 된다. 그러므로 나는 인간의 역사가 매우 오래되었다는 이 결론을 당연한 것으로 받아들일 것이다. 여러분에게는 라이엘(C. Lyell), 러벅(J. Lubbock), 그외의 많은 학자가 저술한 훌륭한 문헌들을 읽어보라고 할 것이다. 사람과 유인원의 차이에 대해서는 그저 간단히 언급하는 정도로 그칠 것이다. 역량 있는 헉슬리(T.H. Huxley)가 이미 인간과 고등 유인원이 보이는 모든 가시적 특징의 차이는 이들 유인원과 하등 영장류가 보이는 차이보다 더 작다는 것을 결정적으로 증명했기 때문이다.

이 책에는 인간에 관한 독창적인 내용은 거의 들어 있지 않다. 그러나 초안을 다듬으며 나는 흥미로운 결론을 얻었다. 나는 이 결론이 다른 사람들의 흥미를 끌지도 모른다고 생각했다. 인간의 기원은 절대로 알려지지 않을 것이라는 주장이 대담하고도 흔하게 제기되고 있다. 그러나 무지는 지식보다 사람을 대담하게 만드는 경우가 흔하다. 무지한 사람들이야말로 이런저런 문제들이 과학으로는 절대로 해결되지 않을 것이라고 강하게 주장한다. 그러나 지식이 풍부한 사람은 이와 같은 주장을 하지 않는다. 옛날에 살다가 지금은 사라진 하등동물과 우리 인간이 동일한 조상에게서 갈라져 나온 공동 자손이라는 결론은 결코 새로운 것이 아니다. 라마르크(J. de Lamarck)는 이미 오래전에 사람과 동물이 한 조상에게서 갈라져 나온 공동 자손이라는 결론을 얻었다. 최근에 월리스, 헉슬리, 라이엘, 포크트, 러벅, 뷔흐너, 롤레 그리고 특히 헤켈 같은 저명한 박물학자나 철학자들이 이러한 주장을 옹호한다.[1] 헤켈은 그 유명한 『일반형태학』

---

1) 앞쪽에 이름이 나오는 사람들의 책은 너무 유명하기 때문에, 제목을 말할 필요가 없을 것 같다. 그러나 뒤쪽에 이름이 나오는 사람들의 책은 영국에 잘 알려져 있지 않기 때문에 여기에서 말하겠다. *Sechs Vorlesungen über die Darwin'sche Theorie*(제2판, 1868); L. Büchner, *Conférences sur la Théorie Darwinienne*(1869)이라는 제목으로 프랑스어로 번역되었다. F. Rolle, *Der Mensch, im Lichte der Darwin'schen Lehre*(1865). 견해가 같은 사람들을 모두 찾아보지는 않겠다. 예를 들어 카네스트리니(G. Canestrini)는 인간의 기원과

(*Generelle Morphologie*, 1866) 외에도 최근에 『자연창조사』(*Natürliche Schöpfungsgeschichte*, 1868; 2판, 1870)를 발간했다. 이 책에서 헤켈은 인간의 계통에 대해서 아주 자세하게 고찰했다. 『종의 기원』보다 『자연창조사』가 먼저 출간되었더라면, 나는 아마 내 책을 완성하지 못했을 것이다. 내가 얻은 대부분의 결론이 옳다는 것을 헤켈이 증명했다는 것을 나는 안다. 헤켈은 많은 부분에서 나보다 지식이 풍부하다. 헤켈의 책에 나온 내용이나 그의 견해를 첨가할 때마다 그 근거를 나타내겠다. 그렇게 하지 않은 부분은 내가 독창적으로 언급하는 것이다. 의심스럽거나 흥미있는 부분을 확인하는 의미로 각주에 그의 작품들을 가끔 나타내기도 했다.

여러 해 동안 나는 성선택이 사람을 여러 인종으로 분화시키는 매우 중요한 역할을 했을 것이라고 생각했다. 그러나 『종의 기원』에서는 이러한 나의 믿음을 그저 넌지시 암시하는 정도로 만족했다. 성선택을 인간에게 적용시키려 했을 때, 주제 전체를 아주 자세히 다루는 것이 꼭 필요하다는 것을 알게 되었다.[2] 그 결과 성선택에 대해서 다루게 될 이 책의 2부는 1부에 비해 지나칠 정도로 길어졌다. 그러나 이것은 어쩔 수 없는 상황이었다.

나는 이 책에 인간과 하등동물들의 감정 표현에 대해 다룬 평론 한 편을 넣으려고 했다. 나는 몇 해 전에 벨(C. Bell)이 쓴 훌륭한 작품을 읽고 이 문제에 관심을 갖기 시작했다. 이 유명한 해부학자는 인간만

---

관계 있는 흔적 기관에 대해 매우 진기한 논문을 발간했다(*Annuario della Soc. dei Naturalisti, Modena*, 1867, 81쪽). 또 다른 논문 한 편을 바라고(F. Barrago, 1869)가 발표했다. 이탈리아어로 씌어진 이 논문의 제목은 "Man, made in the image of God, was also made in the image of the ape"였다.

2) 이 책이 처음 간행될 때까지 성선택에 대해 유일하게 논의했던 사람은 헤켈이었다. 『종의 기원』이 나온 후 그는 성선택이 매우 중요하다는 것을 알아차리고는 자신의 여러 책에서 이 문제를 매우 훌륭하게 다루었다.

이 감정 표현을 위한 근육을 부여받았다고 주장했다. 이런 견해는 인간이 하등동물에서 유래되었다는 믿음에 명백하게 대립하는 것이므로 나는 이 문제를 자세히 고찰하고 싶었다. 나 역시 여러 인종의 사람들이 같은 방법으로 감정을 얼마나 잘 표현하는지 확인하고 싶었다. 그러나 책의 분량이 매우 방대해서 이것은 별도로 출간하는 편이 낫겠다고 생각했다.

# 제1부

## 인간의 유래, 즉 인간의 기원

# 제1장 　 인간이 하등동물에서 유래되었다는 증거

인간의 기원에 대한 증거의 본질―사람과 하등동물의 상동 구조―상동성에 대한 여러 가지 사항―발생―흔적 구조, 근육, 감각 기관, 털, 뼈, 생식 기관 등―이러한 여러 사실이 인간의 기원에 대해 갖는 의미

　인간은 옛날에 지구상에 살았던 생명체의 변형된 후손인가? 이 문제를 해결하려는 사람은 일차적으로 인간이 신체 구조와 지능에서 약간이라도 서로 다른지 궁금해할 것이다. 또 만약 서로 다르다면 하등동물에서 그러하듯이 인간도 이런 차이를 후손에게 전달하는지 궁금해할 것이다. 또 우리가 잘 알지 못해서 내리는 판단인지 모르겠지만, 이런 변화를 일으키는 원인이 다른 생명체의 변화를 일으키는 원인과 같은 것인가? 인간이나 여러 생물을 변화시키는 법칙은 모두 같은 것인가? 예를 들어 사용하는 기관과 사용하지 않는 기관의 유전효과 등에 대해 인간과 그외 생물 사이에 상관관계는 있는가? 인간도 성장 장애로 신체의 일부가 중첩되어 나타나는 기형이 일어나기 쉬운가? 또 인간의 기형 중에는 과거의 원시 구조가 환원적으로 다시 출현하는 경우가 있는가? 다른 수많은 동물과 마찬가지로 인간도 약간의 차이를 보이는 변종과 아인종(亞人種), 그리고 그 차이가 커서 확실치는 않지만 별개의 종으로 취급될 정도인 여러 인종을 형성하

게 되었는지 여부를 묻는 것도 당연할 것이다. 이런 인종들은 지구상에 어떻게 분포되어 있는가? 또 이들이 서로 결혼하여 자손을 낳는다면 그 이후의 세대에서 어떤 일이 벌어질까? 그외의 여러 가지 사항들이 모두 궁금할 것이다.

이제 여러분은 다음과 같은 중요한 문제에 도달했을 것이다. 때때로 매우 심각한 생존경쟁을 유발할 정도로 인간이 빠르게 증가하는 경향이 있는가? 그 결과 신체나 지적인 면에서 유리한 변이는 보존되고 해로운 변이는 제거되는가? 이들 인종이나 종이 서로를 침략하고 상대를 몰아내는 것은 아닌가? 그래서 일부 집단은 궁극적으로 멸망하게 되는 것은 아닌가? 인종이나 종이라는 용어 중 어느 것을 사용하느냐는 둘째 문제다. 우리는 이러한 모든 질문에 인간도 하등동물과 마찬가지로 '그렇다'라는 긍정적인 답변이 나올 수밖에 없다는 것을 알게 될 것이다. 사실 인간 대부분의 집단에서 이것은 명백하다. 그러나 이제 막 언급한 사항들은 편의상 당분간 뒤로 미루겠다. 인간의 신체에는 하등동물에게서 물려받은 것이 거의 확실한 흔적들이 남아 있다. 우리는 먼저 이 문제를 살펴볼 것이다. 다음 장부터는 인간의 정신 능력을 하등동물의 것과 비교하여 살펴보겠다.

**인간의 신체 구조**  인간이 포유동물과 마찬가지로 보편적이고 동일한 모형에 따라 만들어졌다는 것은 잘 알려진 사실이다. 인간의 골격을 이루는 뼈와 원숭이, 박쥐, 물개의 뼈를 비교해보면 모두 비슷하다. 근육, 신경, 혈관 그리고 내장 기관들도 마찬가지다. 모든 기관 중에서 가장 중요한 뇌도 헉슬리(T.H. Huxley)와 여러 해부학자가 보여주었듯이 동일한 법칙을 따르고 있다. 진화론을 반대하는 비쇼프도 인간과 오랑우탄의 뇌를 관찰하고 나서 인간과 오랑우탄 뇌의 주요 고랑과 주름이 서로 유사하다는 것을 인정했다.[1] 그러나 그는 인간과 오랑우탄의 뇌가 발생의 어느 시기에도 정확하게 일치하지는 않는다고 덧붙였다. 그리고 만약 인간과 오랑우탄의 뇌가 동일하다면 인간과 오랑우탄의 정신 능력이 동일할 것이라는 이유를 들어 사람과 오랑우탄의 뇌가 완전히 일치하는 것은 기대할 수 없다고 했다. 불피앙은 다음과 같이 말했다. "인간과 고등 원숭이 뇌의 차이점은 사실 극히 적다. 그 사실을 잊어서는 안 된다. 뇌의 해부학적 특성에서 보았을 때, 유인원이 일반적인 포유류나 긴꼬리원숭이, 열대아시아 원숭이 같은 사수목(四手目)* 동물들과 어느 정도 가까운 것은 사실이지만 인간은 유인원에 훨씬 더 가깝다."[2] 그러나 여기서 인간과 고등 포유류의 뇌, 그리고 신체 모든 부위의 구조에 대한 대응 관계를 더 자세하게 논의하는 것은 불필요할 것 같다.

그렇지만 신체 구조와 직접 관련되지 않으면서 상관성이나 관련성을 잘 나타내는 몇 가지 사항을 열거하는 것도 괜찮을 것 같다.

인간은 여러 동물과 공수병, 천연두, 비저병,* 매독, 콜레라, 수포진* 등과 같은 질병을 주고받는 경우가 있다.[3] 이 같은 사실은 인간과 동물의 조직 구조와 혈액 조성이 매우 유사하다는 것을 최상의 현미경이나 화학적 분석을 통해 비교한 것보다 훨씬 잘 보여준다.[4] 원숭이

---

1) Bischoff, *Die Grosshirnwindungen des Menschen*, 1868, 96쪽. 뇌에 관한 비쇼프의 결론은 그라티올레(Gratiolet)와 에비(Aeby)의 결론과 함께 이 책의 부록에서 헉슬리가 논의할 것이다.

2) Vulpian, *Lec. sur la Phys.*, 1866, 890쪽. M. Dally, *L'Ordre des Primates et le Transformisme*, 1868, 29쪽에서 인용했다.

3) 린드세이(W.L. Lindsay)는 *Journal of Mental Science*, 1871. 7와 *Edinburgh Veterinary Review*, 1858. 7에서 이 문제를 상당히 자세히 다룬다

4) 한 평론가는 *British Quarterly Review*, 1871. 10. 1, 472쪽에서 내가 언급한 내용에 대해 매우 신랄하고 모욕적으로 비판했다. 그러나 나는 '동일'이라는 용어를 사용하지 않았기 때문에 내가 크게 잘못을 저질렀다고는 생각하지 않는다. 서로 다른 두 동물이 한 가지 병원체에 감염되어 같거나 매우 유사한 증상을 보이는 것은 서로 다른 두 액체를 한 가지 시약으로 검사하는 것과 매우

는 인간의 질병과 동일한 여러 가지 비전염성 질병에 걸리기 쉽다. 렝거[5]는 체부스 아자레(*Cebus azarae*)*를 그 본고장에서 오랫동안 세밀히 관찰한 결과 이 원숭이가 카타르*에 걸리기 쉽다는 것을 발견했다. 그 질병은 재발하는 경우가 흔하며 결핵으로 악화되기도 했다. 또한 이들 원숭이는 뇌졸중,* 내장 염증, 백내장*으로 고통을 받기도 한다. 젖니가 빠질 때 어린 원숭이가 고열로 죽는 경우도 흔하다. 또한 인간에게 효과가 있는 약물이 원숭이에게도 같은 효과를 보이는 경우가 있다. 많은 종류의 원숭이들이 홍차, 커피, 증류주에 예민한 미각을 갖고 있다. 원숭이들은 즐겁게 담배도 피울 것이다. 이것은 내가 직접 관찰한 것이다.[6] 브렘은 북동아프리카의 원주민들이 알코올 도수가 높은 맥주를 이용하여 야생 개코원숭이를 포획한다고 주장했다. 즉 맥주를 그릇에 담아놓고 개코원숭이가 그것을 마시고 취하면 그때 개코원숭이를 잡는다는 것이다. 그는 이렇게 해서 잡힌 개코원숭이 몇 마리를 우리에 가두고 본 적이 있다고 했다. 그는 이들 개코원숭이의 행동과 이상한 얼굴 표정을 재미있게 설명했다. "다음날 아침 개코원숭이들은 매우 시무룩했으며 우울한 표정을 지었다. 그들은 아픈 머리를 두 손으로 감싸안고 무척이나 가련한 표정을 지었다. 맥주나 포도주를 내밀자 그들은 역겨워하며 외면했지만 레몬 주스는 받아 맛있게 마셨다."[7] 미국산 거미원숭이(*Ateles beelzebuth*)는 브랜

---

비슷한 상황이라고 생각한다.

5) Rengger, *Naturgeschichte der Säugethiere von Paraguay,* 1830, 50쪽.

6) 이 같은 미각은 훨씬 하등한 일부 동물들에도 공통된 것이다. 니콜스(A. Nicols)는 오스트레일리아의 퀸즐랜드에서 파세오락투스 치네레우스(*Phaseolarctus cinereus*) 원숭이 세 마리를 키웠다. 니콜스는 이들 원숭이가 전혀 교육받지 않고도 럼주와 담배의 맛을 잘 알게 되었다고 내게 알려주었다.

7) A.E. Brehm, *Illustriertes Thierleben,* vol. 1, 1864, 75, 86쪽. 거미원숭이에 대해서는 105쪽을, 유사한 내용을 더 찾으려면 25, 107쪽을 참조하시오.

디에 취해본 이후로 브랜디를 절대로 거들떠보지도 않았다. 그런 면에서 이 원숭이는 많은 사람보다 현명했다. 이 같은 사소한 사실들로 사람과 원숭이의 미각 신경이 매우 유사하며 또 이들의 전체 신경계가 얼마나 비슷한 영향을 받는지 알 수 있다.

인간의 몸 내부는 기생충에 감염된다. 때때로 기생충은 인체에 치명적인 영향을 미치기도 한다. 피부도 외부 기생충에 시달린다. 모든 외부 기생충들은 다른 포유류를 감염시키는 기생충들과 같은 속이나 같은 과에 포함된다. 옴은 모두 같은 종이다.[8] 인간은 포유류, 조류, 심지어는 곤충과 마찬가지로[9] 신비로운 법칙을 따르는데, 이것은 여러 질병이 심해지고 지속되는 현상뿐만 아니라 임신 같은 정상적인 신체 작용이 달의 주기에 영향을 받는다는 것이다. 몸에 난 상처는 동물과 똑같은 치유 과정으로 치료된다. 팔다리가 잘려나간 부분은 하등동물처럼 재생 능력을 보이는 경우도 있다. 이러한 재생 능력은 특히 배발생 초기에 강하게 나타난다.[10]

생물체의 가장 중요한 기능인 생식의 전체 과정은 모든 포유류에서 아주 동일하다. 수컷이 보이는 구애 행동의 첫 단계에서부터 출산과 어린 새끼를 양육하는 전체 과정이 모두 동일하다.[11] 인간의 유아

---

8) W.L. Lindsay, *Edinburgh Veterinary Review*, 1858. 7, 13쪽.

9) 곤충에 대해서는 Laycock, "On a General Law of Vital Periodicity", *British Association*, 1842를 참조하면 된다. 마쿨로치(Macculloch)는 *Sillimans North American Journal of Science*, vol. 17, 305에 3일 간격으로 발생하는 오한으로 고통받는 개에 대해 보고했다. 이 주제는 앞으로 다시 논의할 것이다.

10) 내가 쓴 *The Variation of Animals and Plants under Domestication*, vol. 2, 15쪽에 이 항목에 대한 증거가 있다. 더 많은 증거를 추가할 수도 있다.

11) 많은 사수목 동물의 수컷들이 암수를 구별할 수 있다는 것은 의심할 여지가 없다. 첫째는 냄새로, 다음에는 모양으로 구별한다고 나는 믿는다. 오랫동안 동물원의 수의사였고 사물 관찰에 신중하고 예리한 요아트(Youatt)는 이것을 내게 아주 확실하게 증명해주었고, 또 같은 곳의 관리자와 조수들 중에서 몇몇 사람이 이를 확인해주었다. 스미스(A. Smith)와 브렘도 개코원숭이에서

와 마찬가지로 원숭이는 제 힘으로 거의 아무것도 하지 못하는 상태로 태어난다. 일부 속(屬)의 어린 새끼들은 우리의 아이들이 부모와 다른 것처럼 그 겉모습이 성체와 크게 다르다.[12] 인간이 다른 동물에 비해 훨씬 늦게 어른이 되는 것이 인간과 동물의 중요한 차이라고 일부 학자들은 주장한다. 그러나 열대 지방에 사는 여러 인종을 생각해보면 그 차이는 그렇게 크지 않은 것 같다. 오랑우탄도 10세에서 15세가 되기 전까지는 성체가 되었다고 여기지 않기 때문이다.[13] 남성과 여성은 많은 포유류의 암수와 마찬가지로 지적 능력뿐만 아니라 몸의 크기, 힘, 털의 양 등이 다르다. 이처럼 인간은 고등동물, 특히 유인원과 일반 구조, 조직의 미세 구조, 화학적 조성 그리고 체질이 매우 비슷하다.

**배발생(胚發生)** 인간은 지름이 0.2밀리미터 정도인 난세포에서 발생한다. 이 난세포는 다른 동물의 난세포와 전혀 다르지 않다. 매우 이른 발생 시기의 사람 배(胚)는 일반 척추동물의 배와 거의 구별되지 않는다. 이 시기의 동맥은 아가미에 혈액을 공급하는 것처럼 아치 모양으로 되어 있다. 고등 척추동물에는 아가미가 없는데도 말이다. 물

---

이와 동일한 내용을 관찰했다. 고명한 퀴비에(F. Cuvier)가 이것에 대해 많이 이야기했는데, 내 생각에 사람과 사수목 동물이 공통적으로 갖고 있는 모든 특징 중에서 이것보다 더 추잡한 것은 없을 것 같다. 그의 말에 따르면 어떤 개코원숭이는 일부 암컷을 보고 미쳐 날뛰는 경우도 있지만 모든 암컷을 보고 미쳐 날뛰지는 않는다고 한다. 그 수컷은 항상 더 젊은 암컷을 골랐고 무리 중에서 자기가 좋아하는 암컷을 구분할 수 있었으며 소리와 몸짓으로 오라고 부르곤 했다.

12) 이것은 조프루아 생틸레르(I. Geoffroy Saint-Hilaire)와 퀴비에가 개코원숭이(*Cynocephalus*)와 유인원에 대해 언급한 것이다. *Histoire Nat. des Mammifres,* tom. 1, 1824.
13) T.H. Huxley, *Mans Place in Nature,* 1863, 34쪽.

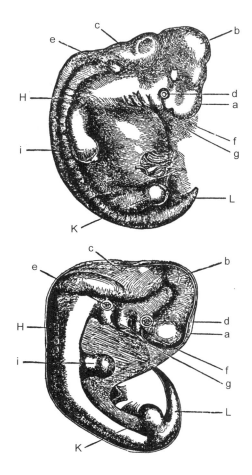

〈그림-1〉 위 그림은 에커가 그린 인간의 배아, 아래 그림은 비쇼프가 그린 개의 배아. a. 전뇌, 대뇌반구 등. b. 중뇌, 상구. c. 후뇌, 소뇌, 연수. d. 눈 e. 귀. f. 제 1 아가미궁. g. 제 2 아가미궁. H. 발달 중인 척추와 근육. i. 팔과 앞다리. K. 다리와 뒷다리. L. 꼬리 또는 꼬리뼈.

론 목의 양 옆으로 틈새가 남아 과거에 아가미가 있었던 위치를 나타내주는 경우도 있다(〈그림-1〉의 f, g). 유명한 베어(K.E. von Baer)가 말했듯이, 발생 과정이 어느 정도 진행되어 사지가 형성될 때쯤이면 "도마뱀과 포유류의 다리나 새의 날개와 다리는 사람의 팔다리와 마찬가지로 모두 같은 기본 구조에서 만들어진다." 헉슬리는 다음과 같이 말했다. "태아와 새끼 유인원의 뚜렷한 차이는 발생 단계의 마지막 시기에 들어서야 나타난다. 그러나 이 시기에는 사람과 개 사이의 차이만큼이나 유인원도 개와 큰 차이를 보인다. 이 마지막 주장이 놀랍게 들리겠지만 이것은 틀림없는 사실이다."[14]

일부 독자들은 배의 그림을 본 적이 없을 것이다. 그래서 대략 동일한 초기 발생 단계에 있는 사람과 개의 배 그림을 제시한다. 이 그림은 믿을 만한 두 책에서 조심스럽게 옮긴 것이다.[15]

이처럼 저명한 대가들이 이 문제에 대해 많이 언급했으므로 여기서 인간의 배와 다른 포유동물의 배가 서로 닮았다는 것을 보여주는 여러 항목을 찾아 일일이 열거할 필요는 없을 것 같다. 그렇지만 인간의 배가 일부 하등동물의 성체와 여러 면에서 유사한 경우도 있다는 것은 덧붙여야 될 것 같다. 예를 들어 발생 초기의 심장은 단순한 박동 구조에 지나지 않는다. 배설물은 총배설강을 통해 버린다. 꼬리뼈는 발생 중인 다리보다 훨씬 더 길게 뻗어 있다.[16] 공기 호흡을 하는 모든 척추동물의 배에서 볼프체(corpora Wolffiana)*라 부르는 분비 조직은 성숙한 어류의 신장에 해당하며 신장과 마찬가지로 배설 작용을 한다.[17] 심지어 배발생 후기까지 사람과 하등동물 사이에 매우

---

14) T.H. Huxley, 위의 책, 67쪽.

15) 인간의 배(〈그림-1〉의 위쪽)는 Ecker, *Icones Phys.* 30, 1851~59, 〈그림-2〉에서 인용한 것이다. 여기에 나온 배의 그림은 크게 확대한 것이다. 개의 배는 Bischoff, *Entwicklungsgeschichte des Hunde-Eies,* 11, 1845, 〈그림-42B〉에서 인용했다. 이 그림은 확대된 것으로서 25일 된 배다. 내부 장기는 생략했다. 또 자궁의 부속 구조도 두 그림 모두에서 제거되었다. 나는 헉슬리가 쓴 『자연에서 인간의 위치』(*Mans Place in Nature*)에서 이 그림들을 접하게 되었고 이들을 제시할 생각을 했다. 헤켈도 『자연창조사』(*Natürliche Schöpfungsgeschichte*)에서 이와 비슷한 그림을 제시했다.

16) J. Wyman, *Proceedings of American Academy of Sciences,* vol. 4, 1860, 17쪽.

놀랄 만한 유사성이 나타나기도 한다. 비쇼프는 "임신 7개월 말에 사람의 태아가 보이는 대뇌주름은 어른 개코원숭이의 대뇌주름과 아주 유사하다"고 했다.[18] 엄지발가락에 대해 오언은 "서 있거나 걸을 때 지레받침 역할을 하는 엄지발가락은 인간의 구조 중 아마 가장 독특한 특징일 것이다"라고 말했다.[19] 그러나 와이먼[20]은 약 2.5센티미터 정도 자란 배에 대해 "이 시기에는 엄지발가락이 다른 발가락보다 짧다. 그리고 다른 발가락들과 평행하게 놓여 있지 않고 발의 옆면과 어느 정도의 각도를 이루며 뻗어 있다. 이런 구조는 사수목 동물의 발과 유사한 것이다"라고 말했다. 이제 헉슬리[21]의 말을 인용함으로써 결론을 내리겠다. 헉슬리는 인간이 개, 새, 개구리, 물고기와 다른 경로로 기원되었는지에 대한 질문을 던진 후 다음과 같이 말했다. "대답은 조금도 의심스럽지 않다. 말할 것도 없이 인간의 기원 양식과 발생의 초기 단계는 인간의 바로 아래 단계에 있는 동물들의 발생 단계와 동일하다. 유인원과 개 사이의 관계보다 인간과 유인원 사이의 관계가 훨씬 더 가깝다는 것은 의심할 여지가 없다."

**흔적 기관** 이 주제는 이제껏 언급한 두 주제보다 본질적으로 더 중요하지는 않지만 몇 가지 이유 때문에 더 자세히 다루겠다.[22] 고등동

---

17) R. Owen, *Anatomy of Vertebrates,* vol. 1, 533쪽.

18) Bischoff, 앞의 책, 95쪽.

19) R. Owen, *Anatomy of Vertebrates,* vol. 2, 553쪽.

20) J. Wyman, *Proceedings of the Boston Society of Natural History,* vol. 9, 1863, 185쪽.

21) T.H. Huxley, 앞의 책, 65쪽.

22) 나는 이번 장의 초안을 쓰고 나서 유용한 논문 한 편을 읽었다. 그것은 카네스트리니(G. Canestrini)의 「인간 기원의 질서에 대한 특징적인 흔적」("Caratteri rudimentali in ordine all origine dell uomo")이라는 논문으로 『자연과학자 협회 연감, 모데나』(*Annuario della Soc. dei Naturalisti in Modena,* 1867, 81쪽)에 실려 있다. 나는 이 논문을 읽고 큰 도움을 받았다. 헤켈은 『일반형태학』

물 중 흔적 기관을 갖지 않은 동물은 하나도 없다. 인간도 예외는 아니다. 구별이 쉽지 않은 경우도 있지만 흔적 기관과 미성숙 기관은 구별되어야만 한다. 흔적 기관은 네발 동물 수컷의 유방, 먹이를 자르는 기능이 없는 반추동물의 앞니 등과 같이 전혀 쓸모없는 기관이거나 동물에게 거의 기여하지 못하는 기관이다. 따라서 우리는 이렇게 중요하지 않은 흔적 기관이 오늘날과 같은 상황 아래서 발달되었다고는 도저히 상상할 수 없다. 기여도가 전혀 없지 않은 기관을 완전한 흔적 기관이라고 볼 수는 없으며 이것은 흔적 기관으로 변해가는 경향을 보인다. 이에 반해 발생 초기의 미성숙 기관은 비록 덜 발달되어 있기는 하지만 동물에게 크게 기여하고 있으며 앞으로 더욱 발달할 수 있는 기관이다. 흔적 기관은 변이가 매우 심하다. 흔적 기관은 전혀 쓸모가 없거나 거의 쓸모가 없기 때문에 더 이상 자연선택의 영향을 받지 않을 것이다. 따라서 흔적 기관에 변이가 많다는 사실은 어느 정도 납득이 간다. 흔적 기관은 전혀 나타나지 않는 경우도 많다. 흔적 기관이 전혀 나타나지 않더라도 복귀돌연변이(reversion)*로 종종 다시 출현하는 경우가 있다. 이런 상황은 주의를 기울일 만한 가치가 있다.

기관이 흔적 기관으로 되는 주요 원인은 기관을 주로 사용할 시기
―주로 성숙기다―에 사용하지 않기 때문인 것 같다. 또한 그 효과가 해당하는 시기에 유전되기 때문인 것 같다. '사용하지 않는다', 즉 불용(不用, disuse)이라는 용어는 단순히 근육을 덜 사용하는 정도뿐만 아니라 해당 부위나 기관으로 흐르는 혈액의 양이 감소하는 것을 의미한다. 이런 현상은 기관에 미치는 압박의 변화량이 감소하거나 어

---

과 『자연창조사』에서 '목적론의 부정'(Dysteleology)이라는 제목으로 이 모든 주제에 대해 매우 훌륭한 논의를 펼쳤다.

떤 방식으로든 활성이 습관적으로 줄어듦으로써 일어나는 것이다. 그렇지만 한쪽 성에는 정상적으로 존재하는 기관이 다른 쪽 성에는 흔적 기관으로 나타나는 경우도 있다. 이런 종류의 흔적 기관은 앞으로도 살펴보겠지만 여기서 언급한 것과는 다른 이유 때문에 생기는 경우가 흔하다. 어떤 경우에는 기관이 자연선택으로 축소되기도 한다. 즉 변화된 생활 습관에서 해당 기관이 그 종에 해를 끼침으로써 변화가 일어나는 것이다. 기관이 축소되는 과정은 '보상'과 '성장의 조화'라는 두 가지 원리를 통해 촉진되는 경우도 있다. 그러나 기관 축소의 후기 단계는, '불용' 때문에 생기는 효과가 기관 축소에 기여할 만큼 다 기여했고 '성장의 조화'로 얻은 효과가 매우 적은 시기이기 때문에 쉽게 납득이 가지 않는다.[23] 이미 쓸모없게 되었고 크기도 줄어든 신체의 특정 부위가 진정한 흔적 기관이 되는 마지막 과정은 '보상'이나 '성장의 조화'에 따른 원리가 작동하는 것이 아니고 아마도 '범생 가설'(hypothesis of pangenesis)*의 도움을 받아 이해할 수 있을 것이다. 그러나 흔적 기관의 모든 내용은 먼저 낸 책에서 이미 토의했고 그림으로도 나타냈기 때문에 여기서 더 이상 이야기할 필요는 없을 것 같다.[24]

인체의 여러 부위에서는 근육의 흔적 구조들이 발견된다.[25] 또한 일부 동물에게는 일정하게 존재하지만 인간에게는 매우 축소된 상

23) 뮤리(J. Murie)와 마이바르트(G.J. Mivart)는 이 주제에 대해 훌륭하게 비판했다. *Transactions of the Zoological Society,* vol. 7, 1869, 92쪽.

24) *The Variation of Animals and Plants under Domestication,* vol. 2, 317, 397쪽. 『종의 기원』도 참조하시오.

25) 예를 들어 리처드(M. Richard)는 자신이 '손에 속한 발 근육' 또는 종종 '무한히 작은 것'이라고도 불렀던 흔적 기관에 대해서 자세히 묘사하고 그림을 그렸다(*Annales des Sciences Naturelles,* 제3시리즈, Zoology, tom. 18, 1852, 13쪽). '후경골근'*이라고 부르는 근육은 일반적으로 팔에는 전혀 나타나지 않는다. 그러나 가끔 팔에 약간의 흔적이 나타나기도 한다.

태로 존재하는 근육도 적지 않다. 여러분은 말을 비롯한 많은 동물이 그들의 피부를 움직이고 씰룩거릴 수 있다는 것을 알고 있을 것이다. 이런 움직임은 근막층(panniculus carnosus)* 때문에 일어나는 것이다. 이 근육의 흔적을 신체의 여러 부위에서 발견할 수 있다. 눈썹을 치켜올리는 이마의 근육이 그 예다. 목에 잘 발달되어 있는 광경근(platysma)*이 이런 범주에 속한다. 에든버러의 터너는 어깨뼈 근처나 겨드랑이 같은 인체의 다섯 군데 부위에서 근속(muscular fasciculus)*이 발견되는 경우가 종종 있다고 내게 알려주었다. 이들 구조는 모두 근막층으로 여겨야만 한다. 흉골근(musculus sternalis)*은 복직근(rectus abdominalis)*이 뻗어서 이루어진 근육이 아니고 근막층과 매우 비슷한 근육인데, 터너는 600여 구의 시신 중 약 3%에 흉골근이 있다는 사실을 밝혔다.[26] 그는 이 근육이 "드물게 나타나는 흔적 구조는 특히 변이가 심하다"는 사실을 보여주는 탁월한 실례라고 덧붙였다.

드물기는 하지만 두피 근육을 움직일 수 있는 사람들이 있다. 이 근육은 변이가 심하며 부분적으로 흔적 상태를 보인다. 캉돌(M.A. de Candolle)은 이 근육의 특이한 발달 과정뿐만 아니라 이러한 능력이 오랫동안 지속되거나 유전되는 기이한 사례에 대해 나와 의견을 나눈 적이 있다. 그는 한 가족을 알았는데 그 가족의 가장은 젊을 때 무거운 책을 머리 위에 몇 권 올려놓고 두피의 움직임만으로 이 책들을 내던질 수 있었으며 그는 이 묘기로 내기에서 승리를 거두었다고 한다. 그의 아버지, 삼촌, 할아버지 그리고 그의 세 아들은 모두 이 같은 능력이 보통 수준을 넘었다. 이 가족은 8세대 전에 두 갈래로 갈라졌다. 따라서 앞서 언급한 가장은 다른 갈래의 가장과 16촌 사이였다. 그의 먼 사촌은 프랑스의 다른 지역에 살았는데 그에게 같은 능

---

26) W. Turner, *Proceedings of the Royal Society of Edinburgh*, 1866~67, 65쪽.

력을 갖고 있냐고 물었을 때 그는 곧바로 그 능력을 보여주었다고 한다. 이것은 아주 먼 옛날의 반인(半人)적 조상에게서 전달되었을 전혀 쓸모없는 능력이 얼마나 끈질기게 가계를 통해 전달되는지를 보여주는 좋은 사례다. 많은 원숭이 종류가 이러한 능력을 갖고 있으며 머리 가죽을 과장되게 위아래로 움직일 때 이러한 능력을 종종 사용한다고 한다.[27]

귀를 움직이는 데 사용하는 부가적인 근육들, 그리고 신체의 여러 부위를 움직이는 본래의 근육들은 사람에게 흔적으로만 남아 있는 경우가 많다. 이들은 모두 근막층의 일종이고 발생 과정에서 변화되기 쉬우며 최소한 기능적인 면에서 많은 변이가 나타난다. 나는 귀 전체를 앞으로 움직일 수 있는 사람을 본 적이 있다. 귀를 위로 움직일 수 있는 사람들도 있다. 내가 본 또 다른 한 사람은 귀를 뒤로 움직일 수 있었다.[28] 이들 중 한 사람이 내게 말한 것에 따르면, 정신을 귀에 집중하며 귀를 자주 만지는 시도를 계속한다면 대부분의 사람들이 어느 정도 운동 능력을 회복할 수 있을 것 같았다. 동물이 귀를 여러 방향으로 세우고 움직임으로써 위험이 다가오는 방향을 인식하는 것으로 보아 이 능력이 많은 동물에게 기여하는 바가 큰 것은 틀림없다. 그러나 이런 능력이 있는 사람에게 이 능력이 소용이 될 것 같다는 얘기는 들어본 적이 없다. 이륜(耳輪)*과 대이륜(對耳輪)* 그리고 이주(耳珠)*와 대이주(對耳珠)* 등과 같이 귀의 갖가지 주름과 융기를 포함하는 귀의 전체 돌출부는 하등동물의 경우 귀의 무게를 늘리지 않으면서도 귀를 세울 때 귀를 강화시켜주며 지지하는 구조지만

---

27) 내가 쓴 *Expression of the Emotions in Man and Animals*, 1872, 144쪽을 참조하시오.

28) *Annuario della Soc. dei Naturalisti in Modena*, 1867, 97쪽에서 카네스트리니는 히틀(Hyrtl)의 글을 인용하여 동일 효과를 설명하고 있다.

흔적 기관으로 여길 수도 있다. 그렇지만 일부 학자들은 외이의 연골이 진동을 청각 신경으로 전달하는 데 관여한다고 추정한다. 그러나 토인비는 이 주제에 관해 알려진 모든 증거를 수집한 후 외이가 뚜렷한 역할을 하지 않는다는 결론을 내렸다.[29] 침팬지와 오랑우탄의 귀는 기묘하게도 사람의 귀와 닮았다. 귀의 근육들도 사람과 마찬가지로 거의 발달되지 않았다.[30] 런던 동물원의 사육사들에 따르면 침팬지나 오랑우탄은 귀를 움직이거나 세우는 일을 전혀 하지 않는다고 한다. 즉 그들의 귀도 기능만큼은 인간과 마찬가지로 흔적 상태인 것이다. 인간의 조상뿐만 아니라 이런 동물들이 귀를 세우는 능력을 상실하게 된 이유에 대해 우리는 말할 것이 없다. 비록 만족스럽지는 않지만 다음과 같은 견해가 이유가 될 수는 있을 것 같다. 즉 그들이 나무에서 생활하며 신체는 강하고 위험에는 거의 노출되지 않았으며 또 오랫동안 귀를 거의 움직이지 않았기 때문에 그들은 귀를 움직이는 능력을 점차 상실하게 되었다는 것이다. 서식지인 바다 섬에 그들을 공격할 만한 맹수들이 없기 때문에 비행하는 근육의 사용 능력을 잃게 되는 대형 조류의 경우와 비슷한 것 같다. 그렇지만 사람과 몇몇 유인원이 귀를 움직이지 못하는 것은 그들이 머리를 수평으로 자유롭게 움직이게 되고 그에 따라 모든 방향에서 오는 소리를 들을 수 있게 됨에 따라 어느 정도 보상되었다. 인간에게만 귓불이 있다는 주장이 제기된 적이 있다. 그러나 귓불의 흔적은 고릴라에서도 발견된다.[31] 그리고 프라이어에 따르면 흑인의 경우 귓불이 없는 경우도 드

---

29) J. Toynbee, *The Diseases of the Ear,* 1860, 12쪽. 토인비는 대영제국 학사원 회원이다. 저명한 생리학자인 프라이어는 최근 외이의 기능에 대해 연구하고 있으며 여기에 언급한 내용과 동일한 결론에 거의 도달했다고 나에게 알려 주었다.
30) A. Macalister, *Annals and Magazine of Natural History,* vol. 7, 1871, 342쪽.
31) G.J. Mivart, *Elementary Anatomy,* 1873, 396쪽.

물지 않다고 한다.

저명한 조각가인 울너(Woolner)는 남성과 여성 모두에게서 종종 관찰되는 귀의 작은 특징 한 가지를 내게 알려주었다. 그는 이런 특징이 갖는 의미를 아주 잘 알고 있었다. 그가 이 문제에 대해 최초로 관심을 갖게 된 것은 퍽(Puck)*의 형상을 만들기 시작하면서였는데, 그는 퍽의 귀를 뾰족하게 만들었다고 한다. 그후 그는 여러 원숭이의 귀를 관찰하게 되었고 나중에는 사람의 귀도 더욱 면밀히 관찰하게 되었다고 한다. 독특한 것은 안쪽으로 접힌 귀 가장자리, 즉 귓바퀴에서 뻗은 끝부분이 약간 뭉뚝하게 뻗어 있는 경우였다. 이런 구조를 갖는 사람은 출생할 때부터 이미 그 구조를 갖고 태어났으며 마이어(L. Meyer)에 따르면 이런 구조가 여성보다는 남성에게 더 자주 관찰되는 것으로 알려져 있다. 울너는 그러한 사례를 보여주는 정밀한 모형 하나를 만들고 그것을 그림으로 그려서 내게 보내주었다(〈그림-2〉 참조). 그 끝은 귀의 중심부를 향해 안쪽으로 뻗어 있을 뿐만 아니라 귀의 면에서 약간 바깥쪽으로 뻗은 경우도 종종 있어서 정확히 앞쪽이나 뒤쪽에서 머리를 바라보면 관찰될 수 있는 구조였다. 이런 구조는 크기의 변이가 많으며 위치도 어느 정도 차이를 보여 약간 위쪽에 있거나 약간 아래쪽에 있는 것도 있다. 그리고 한쪽 귀에서만 관찰되기도 한다. 그것은 인간에게만 국한된 것이 아니다. 나는 런던 동물원에 있는 거미원숭이에서 그러한 사례를 관찰한 적이 있다. 랑케스터도 함부르크 동물원에 있는 한 마리의 침팬지에서 같은 사례를 관찰했다고 알려주었다. 귓바퀴는 귀의 맨 바깥쪽 가장자리가 안쪽으로 구부러져 이루어진 것이 틀림없다. 그리고 이렇게 구부러진 구조는 영구히 뒤로 젖혀진 전체 외이와 어느 정도 관련이 있는 것으로 보인다. 개코원숭이와 일부 마카쿠스(*Macacus*) 원숭이처럼 고등하지 않은 많은 원숭이에서 귀의 윗부분은 약간 뾰족하며 가장자리가 전혀

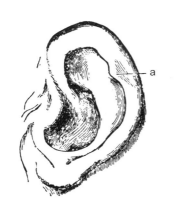

<그림 2> 인간의 귀. 오일러(Euler)가
모형을 제작하고 스케치했다.
a. 돌출된 끝

안쪽으로 말려 있지 않다.[32] 그러나 만약 가장자리가 안쪽으로 구부러져 있다면 약간 뾰족한 귀의 윗부분은 필연적으로 귀의 중심부를 향하게 되며 귀의 평면으로부터는 약간 바깥쪽으로 뻗게 될 것이다. 이런 원리는 많은 경우에 이런 귀의 모양이 생기는 기원이 되는 것 같다. 그에 반해 마이어는 최근에 발간된 훌륭한 논문에서 모든 사례가 일종의 변이에

지나지 않으며 이러한 돌출은 진정한 의미의 돌출이 아니고 단지 돌출 구조의 양쪽에 자리 잡고 있는 연골이 충분히 발육되지 못해서 생긴 결과라고 주장했다.[33] 마이어의 그림에는 귀의 가장자리에 몇몇 미세 돌출 구조가 나타나거나 전체 가장자리가 꾸불꾸불하게 그려져 있는데 이러한 경우에 나는 그의 해석이 옳다는 것을 받아들일 준비가 기꺼이 되어 있다. 다운(L. Down)의 친절한 배려로 나는 소두증(小頭症) 백치의 귀를 직접 본 적이 있다. 그의 귓바퀴 바깥 면에는 하나의 돌출 구조가 있었지만 구부러진 안쪽 가장자리에는 돌출 구조가 나타나지 않았다. 따라서 이러한 돌출이 옛날 귀의 뾰족한 정점과 관련된 것은 아닌 것 같다. 그런데도 일부 사례는 그러한 돌출 구조

---

32) E.R. Lankester, *Transactions of the Zoological Society*, vol. 7, 1869, 6쪽과 90쪽에 실린 뮤리와 마이바르트의 탁월한 논문에서 여우원숭이의 귀에 대한 설명과 그림을 참조하시오.

33) L. Meyer, "Über das Darwinsche Spitzohr", *Archiv für Pathologie, Anatomie und Physiologie*, 1871, 485쪽.

가 과거에 뾰족하게 선 귀 정점의 흔적이라는 원래의 내 의견이 여전히 옳은 것 같다. 내가 그렇게 생각하는 것은 이런 구조가 아주 흔하게 발생되고 이들의 위치도 뾰족한 귀의 끝부분에 상응하는 경우가 많기 때문이다. 사진으로 받아본 한 사례의 경우 돌출 구조가 매우 커서, 마이어의 견해에 따라 귀의 전체 가장자리를 따라 발달된 연골에 의해 귀의 형상이 완성된다고 가정할 때, 그것은 전체 귀의 3분의 1에 해당될 정도였다.

나는 또 다른 두 가지 사례를 접하게 되었는데, 하나는 미국에서 보고된 사례고 다른 하나는 영국에서 보고된 것이었다. 이들의 경우 귀의 위 가장자리는 전혀 안쪽으로 말려 있지 않았으나 끝이 뾰족해서 일반 네발 동물의 뾰족한 귀와 그 윤곽이 매우 닮았다. 이들 사례 중 첫 번째는 어린아이의 귀였는데, 이 아이의 아버지는 내가 제시한 치노피테쿠스 니게르(*Cynopithecus niger*)* 귀와 자기 아들의 귀를 비교해 보고는 그 윤곽이 매우 유사하다고 말했다.[34] 이 두 사례에서 만약 귀의 가장자리가 보통의 방식대로 안쪽으로 구부러져 있었다면 틀림없이 안쪽으로 뻗은 돌출 구조가 형성되었을 것이다. 내가 알고 있는 또 다른 두 사례는 귀의 위쪽 가장자리가 정상적으로 안쪽으로 구부러져 있었지만—첫 번째 사례는 구부러진 정도가 아주 미미했다—귀의 바깥쪽 가장자리에 뾰족한 부분이 여전히 자리 잡고 있었다. 다음에 보는 목판화(〈그림-3〉 참조)는 니셰(Nitsche)가 친절하게 보내준 오랑우탄 배의 사진을 정밀하게 옮긴 것이다. 그림을 보면 이 시기의 귀 가장자리 돌출 구조가 사람 귀를 닮은 성체 오랑우탄 귀와 얼마나 많이 다른지 알 수 있다. 귀의 끝부분이 접힌 구조는 이후의 발생 과정에서 크게 바뀌지만 않는다면 안쪽으로 뻗는 돌출 구조가 될 것이 틀

---

34) *The Expression of the Emotions in Man and Animals*, 136쪽.

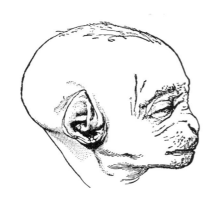

<그림 3> 오랑우탄의 태아. 사진을 정확하게 베꼈다. 어린 시기의 귀 형상을 보여준다

림없다. 일반적으로 나는 문제의 이들 돌출 구조가 사람에서든 유인원에서든 과거의 상태를 간직한 흔적이 되는 경우가 있다고 여전히 생각한다.

제3의 눈꺼풀로 알려진 순막*은 그에 따른 근육들과 그밖의 여러 구조와 함께 조류에 특히 잘 발달되어 있다. 이 막은 전체 안구를 빠르게 뒤덮는 매우 중요한 기능을 한다. 일부 파충류와 양서류, 그리고 상어 같은 일부 어류에도 이런 순막이 있다. 단공류(單孔類)*나 유대류 같은 하등 포유류는 순막이 아주 잘 발달되어 있다. 그리고 바다코끼리 같은 일부 고등 포유류에도 순막이 있다. 그러나 사람, 사수목 동물 그리고 대부분의 포유류에서는 모든 해부학자가 인정하듯이 순막은 단지 반월 주름(semilunar fold)이라고 부르는 흔적 기관으로만 남아 있다.[35]

후각은 많은 포유류에게 아주 중요하다. 반추동물 같은 일부 포유류의 후각은 위험을 경고하는 의미에서 중요하고, 육식동물은 먹이를 찾는 데 중요하게 작용한다. 또 야생 멧돼지 같은 일부 포유류는 이런

---

35) *Müllers Elements of Physiology,* 영역본, vol. 2, 1842, 1117쪽; R. Owen, *Anatomy of Vertebrates,* vol. 3, 260쪽. 바다코끼리에 대해서는 *Proceedings of the Zoological Society,* 1854. 11. 8의 같은 곳을 참조하시오. R. Knox, *Great Artists and Anatomists,* 106쪽도 참조하시오. 유럽인보다는 흑인과 오스트레일리아 원주민에게 이런 흔적 기관이 다소 크게 나타나는 것이 확실하다. C. Vogt, Lectures on Man, 영역본, 129쪽을 참조하시오.

두 가지 목적이 함께 작용하여 후각은 중요한 기능을 담당한다. 문명화된 백인종에 비해 짙은 피부색의 인종들은 훨씬 후각이 발달해 있지만 이들에게조차 후각은 거의 기여하는 바가 없다.[36] 이들의 후각은 위험을 알려주지도 않으며 먹이가 있는 곳으로 인도하지도 못한다. 에스키모인들은 악취가 심한 곳에서 잠을 자며 미개인들은 반쯤 썩은 고기도 잘 먹는다. 유럽인의 후각 능력은 개인에 따라 큰 차이를 보이는데, 나는 이 사실을 후각이 매우 발달했으며 이 주제에 온 힘을 기울여 연구하고 있는 한 저명한 박물학자를 통해 알게 되었다. 점진적인 진화의 원리를 믿는 사람들은 현재 상태의 후각을 현세 인간이 최초로 획득했다는 것을 쉽게 받아들이지 않을 것이다. 후각 능력에 크게 도움을 받으며 그것을 계속해서 사용한 우리의 먼 조상에게서 인간은 약하고 흔적 상태의 후각 능력을 물려받았다. 개와 말처럼 후각이 아주 잘 발달한 동물이 사람이나 장소를 기억하는 것은 냄새와 밀접하게 관련되어 있다. 따라서 우리는 모드슬리가 언급한 것처럼[37] 사람의 후각이 "잊고 있던 광경과 장소에 대한 생각을 뚜렷이 기억시켜주는 데 이상하게도 효과적"이라는 사실을 이해할 수 있을 것이다.

　인간은 거의 벌거벗었다는 의미에서 대부분의 영장류와 뚜렷하게 구별된다. 그러나 많지는 않지만 짧고 헝클어진 털이 남성 피부의 많

---

36) 남미 원주민의 후각 능력에 대해 언급한 훔볼트(A. von Humboldt)의 설명은 매우 잘 알려져 있으며 이러한 사실은 여러 사람이 확인했다. J.C. Houzeau, *Études sur les Facultés Mentales des Animaux,* tom. 1, 1872, 91쪽은 반복된 실험을 통해 흑인과 인디언이 어둠 속에서도 냄새로 사람을 구별할 수 있다는 것을 증명했다고 주장했다. 오글(W. Ogle)은 후각 능력이 피부 색깔뿐만 아니라 코 점막의 색소 물질과 관련되어 있다는 다소 흥미로운 관찰을 했다. 그래서 나는 본문에서 피부색이 짙은 인종이 백인종에 비해 더 후각이 예민하다고 언급한 것이다. *Medico-Chirurgical Transactions,* vol. 53, 1870, 276쪽에 실린 그의 논문을 참조하시오.

37) Maudsley, *The Physiology and Pathology of Mind,* 2nd ed., 1868, 134쪽.

은 부분을 덮고 있다. 여성은 그 정도가 훨씬 약하다. 털의 양은 인종에 따라 큰 차이를 보인다. 그리고 같은 인종이라도 개인에 따라 털의 양뿐만 아니라 털이 돋는 부위도 큰 차이를 보인다. 예를 들어 어깨 부분에 털이 없는 유럽인도 있지만 빽빽한 털로 덮여 있는 사람들도 있다.[38] 우리 몸에 이렇게 부위별로 덮여 있는 털이 하등동물의 고른 털가죽의 흔적 기관이라는 사실은 의심할 여지가 없을 것 같다. 팔다리와 신체의 여러 부위에는 미세하고 짧으며 옅은 색깔을 띠는 털이 분포하며 오래된 염증이 있는 피부 주위에는 이따금 '촘촘하고 길며 거칠고 짙은 털'이 돋아난다는 사실이 알려져 있는 것으로 보아[39] 위의 견해는 정말 옳은 것 같다.

한 가족의 구성원 중 몇몇 사람은 다른 가족들과는 달리 눈썹의 몇 가닥이 아주 길게 자란다는 사실을 패짓(J. Paget)이 알려주었다. 그리고 이러한 사소한 특징조차도 유전되는 것 같다. 이런 털이 전형적으로 나타나는 동물도 있는 것 같다. 침팬지와 마카쿠스 원숭이의 일부 종에는 우리의 눈썹에 해당하는 눈 위쪽 피부에 상당히 긴 털이 듬성 듬성 돋아나 있다. 일부 개코원숭이도 눈썹 사이로 몇 가닥의 긴 털이 뻗어 있다.

6개월 된 태아는 소위 '배냇솜털'이라고 부르는 양모 같은 미세한 털로 덮여 있는데, 이 솜털은 더욱 기이한 사례다. 배냇솜털은 임신 5개월경에 눈썹과 얼굴, 특히 입 주위에서 최초로 형성되기 시작하는데, 이들 부위에 돋은 털은 머리털보다 훨씬 더 길다. 에슈리히트는 여자 태아에게 이런 종류의 코밑수염이 있는 것을 관찰했다.[40]

---

38) Eschricht, "Über die Richtung der Haare am Menschlichen Körper", *Müllers Archiv für Anatomie und Physiologie,* 1837, 47쪽. 나는 아주 기이한 이 논문을 자주 참조하게 될 것이다.

39) J. Paget, *Lectures on Surgical Pathology,* vol. 1, 1853, 71쪽.

처음에는 이것이 상당히 놀라운 상황이었겠지만 사실 그 정도는 아니다. 왜냐하면 남녀 모두 성장 초기에는 모든 외부 형질이 일반적으로 서로 닮았기 때문이다. 태아의 몸에 돋은 털의 방향과 배열은 어른과 동일하지만 태아는 변이가 많이 나타난다. 이와 같이 태아의 모든 피부는—심지어 이마와 귀까지도—털로 빽빽하게 덮이게 된다. 그러나 대부분의 하등동물의 발바닥처럼 태아의 손바닥과 발바닥에도 털이 전혀 나지 않는다는 사실은 매우 중요하다. 이런 상황이 우연의 일치일 가능성은 극히 희박하므로 태아의 몸이 양털처럼 덮이는 것은 아마도 털로 덮인 채 태어나는 포유동물의 털가죽을 재연하는 것으로 보인다. 몸과 얼굴 전체가 가늘고 긴 털로 촘촘하게 덮인 채 태어난 사람에 대한 서너 가지 사례가 보고되었다. 이 기묘한 상태는 유전되는 경향이 강하고 이런 상태는 치아의 비정상적인 상태와 연관성이 있다.[41] 브란트(A. Brandt)는 그런 특성이 있는 35세 남자의 얼굴에 돋아난 털과 태아의 배냇솜털을 비교하여 털의 방향이 매우 비슷하다는 것을 알게 되었다고 내게 알려주었다. 그러므로 브란트가 말한 것처럼 이것은 털이 계속해서 자라는 것과 더불어 비정상적인 발달 저해가 함께 일어나기 때문일 것이다. 소아과 병원의 한 외과의사에 따르면 허약한 어린이들 중에는 등에 길고 부드러운 털이 덮여 있는 경우가 많다고 한다. 아마 이런 사례도 같은 부류에 속할 것이다.

　문명화된 인종일수록 뒤쪽 어금니와 사랑니가 흔적 기관으로 변

---

40) Eschricht, 앞의 글, 40, 47쪽.

41) 내가 쓴 *The Variation of Animals and Plants under Domestication*, vol. 2, 327쪽을 참조하시오. 최근 브란트가 이런 특성이 있는 러시아 태생의 한 아버지와 아들에 대한 사례를 추가로 보내왔다. 나는 파리에 사는 그들을 스케치한 그림을 받았다.

해가는 경향이 있는 것 같다. 이들 치아는 다른 어금니에 비해 오히려 작다. 침팬지와 오랑우탄의 치아도 이와 유사하다. 또한 이들 치아는 단지 두 개의 치근(齒根)을 갖고 있을 뿐이다. 17세가 될 때까지 이들 치아는 잇몸을 뚫고 나오지 못한다. 나는 이들 치아가 썩기 쉬우며 다른 치아보다 쉽게 잃게 된다고 확신하지만 일부 저명한 치과의사들은 이런 사실을 부인한다. 또한 이들 치아는 다른 치아에 비해 구조와 발달 시기에서 변이가 큰 경향이 있다.[42] 이에 반해 흑인종의 사랑니는 세 개의 분리된 치근을 갖고 있으며 대개 건실하다. 또한 다른 어금니에 비해 크기가 다른 것은 사실이지만 백인종에 비해 그 차이는 심하지 않은 편이다.[43] 샤프하우젠은 인종 간의 이런 차이를 "턱의 뒤쪽에 자리 잡은 치아는 문명화된 인종에서는 항상 짧다"[44]는 말로 설명한다. 이렇게 어금니가 짧아지는 경향은 문명화된 사람들이 늘 부드러운 음식과 요리된 음식을 먹음으로써 그들의 턱을 덜 사용하기 때문인 것 같다. 미국에서는 치아의 개수가 정상일 만큼 턱이 충분히 발육되지 못했을 때 어린이의 어금니 중에서 몇 개를 제거하는 수술이 아주 일반화되고 있다고 브레이스(Brace)가 알려주었다.[45]

소화관에 관해서 내가 아는 흔적 기관은 맹장의 충수뿐이다. 맹장은 창자에 형성된 곁주머니의 일종으로서 막다른 골목 구조의 맹관, 즉 끝이 막힌 관으로서 많은 초식동물의 맹장은 매우 길다. 사실 유

---

42) C.C. Blake, *Anthropological Review*, 1867. 7, 299쪽에서 Webb, "Teeth in Man and the Anthropoid Apes"를 인용했다.
43) R. Owen, 앞의 책, 제3권, 320~321, 325쪽.
44) Schaaffhausen, "On the Primitive Form of the Skull," *Anthropological Review*, 1868. 10, 426쪽.
45) 피렌체의 몬테가자(Montegazza)는 최근에 여러 인종의 사랑니에 대해서 연구하고 있다는 내용의 편지를 보내왔는데, 그는 내가 이 책에서 내린 결론과 같은 결론에 도달했다고 했다. 즉 고등하고 문명화된 인종은 사랑니가 퇴화되거나 사라지는 과정을 밟고 있다는 것이다.

대류인 코알라의 맹장은 전체 몸길이의 세 배 이상이나 된다.[46] 맹장의 끝부분은 점차 가늘어지는 경우가 흔하며 부분적으로 잘록하게 죄어져 있기도 하다. 음식물과 생활 습성이 변화하면서 많은 동물의 맹장은 훨씬 더 짧아졌으며 이렇게 짧아진 부분이 충수라는 흔적 기관으로 남아 있는 것 같다. 충수의 크기가 작고 인간의 충수가 보이는 변이성에 대해 카네스트리니가 수집한 증거[47]로 볼 때, 충수는 흔적 기관으로 생각할 수 있을 것 같다. 때로 충수는 전혀 나타나지 않지만 크게 발달되는 경우도 있다. 충수의 내부는 길이의 절반에서 2/3가 완전히 막혀 있고 그 끝부분은 납작하고 딱딱한 돌출 구조로 뻗어 있는 경우가 종종 있다. 오랑우탄의 충수는 길고 둘둘 말려 있다. 사람의 충수는 짧은 맹장의 끝에서 생겨나며 길이가 10~13센티미터, 지름이 0.8센티미터에 지나지 않는다. 충수는 쓸모가 없을 뿐만 아니라 죽음으로 몰고 가기도 하는데, 나는 충수 때문에 죽은 사람에 대한 두 가지 사례를 최근에 알게 되었다. 이것은 씨앗처럼 작고 단단한 물체가 충수의 입구로 들어가 염증을 일으키기 때문이다.[48]

사수목 동물 중에서 일부 하등한 종류, 그리고 여우원숭이와 육식 동물은 많은 유대류와 마찬가지로 상완골*의 아래 끝부분에 과상돌기공(顆上突起孔)*이라고 부르는 구멍이 있는데, 앞발로 가는 큰 신경이 이곳을 통과하며 큰 동맥이 이곳을 통과하는 경우도 흔하다. 현재 인간의 상완골에는 이 구멍의 흔적이 대부분 나타나는데, 간혹 갈고리 같은 뼈돌기와 인대가 어우러져 매우 완벽한 모습을 갖추는 경우

46) R. Owen, 앞의 책, 제3권, 416, 434, 441쪽.
47) G. Canestrini, 앞의 책, 1867, 94쪽.
48) M.C. Martins, "De l'Unit Organique", *Revue des Deux Mondes,* 1862. 6. 15, 16쪽과 E. Häckel, *Generelle Morphologie,* Bd. 2, 278쪽은 이 흔적 기관이 종종 사람을 죽음에 이르게 할 수 있다는 특이한 사실을 언급했다.

도 있다. 스트루터스는 이 주제를 세심하게 관찰하여 아버지에게 이런 구조가 있으면 7명의 자녀 중 4명이 동일한 특징을 나타낼 정도로 이 독특한 특징이 유전되곤 한다는 것을 밝혀냈다.[49] 큰 신경이 존재하는 경우 신경은 반드시 이곳을 통과한다. 따라서 이런 구조가 하등동물의 과상돌기공과 상동 기관이자 흔적 기관이라는 것을 명백히 알 수 있다. 터너는 최근의 골격 중 약 1%가 이런 구조일 것으로 추정한다고 했다. 그러나 사람에게 이러한 구조가 이따금 나타나는 것이 복귀돌연변이 때문이라면—그런 것도 같다—그것은 매우 원시적인 상태로 되돌아간 것으로 볼 수 있다. 왜냐하면 사수목 동물 중 고등한 종류들은 이러한 구조가 없기 때문이다.

상완골에는 이따금 사람에게서도 발견되는 또 다른 구멍이 하나 있는데, 이것을 '관절융기 사이구멍'이라고 부를 수 있을 것 같다. 늘 그런 것은 아니지만 이 구멍은 여러 종류의 유인원과 많은 하등동물에서 나타난다.[50] 이 구멍은 현생 인류보다 과거 인류에게서 더욱 자주 출현하는 것 같다. 주목할 만한 일이다. 이에 대해 부스크는 다음과 같은 증거들을 수집했다.[51] 파리의 '남부 묘지'에서 수집된 상완

---

49) 유전에 대해서는 *Lancet*, 1873. 2. 15에 실린 스트루터스(Struthers)의 글을 참조하시오. 그리고 *Lancet*, 1863. 1, 83쪽에 중요한 논문이 한 편 실려 있으니 그것도 참조하시오. 앞에서 이미 언급한 것처럼 녹스는 사람의 이런 독특한 구조에 관심을 기울인 최초의 해부학자다. 그의 *Great Artists and Anatomists*, 63쪽을 참조하시오. 또한 이 뼈돌기에 대해서는 그루버가 쓴 중요한 논문이 있으니 *Bulletin de lAcad. Imp. de St. Ptersbourg*, tom. 12, 1867, 448쪽을 참조하시오.

50) G. J. Mivart, *Transactions Phil. Soc.*, 1867, 310쪽.

51) Busk, "On the Caves of Gibraltar," *Transactions of the International Congress of Prehistoric Archaeology*, 제3기 모임, 1869, 159쪽. 최근에 와이먼은 『제4차 연례보고』(*Fourth Annual Report*, 피보디 박물관, 1871, 20쪽)에서 미국 서부와 플로리다에서 발견한 고분에서 수집한 인류의 유골 중 31%에 이런 구멍이 있다는 사실을 밝혔다. 이런 구멍은 종종 흑인에게서 나타나기도 한다.

골의 4.5%에 이런 구멍이 있다는 것을 밝힌 브로카(M.P. Broca)의 연구, 또 청동기 시대의 것으로 여겨지는 오로니 동굴에서 발견된 32개의 상완골 중에서 여덟 개나 되는 상완골에 구멍이 있었다는 사실이 그가 모은 증거였다. 그러나 이와 같이 높은 비율을 보이는 것은 일종의 가족 묘지이기 때문일지도 모른다고 그는 제안했다. 게다가 뒤퐁(M. Dupont)은 순록기에 형성된 레세 계곡*의 무덤에서 발굴된 뼈 중에서 30%에 해당하는 뼈에 구멍이 있다는 것을 발견했다. 한편 레구아이(M. Leguay)는 아잔투이*에 있는 고인돌에서 발견된 뼈의 25%에 구멍이 있다는 사실을 관찰했다. 그리고 프루너 베이(M. Pruner-Bey)는 보릴*에서 수거한 같은 조건의 뼈에서 26%에 구멍이 있다는 것을 발견했다. 관체*에서 발견된 뼈들도 이와 비슷하다고 진술한 프루너 베이의 말이 주의를 끈 것은 당연했다. 이외에도 여러 사례를 통해 얻은 결과는 흥미롭게도 하등동물의 구조와 닮은 신체 구조가 현생 인류보다는 고대 인류에서 더 자주 출현한다는 것이다. 동물의 형상을 했던 먼 조상에서 유래되는 긴 계열에 고대 인류가 다소나마 가깝게 놓여 있다는 것이 하나의 주요 원인이 될 것 같다.

인간의 꼬리뼈는 이제부터 언급할 특정 척추뼈와 마찬가지로 꼬리의 기능은 없지만 다른 척추동물에서는 꼬리뼈가 꼬리 역할을 맡는 것이 명백하다. 배발생 초기에 관찰한 꼬리뼈는 사람 배 그림에서 볼 수 있듯이(〈그림-1〉 참조) 움직일 수 있으며 다리보다 길게 자라 있다. 드물기는 하지만 비정상적인 어떤 경우에는[52] 출생 후에도 꼬리뼈에

---

52) 콰트르파주(Quatrefages)는 최근 이 주제에 대한 증거를 수집했다. *Revue des Cours Scientifiques*, 1867~68, 625쪽. 1840년에 플라이슈만(Fleischmann)은 꼬리가 있는 태아에 대해 보고했다. 항상 그런 것은 아니지만 이 꼬리는 여러 개의 추체로 이루어져 있었다. 그리고 이 꼬리는 에를랑겐*에서 열린 박물학자 모임에서 많은 해부학자가 정밀하게 조사했다. Marshall, *Niederländischen Archiv für Zoologie*, 1871. 12을 참조하시오.

의해서 꼬리의 작은 흔적이 남아 있는 것으로 알려져 있다. 꼬리뼈는 대개 네 개의 척추골이 융합되어 이루어진 짧은 뼈로서 서로 융합되어 있다. 꼬리뼈를 이루는 척추골들은 기저부의 하나를 제외하고는 모두 추체*만으로 되어 있는 것으로 보아 흔적적이다.[53] 꼬리뼈에는 작은 근육 몇 개가 부착되어 있다. 틸르(Thiele)는 이 근육 중 하나가 많은 포유류의 꼬리에 잘 발달되어 있는 신근*이 흔적적으로 다시 나타난 구조라는 사실을 밝혔다고 터너가 알려주었다.

사람의 척수*는 마지막 흉추나 첫째 요추 부위까지만 뻗어 있다. 그러나 실같이 가느다란 종말끈*은 척추관을 통해 천골 부위까지 뻗어 있다. 심지어는 미골의 뒷면까지 뻗어 있다. 터너가 내게 알려주었듯이 종말끈의 윗부분이 척수와 상동 구조라는 것은 의심할 여지가 없다. 그러나 종말끈의 아랫부분은 연막, 즉 혈관이 많은 덮개로만 이루어져 있는 것이 틀림없다. 이 경우도 꼬리뼈가 척수같이 중요한 기관의 흔적을 갖고 있다고 말할 수 있다. 비록 그것이 뼈로 된 관으로 둘러싸여 있지는 않지만 말이다. 다음의 사실도 터너에게서 들은 것인데 꼬리뼈가 하등동물의 꼬리와 얼마나 밀접하게 관련되어 있는지를 보여준다. 최근 루시카(Luschka)는 꼬리뼈의 말단 부위에서 정중천골동맥과 이어져 있는 매우 특이하게 구부러진 구조를 발견했다. 그리고 이 발견에 고무된 크라우제(Krause)와 마이어는 마카쿠스 원숭이의 꼬리와 고양이의 꼬리를 조사하여 두 동물 모두에서 이와 유사하게 감긴 구조를 발견했다. 비록 그것이 꼬리뼈의 말단 부위에 있지는 않았지만 말이다.

생식계에는 여러 가지 흔적 기관이 존재한다. 그러나 생식계의 흔적 기관은 앞서 말한 사례들과 다른 중요한 사항 한 가지가 더 있다.

---

53) R. Owen, *On the Nature of Limbs,* 1849, 114쪽.

여기서 우리는 능률적으로 작용하지 못하는 흔적 기관에 대해 관심을 갖는 것이 아니다. 우리가 관심을 갖는 것은 한쪽 성에는 효율적이지만 다른 한쪽 성에는 단지 흔적 기관에 불과한 부위에 관한 것이다. 그렇지만 그런 흔적 기관의 존재는 각각의 종이 독자적으로 창조되었다는 신념 아래서는 앞서의 사례와 마찬가지로 설명하기가 어렵다. 앞으로 나는 이러한 흔적 기관에 대해 자주 언급할 것이다. 그리고 이들의 존재가 대개는 한쪽 성이 획득한 형질이 다른 성에게 부분적으로 전달되는 유전으로만 결정된다는 것을 밝힐 것이다. 여기에서는 그런 흔적 기관의 몇 가지 사례를 제시하는 정도로 그치겠다. 인간을 포함한 모든 동물의 수컷에게 흔적 유방이 있다는 것은 잘 알려진 사실이다. 어떤 경우에는 수컷의 유방이 매우 잘 발달되어 있어 젖을 다량으로 분비하기도 한다. 홍역에 걸렸을 때 남녀의 유방이 가끔 똑같이 확장되는 사실로 보아 두 성의 유방이 본질적으로 같다는 것을 알 수 있다. 많은 포유류 수컷에 존재하는 전립선 소낭이 암컷의 자궁과 이에 연결된 관상 구조의 상동 기관이라는 것은 널리 알려진 사실이다. 로이카르트의 결론이 타당하다는 것을 인정하지 않고는 이 기관에 대해 설명한 그의 재능 있는 서술과 추리를 이해한다는 것은 불가능하다. 특히 암컷의 자궁이 두 갈래로 나뉜 포유류는 수컷의 전립선 소낭도 두 갈래로 나뉘어 있는 것으로 보아 그의 설명은 명백하다.[54] 여기서 생식계에 속하는 또 다른 흔적 구조를 더 예시할 수도 있다.[55]

---

54) Leuckart, *Todds Cyclopaedia of Anatomy and Physiology*, vol. 4, 1849~52, 1415쪽. 사람의 전립선 소낭은 그 길이가 단지 6~12밀리미터에 지나지 않는다. 그러나 다른 많은 흔적 기관과 마찬가지로 발생 과정에서 다른 특징들과 함께 그 길이의 변이가 심하다.
55) 이 주제에 대해서는 R. Owen, *Anatomy of Vertebrates*, vol. 3, 675~676, 706쪽을 참조하시오.

이제까지 언급한 세 가지 사실은 중요한 것으로서 이들이 갖는 의미는 명백하다. 그러나 내가 쓴『종의 기원』에서 자세하게 제시한 주장을 여기서 다시 반복하는 것은 정말로 불필요할 것 같아 생략하기로 하겠다. 같은 계급의 구성원들이 동일한 조상에서 유래되어 다양한 조건에 적응했다는 사실을 인정한다면 그들이 보이는 상동 구조의 전반적인 설계는 명료한 것이다. 사람과 원숭이의 손, 말의 발, 물개의 지느러미 발, 박쥐의 날개 등이 모두 비슷한 유형을 보인다는 사실은 다른 견해로는 절대 설명할 수 없다.[56] 이들 모두가 동일한 이상적 계획으로 독자적으로 형성되었다고 주장하는 것은 과학적 설명이 되지 못한다. 발생 과정에서 일어나는 변이는 주로 배발생 후기에 일어나고 이러한 변이는 상응하는 시기에 유전되어 발현된다는 원리에 따라, 우리는 아주 서로 다른 생물의 배(胚)가 그들의 공통 조상이 갖고 있었던 구조를 거의 완벽한 상태로 여전히 보유하고 있다는 사

---

56) 비안코니(Bianconi)는 최근에 발간한 저술 *La Thorie Darwinienne et la cration dite indpendante*, 1874에서 놀랄 만한 삽화를 제시하며, 위에 언급한 사례나 그외의 사례에서 상동 구조가 사용에 따른 기계적 원리로 충분히 설명될 수 있다는 것을 보이려 했다. 그러한 구조가 그들의 최종 목표를 위해 그렇게 놀랄 만큼 적응했다는 것을 보인 사람은 일찍이 없었다. 그리고 이런 적응은 자연선택을 통해서 설명할 수 있으리라고 나는 믿는다. 박쥐의 날개에 대해서 그는 한 가지 원리를 발표하게 되는데(218쪽), 그것은 단지 하나의 형이상학적 원리(콩트의 말을 빌린 것이다), 즉 포유류 특징의 완전한 보존 정도로 내게 비쳤을 뿐이다. 그는 불과 몇몇 사례에만 흔적 기관을 논의했으며 그후에도 돼지와 소의 작은 발굽같이 부분적으로 흔적적인 기관에 대해서만 논의했다. 그러나 그러한 예는 현실성이 없는 것으로 그 자신도 이들 기관이 동물에게 기여한다는 것을 밝혔다. 불행하게도 그는 다음과 같은 사례들, 즉 소의 잇몸 속에 있으면서 잇몸 밖으로 나오지 않는 작은 치아들, 네발 동물 수컷의 유방, 일부 딱정벌레의 융합된 날개 덮개 안쪽에 있는 날개, 여러 가지 꽃에 존재하는 암술과 수술의 흔적 그리고 그외의 많은 사례는 논의하지 못했다. 내가 비안코니의 저술이 훌륭하다고 여기는 것은 사실이지만 나는 대부분의 박물학자가 받아들이는 믿음, 즉 상동 구조가 단지 적응의 원리만으로 설명될 수 없다는 신념을 확고하게 갖고 있다.

실을 명백하게 이해할 수 있다. 사람, 개, 물개, 박쥐, 파충류 등의 초기 배가 거의 구별되지 않을 만큼 유사하다는 기묘한 사실을 납득시킬 만한 설명은 이제껏 없었다. 흔적 기관의 존재를 이해하기 위해서 우리는 과거 조상이 문제의 기관을 완전한 상태로 갖고 있었으며 생활 습관이 변하면서 이들 기관이 크게 축소되었다고 가정해야만 한다. 이러한 기관 축소는 단순히 기관을 사용하지 않거나, 불필요한 기관으로 방해를 가장 덜 받는 개체가 앞에서 언급했던 여러 수단의 도움을 받아 자연선택되는 과정을 통해 일어났을 것이다.

그러므로 우리는 어떻게 인간과 그외의 다른 모든 척추동물이 동일한 보편적 모형에 따라 만들어졌고, 왜 그들의 배발생 초기 단계가 모두 동일하며, 또 왜 그들이 특정한 흔적을 보편적으로 갖고 있는지에 대한 이유를 이해할 수 있을 것이다. 결과적으로 우리는 이들 모두가 동일한 계통에서 갈라져 나왔다는 것을 솔직하게 인정해야만 한다. 다른 어떠한 견해가 있더라도 우리 자신과 주위에 있는 모든 동물이 자기만 갖고 있는 것과 같은 구조는 우리의 판단을 흐리게 하기 위해 놓은 덫에 지나지 않는다는 것을 우리는 인정해야만 한다. 만약 전체 동물 계열의 모든 구성원에게 시선을 돌리고 동물의 인척 관계와 분류, 그리고 지리적 분포와 지질학적 계통에서 얻은 증거들을 다 함께 고려한다면 이러한 결론은 더욱 강력해질 것이다. 우리가 이러한 견해를 받아들이지 않는다면 그것은 단지 선천적인 편견이며 우리의 조상이 반신반인(半神半人)에서 유래되었다고 선언하는 오만불손함이 우리에게 있기 때문이다. 그러나 인간과 여러 포유동물의 비교해부학과 발생 과정에 박식했던 박물학자들이 각각의 생물을 독자적인 창조 활동의 작품이라고 믿었다는 사실이 불가사의하게 여겨질 날이 머지않아 오게 될 것이다.

# 제2장   인간이 하등동물에서 발생한 방법에 관해서

인간의 몸과 마음에 나타나는 변이성 — 유전 — 변이의 원인 — 하등동물이나 인간에게 동일하게 나타나는 변이 법칙 — 생활 환경의 직접적인 작용 — 기관의 용불용(用不用)에 따른 효과 — 발달 저해 — 복귀돌연변이 — 상관변이 — 증가율 — 개체 증가의 저지 — 자연선택 — 이 세상에서 가장 우세한 동물인 인간 — 인간 신체 구조의 중요성 — 인간을 직립하게 만든 원인 — 직립에 따른 구조 변화 — 송곳니의 크기 감소 — 두개골의 증가와 변형 — 벌거벗음 — 꼬리의 사라짐 — 인간의 무방비 상태

인간에게 변이가 많다는 것은 분명한 사실이다. 같은 인종 내에도 완전히 똑같은 사람은 존재하지 않는다. 수백만 명의 얼굴을 비교해 보아도 동일한 사람은 하나도 없다. 신체 여러 부위의 치수와 비율도 엄청나게 다양하다. 다리의 길이는 가장 변이가 심한 부분 중의 하나일 것이다.[1] 어떤 지역에는 길쭉한 두개골이 많고 또 다른 지역에는 뭉뚝한 두개골이 많이 나타나지만 아메리카 원주민이나 오스트레일리아 원주민은 동일 인종 내에서도 형태의 변이가 매우 심한 경우다. 오스트레일리아 원주민은 '현존하는 어떤 인종 못지않게 혈통, 문화, 언어 면에서 가장 순수하고 동질적'인데도 말이다. 샌드위치 제도*처

---

1) B.A. Gould, *Investigations in the Military and Anthropological Statistics of American Soldiers,* 1869, 256쪽.

럼 외부의 출입이 극도로 차단된 지역에 사는 주민들 사이에서도 이와 비슷한 현상이 나타난다.[2] 사람의 치아도 얼굴 생김새만큼이나 다양하다고 저명한 치과의사 한 분이 알려주었다. 주요 동맥들이 비정상적인 경로로 지나가는 것은 아주 흔한 일이어서 1,040구의 시체를 대상으로 동맥의 경로와 그 빈도를 계산한 자료는 수술에 유용한 것으로 밝혀졌다.[3] 근육은 변이가 아주 심하다. 터너는 50구의 시체를 대상으로 연구한 결과 발의 근육이 정확하게 일치하는 경우는 단한 사례도 없다는 것을 알아냈다.[4] 변이의 정도가 매우 크게 나타나는 사례도 있었다. 정상 구조에서 벗어남으로써 고유한 운동을 수행하는 능력은 변할 수밖에 없다고 터너는 덧붙여 말한다. 우드는 36구의 시체에서 근육의 변이를 295개나 기록했다.[5] 또 다른 36구의 시체에서는 558개나 되는 변이를 기록했다. 이것은 몸의 좌우 양쪽에서 똑같이 일어나는 변이를 하나로만 계산한 것이다. 이제 막 언급한 마지막 36구의 시체 중에서 '해부학 교과서에서 제시하는 전형적인 근육 계통과 완전히 일치하는 사례'는 단 한 경우도 없었다. 비정상 근육이 25개나 되는 시체도 있었다. 때로는 동일한 근육이 여러 변이를 보이기도 한다. 마칼리스터는 부장근*의 경우 20가지나 되는 변이가 나타난다고 했다.[6]

2) A. Meigs, "Cranial forms of the American aborigines," *Proc. Acad. Nat. Sci.,* 1868. 5에 실려 있으니 참조하시오. 오스트레일리아 원주민에 대해서는 C. Lyell, *The Geological Evidences of the Antiquity of Man,* 1863, 87쪽에 실린 헉슬리의 글을 참조하시오. 샌드위치 제도에 대해서는 J. Wyman, *Observations on Crania,* 1868, 18쪽을 참조하시오.

3) R. Quain, *Anatomy of the Arteries,* vol. 1, 1844, 서문.

4) Turner, *Transactions of the Royal Society of Edinburgh,* vol. 24, 175, 189쪽.

5) J. Wood, *Proceedings of Royal Society,* 1867, 544쪽; 1868, 483, 524쪽. 이전에 발표된 논문도 한 편(1866, 229쪽) 있다.

6) A. Macalister, *Proceedings of the Royal Irish Academy,* vol. 10, 1868, 141쪽.

유명한 해부학자였던 볼프[7]는 내장 기관이 신체 외부에 비해 훨씬 더 많은 변이를 보인다고 주장했다. 사람들의 모든 내장 기관은 한편으로는 서로 다르지 않지만 다른 한편으로는 모두 다르다. 심지어 그는 가장 아름답고 전형적인 내장 기관을 선택하는 내용의 논문을 한 편 쓰기도 했다. 그렇지만 간, 폐, 신장 등의 이상형이 있다는 논의는 사람 얼굴에 이상형이 있다는 논의만큼이나 이상하게 들린다.

서로 다른 인종의 지능이 크게 다르다는 것은 제쳐두고라도 같은 인종 내의 사람들도 지능이 다양하다는 것은 이미 잘 알려진 사실이기 때문에 여기에서 다시 부언할 필요는 없을 것 같다. 이것은 동물도 마찬가지다. 동물원에서 동물을 담당하는 사람들은 모두 이 사실을 인정한다. 개나 그외의 가축을 보더라도 이것은 명백한 사실이다. 브렘은 자신이 아프리카에서 길들인 원숭이들이 각자 서로 다른 성질과 기질을 보인다고 강하게 주장했다. 그는 개코원숭이 중에서 특히 지능이 높은 한 마리에 대해 설명한 적이 있다. 동물원의 사육사들도 뛰어난 지적 능력을 보이는 신세계 원숭이 한 마리에 대해 알려주었다. 렝거도 자신이 파라과이에서 키웠던 많은 개코원숭이가 보였던 여러 정신적 특징이 다양했다고 주장했다. 이런 다양성의 일부는 선천적인 것이고 또 그들을 다루고 교육시킨 방식의 결과라고 렝거는 덧붙였다.[8]

유전이라는 주제는 다른 곳에서 충분히 논의했기 때문에 여기서 다시 덧붙일 필요는 없을 것 같다.[9] 인간의 매우 중요한 특성뿐만 아

---

7) Wolff, *Act. Acad. St. Petersbourg,* 1778, 제2부, 217쪽.
8) A.E. Brehm, *Illustriertes Thierleben,* Bd. 1, 58, 87쪽; Rengger, *Naturgeschichte der Säugethiere von Paraguay,* 1830, 57쪽.
9) *The Variation of Animals and Plants under Domestication,* vol. 2, chp. 12.

니라 아주 사소한 특성까지도 유전된다는 것을 보여주는 사례가 아주 많다. 하등동물의 유전에 관한 사례도 매우 많은 것이 사실이지만 인간의 사례만큼 많지는 않다. 개나 말 그리고 그외 가축들의 지적 특성이 유전된다는 것은 명백한 사실이다. 특별한 기호와 습성 외에도 일반적인 지능, 용기, 좋은 기질, 나쁜 기질 등이 다음 세대로 유전되는 것은 확실하다. 인간도 거의 모든 가계에서 이와 비슷한 일이 일어난다는 것을 우리는 안다. 골턴의 훌륭한 노력 덕분에 우리는 고도의 능력을 수반하는 비범하고 창조적인 재능이 유전되는 경향이 있다는 것을 안다.[10] 또 이와 반대로 정신병과 낮은 지능이 가계를 통해 마찬가지 방법으로 유전된다는 것 역시 확실하다.

변이를 일으키는 원인이 무엇인지 우리는 거의 아무것도 알지 못한다. 그러나 하등동물이든 인간이든 변이의 원인이 수세대에 걸쳐 그들이 살았던 주위 환경과 어느 정도 관련되어 있다는 것은 알 수 있다. 가축은 야생동물에 비해 훨씬 더 다양한 변이를 보인다. 이것은 틀림없이 가축이 사는 환경이 변화했고 다양해졌기 때문이다. 이 점에서 여러 인종은 가축과 비슷하다. 아메리카에 사는 사람들처럼 같은 인종의 사람들도 매우 넓은 지역에 퍼져 산다면 마찬가지다. 문명국가의 다양한 주변 상황이 우리에게 미치는 영향을 우리는 잘 안다. 왜냐하면 서로 다른 계층에 속하고 이에 따라 서로 직업이 다른 사람들은 미개한 나라의 사람들에 비해 훨씬 다양한 특징을 보여주기 때문이다. 그러나 미개인이 모두 동질적이라는 견해는 종종 지나치게 과장되어왔으며 때에 따라서는 잘못된 견해일 수도 있다.[11] 그렇

---

10) F. Galton, *Hereditary Genius: an Inquiry into its Laws and Consequences*, 1869.

11) H.W. Bates, *The Naturalist on the Amazons*, vol. 2, 1863, 159쪽에서 남미에 사는 한 인디언 부족에 대해서 다음과 같이 말했다. "머리의 형태가 서로 비슷한 사람은 전혀 없었다. 어떤 사람의 머리는 섬세한 윤곽의 계란형이었고 어

지만—인간을 둘러싸고 있는 주변 상황만을 고려하더라도—인간이 다른 동물에 비해 '더 길들여졌다'고 말하는 것은 잘못이다.[12] 오스트레일리아 원주민 같은 일부 미개 인종은 넓은 지리적 분포를 보이는 많은 동물보다 오히려 다양하지 못한 환경에 살고 있다. 인간이 완전히 가축화된 동물과 크게 다른 중요한 점이 하나 있다. 즉 인간의 번식은 오랜 기간에 걸쳐 조직적이거나 무의식적 선택으로 조절된 적이 한 번도 없었다. 인종 전체나 어떤 사람이 다른 사람에게 완전히 종속되어, 주인에게 필요한 능력을 갖고 있는 자만이 보존되어 본인이 알아차리지도 못하는 사이에 선택되는 일은 단 한 번도 일어나지 않았다. 잘 알려진 프로이센 척탄병(擲彈兵)은 예외이지만, 그외에는 특정한 남녀를 의도적으로 선택하여 결혼시킨 사례는 없다. 척탄병과 그들의 키 큰 부인들이 사는 마을에서 키 큰 아이들이 자란다는 주장이 나오는 것으로 보아, 프로이센 척탄병은 조직적인 선택의 규칙에 따라 결혼이 이루어졌을 것으로 추측된다. 스파르타에서도 일종의 선택이 있었다. 왜냐하면 모든 아이는 출생 직후 조사를 받아야 된다는 법률에 따라 체격이 좋고 강한 어린이는 보존되었으며 그렇지 못한 어린이는 죽게 내버려두었기 때문이다.[13]

---

떤 사람은 얼굴이 넓고 턱이 튀어나와 있었으며 콧구멍의 간격이 넓고 눈이 기울어진 것이 몽고 사람과 매우 흡사했다."

12) Blumenbach, *Treatises on Anthropology*, 영역본, 1865, 205쪽.

13) Mitford, *History of Greece*, vol. 1, 282쪽. Xenophon, *Memorabilia*, vol. 2, no. 4 (호어[J.N. Hoare] 때문에 나는 이 책에 관심을 갖게 되었다)의 한 부분에, 남자는 미래의 자기 아이들의 건강과 기력을 고려하여 여자를 선택해야 한다는 원리가 그리스인들 사이에는 꽤 잘 알려져 있었다는 구절이 나온다. 기원전 550년에 살았던 그리스 시인 티오그니스는, 신중하게 적용될 경우 선택이 인류를 향상시키는 데 얼마나 중요할 수 있는지를 분명하게 알고 있었다. 게다가 부와 재산이 성선택의 적절한 작용을 방해한다는 것도 알았다. 그래서 그는 다음과 같은 시를 썼다.

만약 우리가 모든 인종을 하나의 종으로 간주한다면 이 종의 서식 범위는 엄청나게 넓은 것이 된다. 그러나 아메리카 원주민이나 폴리네시아 사람처럼 한 인종이 매우 넓은 서식지를 갖는 경우도 있다. 넓은 서식지를 갖는 종이 좁은 지역에 사는 종에 비해 변이의 폭이 넓다는 것은 잘 알려진 사실이다. 따라서 우리는 인간의 변이성을 가축과 비교하기보다는, 넓은 서식 범위를 갖는 종과 비교하는 것이 더 합당할 것이다.

인간이나 하등동물의 변이성은 모두 동일한 원인으로 생겨날 뿐만 아니라 동일한 신체 부위가 매우 비슷한 방법으로 영향받을 수 있다. 이것은 고드롱과 콰트르파주가 자세하게 밝혔으므로 여기서는 그들의 저술을 간단히 언급하는 정도로만 그치겠다.[14] 하찮은 변이로 점차 변해가는 기형은 인간과 하등동물에서 매우 유사하여 조프루아 생틸레르가 보여주었듯이[15] 동일한 분류법과 용어를 이용할 수 있을

---

소와 말을 갖고, 쿠르누스여! 우리는 시작한다
이성적인 규칙에 따라 품종을 선택하고
어떤 대가를 치르더라도 이익과 증식을 위해
결점이나 결함 없는 건전한 품종.
그러나 우리가 시행하는 일상의 교배에서
돈이 전부이노라, 돈이여.
남자는 결혼하고 여자는 그 대상이 되고
돈 많은 야만인이나 악당은 번성하고
그들의 후손을 훌륭한 인종과 결혼시킬 수도 있네.
그러므로 모든 것은 섞이는 것이라네, 고귀함과 비천함이!
그러므로 드러난 예절, 모습, 마음에서
그대가 우리를 타락하고 잡다한 종류라고 생각한다면
더 이상 놀랄 것도 없네, 친구여! 원인은 명백한 것이라네.
그리고 슬프게도 그 결과는 헛된 것이라네.
(프레레[J.H. Frere] 작품집, 제2권, 1872, 334쪽)

14) Godron, *De l'Espèce,* 1859, tom. 2, 제3부; Quatrefages, *Unit de l'Espèce Humaine,* 1861. "Lectures on Anthropology," *Revue des Cours Scientifiques,* 1866~68도 참조하시오.

것 같다. 가축의 변이에 대해 쓴 내 책에서 나는 다음과 같은 제목 아래 대략적인 변이의 법칙을 나열하려고 시도했다―한 종의 거의 모든 개체가 보여주듯이 똑같은 상황 아래서 똑같은 방식에 따라 달라지는 변화된 환경의 직접적이고 명확한 작용. 기관의 용불용(用不用)에 따른 효과. 유사한 기관의 결합. 여러 부위에서 나타나는 변이성. 성장의 보상(그러나 이 법칙은 사람을 대상으로는 좋은 예를 발견하지 못했다). 골반이 자궁 속에 있는 태아의 두개골에 영향을 미치듯이 한 부위가 다른 부위를 기계적으로 압박함으로써 얻는 효과. 신체 부위를 축소하고 억압하는 발달 저해. 복귀돌연변이를 통해 오랫동안 잃었던 형질의 재등장. 그리고 마지막으로 상관변이. 소위 '법칙'이라고 부르는 이러한 모든 것은 인간과 하등동물에 동일하게 적용되며 대부분은 식물에도 적용된다. 여기서 이들 모두를 토의하는 것은 필요없을 것 같다.[16] 그러나 몇 가지는 매우 중요하기 때문에 좀더 자세하게 다루어야만 한다.

**변화된 환경의 직접적이고 명확한 작용**　이것은 가장 골치 아픈 주제다. 변화된 환경이 모든 생물에게 어느 정도의―때로는 상당한―효과를 가져온다는 것은 부인할 수 없는 사실이다. 충분한 시간만 허락된다면 이것은 불변의 사실이 될 것이라고 나는 생각했다. 그러나 이것을 뒷받침할 만한 명백한 증거를 나는 아직 찾지 못했다. 적어도 특별한 목적에 적응된 수많은 구조에 관한 한, 근거가 확실한 논거를

15) I. Geoffroy Saint-Hilaire, *Hist. Gen. et Part. des Anomalies de l'Organisation,* three volumes, tom. 1, 1832.
16) 나는 이 문제에 대해서 *The Variation of Animals and Plants under Domestication,* vol. 2, chaps. 22, 23장에서 충분히 토의했다. 뒤랑(M.J.P. Durand)은 최근 귀중한 평론 *De l'Influence des Milieux*(1868)를 발간했다. 그는 식물에는 토양의 성질이 매우 중요하다고 강조했다.

전혀 다른 쪽에서 제기할지도 모르겠다. 그에 반해 변화된 환경이 엄청나게 다양한 변이를 일으킨다는 사실에는 의문의 여지가 없다. 변이성이 있기 때문에 모든 생물체는 어느 정도 유연성을 갖게 된다.

미국에서는 최근의 전쟁에 참여했던 10만 명이 넘는 육군 병사에 대한 여러 가지 치수를 측정했는데 그들이 태어나고 성장한 주(州)를 기록했다.[17] 이 엄청난 양의 결과를 통해 몇 가지의 지역적 영향이 병사의 키에 직접 작용했음이 밝혀졌다. 게다가 성장기의 대부분을 보낸 주와 가계도를 나타내는 출생 주는 병사들의 키에 큰 영향을 미칠 수 있다는 사실도 알게 되었다. 예를 들어 성장기를 서부의 주에서 보내면 키가 더 커지는 경향이 있는 것으로 밝혀졌다. 이에 반해 해군 병사들은 그들의 생활 방식이 성장을 지연시키는 것이 확실하다. 이것은 17~18세의 해군 병사와 육군 병사의 키를 비교해보았을 때 이들이 큰 차이를 보인다는 사실로 알 수 있다.

굴드는 키에 영향을 미치는 본질이 무엇인지를 밝히려 했지만 단지 부정적인 결과만을 얻고 말았다. 그가 얻은 것이라고는 키가 기후, 고도, 토양과 전혀 관계없으며, 심지어는 생활의 풍요나 빈곤의 영향을 전혀 받지 않는다는 결과였다. 이 마지막 결론은 빌레르메(Villerm)가 프랑스 여러 지역에서 징집된 병사의 키를 측정하여 얻은 통계와는 정면으로 대립된다. 폴리네시아의 한 섬에 사는 족장들과 하층 신분 사람들의 키를 비교해보면 좋은 음식과 안락한 생활이 키에 영향을 미친다는 결론을 피하기는 어려울 것 같다. 한 해양에 있는 비옥한 화산섬과 척박한 산호섬에 사는 주민들을 비교해보거나[18]

---

17) *Investigations in the Military and Anthropological Statistics of American Soldiers,* 1869; B.A. Gould, 93, 107, 126, 131, 134쪽.
18) 폴리네시아 사람들에 대해서는 Prichard, *Physical History of Mankind,* vol. 5, 1847, 145, 283쪽 참조; Godron, *De l'Espèce,* tom. 2, 289쪽 참조. 갠지스강 상

푸에고 제도의 동부 해안과 서부 해안에서 서로 크게 다른 생활 방식으로 살아가는 원주민의 키를 비교해보아도 마찬가지다. 그러나 이런 여러 상황으로 볼 때 정확한 결과를 얻기가 무척 어렵다는 것을 알 수 있다. 베도에는 최근 영국인을 대상으로 한 연구에서 도시 생활과 특정 직업이 키에 좋지 않은 영향을 미친다는 것을 보였다. 그는 그 결과가 미국의 사례와 마찬가지로 어느 정도까지는 유전된다고 추정했다. 더 나아가 베도에는 "한 인종의 신체 발육이 최대로 이루어지는 곳에서 그 인종은 에너지와 도덕적 힘에서도 최고점에 이르게 된다"[19]고 믿었다.

주변 환경이 인간에게 키 외의 다른 구조에 직접적인 영향을 미치는지는 알려져 있지 않다. 폐와 콩팥은 저온에서 활발하게 활동하고 간과 피부는 고온에서 활발하게 활동하므로 기후 차이가 두드러진 영향을 미친다고 예상할 수는 있을 것 같다.[20] 전에는 피부색과 털의 특징이 햇빛이나 열로 결정된다고 생각했다. 어느 정도의 효과는 부인하기 어렵지만 대부분의 학자들은 햇빛이나 열에 수년 동안 노출되더라도 그 효과가 매우 적다는 사실에 의견을 같이했다. 그러나 이 주제는 여러 인종을 다룰 때 더욱 자세하게 논의할 것이다. 가축의 경우 춥고 습기가 높은 기후가 털의 성장에 직접적인 영향을 미친다는 근거는 믿을 만하다. 그러나 인간에 대해서는 어떠한 증거도 접한 적이 없다.

**신체의 용불용(用不用)에 따른 효과**　근육은 사용할수록 강화되고, 전혀

---

류와 벵골에 사는 인도인은 인척 관계가 밀접하지만 이들의 외형은 크게 다르다. Elphinstone, *History of India*, vol. 1, 324쪽을 참조하시오.

19) Beddoe, *Memoirs of Anthropological Society*, vol. 3, 1867~69, 561, 565, 567쪽.
20) Brakenridge, "Theory of Diathesis," *Medical Times*, 1869. 6. 19; 7. 17.

사용하지 않거나 지배 신경이 파괴되면 약화된다는 것은 잘 알려진 사실이다. 눈이 상하면 종종 시신경이 위축된다. 하나의 동맥을 묶어 놓으면 옆쪽 동맥들의 지름이 증가할 뿐만 아니라 혈관 벽의 두께가 두꺼워지고 힘도 강해진다. 질병으로 한쪽 신장이 활동을 멈추면 다른 쪽 신장의 크기가 커지고 작업량도 두 배로 늘어난다. 무거운 물건을 들고 다니면 뼈가 굵어질 뿐만 아니라 길이도 늘어난다.[21] 평소의 직업에 따라 신체 부위의 여러 비율이 변한다. 예를 들어 최근의 전쟁에 참여했던 해군 병사들은 육군 병사들보다 평균적으로 키가 작았지만 다리는 0.55센티미터 더 길었다는 것을 미합중국 위원회가 확인했다.[22] 그러나 해군 병사의 팔길이는 육군 병사에 비해 2.77센티미터가 더 짧아, 그들의 작은 키를 고려하더라도 지나치게 짧았다고 한다. 팔이 이처럼 짧아진 것은 그들이 팔을 많이 사용하여 생긴 결과임이 명백하며 이것은 예상을 벗어나는 결과다. 그러나 해군 병사들은 그들의 팔을 주로 노를 젓는 데 사용하며 무거운 물건을 지지하는 데에는 사용하지 않는다. 해군 병사들은 육군 병사에 비해 목둘레와 발등이 두꺼웠으나 가슴둘레, 허리둘레, 엉덩이둘레는 오히려 더 작았다.

동일한 생활 습관이 여러 세대에 지속되었을 때 앞서 말한 변형 구조가 유전되는지의 여부는 알려져 있지 않지만, 가능할 것 같다. 파야구아스 인디언*은 대부분의 생활을 카누에서 보내며 다리는 거의 사용하지 않는다. 이러한 생활 방식이 여러 세대 동안 계속되었기 때

---

21) *The Variation of Animals and Plants under Domestication,* vol. 2, 297~300쪽에 이러한 진술에 대한 권위자 몇 분을 소개했다. Jaeger, "Über das Längenwachsthum der Knochen," *Jenaischen Zeitschrift,* Bd. 5, no 1.

22) *Investigations in the Military and Anthropological Statistics of American Soldiers;* B.A. Gould, 1869, 288쪽.

문에 다리는 가늘어지고 팔은 굵어졌다고 렝거는 말했다.[23] 다른 학자들도 유사한 사례에서 비슷한 결론에 도달했다. 에스키모 사람들과 오랫동안 함께 살았던 크랜즈는 다음과 같이 말했다. "바다표범을 잡는 능력과 재주는 원주민들에게는 최고의 예술이며 미덕이었는데 이러한 재주는 유전된다. 최고의 바다표범 사냥꾼의 아들은 설사 어릴 때 아버지를 잃게 되더라도 역시 최고의 사냥꾼이 되는 것으로 보아 정말 무언가가 있다."[24] 그러나 이 경우 신체 구조가 유전되는 것은 분명하지만 그들의 적성도 유전되는 것 같다. 영국 노동자들은 태어날 때부터 상류 사회 사람들보다 손이 더 크다는 주장이 제기된 적이 있다.[25] 팔다리의 발달과 턱의 발달 사이에 상관성이 나타나는 사례가 어느 정도 알려져 있는데,[26] 이러한 상관성을 고려한다면 팔다리로 노동을 많이 하지 않는 상류 사회 사람들은 턱이 작아지는 일도 가능할 것이다. 세련되고 문명화된 사람들이 힘든 일을 하는 사람들이나 미개인들에 비해 체구가 작다는 것은 확실하다. 그러나 미개인은, 스펜서가 말했듯이, 거칠고 요리되지 않은 음식물을 씹기 위해 턱을 더 많이 사용하게 됨으로써 저작근*에 직접적인 영향을 미쳤고 저작근이 부착되는 뼈에도 영향을 주게 되었다.[27] 출생하기 한참 전의 아기도 발바닥과 손바닥의 피부가 다른 부위보다 두껍다.[28] 이것은 오랜 세대 동안 발바닥과 손바닥이 압박을 받은 효과가 유전되었기 때문이라고 볼 수밖에 없을 것 같다.

미개인처럼 실외에서 주로 생활하는 사람들은 대개 원시(遠視)가

23) Rengger, *Naturgeschichte der Säugethiere von Paraguay,* 1830, 4쪽.
24) Cranz, *History of Greenland,* vol. 1, 영역판, 1767, 230쪽.
25) A. Walker, *On Intermarriage,* 1838, 377쪽.
26) *The Variation of Animals and Plants under Domestication,* vol. 1, 173쪽.
27) H. Spencer, *Principles of Biology,* vol. 1, 455쪽.
28) J. Paget, *Lectures on Surgical Pathology,* vol. 2, 1853, 209쪽.

되기 쉬운 반면에 시계를 만드는 사람과 조각가는 근시(近視)가 되기 쉽다는 사실은 잘 알려져 있다.[29] 근시와 원시는 틀림없이 유전되는 경향이 있다.[30] 미개인과 비교해볼 때 유럽인의 시력이나 그외의 감각이 떨어지는 것은 여러 세대 동안 이러한 감각 기관을 덜 사용함으로써 그 효과가 축적되고 유전되었기 때문임이 분명하다. 렝거의 연구는 그 근거가 될 수 있을 것 같다.[31] 렝거가 조사한 많은 유럽인은 야생 인디언과 함께 성장하며 인생의 대부분을 보냈는데도 이들의 감각이 인디언만큼 예리하게 발달하지는 못했다고 한다. 또한 렝거는 유럽인에 비해 아메리카 원주민이 여러 감각 기관에서 오는 자극을 수용하는 두개골 내의 공간이 더 크다는 것을 밝혔다. 아마 이것은 감각 기관의 크기가 이에 비례하여 차이를 나타냄을 보여주는 것이다. 블루멘바흐(Blumenbach)도 아메리카 원주민의 두개골 내 비강(鼻腔)이 크며 이것은 그들의 아주 예민한 후각 능력과 관련이 있다고 덧붙였다. 팔라스(Pallas)는 북아시아 평야 지대에 사는 몽고 인종은 훌륭할 정도로 감각이 완벽하다고 했다. 프리차드도 몽고 인종이 광대뼈 사이의 폭이 넓은 것은 감각 기관이 잘 발달해서 생긴 결과라고 믿었다.[32]

---

29) 해군 병사가 사물을 뚜렷하게 볼 수 있는 평균 거리가 육군 병사에 비해 떨어진다는 사실은 기이하고 예상치 못한 사실이다. 굴드는 *Sanitary Memoirs of the War of the Rebellion,* 1869, 530쪽에서 이것이 옳다는 것을 증명했다. 굴드는 '한정된 배의 길이와 돛대의 높이'가 해군 병사의 일상적인 시야 범위가 된다는 이유를 들어 이 현상을 설명했다.

30) *The Variation of Animals and Plants under Domestication,* vol. 1, 8쪽.

31) Rengger, 앞의 책, 8, 10쪽. 나는 푸에고 제도에서 시력이 놀랄 만큼 발달한 사람을 관찰할 좋은 기회가 있었다. 이 주제에 대해서는 W. Lawrence, *Lectures on Physiology,* 1822, 404쪽을 참조하시오. 최근에 지로 퇼롱(M. Giraud-Teulon)은 근시의 원인을 밝힐 만한 방대하고 귀중한 증거들을 *Revue des Cours Scientifiques,* 1870, 625쪽에서 수집했는데 그건 아주 끈기가 필요한 작업이었다.

케처 인디언은 페루의 고원 지대에 사는데, 오비그니(A. d'Orbigny)는 그들이 고원 지대의 매우 희박한 대기 속에서 호흡하며 살기 때문에 가슴과 폐가 매우 잘 발달되었다고 했다.[33] 또한 그들은 유럽인에 비해 폐세포가 더 크고 그 수도 많았다. 그러나 포브스는 해발 3,000미터에서 4,500미터 사이에 사는 아이마라족*의 많은 사람을 면밀히 측정한 후, 그들의 신체 구조가 그가 관찰한 어떠한 인종과도 큰 차이를 보인다고 알려주었다.[34] 그는 각 사람에 대해 키를 1,000으로 하고 다른 측정치들을 이 수치와 비교하여 표를 작성했다. 이 표를 보면 아이마라족 사람이 펼친 팔길이는 유럽인보다 짧으며 흑인보다는 더욱 짧다는 것을 알 수 있다. 마찬가지로 다리도 짧았다. 그리고 매우 놀랍게도 조사한 모든 아이마라족 사람은 대퇴골이 경골*에 비해 짧았다. 두 유럽인을 대상으로 대퇴골과 경골을 측정한 결과 244:230의 비율을 보였고, 세 명의 흑인은 258:241의 비율을 보인 반면, 같은 시기에 측정한 아이마라족은 평균적으로 211:252의 비율을 보였다. 상완골*도 전완골*에 비해 상대적으로 짧았다. 이처럼 사지의 기저부가 짧아지는 것은 포브스가 내게 제안했듯이 몸통의 길이가 크게 늘어나는 것과 관련된 일종의 보상인 것 같다. 아이마라족 사람에게는 그외에도 몇 가지 특이한 구조가 있는데 예를 들어 이들의 발뒤꿈치 돌출부는 매우 작다.

이들은 고원 지대의 추운 서식 환경에 완전히 적응되어 있어 과거에 에스파냐 사람들이 이들을 저지대 서부 평야에 데리고 내려왔을

---

32) Prichard, *Physical History of Mankind*(블루멘바흐의 진술을 근거로 했다), vol. 1, 1851, 311쪽. 팔라스의 언급에 대해서는 vol. 4, 1844, 407쪽을 참조하시오.
33) 프리차드가 *Researches into the Physical History of Mankind*, vol. 5, 463쪽에서 인용했다.
34) 포브스(D. Forbes)의 귀중한 논문이 *Journal of the Ethnological Society of London*, new series, vol. 2, 1870, 193쪽에 실려 있다.

때나 오늘날 사금을 세척하며 받는 높은 임금에 유혹되어 내려와서도 이들은 매우 높은 사망률에 시달리고 있다. 그렇지만 포브스는 다른 인종과 피가 섞이지 않은 몇몇 가족이 두 세대 동안 생존한 것을 알게 되었는데, 그들의 독특한 특징을 그대로 간직하고 있다는 것을 관찰했다. 그러나 측정하지 않더라도 이들의 특성이 모두 감소한 것은 명백했으며, 실측한 바에 따르면 그들의 대퇴골이 경골과 마찬가지로 비록 약간이지만 다소 길어진 반면, 몸통의 길이는 고원 지대에 사는 사람들만큼 길지는 않다는 것이 밝혀졌다. 포브스의 논문을 찾아보면 여러 실측 자료를 볼 수 있을 것이다. 이러한 사실로, 여러 세대에 걸쳐 고지대에 거주하게 되면 신체의 여러 부위에 대한 비율이 직·간접적인 영향을 받아 변형되어 유전되는 경향이 있을 것으로 생각된다.[35]

비록 인간이 비교적 최근에 일어난 신체 일부의 용불용으로 크게 변형되었다고는 생각하지 않지만, 이 원리를 따르는 경향이 완전히 없어지지는 않았음을 앞과 같은 사례들로 알 수 있다. 그래서 우리는 인간의 조상이 아주 먼 옛날 네발 동물에서 두발 동물로 변하는 과도기 때, 신체 여러 부위의 활동이 증가하거나 감소함에 따라 자연선택이 크게 작용했을 것이라고 추측하는 것이다.

**발달 저해**   발달 저해는 신체의 특정 부위가 초기 상태를 유지하며 크기만 계속 자라는 것으로서 성장 저해와는 다르다. 여러 가지 기형이 여기에 포함되며, 구개피열* 같은 일부 기형은 간혹 유전되는 것으로 알려졌다. 포크트의 논문에 나타난 소두증(小頭症) 백치의 뇌 발

---

35) 최근에 빌켄스(Wilckens)는 산악 지대에 사는 가축의 신체 구조가 어떤 변화를 겪고 있는지를 보여주는 흥미로운 평론 한 편을 발표했다(*Landwirth-schaft. Wochenblatt*, no. 10, 1869).

달 저해를 언급하는 정도면 충분할 것 같다.[36] 그들의 두개골은 작으며 뇌주름은 정상인에 비해 복잡하지 않다. 눈썹 위의 융기부인 전두동(前頭洞)은 크게 발달했고 턱은 끔찍스러울 정도로 튀어나와 있어 이들 백치는 하등인류와 다소 유사해 보인다. 백치의 지능이나 대부분의 정신 능력은 아주 낮다. 백치는 언어 능력을 익히지 못하며 절대로 한 가지 일에 오랫동안 주의를 기울이지 못하지만 흉내는 잘 낸다. 그들은 끊임없이 깡충깡충 뛰어다니고 얼굴을 늘 찌푸리고 있으며 힘이 세고 매우 활동적이다. 또 종종 두 손과 두 발을 이용하여 계단을 오르며 이상하게도 가구나 나무에 오르는 것을 좋아한다. 그것을 보면 소년들이 나무를 오르며 즐거워하는 광경이 떠오른다. 그리고 고산 지대에 사는 양과 염소의 어린 새끼들이 작은 언덕을 즐겁게 뛰어다니는 광경도 떠오른다. 또 다른 면에서 백치는 하등동물과 유사하다. 예를 들어 이들은 음식을 먹기 전에 항상 조심스럽게 음식 냄새를 맡는다는 사례도 알려져 있다. 몸에 기생하는 이를 잡을 때 두 손과 함께 가끔 입을 사용하는 백치 한 명도 보고된 바 있다. 그들은 대부분 생활 습관이 불결하며 품위 개념이 없다. 그리고 몸에 털이 두드러지게 많은 몇몇 사례도 보고되었다.[37]

**복귀돌연변이**  여기에 소개한 사례들 중 많은 부분은 '발달 저해' 편

---

36) C. Vogt, *Mémoire sur les Microcéphales*, 1867, 50, 125, 169, 171, 184~198쪽을 참조하시오.

37) 레이콕(Laycock)은 백치를 '야수'라고 부름으로써 짐승 같은 백치의 특징을 요약했다(*Journal of Mental Science*, 1863. 7). 스콧(Scott)은 음식 냄새를 맡는 치우*를 관찰할 기회가 자주 있었다(*The Deaf and Dumb*, 2nd ed., 1870, 10쪽). 이와 동일한 주제와 백치의 많은 털에 대해서는 Maudsley, *Body and Mind*, 1870, 46~51쪽을 참조하시오. 파이넬(Pinel)도 털이 무척 많은 백치의 사례를 보고했다.

에서 소개했어야 했는지도 모르겠다. 신체의 한 부위가 계속해서 성장하면서도 발달이 저해되어 동일 분류군에 속하는 일부 하등동물 성체의 해당 구조와 유사한 특징이 나타났을 때, 이것을 복귀돌연변이의 한 사례로 볼 수 있다. 한 분류군의 하등동물을 조사해보면 그들의 공통 조상이 어떤 형상을 띠었는지를 어느 정도 추측할 수 있다. 배발생 초기에 복잡한 신체 부위에 발달 저해가 일어난다면, 저해 전에 해당 부위에 고유한 기능이 생겨나지 않는 한, 그것이 제 기능을 수행할 정도로 성장한다는 것은 거의 불가능하다. 소두증 백치의 단순한 뇌가 유인원의 뇌와 닮았다는 것을 고려한다면 이것을 복귀돌연변이의 한 사례에 해당하는 것으로 볼 수 있을 것 같다.[38] 우

---

38) *The Variation of Animals and Plants under Domestication*, vol. 2, 57쪽에서 나는 아주 드물지만은 않은 여성의 잉여 유방이 복귀돌연변이 때문이라고 설명했다. 여분의 유방은 대개 가슴에 대칭으로 달려 있기 때문에 나는 그러한 결론에 도달하게 되었다. 모녀가 둘 다 여분의 유방을 갖는 사례가 있었는데, 특히 딸은 사타구니 부위에 젖을 제법 분비하는 유방이 있었다. 이것은 나의 결론에 특히 큰 영향을 미쳤다. 그러나 나는 최근 표류성 유방이 등, 겨드랑이, 넓적다리같이 위치를 벗어난 장소에 발생하는 사례를 알게 되었다. 넓적다리에 생긴 유방은 젖이 충분히 나와 아기가 그 젖을 먹고 자랐을 정도였다(Preyer, *Der Kampf um das Dasein*, 1869, 45쪽). 그러므로 여분의 유방이 복귀돌연변이 때문에 생길 가능성은 매우 적어졌다. 그렇지만 나는 아직 가능성은 있다고 생각한다. 왜냐하면 두 쌍의 유방이 가슴에 대칭으로 존재하는 경우가 종종 발견되기 때문이다. 나는 여러 사례를 통해 이런 정보를 얻었다. 일부 여우원숭이의 경우 가슴에 정상적인 두 쌍의 유방이 있다는 것은 잘 알려진 사실이다. 남성이 여분의 유방—물론 흔적 기관이다—을 갖고 있는 다섯 개의 사례가 보고되었다. 핸디사이드(Handyside)가 보고한 한 사례에는 두 형제가 여분의 유방을 갖고 있었다(*Journal of Anatomy and Physiology*, 1872, 56쪽). *Reichert's and du Bois-Reymond's Archiv.*, 1872, 304쪽에 실린 바텔(Bartels)의 논문도 참조하시오. 바텔이 언급한 사례에는 다섯 개의 유방이 있는 남자도 있었는데, 다섯 개의 유방 중 하나는 배꼽 위에 있었다. 헴스바흐(M. von Hemsbach)는 이것이 일부 박쥐류에서 나타나는 '정중 유방'과 같다고 생각한다. 우리의 먼 조상이 여분의 유방을 갖고 있지 않았다면 남자와 여자가 과연 여분의 유방을 가질 수 있었겠는지 정말 의심스러울 따름이다.

리가 지금 살펴보고 있는 복귀돌연변이의 주제에 좀더 적절한 그외의 사례가 많이 있다. 인간이 속하는 분류군 내의 많은 동물에게 있는 구조가 사람에게 나타나는 경우가 있다. 물론 정상적인 사람의 배 발생 시기에는 출현하지 않는 구조다. 만약 사람의 배(胚)에서 정상적으로 나타나는 구조라면, 분류군의 하등한 구성원에게는 정상적이었겠지만 사람의 경우에는 비정상적으로 발달하게 된다. 다음의 실례를 보면 명백할 것이다.

여러 포유류의 자궁은 두 개의 별도 구멍과 두 개의 출입구를 갖는 두 개의 기관에서 발생하며, 유대류와 마찬가지로 이들이 하나의

---

『가축화에 따른 동식물의 변이』(제2권, 12쪽)에서 나는 비록 한참 망설이기는 했지만 사람과 여러 동물에서 흔하게 나타나는 다지증(多指症)도 복귀돌연변이 때문이라고 했다. 내가 이렇게 생각한 것은 오언의 진술에 일부 영향을 받은 것이다. 그는 일부 어기류(魚鰭類)*에는 다섯 개가 넘는 발가락이 있다고 했는데, 나와 마찬가지로 오언도 이것이 원시적인 상태라고 했다. 그러나 게겐바우어(Gegenbauer)는 오언의 결론에 반박했다(*Jenaischen Zeitschrift*, Bd. 5, no. 3, 341쪽). 반면 체라토두스(Ceratodus)*의 지느러미 발—발의 중심부에는 뼈들이 한 줄로 놓이고 그 양옆으로 부챗살 모양의 '관절 가시'들이 들어 있다—에 대해 귄터(A. Günther)가 최근 제시한 의견에 따르면, 몸의 한쪽이나 양쪽에서 여섯 개 이상의 손가락이나 발가락이 복귀돌연변이로 재현될 수도 있다는 것을 받아들이는 것은 별 무리가 없는 듯하다. 나는 기록으로 남아 있는 한 남자의 사례를 주테빈(H.H. Zouteveen)을 통해 알게 되었는데, 그 남자에게는 24개의 손가락과 24개의 발가락이 있었다! 여분의 손가락이나 발가락이 생기는 것이 복귀돌연변이 때문이라는 결론에 도달하게 된 주된 근거는 여분의 손가락이나 발가락은 유전되는 경향이 강할 뿐만 아니라 하등한 척추동물의 정상 발가락처럼 절단해도 다시 자라는 능력이 있었기 때문이다. 그러나 나의 『가축화에 따른 동식물의 변이』, 제2판에서 나는 재생에 대해 기록한 사례들이 거의 신빙성이 없다는 것과 그 이유에 대해 설명했다. 그런데도—발달 저해와 복귀돌연변이가 밀접하게 관련되어 있으므로—구개피열이나 두 갈래 자궁 등과 같이 배발생 과정이나 저해 상태에서 나타나는 갖가지 구조가 종종 다지증과 관련되어 있다는 사실은 주목할 만하다. 메켈(Meckel)과 조프루아 생틸레르는 이것을 강하게 주장했다. 그러나 다지증의 발생과 허술한 조상으로의 복귀돌연변이 사이에 어떠한 관계가 있다는 생각은 이쯤에서 포기하는 것이 현재로서는 상책일 것 같다.

기관으로 합쳐지는데, 고등 포유류와 인간처럼 내부에 미세한 주름이 나타나는 것을 제외한다면 어디에도 두 기관에서 발생했다는 모습은 보이지 않는다. 설치류는 이처럼 극단적인 두 구조 사이의 단계적 변화를 완벽하게 보여준다. 모든 포유류의 자궁은 단순하고 원시적인 두 관에서 형성된다. 두 관의 아래쪽 부분은 자궁각*을 형성하는데 파레의 말에 따르면 "사람은 두 개의 자궁각에서 가장 아랫부분이 합체되어 자궁체가 형성된다. 그러나 자궁체가 없는 동물은 자궁각이 합체되지 않고 남아 있게 된다. 자궁의 발육이 이루어지면서, 두 개의 자궁각은 점차 짧아져 마침내 없어지게 된다. 말하자면 자궁체 속으로 흡수되는 것이다." 자궁의 모서리는 아직도 자궁각의 흔적이 있다. 심지어는 하등 유인원과 여우원숭이처럼 고등동물에서도 말이다.

자, 이제 여성의 경우를 살펴보자. 여성도 성숙한 자궁에 자궁각이 나타나며 부분적으로 두 부분으로 나뉜 비정상적인 이형의 사례가 드물지 않다. 오언에 따르면 그러한 사례는 일부 설치류에서 일어나는 '중간 발육의 여러 단계'를 반복하는 것이다. 이것은 배발생 과정에 일어난 단순 저해가 성장하면서 그 기능을 완전히 회복하는 사례가 될 수 있을 것이다. 부분적인 중복자궁*의 양쪽이 임신을 하기 위한 적절한 장소로 이용될 수 있기 때문이다. 두 개의 분리된 자궁강(子宮腔)이 형성되고 각각은 각자의 입구와 통로를 갖는 매우 드문 사례도 보고되었다.[39] 정상적인 배발생에서 이러한 단계는 나타나지 않는다. 만약 자궁이 현존 유대류의 사례 같은 발생 단계를 유사하게 겪지 않았다고 한다면, 단순하고 사소하며 원시적인 두 관이 어떻게 두 자궁으로 발육할지를 알고—이러한 표현을 사용할 수 있다면—

---

[39] *Cyclopaedia of Anatomy and Physiology,* vol. 5, 1859, 642쪽에 실린 파레(A. Farre)의 유명한 기사를 참조하시오. R. Owen, *Anatomy of Vertebrates,* vol. 3, 1868, 687쪽; W. Turner, *Edinburgh Medical Journal,* 1865. 2.

각각의 자궁에 수많은 근육과 신경, 분비샘과 혈관이 분포될 수 있겠는가? 불가능하지는 않겠지만 믿기 어려운 일이다. 여성의 비정상적인 중복자궁 같은 구조가 완벽한 구조를 갖추는 것이 단지 우연한 결과라고 주장하려는 사람은 없을 것이다. 그보다는 오랫동안 잃어버렸던 구조가 다시 나타나는 복귀돌연변이가, 엄청난 시간이 흘렀는데도 이루어지는 충분한 발육에 대한 해답이 될 수 있을 것이다.

카네스트리니는 앞서 말한 사례뿐만 아니라 이와 비슷한 여러 사례를 논의한 후 이제 막 언급한 것과 동일한 결론에 도달한다. 그는 광대뼈에 관한 사례에서 또 다른 예를 들었다.[40] 사수목 동물을 포함한 포유류 일부에서 광대뼈는 통상 두 부분으로 구성된다. 2개월 된 인간 태아도 이런 상태다. 만약 발달 저해가 일어난다면 이런 상태는 성인이 되었을 때까지 유지되는 경우도 있다. 턱이 튀어나온 하등 인종에는 더욱 그러하다. 그래서 카네스트리니는 인간의 먼 조상에서 이 뼈가 통상 두 부분으로 나뉜 것이 틀림없다는 결론을 내렸다. 이 두 뼈가 나중에 하나로 융합되었다는 것이다. 사람의 전두골은 한 조각으

---

40) *Annuario della Soc. dei Naturalisti in Modena*, 1867, 83쪽. 카네스트리니는 이 주제에 대해 권위 있는 여러 책에서 발췌하여 인용했다. 로릴라르(Laurillard)는 몇몇 사람과 특정 유인원을 대상으로 조사하여 두 개의 광대뼈가 모양이나 조화 그리고 그 연결 구조가 매우 비슷하다는 것을 발견하고는 이 부위가 단지 우연으로만 그와 같이 배치되었다고 생각할 수는 없다고 말했다. 사비오티(Saviotti)도 『클리닉 학보』(*Gazzetta delle Cliniche*, 1871)에 신체 이형에 대한 논문을 발표했다. 여기서 그는 성인의 약 2%에 두개골에 갈라진 흔적이 있다고 했다. 또한 턱이 튀어나온 인종은—아리아 인종은 이에 해당하지 않는다—다른 인종보다 갈라진 흔적이 더 자주 나타난다고 했다. 이 주제에 대해 더 알아보려면 G. Delorenzi, *Tre nuovi casi d'anomalia dell' osso malare*, 1872도 참조하시오. 또한 E. Morselli, *Sopra una rara anomalia dell' osso malare*, 1872도 참조하시오. 더욱 최근에 그루버는 광대뼈의 여러 부위에 대한 소논문을 썼다. 평론가 한 분이 근거나 주저함도 없이 내 진술을 의심하기 때문에 이들 참고문헌을 제시한다.

로 이루어져 있다. 그러나 배발생 시기나 어린 시절의 전두골이나 많은 하등 포유류의 전두골은 두 개의 뼈로 이루어져 있으며 이들 사이에는 뚜렷한 봉합선이 나타난다. 성숙한 어른도 봉합선이 어느 정도 뚜렷하게 남아 있는 경우도 있다. 봉합선은 현생 인류의 두개골보다는 고대 인류의 두개골에서 더 자주 나타난다. 카네스트리니가 관찰했듯이 특히 홍적층에서 발굴된 단두(短頭)형 두개골(brachycephaly)에서 봉합선은 더욱 두드러지게 나타난다. 여기서 그는 다시 광대뼈와 마찬가지로 동일한 결론에 도달하게 된다. 이런 사례와 앞서 언급한 또 다른 사례에서 고대 인류가 현생 인류보다 일부 형질에서 하등동물을 더 많이 닮았다는 것을 알 수 있다. 그 원인은 현생 인류가 반(半)인간적인 먼 조상과 더 멀리 떨어져 있기 때문이다.

이외에도 많은 학자가 앞서 언급한 이형과 유사한 여러 가지 사례를 발표했다. 모두 복귀돌연변이의 사례로 발표되었는데 이들을 복귀돌연변이의 사례로 보는 데에는 전혀 문제가 없어 보인다. 왜냐하면 언급된 모든 구조가 정상적으로는 하등 포유류에만 나타나는 구조이기 때문이다.[41]

인간의 송곳니는 음식을 씹는 데 매우 효과적이다. 그러나 송곳니

---

[41] 조프루아 생틸레르는 이형에 관한 많은 사례를 모아 발표했다(*Hist. des Anomalies,* vol. 3, 437쪽). 발달 저해가 일어난 부위에 대해 기록한 많은 사례를 논의하지 않았다고 평론가 한 분이 나를 크게 비난했다(*Journal of Anatomy and Physiology,* 1871, 366쪽). 그의 말을 내 이론에 따라 표현하면 다음과 같다. "발생 단계에 따라 나타나는 한 기관의 중간적인 상태는 최종적인 기관을 형성해가는 과정일 뿐만 아니라 과거 한때는 최종 목표 그 자체이기도 했다." 나는 이것이 반드시 옳다고는 생각하지 않는다. 발생 초기에 일어나는 변이 중 복귀돌연변이와 관련되지 않은 변이가 없는 이유는 무엇인가? 그런 변이가 발생 과정을 단축시키든지 단순화시키든지 어떻게든 도움이 되었다면 그 변이는 보존되고 축적되었을지도 모른다. 그리고 또 과거 상태와 관계없는 위축이나 이상 발달 같은 해로운 기형은 왜 성장기뿐만 아니라 발생 초기에도 일어나지 않는가?

의 진짜 특징은, 오언도 말했듯이, "치관이 원뿔형이며 끝이 둔각으로 끝나는 것이다. 또한 바깥쪽은 볼록하고 안쪽은 편평하거나 약간 오목하다. 치아 표면의 기부에는 미세한 돌기 하나가 있다. 짙은 피부색 인종, 특히 오스트레일리아 원주민에게서 송곳니의 원뿔형 특징이 특히 잘 나타난다. 송곳니는 앞니에 비해 길고 강한 치근이 잇몸에 깊게 뿌리박혀 있다."[42] 그런데도 인간의 송곳니는 더 이상 적이나 먹이를 잡아 찢는 특별한 무기 역할을 하지 않는다. 그러므로 그 고유의 기능을 고려한다면 송곳니도 일종의 흔적 기관으로 여길 수 있다. 인간의 두개골을 많이 수집하여 관찰한다면, 헤켈의 연구 결과에서 나타난 것처럼,[43] 송곳니가 유인원의 송곳니보다 그 정도가 심하지는 않지만 다른 치아에 비해 상당히 솟아 있는 것을 발견할 수 있을 것이다. 또한 이들 사례에는 튀어나온 송곳니를 받아들일 만큼 파인 공간이 반대쪽 이틀에 존재한다. 바그너(R. Wagner)가 카피르족* 사람의 두개골을 스케치한 그림에서 이 같은 공간을 볼 수 있는데 그 폭이 놀랄 정도로 넓다.[44] 현생 인류의 두개골에 대한 연구는 어느 정도 이루어져 있지만 고대 인류의 두개골에 대한 조사는 극히 미미하다. 이 점을 고려한다면 어쨌든 세 가지 사례에서 송곳니가 크게 돌출되어 있다는 것은 흥미로운 사실이다. 나울레테*에서 발굴된 턱은 유별날 정도로 거대했다고 한다.[45]

유인원은 대부분 수컷의 송곳니만이 잘 발달되어 있다. 그러나 고릴라는 암컷도 송곳니가 다른 치아에 비해 상당히 튀어나와 있다. 또

42) R. Owen, *Anatomy of Vertebrates,* vol. 3, 1868, 323쪽.
43) E. *Häckel, Generelle Morphologie,* vol. 2, 1866, 155쪽.
44) C. Vogt, *Lectures on Man,* 영역판, 1864, 151쪽.
45) 나울레테 동굴에서 발견된 턱에 대해서는 *Anthropological Review,* 1867, 295쪽에 실린 블레이크(C.C. Blake)의 논문을 참조하시오. 또 위의 책, 1868, 426쪽에 실린 샤프하우젠(Schaaffhausen)의 글도 참조하시오.

한 오랑우탄의 암컷도 그 정도가 심하지는 않지만 마찬가지 현상을 보인다. 인간도 여성의 송곳니가 때로는 크게 튀어나와 있을 수 있다. 그러므로 확신하건대, 가끔 관찰되는 남성의 큰 송곳니가 유인원과 비슷한 조상으로의 복귀돌연변이를 보여주는 하나의 사례라는 믿음이 위에서 언급한 사실 때문에 흔들리는 것은 아니다. 송곳니를 유용한 무기로 사용했던 우리의 먼 조상 때문에 오늘날 우리의 송곳니 모양이 결정되고 가끔은 커다란 송곳니도 출현한다는 믿음을 받아들이지 않는 사람들도, 조롱하듯 비웃으며 송곳니를 드러냄으로써 자신의 유래를 자기도 모르게 드러낼 것이다. 비록 더 이상 송곳니를 무기로 사용하려는 의도나 능력은 없어졌지만 그는 무언가 행동할 준비가 되었다는 것을 보이기 위해, 싸울 준비가 된 개처럼 '으르렁거리는 근육'(벨[C. Bell] 경이 붙인 이름이다)[46]을 무의식적으로 수축시킬 것이기 때문이다.

때로는 인간에게도 사수목 동물이나 포유류에게 있는 고유의 근육이 나타나는 경우가 있다. 블라코비치(Vlacovich)는 40구의 남자 시체를 조사하여 이 중 19구의 시체에 자신이 '좌골–치골 근육'이라고 불렀던 근육이 있다는 것을 알았다.[47] 다른 3구의 시체에는 이 근육을 대신하는 인대가 있었고 나머지 18구의 시체에는 아무것도 없었다. 30구의 여자 시체 중에서 단지 2구의 시체에만 양쪽에 이 근육이 있었다. 나머지 3구의 시체에는 인대의 흔적만이 남아 있었다. 그러므로 이 근육은 여성보다는 남성에게 더 보편적으로 나타난다는 것을 알 수 있다. 인간이 어떤 하등동물에서 유래되었다는 믿음을 받아들인다면 그 사실을 이해할 수 있게 된다. 왜냐하면 여러 하등동물이

---

46) *The Anatomy of Expression*, 1844, 110, 131쪽.
47) *Annuario della Soc. dei Naturalisti in Modena*, 1867, 90쪽에 카네스트리니가 인용했다.

이 근육을 갖고 있으며 이 근육은 번식 활동에서 수컷에게만 도움을 주기 때문이다.

우드는 귀중한 그의 논문 시리즈에서 인간의 수많은 근육 변이를 계속해서 설명했다.[48] 이것은 하등동물의 정상 근육과 유사한 것이다. 우리의 근육 중에서 우리와 가까운 친척인 사수목 동물에 있는 정상 근육과 매우 비슷한 근육은 너무 많아 다 소개할 수 없을 정도다. 체격이 건장하고 두개골 모양이 좋은 한 남자 시체에서 근육 변이가 일곱 개나 관찰되었다. 그런데 비정상적인 일곱 개 근육 모두 여러 종류의 유인원에서는 정상적으로 관찰되는 근육들이었다. 예를 들어 이 남자는 목 양쪽에 실하고 강한 쇄골거근*이 있었다. 이 근육은 모든 유인원들이 갖고 있는 근육이지만 사람 시체를 조사한 결과 60구의 시체 중 하나꼴로만 나타나는 것으로 알려져 있다.[49] 또 이 사람에게는 새끼발가락의 중족골*을 벌리는 특별한 '벌림근'이 있었는데, 이 근육은 유인원들에게는 모두 있는 근육이라고 헉슬리와 플라워(W.H. Flower)가 밝힌 바 있다. 두 가지 사례만을 더 소개하겠다. 견봉기저근*은 인간 이외의 모든 포유류에서 발견되는 근육이다. 네발 동물의 걸음걸이와 관련이 있는 것 같다.[50] 그런데 사람에게도

---

[48] 우리가 갖고 있는 근육의 빈번한 변이와 사수목 동물의 근육을 닮아가는 과정을 알고 싶은 사람은 우드의 논문들을 주의 깊게 읽어보는 것이 좋다. 다음의 문헌들은 내 책에서 간단히 언급했던 몇 가지 사항과 관계된 것들이다. *Proceedings of Royal Society,* vol. 14, 1865, 379~384쪽; vol. 15, 1866, 241~242쪽; vol. 15, 1867, 544쪽; vol. 16, 1868, 524쪽. 뮤리와 마이바르트는 여우원숭이과에 관한 연구 논문 *Transactions of the Zoological Society,* vol. 7, 1869, 96쪽에서 가장 하등한 영장류인 여우원숭이의 일부 근육에서 엄청나게 많은 변이가 나타난다고 했다. 또한 하등동물의 근육으로 이어지는 근육의 단계적 변화가 여우원숭이에서 많이 나타났다.

[49] A. Macalister, *Proceedings of the Royal Irish Academy,* vol. 10, 1868, 124쪽도 참조하시오.

[50] *Champneys, Journal of Anatomy and Physiology,* 1871. 11, 178쪽.

60명에 1명꼴로 이 근육이 나타난다. 브래들리(Bradley)는 새끼발가락의 중족골 벌림근이 양쪽에 있는 사람에 대해 보고했다.[51] 그때까지 이 근육은 유인원에게는 반드시 나타나지만 인간에게는 출현하지 않는 근육으로 알려져 있었다. 인간의 팔과 손은 인간의 특징을 잘 나타내는 부위다. 팔과 손의 근육들도 하등동물의 해당 근육과 비슷하게 관찰될 정도로 매우 다양한 변이를 보인다.[52] 인간의 손과 하등동물의 앞발에 분포하는 근육은 아주 비슷한 경우도 있고 그렇지 않은 경우도 있다. 그러나 설사 다를지라도 그들은 중간적인 성질을 나타내는 것이 분명하다. 어떤 변이는 남성에게 흔히 나타나고 어떤 변이는 여성에게 잘 나타나지만 그 이유는 밝혀지지 않았다. 우드는 수많은 변이에 대해 설명한 후 다음과 같이 의미심장한 말을 했다. "근육의 가로무늬나 방향이 전형적인 근육 구조에서 크게 벗어나는 경우가 있다. 이러한 변이의 이유를 알 수는 없지만 이것은 보편적이고 과학적이며 포괄적인 해부학 지식을 위해 매우 중요한 것이다."[53]

이 미지의 요인이 과거 상태로 돌아간 복귀돌연변이라는 사실은

---

51) 앞의 책, 1872. 5, 421쪽.
52) 마칼리스터는 자신이 관찰한 내용을 표로 작성했다(앞의 책, 121쪽). 그는 근육의 기형이 팔뚝에서 가장 흔하게 일어나고 있다고 했다. 두 번째는 얼굴에서였고, 세 번째는 발의 순서로 나타났다.
53) 호턴(S. Haughton)은 사람의 장무지굴근*에서 나타나는 변이에 대해 놀랄 만한 한 가지 사례를 발표했다(*Proceedings of the Royal Irish Academy*, 1864. 6. 27, 715쪽). 그리고 다음과 같이 덧붙였다. "이 놀라운 사례를 통해 짧은꼬리원숭이 손가락의 특징적인 인대 배열이 인간에게도 나타날 수 있다는 것을 알 수 있다. 그러나 이런 사례가 짧은꼬리원숭이가 인간으로 올라오며 보이는 것인지 아니면 인간이 짧은꼬리원숭이로 내려가며 보이는 사례인지, 또는 선천적인 기형인지 단언하기는 어렵다." 그는 능력 있는 해부학자로서 진화론에 대해서는 타인을 격분시킬 정도로 반대하는데, 나는 그가 세운 중요한 명제의 두 가지 가능성을 모두 인정하는 것에 만족한다. 마칼리스터도 사수목 동물과 놀랄 만한 관련성을 보이는 장무지굴근의 변이를 설명했다(*Proceedings of the Royal Irish Academy*, vol. 10, 1864, 138쪽).

가능성이 아주 높은 것으로 받아들일 수 있을 것 같다.[54] 만약 인간이 유인원과 유전적 관련성이 없다면 인간이 단지 우연으로만 유인원과 유사한 근육을 일곱 개씩이나 갖고 있다는 것은 정말 믿기 힘든 일이다. 그러나 인간이 유인원과 비슷한 생물에서 유래되었다면 일부 근육이 수천 세대 후에 갑자기 출현해서는 안 될 타당한 이유는 절대로 있을 수 없다. 말, 당나귀, 노새에서 짙은 줄무늬가 수백 세대, 또는 아마도 수천 세대 후에 다리와 어깨에 갑자기 출현하는 것과 같은 이치다.

복귀돌연변이에 대한 여러 가지 사례는 제1장에서 살펴본 흔적 기관과 밀접하게 관련되어 있다. 그래서 복귀돌연변이의 많은 사례는 제1장이나 제2장 어느 곳에 소개되어도 괜찮을 것 같다. 예를 들어 자궁각이 있는 인간의 자궁은 다른 포유류에게 있는 정상적인 자궁의 흔적을 보여주는 것이라고 할 수 있을 것이다. 남성과 여성 모두에게서 나타나는 꼬리뼈와 남성의 유방처럼 흔적을 나타내는 부위는 항상 존재한다. 그러나 과상돌기공(顆上突起孔) 같은 구조는 가끔만 나타날 뿐이다. 그렇기 때문에 복귀돌연변이라는 항목에서 소개했다고 보아도 될 것 같다. 흔적 기관뿐만 아니라 옛 모습을 보여주며 환원적으로 나타나는 여러 가지 구조는 인간이 하등동물에서 유래했다는 것을 보여주는 명백한 증거다.

---

54) 이 책 1판이 출간된 이후, 우드는 인간의 목, 어깨, 가슴 부위의 근육변이에 대한 연구 논문 한 편을 『철학회보』(*Philosophical Transactions,* 1870, 83쪽)에 발표했다. 여기서 그는 근육이 심하게 변화될 수 있다는 사실과, 이러한 변이가 하등동물의 정상 근육과 매우 닮은 경우가 많다는 것을 보여주었다. 그는 다음과 같이 요약했다. "해부학 분야에서 다윈의 복귀돌연변이에 대한 증거나 사례, 또는 유전 법칙으로 여길 만한 경향을 보이는 주요 구조를 사람 시체에서 찾는 데 성공한다면 그것으로 내 소임은 다했다고 생각한다."

**상관변이**(Correlated Variation)　동물이나 인간의 여러 신체 구조는 서로 밀접하게 연관되어 있기 때문에 한 부위가 변하면 다른 부위도 변하게 되지만 그 이유는 대부분 알려져 있지 않다. 한 부위가 다른 부위를 조절하는 것인지, 아니면 좀더 일찍 형성된 다른 부위의 영향을 두 부위가 동시에 받는 것인지 우리는 알지 못한다. 조프루아 생틸레르가 여러 번 주장한 것처럼, 갖가지 기형 구조는 그런 식으로 서로 밀접하게 연관되어 있다. 서로 닮은 구조는 특히 함께 변하기 쉽다. 몸의 좌우나 팔다리를 보면 알 수 있다. 오래전에 메켈은 팔의 근육이 그들의 고유 형태를 벗어날 경우 항상 다리 근육을 닮아간다는 사실을 발표했다. 다리의 근육은 그 반대의 관계가 성립한다고 했다. 시각 기관, 청각 기관, 치아, 털, 피부색, 털색, 개성, 체질은 어느 정도 서로 연관되어 있다.[55] 샤프하우젠은 상안와융기*와 근육 체계 사이에 뚜렷이 존재하는 연관성에 대해 주의를 기울인 최초의 학자였다. 상안와융기는 하등인종에 특징적으로 나타난다.

앞에 언급한 항목에 맞춰 어느 정도의 가능성을 갖고 집단화시킬 수 있는 변이 외에도 많은 종류의 변이가 있는데, 일단 이들을 자연적 변이라고 해도 괜찮을 것 같다. 아마 모르긴 해도 이들 변이는 어떤 결정적인 원인 없이도 일어나는 것 같기 때문이다. 그렇지만 그러한 변이들이, 개체 간의 사소한 차이에 따른 것이든 대단히 뚜렷하고 갑작스러운 구조적 일탈에 따른 것이든 간에, 생물체를 둘러싼 주변 환경의 특성보다는 생물체 자신의 체질에 주로 좌우된다는 것은 어렵지 않게 증명할 수 있다.[56]

---

[55] 이 같은 여러 가지 항목에 대한 근거는 내가 쓴 *The Variation of Animals and Plants under Domestication, vol.* 2, 320~335쪽에 나와 있다.

[56] 이 전체 주제는 내가 쓴 *The Variation of Animals and Plants under Domestication,* vol. 2, chp. 13에서 다루었다.

**증가율** 미국처럼 양호한 조건에 살며 문명화된 인간들은 25년에 그 수가 두 배로 증가한다고 한다. 오일러는 이러한 상황이 12년을 조금 넘는 기간마다 일어날 수 있다고 계산했다.[57] 앞서 말한 비율에 따르면 현재의 미국 인구(3,000만 명)는 657년 후 지구의 모든 땅과 물을 빽빽하게 채워 사방으로 90센티미터 거리에 한 사람씩 서 있는 꼴이 될 것이다. 이러한 상황이라면 인간이 생계에 필요한 물품을 획득하고 안락한 삶을 누리기는 어려운 일이다. 이 같은 어려움이 있어 인간의 계속적인 증가는 일차적으로 저지된다. 우리가 살펴본 것은 생존하기 쉽고 공간이 충분한 미국 같은 나라에서 일어날 수 있는 상황이라고 추측해야 될 것 같다. 만약 그 같은 여유 공간이 영국에서 갑자기 두 배로 늘어난다면 우리의 인구는 급격하게 두 배로 늘어날 것이다. 문명국가에서는 결혼 억제가 인구 증가를 일차적으로 저지하는 작용을 한다. 가난한 계층의 유아 사망률이 높은 것도 매우 중요하다. 마찬가지로 밀집되고 초라한 주거 환경 때문에 야기되는 모든 연령층의 높은 사망률도 중요하게 작용한다. 심한 전염병과 전쟁은 인구를 일시적으로 줄일 수는 있지만 그 효과는 곧 상쇄된다. 생활 조건이 좋은 나라에서는 오히려 상쇄되는 것 이상의 효과가 나타난다. 이주도 일시적인 저지 효과가 있지만 극도로 가난한 계층에서는 그 효과가 눈에 띄게 나타나지 않는다.

맬서스(T. Malthus)도 말했듯이, 미개인들의 번식 능력이 문명화된 인종의 번식 능력보다 실제로 낮은지는 의심할 여지가 충분하다. 미개 인종에 대해서는 인구조사가 한 번도 이루어진 적이 없기 때문에 이 주제에 대해 우리가 아는 것은 전혀 없다. 그러나 여러 선교사의 증언이나 미개 인종들과 오랫동안 함께 생활했던 사람들의 증언에 따

---

57) T. Malthus, *Essay on the Principle of Population,* vol. 1, 1826, 6, 517쪽.

르면 미개 인종은 대개 소가족을 이루며 대가족은 드물다고 한다. 여성들이 아이에게 오랫동안 젖을 물려야 하는 것이 부분적이나마 그 이유가 될 수 있을 것 같다. 그러나 미개인들은 생활 조건의 결핍으로 크게 고통받고 있으며 문명인에 비해 영양이 풍부한 음식을 섭취할 수 없기 때문에 그들이 실제로 아이를 많이 낳을 수 없다는 것이 더 그럴듯한 이유가 될 것 같다. 나는 먼저 책에서 인간이 사육하는 모든 네발 동물과 조류, 그리고 우리의 모든 재배 작물이 그에 해당하는 자연 상태의 종에 비해 번식력이 높다는 것을 보인 바 있다.[58] 갑자기 먹이를 지나치게 많이 공급받은 동물이나 심하게 뚱뚱해진 동물의 생식력은 다소 떨어지며 척박한 땅에서 비옥한 땅으로 갑자기 옮겨진 식물의 생식력도 어느 정도 떨어지지만 이것은 위의 결론에 반하는 것이 아니다. 따라서 어느 면으로는 잘 길들여졌다고도 볼 수 있는 문명화된 인간이 야생의 인간에 비해 더 높은 생식력을 가질 것이라고 기대해도 될 것 같다. 또한 문명국가의 생식력 향상이 가축과 마찬가지로 다음 세대로 유전되는 형질로 자리 잡았을 수도 있을 것이다. 쌍둥이를 낳는 경향이 가계를 통해 유전된다는 정도는 알려져 있다.[59]

미개인이 문명인에 비해 생식력이 떨어진다는 것이 사실이라고 해도 적절한 여건으로 억압하지만 않는다면 미개인의 인구는 빠르게 증가할 것이 틀림없다. 헌터는 최근 인도의 고지(高地)에 사는 산탈리족이 이런 견해에 대한 좋은 사례가 된다고 했다.[60] 예방 접종이 도입되어 질병이 사라지고 전쟁이 강하게 억제된 이후 산탈리족의 인구는 매우 높은 비율로 증가하고 있다. 그렇지만 이들이 인접 지역으

---

58) *The Variation of Animals and Plants under Domestication,* vol. 2, 111~113, 163쪽.
59) W. Sedgwick, *British and Foreign Medico-Chirurgical Review,* 1863. 7, 170쪽.
60) W.W. Hunter, *The Animals of Rural Bengal,* 1868, 259쪽.

로 퍼져나가고 남에게 고용되어 일하지 않았더라면 이러한 인구 증가는 불가능했을 것이다. 대부분의 미개인이 결혼하지만 임신이 가능한 나이에 접어들자마자 결혼하지는 않는 것이 일반적인 것으로 보아 미개인도 어느 정도 세심한 억제력은 있다. 그들 사회의 젊은 남자는 아내를 부양할 수 있다는 것을 보여주어야만 하는 경우가 종종 있다. 일반적으로 남자는 아내를 그녀의 부모에게서 사기 위해 가장 먼저 돈을 벌어야만 한다. 모든 미개 부족이 주기적으로 심한 기근에 시달리는 것으로 보아 미개인의 경우, 생계 부양의 어려움이 문명인에 비해 인구를 제한하는 훨씬 더 직접적인 원인이 되는 경우가 간혹 있다. 그러한 어려운 시기에 미개인들은 아주 형편없는 음식을 게걸스레 먹을 수밖에 없으며 그에 따라 당연히 건강을 해칠 수밖에 없다. 여러 연구 보고에 따르면 기근이 일어난 후나 식량이 부족한 시기에는 미개인의 배가 튀어나오며 팔다리가 야윈다고 한다. 내가 오스트레일리아에서 확인한 바로는 이러한 시기에 그들은 한곳에 정착하지 못하고 훨씬 더 오랫동안 유랑 생활을 할 수밖에 없어 많은 어린이가 죽게 된다. 기근은 주로 열악한 계절에 맞춰 주기적으로 일어나기 때문에 모든 부족의 인구는 오르락내리락하게 된다. 식량 공급을 인위적으로 증가시킬 수 없기 때문에 인구는 지속적이고 규칙적으로 증가할 수 없다. 미개인들은 어려운 상황에 닥쳤을 때 다른 부족의 영토를 침략하여 전쟁이 일어난다. 그러나 사실 그들은 인접 부족과 거의 늘 전쟁 상태에 있다. 땅이나 물에서 식량을 구하는 과정에서 그들은 많은 사고 위험에 노출된다. 일부 나라에서는 대형 포식동물에게 희생당하는 경우도 많다. 인도에서도 호랑이 때문에 사람들의 수가 줄어든 지역이 있을 정도다.

맬서스는 이같이 인구 증가를 저지하는 몇 가지 요인에 대해 논의했지만 가장 중요한 원인일 수도 있는 영아 살해, 특히 여아 살해와 습관적인 낙태는 충분히 강조하지 못했다. 현재 낙태는 세계 여러 곳에서 성행한다. 맥레넌이 아주 자세하게 보여주었듯이[61] 유아 살해는 과거에 꽤 유행했던 것으로 보인다. 이러한 관습은 태어난 모든 아기를 키우기 어렵고 사실 거의 불가능하다는 것을 인식한 미개인 집단에서 처음 시작된 것으로 보인다. 방탕도 인구 저지에 한몫을 했을 것이다. 그러나 방탕은 생계 수단을 얻지 못해서 일어나는 것은 아니다. 물론 일부 사례(일본 같은)에서는 인구를 억제하려는 수단으로서 방탕이 의도적으로 장려되었다고 여길 만한 근거가 있다.

인간이 인간으로서 존엄성을 갖추기 전인 아주 먼 옛날에, 인간은 이성보다는 본능에 따라 행동했을 것이다. 오늘날 가장 미개한 인종보다도 그 정도가 더욱 심했을 것이다. 자기 새끼를 습관적으로 죽이거나 질투심을 전혀 보이지 않을 정도로 본능이 오용되는 하등동물은 전혀 존재하지 않는 것으로 보아[62] 옛날에 살았던 반(半)인간적 조상이 영아 살해나 일처다부의 관습을 갖고 있지 않았을 것이다. 분별 있는 결혼 억제도 없었을 것이며 이들은 어린 나이에 자유롭게 결혼했을 것이다. 그러므로 인간의 조상은 빠르게 증가하는 경향이었을 것이다. 그러나 주기적이든 일정하든 어떤 유형의 인구 저지가 현존하는 미개인의 경우보다 더욱 강하게 개체수의 증가를 억제했을

---

61) M'Lennan, *Primitive Marriage*, 1865.
62) *Spectator*, 1871. 3. 12, 320쪽에서 작가 한 분이 이 구절에 대해 다음과 같이 논평했다. "다윈은 인간 타락에 관한 새로운 학설을 재도입하려고 자기 자신을 내세운다. 다윈은 고등동물의 본능이 미개인의 습관보다 훨씬 더 고귀하다는 것을 보여준다. 그 때문에 다윈은 특히 결혼 같은 미개인의 추악한 풍습으로 드러나는 일시적이면서도 영속하는 도덕적 타락이 인간의 지식 습득 때문이라는 사고를 자신도 의식하지 못하는 사이에 하나의 정설이자 과학적 가설로 재도입할 수밖에 없었다. 그렇다면 인간의 도덕적 타락이 인간에게 금지된 지식을 고귀한 본능으로 움켜잡았기 때문이라고 주장하는 유대인의 전통과 다윈의 학설이 다를 것이 무엇인가?"

것이다. 대부분 동물과 마찬가지로 우리 조상의 개체수 증가를 저지했던 정확한 본질이 무엇인지 우리는 알지 못한다. 말과 소는 절대로 새끼를 많이 낳지 않는 동물이지만 이들을 남아메리카에 처음 방목했을 때 엄청난 비율로 증가했다는 것은 잘 알려진 사실이다. 모든 동물 중에서 가장 느리게 번식하는 코끼리도 몇천 년 만에 온 세상을 뒤덮을 것이다. 모든 종류의 원숭이는 몇 가지 이유 때문에 개체수가 늘지 않는다. 그러나 브렘도 언급했듯이 그것은 맹수들의 먹이 사냥 때문이 아니다. 남아메리카의 야생말과 소가 방목되면서 이들의 실제적인 번식력이 약간이라도 증가했다고는 아무도 생각하지 않을 것이다. 또한 각 지역이 이들 동물로 채워짐에 따라 이들의 번식력이 감소했다고도 생각하지 않을 것이다. 이 사례나 그외의 모든 사례에서 많은 저지 작용이 공동으로 작용했으며 상황에 따라 저지 작용의 종류도 달랐으리라는 것은 의심할 여지가 없다. 열악한 계절에 주기적으로 일어나는 기근이 아마 가장 중요한 요인이었을 것이다. 인간의 먼 조상도 이와 비슷한 상황에 처해 있었을 것이다.

**자연선택**　이제 우리는 인간의 몸과 마음이 쉽게 변한다는 것을 알았다. 또 변이는 인간에게서든 하등동물에서든 동일한 보편적 원인으로 직·간접적으로 일어나며 동일한 법칙을 따른다는 것도 알았다. 인간은 지구에 넓게 퍼져나갔으며 그렇게 끊임없이 이주하면서[63] 매우 다양한 환경에 놓이게 되었음이 틀림없다. 티에라델푸에고 제도,* 희망봉,* 태즈메이니아* 그리고 북극 지역에 사는 사람들은 현재의 거주지에 도착하는 과정에서 여러 가지 기후를 경험하며 그들의 생활 습관을 여러 번 바꾸었음이 틀림없다.[64] 인간의 옛 조상은 다른 모든

---

[63] 이런 효과에 대해서는 W.S. Jevons, "A Deduction from Darwin's Theory," *Nature*, 1869, 231쪽의 훌륭한 구절을 참조하시오.

동물과 마찬가지로 생존 수단의 한계를 극복하며 증가했음이 틀림없다. 그래서 그들은 이따금 생존경쟁과 그 때문에 생기는 엄격한 자연선택(Natural Selection)의 영향을 그대로 받게 되었을 것이다. 그러므로 모든 종류의 유리한 변이는 가끔, 또는 늘 보존되었고 해로운 변이는 사라졌을 것이다. 오랜 시간에 걸쳐 일어나는 엄청난 구조적 변화를 말하는 것이 아니라 그저 개인 간의 사소한 차이를 말하는 것이다. 예를 들어 손과 발에 있는 근육은 우리의 운동 능력을 결정하며 하등동물의 근육처럼 끊임없이 변할 수 있다는 것을 우리는 알고 있다.[65] 그래서 어떤 지역에, 특히 어느 정도 환경의 변화를 겪은 지역에 살던 인간의 조상이 똑같은 두 집단으로 나뉘었다면, 생존을 위한 이동 능력을 갖추고 자신을 잘 방어했던 집단은 적응 능력이 떨어지는 다른 집단에 비해 평균적으로 많은 수가 생존하며 더 많은 자손을 낳았을 것이다.

현존하는 가장 미개한 인간도 지구상에 존재했던 그 어떠한 동물보다도 훨씬 더 우세하다. 인간은 고도로 조직화된 그 어떠한 동물보다도 지구상에 널리 퍼져나갔다. 다른 모든 동물은 계속해서 인간 앞에 굴복했다. 두말할 나위 없이 인간의 이 엄청난 탁월함은 그의 지적 능력과 사회적 습성에 기인하며, 이 두 요인 때문에 동료들끼리 서로 돕고 지켜주는 행동이 생겨난 것이다. 또한 인간의 신체 구조도 인간의 탁월함에 한몫한다. 생존을 위한 투쟁의 결정적인 중재에 이러한 특징이 이용되는 것으로 보아 이것이 매우 중요하다는 것을 알 수 있다.

---

64) R.G. Latham, Man and his Migrations, 1851, 135쪽.
65) 뮤리와 마이바르트는 그들이 쓴 "Anatomy of the Lemuroidea," *Transactions of the Zoological Society*, vol. 7, 1869, 96~98쪽에서 "일부 근육은 아주 불규칙한 분포를 보여 위에서 언급한 어떠한 분류 체계 내에도 제대로 들어갈 수 없다"고 했다. 이들 근육은 심지어 한 개체의 신체 좌우에서도 서로 차이를 보인다.

지적 능력을 통해 분절 언어가 진화되었으며 이러한 언어를 통해 인간의 놀랄 만한 진보가 주로 결정되었다. 라이트는 다음과 같이 말했다. "언어 능력을 심리 분석해보면 그 언어가 아무리 세련되지 않더라도 다른 어떤 숙달보다도 더욱 큰 지적 능력이 필요한 것 같다."[66] 인간은 여러 가지 무기, 기구, 덫 등을 발명했으며 사용할 수 있다. 이 도구들을 이용하여 인간은 자신을 방어하고 사냥을 하며 식량을 구했다. 인간은 뗏목과 카누를 만들어 낚시를 하거나 물을 건너 비옥한 섬으로 이주하기도 했다. 인간은 불을 피우는 기술을 발견했으며 그 때문에 딱딱하고 섬유질의 식물 뿌리를 소화시킬 수 있게 되었고 독이 있는 뿌리와 풀도 해독할 수 있게 되었다. 인간이 만든 언어를 제외한다면 아마 인간의 가장 위대한 업적이라 할 불의 발견은 선사 시대로 거슬러 올라간다. 이 같은 여러 가지 발명이나 발견으로 미개 상태의 인간은 걸출하게 변모하게 되었으며 발명이나 발견은 인간의 관찰력, 기억력, 호기심, 상상력, 사고력이 발달하면서 얻은 직접적인 결과였다. 따라서 나는 "미개인은 자연선택으로 유인원보다 단지 약간 우수한 두뇌를 얻었을 뿐이다"[67]라는 월리스의 말을 도저히 이해

---

66) C. Wright, "On the Limits of Natural Selection," *North American Review*, 1870. 10, 295쪽.

67) *British Quarterly Review*, 1869. 4, 392쪽. 이 주제에 대해서는 A.R. Wallace, *Contributions to the Theory of Natural Selection*(1870)에서 더욱 자세하게 논의했다. 이 작품에 실렸던 모든 평론은 재출판되었다. 유럽의 가장 유능한 동물학자 중 한 사람인 클라파레드(E. Claparede)는 *Bibliothèque Universelle*, 1870. 6에 발표한 기사에서 *Essay on Man*을 교묘하게 비판했다. "The Origin of Human Races Deduced from the Theory of Natural Selection"에 관한 월리스의 유명한 논문을 읽은 사람들은 내 책에 나오는 의견에 적지 않게 놀랄 것이다. 위 논문은 원래 *Anthropological Review*, 1864. 5, 158쪽에 발표된 것이다. 러벅(J. Lubbock)은 이 논문에 관해서 *Prehistoric Times*, 1865, 479쪽에서 아주 적절하게 언급했는데 나는 이것을 인용하지 않을 수 없다. 즉 그는 월리스를 "독특할 정도로 사리사욕이 없으며, 알려진 바와 같이 독자적으로 자연선택

할 수 없다.

　비록 지적 능력과 사회적 관습이 인간에게 가장 중요한 것은 사실이지만, 신체 구조의 중요성을 과소평가해서는 안 된다. 이 장(章)의 나머지는 이 주제를 설명하는 데 할애할 것이다. 지적 능력과 사회적 기능, 즉 도덕적 기능에 대해서는 나중에 장 하나를 빌려 논의하겠다.

　정확한 망치질도 결코 쉬운 일이 아니라는 것을 목수 일을 배우려 했던 사람은 잘 알 것이다. 푸에고 제도 원주민처럼 자신을 방어하거나 새를 잡는 것처럼 진짜 목표를 향해 돌멩이를 던진다는 것은 팔, 손, 어깨의 근육과 더 나아가 섬세한 촉각이 상호 연결되어 최고의 완성도가 필요한 작업이다. 돌이나 창을 던질 때, 또 그외의 다른 많은 일을 할 때 인간은 두 다리를 이용하여 안정되게 몸을 지탱해야만 한다. 이것 역시 여러 근육이 철저하게 협력해야만 가능하다. 단단한 물건을 깎아 조잡하게나마 도구를 만들고 뼈를 이용하여 미늘이 있는 창이나 갈고리를 만들려면 손이 완전하게 숙달되어야만 한다. 매우 훌륭한 스쿨크래프트(Schoolcraft)는 돌조각을 깎아 칼, 창, 화살촉을 만드는 것은 "매우 비상한 능력과 오랫동안의 연습"[68]이 필요한 것이라고 했다. 이것은 원시인이 노동 분담을 했다는 사실로 대부분 증명되었다. 모든 사람이 자신의 석기나 조잡한 도기를 제작하지는 않았다. 그 대신에 일부 사람이 그 같은 일을 전담한 것으로 보이며 틀림없이 그 대가로 사냥한 동물을 받았을 것이다. 고고학자들은 우리의 선조가 엄청난 시간이 흐른 뒤에야 얇은 조각의 물건을 갈아 매끄러운 도구로 만들 생각을 하게 되었다고 믿는다. 인간과 비슷한 동

---

의 개념에 도달했으며 비록 다윈보다 정교하지는 않았지만 동시대에 발표했다. 그런데도 월리스는 자연선택의 개념을 쾌히 다윈의 업적으로 돌렸다."
68) 테이트(L. Tait)가 그의 "Law of Natural Selection," *Dublin Quarterly Journal of Medical Science*, 1869. 2에서 인용했다. 켈러도 동일한 효과에 대해 인용했다.

물이 있어 돌멩이를 매우 정확하게 던질 수 있거나 얇은 조각을 이용하여 조잡하나마 도구를 만들 정도의 손과 팔이 있다고 해보자. 기계적인 숙련만을 고려한다면, 이들이 충분한 연습으로 문명인이 만들수 있는 대부분의 물건을 만들게 될 것이라는 사실은 거의 의심할 바없다. 이 점에서 손의 구조는 발성 기관과 비교할 수 있다. 유인원은 발성 기관을 이용하여 여러 가지 신호음을 낸다. 음악적인 운율을 내는 집단도 있다. 인간과 유인원의 발성 기관은 비슷하다. 그러나 인간의 발성 기관은 사용하는 기관이 유전되는 효과를 통해 분절 언어를 내도록 적응하게 되었다.

이제 인간과 가장 가까운 동맹이자 우리 조상의 훌륭한 대변자에게 눈을 돌려보자. 그러면 우리는 사수목 동물의 손이 인간의 손과 동일한 유형으로 만들어졌지만 이들의 손은 인간에 비해 그 적응도가 낮아 다양하게 사용하기 어렵다는 사실도 알 수 있다. 침팬지나 오랑우탄 같은 원숭이는 손바닥의 가장자리로 땅을 딛고 걷거나 손가락 마디로 땅을 딛는 너클 보행[69]을 하는 것으로 보아 이들의 손은 개의 발만큼 이동에 훌륭한 기여를 하지는 못한다. 그러나 그들의 손은 나무를 기어오르는 데에는 놀라울 정도로 훌륭하게 적응되어 있다. 원숭이는 우리와 똑같이 엄지손가락을 나머지 손가락과 손바닥에 마주 보게 하여 가느다란 나뭇가지나 끈을 잡는다. 또한 그들은 유리병 같은 좀더 큰 물건도 들어올려 입으로 가져갈 수 있다. 개코원숭이는 손으로 돌멩이를 뒤집고 땅을 긁어 나무뿌리를 캔다. 그들은 엄지손가락과 나머지 손가락을 마주 보게 하여 나무 열매, 곤충, 그외의 작은 물건을 집어올리며 그런 식으로 새의 둥지에서 알과 어린 새끼를 훔쳐내는 것이 틀림없다. 아메리카 원숭이는 가지에 매달린 야

---

69) R. Owen, *Anatomy of Vertebrates,* vol. 3, 71쪽.

생 오렌지를 손으로 쳐서 껍질을 깬다. 그러고 나서 두 손의 손가락을 이용하여 껍질을 벗긴다. 야생에서 그들은 돌멩이를 이용하여 견과의 껍질을 부숴 벗긴다. 두 엄지손가락을 이용하여 홍합 껍질을 여는 원숭이도 있다. 원숭이는 손가락을 이용하여 가시를 뽑으며 상대의 몸에 달라붙어 있는 기생충을 잡아주기도 한다. 그들은 적을 향해 돌을 굴리거나 던진다. 그렇지만 이러한 다양한 행동을 하는 그들의 동작은 어색하다. 그리고 내가 직접 관찰한 바로는 원숭이는 돌멩이를 정확하게 던지지는 못한다.

원숭이들이 '물건을 어설프게 움켜쥐는' 점으로 볼 때, '그보다 훨씬 더 분화되지 못한 포획 기관'이 현재의 원숭이들의 손과 맞먹는 기능을 수행했으리라고 믿기는 어렵다.[70] 그러나 만약 그들의 손이 더욱 완벽하게 설계되었더라면 그 때문에 나무를 기어오르는 능력이 줄어들지 않는 한, 그들의 손은 틀림없이 그들에게 도움이 되었을 것이다. 인간의 손처럼 완벽한 손이 나무를 기어오르는 데에는 불리할 것이라고 생각할 수도 있다. 왜냐하면 나무에 사는 대부분의 원숭이들, 즉 미국의 거미원숭이(*Ateles*), 아프리카의 콜로부스(*Colobus*), 아시아의 긴팔원숭이(*Hylobates*)* 모두 엄지손가락이 없거나 발가락들이 부분적으로 융합되어 단지 움켜잡을 수 있는 갈고리 정도로 변했기 때문이다.[71]

---

70) *British Quarterly Review*, 1869. 4, 392쪽.
71) 큰긴팔원숭이(*Hylobates syndactylus*)는 그 이름이 의미하듯이(syn: 함께; dactylus: 손·발가락―옮긴이) 두 개의 발가락이 반듯하게 융합되어 있다. 블리스(E. Blyth)가 알려준 바에 따르면 이런 현상은 검은손긴팔원숭이(*H. agilis*), 흰손긴팔원숭이(*H. lar*), 류치스쿠스 긴팔원숭이(*H. leuciscus*)에서도 종종 일어난다. 콜로부스 원숭이는 나무에서만 살며 매우 활동적이다(A.E. Brehm, *Illustriertes Thierleben*, Bd. 1, 50쪽). 그러나 유사한 속(屬)의 종 중에서 이 종보다 나무를 더 잘 타는 종이 있는지는 모르겠다. 나무 생활에 가장 잘 적응된 나무늘보의 발이 정말로 갈고리처럼 생겼다는 사실은 주목할 만하다.

생계 수단을 마련하는 방법이 변하고 주변 환경이 바뀌게 되었다. 이에 따라 여러 옛 영장류 중 일부 종류가 나무를 덜 타게 되면서 이들의 진보 방법은 변화되었을 것이고 그에 따라 더욱 완전한 네발 동물 또는 두발 동물이 되었을 것이다. 개코원숭이는 흔히 바위가 많은 산악 지대에 살며 필요할 때만 높은 나무에 기어오른다.[72] 그에 따라 그들은 거의 개 같은 걸음걸이로 이동한다. 인간만이 두발 동물이 되었다. 우리는 인간이 가장 두드러진 특징 중의 하나인 곧추선 자세를 어떻게 취하게 되었는지 알 수 있을 것 같다. 인간이 손을 사용하지 않았다면 현재 우리 인간이 누리는 우세한 위치를 얻지 못했을 것이 틀림없다. 손은 자신의 의지에 따라 움직일 정도로 놀랍게 적응되었다. 벨은 "인간은 손을 이용하여 모든 도구를 만든다. 손이 지능에 맞춰 발달함에 따라 인간은 세계적인 지배권을 얻게 되었다"[73]라고 주장했다. 그러나 손과 팔이 주로 이동이나 체중을 지탱하는 목적으로 사용되고, 또 앞서 말한 것처럼 나무를 기어오르는 데에 주로 적응되었다면 그들의 손과 팔이 무기를 만들거나 돌멩이나 창을 목표물을 향해 정확하게 던질 만큼 완전하게 발달된다는 것은 아마 거의 불가능했을 것이 틀림없다. 손의 섬세한 이용은 촉감에 달려 있는데 손을 그렇게 거칠게 취급했다면 촉감은 무뎌졌을 것이다. 이러한 이유만으로도 인간은 두발 동물이 된 큰 이점을 얻었을 것이다. 그러나 여러 가지 활동을 하려면 팔과 상체가 반드시 자유로워야만 한다. 인간은 이런 목적을 위해 두 발로 견고하게 서야만 했다. 이 커다란 장점을 얻기 위해 발은 편평하게 되었고 그에 따라 엄지발가락은 독특하게 변형되며 결과적으로 물건을 움켜잡는 능력을 거의 상실하게 되었

---

72) A.E. Brehm, 앞의 책, 제1권, 80쪽.
73) C. Bell, "The Hand," *Bridgewater Treatise,* 1833, 38쪽.

다. 이것은 동물 세계의 보편적인 생리 활동 분업화 원리와 일치한다. 즉 손이 물건을 움켜잡는 능력에 완전하게 적응함에 따라 발은 지지와 이동에 완전하게 적응했어야만 한다는 것이다. 그러나 일부 미개인이, 나무를 기어오를 때나 그외의 목적으로 발을 사용하는 것으로 보아 물건을 움켜잡는 발의 능력이 완전히 없어지지는 않는다.[74]

인간이 두 발로 안정되게 서서 손과 팔을 자유롭게 하는 것이 유리하다면—인간이 삶의 투쟁에서 뚜렷한 성공을 거둔 것으로 보아 이것은 의심할 여지가 없다—더욱더 곧추서서 두 발로 걷는 것이 인간의 조상에게 이롭게 작용했으리라는 사실은 거의 확실하다. 이렇게 하여 그들은 돌이나 몽둥이를 이용하여 자신을 잘 방어하고 사냥감을 공격하거나 식량을 구하는 데 더욱 유리하게 되었다. 가장 훌륭한 체격을 갖춘 개체가 결국 가장 큰 성공을 거두었을 것이고 그 결과 많은 수가 살아남았을 것이다. 만약 고릴라와 그와 유사한 친척들이 멸종되고 말았다면, 네발 동물에서 두발 동물로 변화하는 일은 없었을 것이라는 주장이 강력하게 제기되었을지도 모른다. 왜냐하면 네발 동물과 두발 동물의 중간 단계를 보이는 동물들은 불행하게도 진보에 적합하지 않았을 것이기 때문이다. 그러나 우리는 오늘날의 유인원들이 중간 단계를 보인다는 사실을 알고 있으며 이것은 심사숙고할 만한 가치가 있다. 그런데 그들이 생활 환경에 대체로 잘 적응한다는 사실을 의심하는 사람은 없을 것이다. 예를 들어 고릴라는 옆으로 어슬렁거리며 달리지만 대개는 굽은 손에 주로 의지하며 이동한

---

74) 헤켈은 인간이 두발 동물이 되는 과정에 대해서 훌륭하게 논의했다(*Natürliche Schöpfungsgeschichte*, 1868, 507쪽). 뷔히너(L. Büchner)는 *Conférences sur la Théorie Darwinienne*, 1869, 135쪽에서 물건을 움켜잡는 기관으로 발을 사용하는 인간에 대한 적절한 사례를 제시했다. 그는 고등 원숭이의 진보 방법도 서술했는데 이것은 다음에 언급하겠다. 이 주제에 대해서는 R. Owen, *Anatomy of Vertebrates,* vol. 3, 71쪽을 참조하시오.

다. 긴 팔이 있는 유인원은 때때로 팔을 버팀목으로 이용하여 두 팔 사이로 몸을 흔든다. 긴팔원숭이의 일부 종류는 가르쳐주지 않아도 서서 걷거나 꽤 빠르게 달릴 수 있다. 그러나 긴팔원숭이의 이동은 인간보다 어색하고 훨씬 더 불안정하다. 한마디로 말하면 우리는 현존하는 원숭이를 통해 네발 동물에서 두발 동물로 진보하는 방식을 보는 것이다. 그러나 편견 없는 전문가 한 분이 주장했듯이,[75] 유인원은 구조적으로 네발 동물보다는 두발 동물에 훨씬 더 접근해 있다.

　인간의 조상이 더욱더 곧추서게 됨에 따라 손과 팔은 물건을 움켜잡거나 그외의 다른 목적에 적합하도록 더욱 변형되었다. 동시에 그들의 발과 다리는 몸을 견고하게 지지하고 몸을 이동시킬 수 있도록 변형되었으며 그외의 끝없는 구조 변화가 필요했을 것이다. 골반도 넓어져야만 했을 것이고 척주(脊柱)는 독특하게 휘어지게 되었으며 머리는 변경된 위치에 고정되었다. 이런 모든 변화가 인간에게서 일어난 것이다. 샤프하우젠은 다음과 같이 주장했다. "사람 두개골에 있는 강력한 유양돌기*는 직립의 결과다."[76] 오랑우탄이나 침팬지 등에는 유양돌기가 없다. 고릴라는 유양돌기를 갖고 있으나 그 크기가 사람 것보다 작다. 인간의 직립과 관련된 것으로 보이는 그외의 여러 구조에 대해 더 나열할 수도 있다. 한 구조가 변형됨에 따라 이에 보조를 맞춰 변형된 또 다른 구조의 어느 정도가 자연선택의 결과이고 어느 정도가 사용 증가에 따른 유전 효과인지, 또 하나의 기관이 다른 기관에 어느 정도 영향을 미치는지 판단하는 것은 매우 어렵다.

---

75) M.P. Broca, "La Constitution des Vertébres caudales," *La Revue d'Anthropologie*, 1872, 26쪽.

76) *Anthropological Review*, 1868. 10, 428쪽에 번역되어 옮겨진 "On the Primitive Form of the Skull"를 참조하시오. 고등 유인원의 유양돌기에 대해서는 R. Owen, 앞의 책, 제2권, 1866, 551쪽을 참조하시오.

변화가 종종 상호 협동적으로 일어난다는 사실은 의심할 여지가 없다. 예를 들어 특정한 근육과 이들이 부착되는 뼈의 돌출 구조가 끊임없이 사용함으로써 커졌다면 특정한 행동이 끊임없이 일어났으며 그런 행동이 동물에게 유용했으리라는 것을 알 수 있다. 따라서 그런 행동을 최대로 수행했던 개체들은 많은 수가 살아남았을 것이다.

팔과 손의 자유로운 이용은 직립 자세의 원인이 되기도 하고 결과가 되기도 하는데, 다른 구조의 변형에도 간접적인 영향을 미쳤을 것이다. 초기에 살았던 우리 조상의 수컷은 앞에서도 말했지만 아마 커다란 송곳니가 있었을 것이다. 그러나 그들이 적이나 경쟁자와 싸우기 위해서 돌, 몽둥이 그리고 그외의 무기를 사용하는 습성을 점차 획득하게 됨에 따라 턱과 치아의 사용 빈도가 줄어들었을 것이다. 이 경우 턱은 치아와 함께 크기가 작아졌을 것이다. 유사한 많은 사례를 통해 우리는 이 사실을 거의 확신할 수 있다. 앞으로 우리는 이 책에서 매우 비슷한 사례를 한 가지 보게 될 것이다. 그것은 반추동물 수컷의 송곳니가 작아지거나 아주 사라지는 것으로서 뿔이 발달하는 것과 관련되어 있으며 말이 앞니와 발굽을 이용해서 싸움하는 습관과 분명하게 관련되어 있다.

뤼티마이어와 그외의 학자들이 주장했듯이, 다 자란 유인원 수컷이 여러 가지 면에서 인간과 상당히 다른 것은 잘 발달된 턱 근육이 인간과는 다른 방향으로 두개골에 영향을 미치며 이 동물을 '정말 무서운 관상'을 가진 동물로 보이게 하기 때문이다.[77] 그러므로 인간 조상의 턱과 치아가 작아짐에 따라 성체의 두개골은 현생 인류의 두개골과 매우 비슷한 모습으로 변화되었을 것이다. 앞으로 살펴보겠

77) Rütimeyer et. al., *Die Grenzen der Thierwelt, eine Betrachtung zu Darwin's Lehre*, 1868, 51쪽.

지만, 수컷의 송곳니가 크게 작아짐에 따라 유전을 통해 암컷의 치아도 영향을 받았을 것이 틀림없다.

여러 가지 정신 능력이 점차 발달함에 따라 뇌는 틀림없이 커졌을 것이다. 고릴라나 오랑우탄에 비해 높은 비율을 보이는 인간의 두뇌가 인간의 높은 정신 능력과 밀접하게 연관되어 있다는 것을 의심할 사람은 없을 것이다. 곤충에서도 매우 유사한 사례를 찾을 수 있다. 개미의 뇌는 매우 크다. 또한 모든 벌의 뇌도 딱정벌레처럼 지적 능력이 떨어지는 곤충에 비해 몇 배나 크다.[78] 그렇지만 두 동물의 지적 능력이나 두 사람의 지적 능력이 두개골의 용량에 정확하게 비례한다고 생각하는 사람은 없을 것이다. 극히 작은 신경 조직으로 비범한 지적 활동이 일어날 수도 있다는 것은 확실하다. 예를 들어 경이로울 정도로 다양한 개미의 본능, 정신 능력, 철저한 애정은 유명하지만 개미의 뇌는 작은 핀 머리의 1/4보다도 작다. 이런 관점에서 보면 개미의 뇌는 세상에서 가장 경이로운 덩어리다. 아마도 인간의 뇌보다 더 경이로울 것이다.

인간의 뇌 크기와 지적 능력의 발달 사이에 밀접한 관계가 있다는 믿음은 미개인과 문명인, 그리고 원시인과 현대인의 뇌를 비교하고, 모든 척추동물의 두개골을 비교한 자료를 통해 지지된다. 데이비스는 다수의 두개골 내부 용량을 면밀히 측정하여 유럽인의 평균 두개골 내부 용량은 1,512.5cc이고 아메리칸 원주민의 두개골은 1,433.9cc, 아시아인은 1,427.3cc, 오스트레일리아 원주민은 단지 1,342.1cc밖에 되지 않는다고 했다.[79] 브로카는 파리에 있는 19세기의 무덤에서 발굴

---

78) F. Dujardin, *Annales des Sciences Naturelles,* 제3시리즈, 동물학, vol. 14, 1850, 203쪽; B.T. Lowne, *Anatomy and Physiology of the Musca vomitoria,* 1870, 14쪽. 내 아들인 프랜시스 다윈(Francis Darwin)은 홍개미(*Formica rufa*)의 뇌를 해부하여 내게 보여주었다.

된 두개골이 12세기의 무덤에서 발굴된 두개골에 비해 1,484:1,426
의 비율로 크다는 사실을 밝혀냈다.[80] 측정하여 확인한 바에 따르면
두개골의 용량이 커진 것은 지적 능력을 담당하는 부위인 앞이마 부
분에서만 일어났다. 프리차드는 현재의 영국인이 옛날의 거주자에 비
해 훨씬 더 큰 두개골을 갖고 있다고 생각한다. 그렇지만 그 유명한
네안데르탈인의 두개골 같은 옛날의 일부 두개골은 매우 잘 발달되어
있으며 용량도 크다는 것을 알아야만 한다.[81] 하등동물에 관해서 라
르테는 같은 부류에 속하는 제3기 포유류와 현생 포유류의 뇌를 비교
하여 현생 포유류의 뇌가 일반적으로 더 크고 대뇌주름도 더 복잡하
다는 주목할 만한 결론에 이르렀다.[82] 그러나 나는 가축화된 토끼의
뇌 크기가 야생 토끼에 비해 상당히 작아졌다는 것을 보인 바 있다.[83]
아마 이것은 그들이 여러 세대 동안 작은 공간에 갇혀 지내면서 지적
능력, 본능, 의식 운동이 부족했기 때문일 것이다.

인간의 뇌와 두개골이 점차 커짐에 따라 이를 지지하는 척주의 발
달에 영향을 미쳤음이 틀림없다. 인간이 직립하게 됨에 따라 그 영향

---

79) J.B. Davis, *Philosophical Transactions,* 1869, 513쪽.

80) M.P. Broca, "Les Sélections," *Anthropological Review,* 1873. C. Vogt, *Lectures on Man,* 영역본, 1864, 88, 90쪽에 인용된 Prichard, *Physical History of Mankind,* vol. 1, 1838, 305쪽도 참조하시오.

81) 심신이 허약하여 야만 상태에서는 바로 제거되었을 아주 많은 사람이 문명
국가에서는 그대로 생존하기 때문에 문명국가에 사는 사람들의 평균 두개골
용량은 낮아질 수밖에 없다고 브로카는 이제 막 언급했던 흥미로운 글에서
밝힌 바 있다. 그렇지만 미개인의 두개골 용량은 능력 있는 사람, 즉 혹독한
생활 조건에서 살아남을 수 있었던 사람들만을 대상으로 측정하여 얻은 평
균치라는 사실을 알아야 한다. 브로카는 다른 방법으로는 설명할 수 없었을
사실을 그런 식으로 설명한다. 즉 옛날에 살았던 로제르 혈거인의 두개골 용
량이 현대 프랑스인의 두개골 용량보다 더 크다는 것이다.

82) E. Lartet, *Comptes Rendus des Sciences,* 1868. 6. 1.

83) *The Variation of Animals and Plants under Domestication,* vol. 1, 124~129쪽.

도 더욱 커졌을 것이다. 두개골이 뇌의 압력에 쉽게 영향을 받는다는 사실을 보여주는 많은 사례가 있는 것으로 보아 이러한 자세의 변화가 일어나면서 뇌의 내부 압력도 두개골의 모양에 영향을 주었을 것이다. 인종학자들은 요람의 종류에 따라 아이들의 두개골 모양이 변한다고 믿고 있다. 습관성 근육 경련과 심한 화상으로 생긴 상처는 안면골의 모양을 영구히 변화시킨다. 질병 때문에 머리가 옆쪽이나 뒤쪽으로 고정된 젊은이는 한쪽 눈의 위치가 바뀌며 뇌의 압력이 새로운 방향으로 가해짐에 따라 두개골의 모양이 바뀌는 것도 분명한 사실이다.[84] 귀가 긴 토끼는 한쪽 귀의 앞부분을 잘라내는 것과 같은 사소한 원인이 두개골을 이루는 거의 모든 뼈를 그쪽으로 쏠리게 하는 결과를 초래한다는 것을 보인 바 있다. 그렇게 되면 반대쪽 뼈와 이룬 대칭성은 완전히 사라지고 만다. 끝으로 만약 정신 능력이 조금도 변화되지 않은 상태에서 동물의 몸집이 상당히 커지거나 작아졌다면 두개골의 모양은 변화되었을 것이 거의 틀림없다. 또 몸집이 조금도 변화되지 않고 정신 능력이 크게 증가하거나 감소하는 경우도 마찬가지였을 것이다. 가축화된 토끼를 관찰하고 나는 이런 결론을 얻었다. 어떤 종류의 토끼는 야생 토끼에 비해 체구가 훨씬 더 커졌고 또 다른 어떤 종류의 토끼는 거의 비슷했는데 두 경우 모두 체구에 비해 뇌가 상대적으로 크게 작아졌다. 이들 토끼에서 두개골이 모두 길쭉하게 변한다는 것을 알고 처음에 나는 무척 놀랐다. 예를 들어 두개

---

84) 샤프하우젠은 『인류학 평론』(*Anthropological Review*, 1868. 10, 420쪽)에서 블루멘바흐와 부슈(Busch)에게서 얻은 자료인 경련과 흉터에 대해 설명한다. 재롤드(Jarrold)는 *Anthropologia*, 1808, 115~116쪽에서 자신이 관찰한 사례와 캠퍼(Camper)의 글을 인용하여 부자연스럽게 고정된 머리 때문에 두개골이 변형된 사례를 들고 있다. 그는 구두 수선 같은 특정 직업은 습관적으로 머리를 앞으로 쏠리게 하며 그에 따라 앞머리가 더욱 둥글어지고 튀어나온다고 믿고 있다.

골의 폭이 거의 같은 야생 토끼와 가축 토끼를 비교했을 때, 야생 토끼의 두개골 길이는 8센티미터인 반면에 체구가 큰 가축 토끼의 두개골 길이는 11센티미터였다.[85] 여러 인종의 가장 뚜렷한 차이점 가운데 하나는 일부 인종의 두개골은 길쭉하게 신장되어 있으며 일부 인종은 둥근 형태라는 것이다. 인종에게도 토끼의 사례에서 제안한 설명이 유효할 것 같다. 웰커(M. Welcker)는 "키가 작은 사람은 두개골의 길이가 짧아지고 키가 큰 사람은 두개골의 길이가 길어지려는 경향이 있다"[86]고 했다. 이 경우 키가 큰 사람은 크고 긴 체구의 토끼, 즉 두개골이 길쭉한 토끼에 비유할 수 있을 것이다.

우리는 위의 여러 사례를 통해 인간이 다소 둥글고 큰 두개골을 획득하게 된 경위를 확실히 이해할 수 있다. 이것은 인간을 하등동물과 뚜렷하게 구별짓는 특징이 된다.

인간과 하등동물 사이의 또 다른 뚜렷한 차이점은 피부를 덮는 털의 유무다. 고래·돌고래(고래류), 듀공(해우류), 하마는 털이 없다. 털이 없다는 것은 물속을 헤엄치는 데 유리하게 작용할 것이다. 털이 없다고 해서 체온 손실로 해를 입지는 않을 것 같다. 이들한테는 추운 지역에 살지만 물개와 수달의 모피 같은 역할을 하는 두꺼운 지방층이 있기 때문이다. 코끼리와 코뿔소도 털이 거의 없다. 옛날에 혹독하게 추운 지방에서 살다가 멸종된 일부 종은 온 몸이 긴 털로 덮여 있었다. 이것으로 보아 이들 집단에 속하는 종들도 옛날에는 털로 덮여 있었는데 열에 노출되면서 털이 사라진 것 같다. 기온이 낮은 고지대에 사는 인도의 코끼리가 저지대에 사는 코끼리에 비해 털이 많

---

85) 앞뒤로 길쭉하게 변하는 두개골에 대해서는 *The Variation of Animals and Plants under Domestication*, vol. 1, 117쪽, 한쪽 귀의 절단 효과에 대해서는 119쪽을 참조하시오.
86) *Anthropological Review*, 1868. 10, 419쪽에서 샤프하우젠이 인용했다.

은 것으로 보아 이것은 옳은 것 같다.[87] 그렇다면 인간도 열대 지방의 나무에 살면서 털이 없어지게 되었다고 유추해볼 수 있을까? 주로 남성의 가슴과 얼굴에는 털이 많이 돋아나며 겨드랑이와 사타구니에는 남성과 여성 모두 털이 남아 있는 것으로 보아 인간이 직립하기 전에 털을 잃었다고 가정한다면 이런 유추는 그럴듯해 보인다. 왜냐하면 현재 털이 돋은 부위는 태양열을 가장 적게 받았을 부위이기 때문이다. 그러나 머리는 특이한 예외에 속한다. 머리는 가장 잘 노출되는 부위지만 털로 빽빽하게 덮여 있기 때문이다. 그렇지만 영장류의 다른 무리들은 더운 지역에 흩어져 살고 있으면서도 털로 덮여 있는데 주로 몸의 위쪽 표면이 빽빽하게 덮여 있다.[88] 이것은 태양의 활동으로 인간이 털을 벗게 되었다는 가정과는 반대되는 것이다. 열대 지방에서는 털이 없는 것이 인간에게 유리하다고 벨트는 믿었다.[89] 털을 벗어버림으로써 인간을 괴롭히며 때로는 궤양의 원인이 되기도 하는 기생초나 기생충에서 해방될 수 있기 때문이다. 그러나 이런 해악이 자연선택을 통해 인간을 발가벗길 만큼 그렇게 중요했는지는 의심스러울 수도 있다. 내가 알기로는 열대 지방에 사는 어떠한 네 발 동물도 이런 해악에서 벗어날 만큼 분화된 수단을 갖고 있지 못하

---

87) R. Owen, *Anatomy of Vertebrates,* vol. 3, 619쪽.
88) 조프루아 생틸레르는 긴 털로 덮인 인간의 머리에 대해 언급했다(*Histoire Nat. Générale,* tom. 2, 1859, 215~217쪽). 또한 원숭이와 그외 포유류의 신체 윗부분이 아랫부분에 비해 더 빽빽하게 털로 덮여 있다고 했다. 많은 학자도 이와 비슷한 사실을 관찰했다. 그러나 제르베(P. Gervais)는 『포유류 자연사』(*Histoire Nat. des Mammiféres,* vol. 1, 1854, 28쪽)에서 고릴라는 신체의 아랫부분에 비해 등에 털이 드문드문 나 있어 문질러 없어지는 부위도 있다고 했다.
89) Belt, *The Naturalist in Nicaragua,* 1874, 209쪽. 벨트의 견해가 어느 정도 옳다는 증거로 다음 구절을 인용할 수 있을 것 같다. "오스트레일리아 원주민들은 해충이 성가실 때 자기 피부를 그을린다고 한다"(W. Denison, *Varieties of Vice-Regal Life,* vol. 1, 1870, 440쪽).

면서도 털을 그대로 갖고 있기 때문이다. 내게 가장 그럴듯해 보이는 견해는 남성이—본래 여성일지도 모른다—장식의 목적으로 털을 벗게 되었다는 것이다(이 부분에 대해서는 성선택 편에서 살펴볼 것이다). 이 견해에 따르면 인간이 털 문제에서 다른 영장류들과 크게 다를 수밖에 없다는 것은 그렇게 놀라운 일이 아니다. 왜냐하면 성선택을 통하여 얻은 특징들은 가끔 아주 가까운 종 사이에서도 엄청나게 큰 차이를 보이기 때문이다.

사람들은 꼬리가 없는 것이 인간의 뚜렷한 특징이라고 생각한다. 그러나 인간과 매우 가까운 유인원도 꼬리가 없는 것으로 보아 꼬리가 사라지는 현상이 인간에게만 일어난 것은 아니다. 같은 속(屬)에 속하는 동물들도 꼬리의 길이는 상당한 변이를 보이는 경우가 많다. 마카쿠스 원숭이 일부 종의 꼬리는 몸길이보다도 길며 24개의 척추골로 이루어져 있다. 다른 종의 꼬리는 거의 보이지 않을 정도로 짧으며 단지 서너 개의 척추골만으로 이루어져 있다. 개코원숭이의 일부 종류는 25개의 척추골로 꼬리가 이루어지지만 서아프리카산 맨드릴개코원숭이는 매우 작고 왜소한 척추골 10개로 꼬리가 이루어진다. 퀴비에(G. Cuvier)는 단지 다섯 개의 척추골로 꼬리가 이루어지는 경우도 간혹 있다고 말한다.[90] 꼬리는 그 길이와 상관없이 끝으로 가면서 점점 가늘어지는 것이 일반적이다. 이것은 기관을 사용하지 않음으로써 꼬리 끝의 근육이 동맥, 신경과 함께 위축되고 이에 따라 꼬리 끝의 뼈들이 위축되기 때문이다. 그러나 꼬리의 길이가 엄청나게 다양한 이유를 설명해줄 만한 적절한 설명은 아직 없는 실정이다. 그렇지만 여기서 우리는 꼬리의 외부 흔적이 완전히 사라지는 사건

---

90) G.J. Mivart, *Proceedings of the Zoological Society,* 1865, 562, 583쪽; J.E. Gray, *Catalogue of Mammalia in the British Museum,* 골격편; R. Owen, 앞의 책, 제2권, 517쪽; I. Geoffroy Saint-Hilaire, 앞의 책, 제2권, 244쪽.

에 특별한 관심이 있다. 최근 브로카는 모든 네발 동물의 꼬리가 일반적으로 뚜렷한 두 부분으로 구성되어 있다는 것을 보여주었다.[91] 기저부의 척추골에는 그 중앙에 어느 정도 완벽한 통로가 있으며 주변에는 여러 돌기가 솟아 있다. 보통 척추골과 비슷하다. 그러나 말단부의 척추골은 그 내부에 통로가 없으며 거의 밋밋하여 보통의 척추골과 거의 닮지 않았다. 비록 밖으로 보이지는 않지만 인간과 유인원도 꼬리가 있으며 이들은 정확하게 동일한 유형으로 만들어져 있다. 말단부 꼬리뼈를 이루는 척추골은 크기와 숫자가 감소한 흔적 기관의 전형적인 모습을 보여준다. 기저부의 척추골도 역시 그 수가 적고 서로 견고하게 융합되어 있으며 발달 저해가 일어났지만 이들은 다른 동물의 해당 척추골에 비해 더 넓고 편평하게 되어 있다. 브로카는 이들을 천추골*의 부속 기관이라고 일컬었다. 이들은 내부 장기를 지탱하는 등의 중요한 기능을 수행한다. 이들의 변형은 사람의 곧추선 자세나 유인원의 반쯤 곧추선 자세와 직접 관련되어 있다. 브로카는 전에 이 결론과는 다른 견해를 주장한 적이 있는데, 현재는 자기의 과거 견해를 포기하고 위와 같은 견해를 펴는 것으로 보아 이 견해에 더욱 신뢰가 간다. 그러므로 인간과 고등 유인원의 꼬리에 있는 기저부 척추골의 변형은 자연선택을 통해 직·간접으로 영향을 받았을 것이다.

꼬리 말단부의 미골을 이루는 척추골에서 나타나는 흔적적인 형질과 심한 변이에 대해 우리가 말할 수 있는 것은 무엇인가? 마찰이 꼬리의 외부 돌출부를 사라지게 하는 데 어느 정도 기여했다는 의견이 처음 제기되었을 때 사람들은 종종 비웃었고 조롱을 퍼붓기도 했지만 오늘날에는 그렇게 터무니없는 것으로 취급하지는 않는 것 같다.

---

91) M.P. Broca, 앞의 책, 앞의 글, 1872를 참조하시오.

앤더슨은 마카쿠스 브루네우스(*Macacus brunneus*) 원숭이의 아주 짧은 꼬리는 기저부에 파묻힌 한 개의 척추골을 포함하여 모두 11개의 척추골로 이루어진다고 했다.[92] 말단부는 힘줄같이 가늘며 척추골이 들어 있지 않다. 그 앞에는 다섯 개의 퇴화된 척추골이 자리 잡고 있는데 이들 척추골은 지나치게 작아 전체 길이가 3밀리미터에 지나지 않으며 갈고리처럼 한쪽 옆으로 구부러져 있다. 움직이는 꼬리 부위는 그 길이가 2.5센티미터를 겨우 넘으며 네 개의 더 작은 척추골로 이루어져 있다. 이 짧은 꼬리는 곧추서 있으나 전체 꼬리의 1/4은 꼬리의 왼쪽으로 겹쳐 있다. 그리고 갈고리 같은 부위를 포함하여 이 말단부는 '굳은살의 위쪽 분기부의 사이공간을 채우는' 역할을 한다. 그래서 이 동물은 꼬리를 깔고 앉으며 그 때문에 피부는 거칠고 못이 박혀 있다. 앤더슨은 자기가 관찰한 내용을 다음과 같이 요약했다. "이러한 사실에서 내가 제시할 수 있는 설명은 단 한 가지다. 원숭이는 꼬리가 짧기 때문에 자리에 앉을 때 자기 의지대로 꼬리를 특정 위치에 놓을 수 있는데, 앉는 자세에서 꼬리는 종종 아래에 깔리게 된다. 그리고 꼬리가 좌골조면*의 끝보다 더 길게 뻗어 있지 않은 것으로 보아 꼬리는 가해지는 압력을 피하려고 굳은살의 사이공간으로 원숭이의 의지에 따라 휜 것으로 보인다. 그리고 눌리면서 이에 적응하려고 꼬리의 휘어짐은 영구적인 특징이 된 것이다." 이러한 상황에서 꼬리의 피부가 거칠어지고 못이 박히는 것은 놀라운 일이 아니다. 뮤리는 런던 동물원에서 이 종과 또 이들과 유사한 종 중에서 약간 더 긴 꼬리가 있는 세 종을 조심스럽게 관찰하고는, 이들이 앉을 때 꼬리를 "엉덩이의 한쪽으로 부득이 쑤셔넣을 수밖에 없으며 결과적으로 꼬리의 기저부는 길이에 관계없이 비벼지고 쓸려서 벗겨진다"[93]고 했다.

---

[92] Anderson, *Proceedings of the Zoological Society,* 1872, 210쪽.

팔다리의 절단이 간혹 유전적 효과를 일으킨다는 증거를 우리는 갖고 있다.[94] 그러므로 짧은꼬리원숭이에게는 전혀 기능이 없는 돌출 구조에 불과한 꼬리가 여러 세대 동안 계속해서 비벼지고 쓸려서 벗겨지게 되었을 때 흔적만 남을 정도로 뒤틀리게 될 가능성이 전혀 없는 것은 아니다. 꼬리 돌출부가 마카쿠스 브루네우스 원숭이에게는 돌출 상태로 존재하며, 다른 마카쿠스 에카우다투스(*Macacus ecaudatus*) 원숭이와 몇몇 고등 유인원에게는 완전히 퇴화되었다는 것이 알려져 있다. 그렇다면 결국 우리가 내릴 수 있는 판단은 다음과 같다. 즉 인간과 유인원의 꼬리 말단부는 오랫동안 마찰로 상처를 입게 되었다. 기저부와 속에 묻힌 부분은 직립 자세나 반직립 자세에 적합하도록 축소되고 변형되었으며 그 결과 인간과 유인원의 꼬리는 사라지게 되었다.

지금 나는 인간의 가장 뚜렷한 몇몇 특징이 십중팔구 자연선택을 통해 획득되었다는 것을 보이려는 것이다. 이것은 직접적으로 일어났거나, 더 흔하게는 간접적으로 이루어졌을 가능성이 높다. 우리는 한 개체에서 일어난 구조 변형이나 체질 개선이 그 개체를 생활 습관이나 먹이에 적응시키는 데 기여하지 않고 주변 조건에 그저 맞추는 정도로 별반 기여를 하지 않는다면, 획득되지 않는다는 것을 명심해야 한다. 그렇지만 생물의 변형이 그 생물에게 크게 기여하고 있다고 지

---

93) Anderson, 앞의 책, 786쪽.
94) 나는 수술 때문에 생긴 기니피그의 간질 증상이 유전된다고 한 브라운세쿼드(Brown-Sequard)의 실험 내용과 목 부위의 교감신경을 절단한 후 비슷한 효과를 보인 최근의 연구 결과를 말하는 것이다. 샐빈(O. Salvin)은 모트모트 새*가 자신의 꼬리 깃털을 물어뜯는데 이 행동이 유전된다는 흥미로운 사례를 발표했다. 이것에 대해서는 앞으로 다시 언급할 일이 있을 것이다. 일반적인 주제에 대해서는 *The Variation of Animals and Plants under Domestication*, vol. 2, 22~24쪽을 참조하시오.

나치게 확신해서도 안 된다. 신체 여러 기관이 어떻게 이용되는지를 우리가 아는 것은 극히 일부에 지나지 않는다는 것을 명심해야 한다. 또한 혈액이나 조직의 변화 중 어느 것이 한 개체에게 새로운 기후나 새로운 종류의 먹이에 적응하도록 만드는지도 우리는 거의 모르고 있다. 상관의 원리도 잊어서는 안 된다. 조프루아 생틸레르가 인간을 대상으로 보여주었듯이, 신체 구조의 기이한 일탈 중 많은 것이 상관의 원리로 서로 얽혀 있다. 또한 상관과는 별도로 한 부위가 변하면 다른 부위의 이용이 증가하거나 감소해서 전혀 예상치 못한 변화가 일어나기도 한다. 다음과 같은 사실을 곰곰이 생각해보는 것도 좋을 것이다. 예를 들어 곤충이 낸 독성 물질 때문에 기이하게 자란 식물의 혹, 어떤 물고기를 잡아먹거나 두꺼비의 독에 접종된 앵무새 깃털 색깔에 일어난 큰 변화 등을 생각해보자.[95] 체액이 특별한 목적을 위해 변했다면 그 체액이 그외의 다른 변화를 일으킬 수 있는지의 여부를 그런 과정을 통해 알 수 있기 때문이다. 먼 옛날에 획득하여 유용한 목적을 위해 계속 사용하는 변형 구조가 강하게 고정되어 오랫동안 유전될 수도 있다는 사실을 특히 명심해야 한다.

그러므로 아직 정의되지 않은 채 남아 있는 많은 사항에 대해서는 자연선택의 직·간접의 결과라고 해두는 것이 안전할 것 같다. 그러나 식물에 관한 네겔리(Nägeli)의 평론과 동물에 관한 여러 저술가의 의견, 특히 브로카가 최근에 발표한 글을 읽어보니, 초기에 나온 여러 판의 『종의 기원』에서 자연선택과 적자생존의 작용에 지나치게 큰 비중을 두었던 것 같다. 나는 『종의 기원』 제5판을 수정하여 내 의견을 신체 구조의 적응성 변화에 한정했다. 그러나 불과 지난 몇 년 동안 얻은 견해에 비추어볼 때, 현재 우리에게 별로 소용이 없어 보이

---

95) *The Variation of Animals and Plants under Domestication*, vol. 2, 280, 282쪽.

는 많은 구조도 언젠가는 유용한 것으로 밝혀지고 결국에는 자연선택의 범주에 들게 될 것이라고 확신한다. 그렇지만 오늘날 우리의 판단으로 유용하지도 해가 되지도 않는 구조가 존재하는 이유에 대해 내가 과거에 충분히 고려하지 못했던 것은 사실이다. 내 작품을 되돌아보면 가장 크게 간과한 것 중의 하나가 바로 이것이라고 생각한다. 어느 정도 핑계일지는 모르지만 나는 별개의 두 가지 목적이 있다고 해야 할 것 같다. 비록 구조 변화를 일으키는 데 생활 습관의 유전 효과가 크게 기여하고 주변 환경의 직접적인 작용이 어느 정도 있었기는 하지만, 첫째, 종이 개별적으로 창조되지 않았다는 것과, 둘째, 자연선택이 변화의 주요한 힘이었다는 것을 밝히는 것이 나의 목적이다. 과거에는 나도 종이 나름의 목적에 따라 각각 창조되었다는 당시로서는 거의 보편적이었던 믿음을 받아들였고, 그러한 과거의 믿음이 내게 미친 영향을 없앨 수 없는 것은 사실이다. 그런 믿음으로 나는 흔적 기관을 제외한 모든 세세한 구조들이 무언가 특별한 목적—비록 우리가 그것을 다 알 수는 없지만—을 수행하고 있다고 무의식적으로 생각하게 되었다. 이처럼 가정하고 사람은 누구나 자연선택의 작용을 자신도 모르는 사이에 지나치게 확장했을 것이다. 이것은 과거에도 그랬고 현재도 마찬가지다. 진화의 원리를 인정하면서도 자연선택을 받아들이지 않는 사람들 중 일부는 내 책을 비판하면서 내가 위에서 언급한 두 가지 목적을 갖고 있다는 사실을 잊어버리는 것 같다. 절대로 인정할 수는 없지만, 내가 자연선택에 지나치게 큰 힘을 부여했을 수도 있다. 또 자연선택의 작용을 지나치게 과대평가하는 우를 범할 수도 있다(이것은 가능하다). 그래도 나는 생물이 개별적으로 창조되었다는 주장을 뒤엎는 데 적어도 한몫했다고 생각하며 또 그렇기를 희망한다.

현재 상태로 내가 알 수 있는 것은 다음과 같다. 즉 인간을 포함한 모든 생물은 이상하게도 옛날부터 지금까지, 전혀 기여하지 않으며 따라서 전혀 중요하지 않은 구조를 갖고 있을 가능성이 있다는 것이다. 한 종의 여러 개체가 보이는 수많은 작은 차이를 일으키는 원인이 무엇인지 우리는 알지 못한다. 복귀돌연변이도 이 문제를 더 어렵게 만들고 있기 때문이다. 그러나 각각의 특성이 반드시 나름의 원인이 있을 수밖에 없다는 것을 우리는 알고 있다. 그 원인이 무엇이든 간에 오랜 기간에 걸쳐 일정하고 활동적으로 작용했다면—이에 반대되는 이유는 절대로 있을 수 없다—결과는 개인 간의 미세한 차이에 그치지 않았을 것이고, 오히려 생리적인 중요성은 없더라도 뚜렷하고 일정한 변형을 일으켰을 것이다. 변형된 신체 구조가 전혀 이로운 것이 아니라면 비록 열등한 개체들이 자연선택을 통해 제거된다고 하더라도 그렇게 해서 그 변형된 구조가 그대로 유지될 수는 없다. 그렇지만 영향을 미치는 원인이 일정할 때 일률적인 특징이 나타나는 것은 당연하며 많은 개체 간에 자유로운 교배가 이루어질 때도 한결같은 형질이 나타날 것이다. 오랜 세월을 거치며 동일한 생물이 이런 방법으로 계속 변형되었을지도 모른다. 그 원인이 일정하게 유지되고 교배가 자유롭게 이루어졌다면 변형된 신체 구조는 거의 똑같이 다음 세대로 전달되었을 것이다. 그 원인에 대해 우리가 할 수 있는 말은 소위 자연발생적인 변이를 말할 때와 마찬가지로 그들이 여러 생물체의 체질에 영향을 미치는 조건의 본질과 관련이 있기보다는 생물체의 체질 그 자체와 더욱 밀접한 관련성이 있다는 것이다.

**결론**　모든 동물과 마찬가지로 오늘날의 인간은 여러 가지 개인차와 작은 변이를 보일 수 있다는 사실을 이번 장을 통해 살펴보았으며 이것은 인간의 옛 조상도 마찬가지다. 변이는 과거에도 현재와 동일한 원인으로 일어났으며 보편적이고도 복잡한 법칙에 따라 똑같은 영향을 받는다. 모든 동물은 생존할 수 있는 수보다 더 크게 불어나려는 경향이 있듯이 인간의 조상도 그랬을 것이고 그에 따라 생존경쟁과 자연선택이 필연적으로 일어났을 것이다. 그후 더욱 많이 사용한 신체 기관의 유전 효과가 크게 기여했을 것이고 두 과정 사이에는 끊임없는 상호 작용이 일어났을 것이다. 또 앞으로 살펴보겠지만 인간은 중요하지도 않은 여러 특징을 성선택으로 획득한 것 같다. 이유가 밝혀지지 않은 변화의 나머지 부분은 가끔 가축이나 재배 작물에서 아주 뚜렷하고 갑작스러운 구조 변화를 일으키는 미지의 힘이 일정하게 작용했을 것이라는 가정 속에 남겨놓을 수밖에 없을 것 같다.

미개인과 여러 사수목 동물의 습성으로 판단하건대, 원시인과 심지어 유인원을 닮은 그들의 조상도 사회를 이루어 생활했을 것이다. 철저하게 사회 생활을 영위하는 동물에게는 집단에 유리한 변이가 보존되는 과정에서 간혹 한 개체에게도 자연선택이 작용하는 경우가 있다. 훌륭한 재능을 갖춘 개체가 많은 집단은, 설사 일부 구성원이 다른 구성원에 비해 이득을 얻지 못하더라도 그 수가 증가하고 그렇지 못한 집단에 승리를 거두게 될 것이다. 이런 식으로 단체 생활을 하는 곤충은 꽃가루 수집 장치, 일벌의 침, 병정개미의 커다란 턱같이 그것이 있는 개체에게는 별로 소용이 없지만 집단을 위해서는 크게 기여하는 구조들을 많이 획득하게 되었다. 사회를 이루어 생활하는 고등동물은 비록 이차적으로 집단에 기여하는 구조가 일부 존재하기는 하지만, 집단 전체의 이익만을 위해 변형된 신체 구조는 전혀 알려져 있지 않다. 예를 들어 반추동물의 뿔과 개코원숭이의 커다란 송곳니는 수컷이 암컷을 차지하기 위한 투쟁의 무기로 사용하면서 획득된 것으로 보인다. 그러나 현재 이들의 커다란 송곳니는 집단을 방어할 때 사용한다. 제5장에서 살펴보겠지만 일부 정신 능력은 전혀 별개의 문제다. 정신 능력은 주로(심지어는 단지) 집단의 이익을 위해서 획득했으며 개인은 그것으로 간접적인 이익을 얻기 때문이다.

인간은 이 세상에서 가장 무력하고 자신을 방어할 수 없는 창조물 중의 하나이며 상황이 열악했던 옛날에는 더욱더 무력했으리라는 견해는 이제까지 설명한 견해와 대립되는 경우가 종종 있다. 예를 들어 아질 공작은 다음과 같이 주장한다. "인간의 체격은 짐승의 신체 구조에서 더욱 무력하고 허약해지는 방향으로 분기된 것이다. 다시 말해 이러한 분기를 자연선택만으로 설명하기는 정말로 불가능하다."[96] 그는 다음과 같은 예를 들었다. 인간은 벌거벗고 무방비 상태고 자신을 방어하기 위한 커다란 치아나 발톱도 없으며 힘도 약하고 빨리 달리지도 못한다. 또한 냄새로 먹이를 찾아내거나 위험을 피하는 능력도 미약하다. 여기에 더욱 심각한 결점 한 가지가 추가될 수도 있다. 즉 인간은 나무에 빨리 기어올라 적을 피할 능력도 없다. 더운 지방에 사는 인간이 털을 잃었다고 해서 크게 피해보는 일은 없었을 것이다. 왜냐하면 옷을 입지 않는 푸에고 제도 원주민도 열악한 기후에서 생존하고 있기 때문이다. 인간과 유인원의 무방비 상태를 비교할 때 명심할 것이 있다. 즉 유인원이 갖고 있는 커다란 송곳니는 수컷에게만 완전히 자라고 주로 그들의 경쟁자와 싸울 때 사용하며 송곳니가 수컷만큼 발달되지 않는 암컷도 나름대로 잘 살아가고 있다는 사실이다.

덩치나 힘에 관해 생각해보면 인간이 침팬지처럼 작은 종류에서 유래되었는지 고릴라처럼 힘센 종류에서 유래되었는지 우리는 알지 못한다. 따라서 인간이 그들의 조상보다 크고 강해졌는지, 아니면 조상보다 작고 약해졌는지도 말할 수 없다. 그렇지만 크고 강하며 사나

---

96) Duke of Argyll, *Primeval Man*, 1869, 66쪽.

운 동물, 즉 고릴라처럼 주위의 모든 적에게서 자신을 방어할 수 있는 동물은 사회를 이루어 생활하지 않았을 것이라는 사실을 명심해야 한다. 그리고 이런 자질은 공감이나 동료애 같은 높은 정신적 자질을 획득하는 데 가장 치명적인 걸림돌이 되었을 것이다. 그러므로 인간이 비교적 약한 생물에서 유래되었다는 것은 오히려 인간에게 엄청난 이득이 된 것일지도 모른다.

인간은 약하고 빨리 달리지도 못하며 신체 무기도 거의 없는 결점이 있지만 이것은 지적 능력과 사회적 자질로 상쇄되고도 남는다. 인간은 지적 능력을 이용하여 원시적이나마 무기와 도구 등을 만들었으며 사회적 자질로 서로 도움을 주고받게 된 것이다. 남아프리카만큼 위험한 동물이 많은 지역은 없으며 극지방만큼 끔찍한 육체적 고통을 주는 지역도 없다. 그러나 가장 허약한 인종 중의 하나인 부시먼은 남아프리카에 살며 키가 작은 에스키모인은 극지방에 살고 있다. 인간의 조상이 현존하는 가장 하등한 미개인보다도 더 지능이 낮았으리라는 것은 거의 의심할 여지가 없다. 사회적 기질 면에서도 아마 마찬가지였을 것이다. 그러나 그들이 나무를 기어오르는 능력 같은 짐승의 능력을 점차 잃어가는 동시에 정신 능력을 진보시켰다면 생존할 수 있었을 뿐만 아니라 오히려 더 번창할 수 있었으리라는 견해는 정말로 타당성이 높다. 그러나 현존하는 어떤 미개인보다 더욱 무력하고 무방비 상태였을지라도, 만약 그들이 온화한 대륙이나 오스트레일리아나 뉴기니, 또는 현재 오랑우탄의 거주지인 보르네오섬 같은 곳에 살았더라면 그들은 특별한 위험에 전혀 노출되지 않았을 것이다. 위의 지역 중 어느 한 지역처럼 넓은 지역에서 부족 간의 경쟁이 일어나고 그 때문에 야기된 자연선택은 적절한 상황 아래서 습성을 자손에게 물려주는 효과를 보이는 것과 함께 인간을 동물계에서 현재의 높은 위치로 끌어올리기에 충분했을 것이다.

# 제3장 인간과 하등동물의 정신 능력 비교

가장 고등한 유인원과 가장 하등한 미개인 사이의 엄청난 정신 능력 차이 —공통적인 일부 본능들—감정—호기심—모방—주의력—기억—상상—이성—점진적 진보—동물이 사용하는 도구와 무기—추상적 개념과 자의식—언어—미적 감각—하느님에 대한 믿음, 영적인 힘, 미신

우리는 앞의 두 장(章)에서 인간이 하등동물에서 유래했다는 흔적이 인간의 신체 구조에 뚜렷하게 남아 있음을 보았다. 그러나 인간과 동물의 정신 능력은 매우 큰 차이를 보이기 때문에 이것이 잘못된 결론이라는 주장을 제기할 수도 있다. 정신 능력의 차이가 엄청나게 크다는 것은 의심할 여지가 없다. 4보다 큰 숫자를 표현하는 단어도 없고 일반 사물에 대한 추상적인 용어나 감정을 표현하는 단어도 거의 없는 하등한 미개인과 가장 고등한 유인원을 비교해도 이들이 보이는 차이점은 매우 크다.[1] 개가 그 선조인 늑대나 재칼과 비교하여 개선된 정도로 고등한 유인원이 크게 개선된다고 해도 미개인과의 차이가 여전히 클 것이라는 것은 의심할 여지가 없다. 푸에고 제도 원주민은 가장 하등한 미개인에 해당한다. 그러나 영국에서 여러 해를

---

1) J. Lubbock, *Prehistoric Times*, 1865, 354쪽 등에서 이 점에 대한 증거를 제시했으니 참조하시오.

살며 몇 마디의 영어도 구사할 수 있는 푸에고 제도 원주민 세 명이 '비글호'에 탑승했는데, 기질이나 대부분의 지능이 우리와 비슷하다는 사실에 나는 끊임없이 놀라곤 했다. 인간을 제외한 어떠한 생물도 정신 능력을 갖고 있지 못하거나 인간의 정신 능력이 동물의 정신 능력과 완전히 다른 것이라면 우리는 인간의 높은 지능이 점진적으로 발달했다고 결코 확신할 수 없게 된다. 그러나 인간과 동물의 정신 능력은 기본적으로 차이가 없다는 것을 밝힐 수 있다. 우리는 또한 칠성장어나 창고기 같은 하등 어류와 고등 유인원이 보이는 정신 능력의 차이가 유인원과 인간이 보이는 정신 능력의 차이보다 훨씬 더 크다는 것을 인정해야만 한다. 게다가 이 간격은 수없이 많은 단계적 변화로 채워져 있다.

옛 탐험가 바이런(Byron)은 한 바구니의 성게를 얻기 위해 자기 아이를 암초 위에 내던지는 사람에 대해 설명한 적이 있다. 이런 미개인과 하워드(Howard)나 클락슨(Clarkson) 같은 사람의 도덕적 기질은 큰 차이를 보인다. 마찬가지로 추상적인 용어를 거의 사용하지 않는 미개인과 뉴턴이나 셰익스피어 같은 사람의 지성도 그 차이가 결코 작지 않다. 고등 인종의 우수한 사람과 하등한 미개인이 보이는 이러한 차이는 미세하고 점진적인 여러 단계로 이어져 있다. 따라서 그들이 이런 단계를 거치며 발전하는 것은 가능하다.

이번 장에서 나는 인간과 고등한 포유류 사이의 지능이 근본적으로는 다르지 않다는 것을 보이려고 한다. 각각의 주제를 개별적인 평론으로 확장시킬 수도 있지만 여기서는 간단하게 다루겠다. 정신 능력을 분류하는 보편타당한 방법은 없기 때문에 편리한 순서대로 글을 풀어나가며 독자 여러분에게 무언가 영향을 미쳤으면 하는 바람으로 가슴에 쉽게 와 닿는 사실부터 우선적으로 설명하겠다.

매우 낮은 계급의 동물들이 일반적인 예상과는 달리 높은 정신 능력을 갖고 있다는 사실을 보여주는 몇 가지 사례는 성선택 편에서 추가적으로 설명하겠다. 같은 종의 여러 개체가 정신 능력에서 차이를 보일 수 있다는 사실은 매우 중요하다. 여기에 몇 가지 사례를 들겠다. 그러나 이 문제를 아주 세부적으로 파고들 필요는 없을 듯하다. 여러 번에 걸친 조사에 따르면, 새를 포함하여 많은 종류의 동물을 오랜 기간 길러온 사람들은 한결같이 각 개체의 정신적 특성은 어느 모로 보나 서로 크게 다르다고 말하기 때문이다. 하등동물에서 정신 능력이 어떤 방식으로 최초로 발달되었는지를 조사하는 것은 생물체가 어떻게 기원했는지를 조사하는 것만큼이나 어렵고도 희망이 없어 보인다. 언젠가는 이런 문제들까지 인간이 해결하게 될지도 모르지만 어디까지나 먼 훗날의 일이다.

인간은 하등동물과 동일한 감각을 갖고 있으므로 인간의 기본적인 직관력은 동물과 같아야만 한다. 인간도 동물과 마찬가지로 어느 정도의 본능이 있다. 자기 보존, 성적 사랑, 새로 태어난 자식에 대한 어머니의 사랑, 갓난아기가 젖을 빠는 욕구 같은 것들이 그 예가 될 수 있다. 그러나 인간은 가까운 다른 동물에 비해 본능이 적은 것 같다. 동양의 여러 섬에 사는 오랑우탄이나 아프리카의 침팬지는 잠을 잘 수 있는 편평한 단상을 만든다. 이같이 두 종이 습성이 같은 것으로 보아 이런 행위가 본능에 따른 것이라고 주장할 수 있을지도 모르겠다. 그러나 두 동물이 비슷한 것을 원하고 유사한 추리력을 갖고 있기 때문에 일어난 결과일 수도 있다. 이들 유인원은 열대 지방의 독성 과일을 먹지 않고 피하지만 인간에게는 그런 지식이 없는 것 같다. 그러나 가축을 전혀 낯선 땅에 옮겨놓고 봄에 처음으로 밖에 내보내면 가끔 독초를 먹기도 하는데 어느 정도 시간이 지나면 독초를 피하게 된다. 이것으로 보아 유인원이 자신의 경험이나 부모의 경험으로 과일을 선택하는 방법을 배우지 않는다고 단정할 수는 없을 것 같다. 그렇지만 앞으로 곧 살펴보겠지만, 유인원이 뱀이나 그외의 위험한 동물들에게 본능적인 두려움을 느끼는 것은 분명하다.

고등동물의 본능은 그 수가 많지 않고 비교적 단순하다는 사실은 하등동물과 비교하여 좋은 대조를 이룬다. 퀴비에(G. Cuvier)는 본능과 지능은 서로 반비례한다고 주장했다. 또한 고등동물의 지적 능력은 본능에서부터 점진적으로 발달했다고 생각하는 사람들도 있다. 그러나 푸셰는 한 흥미로운 평론에서 그런 반비례 관계는 실재 존재하지 않음을 밝혔다.[2] 곤충 중에서도 본능이 매우 뛰어난 곤충의 지능이 가장 높은 것은 틀림없는 사실이다. 척추동물 계열에서 어류나 양서류처럼 지능이 가장 낮은 동물들은 복잡한 본능을 갖고 있지 못하다. 모건의 훌륭한 작품을 읽은 사람은 누구나 인정하겠지만 포유류 중에서도 비버처럼 본능이 뛰어난 동물은 지능이 높다.[3]

스펜서가 말했듯이 반사 작용의 증대와 상호 조정으로 지능이 싹트긴 했지만,[4] 그리고 어린 새끼들이 젖을 빠는 경우에서 볼 수 있듯이 단순한 본능들의 상당수가 반사 작용으로 점차 이행되기 때문에 양자를 쉽게 구별할 수 없긴 하지만, 이들 모두를 감안한다 하더라도 좀더 복잡한 본능은 지능과 별개로 독립적으로 발달했던 것처럼 보인다. 그렇지만 나는 본능에 따른 작용이 고정적, 생득적인 특성을 잃어버리고 자유의지로 조절되는 작용으로 대체될 수 있다는 것을 부인할 마음은 전혀 없다. 그러나 넓은 바다의 섬에 사는 새들이 학습의 결과로 사람을 피하게 되는 것처럼, 여러 세대에 걸쳐 일어난 일부 지적 작용은 본능으로 바뀌고 다음 세대로 유전된다. 이러한 작용

2) M.G. Pouchet, "L'Instinct chez les Insectes," *Revue des Deux Mondes,* 1870. 2, 690쪽.
3) L.H. Morgan, *The American Beaver and His Works,* 1868.
4) H. Spencer, *The Principles of Psychology,* 2nd ed., 1870, 418~443쪽.

은 이제 더 이상 이성이나 경험을 통해 이루어지는 것이 아니기 때문에 그 특성이 퇴화되었다고 말할 수도 있을 것 같다. 그러나 더욱 복잡한 대다수의 본능은 전적으로 다른 방법, 즉 본능 행위로 일어난 단순한 변이에 자연선택이 작용함으로써 획득되는 것으로 사료된다. 이러한 변이는 미지의 요인이 대뇌 조직화에 영향을 미치고 그 결과 신체의 일부 구조가 약간 변하게 됨으로써 일어나는 것 같다. 그러나 이러한 변이에 무지한 탓에 우리는 변이가 자발적으로 일어난다는 말만 되풀이하는 것이다. 자신의 경험과 변화된 습성을 물려줄 후손을 남기지 않는 불임성 일개미나 일벌의 경이로운 본능을 생각해보면, 복잡한 본능의 기원에 대해 우리가 내릴 수 있는 다른 결론은 없다고 생각한다.

앞에서 언급한 곤충과 비버처럼 높은 수준의 지능이 복잡한 본능과 분명히 관계가 있다고 해도, 또 처음에는 의식적으로 배운 활동이 습관을 통해 빠르고 정확하게 반사 작용이 된다고 해도 지능의 발달과 본능의 발달이 서로를 방해할 가능성을 완전히 배제할 수는 없다. 본능이 발달한다는 것은 유전될 정도의 뇌 변형이 어느 정도 일어났다는 것을 암시한다. 뇌의 기능에 대해서는 거의 알려진 것이 없다. 그러나 지적 능력이 크게 발달할수록 뇌의 여러 부분이 자유스러운 상호 소통의 복잡한 채널을 통해 연결되어야 한다는 사실은 알려져 있다. 그 결과 각 부위는 특정한 감각이나 연합 작용에 개별적이고 유전적이며 본능적인 방법으로 그 기능을 제한하려는 경향이 점점 더 약해질 것이다. 심지어 낮은 단계의 지능과 고착화된 습성이—설사 유전되지 않는 습성이라 하더라도—형성되는 강한 경향 사이에는 어떤 관련성이 있는 것 같다. 현명한 내과의사 한 분이 알려준 바에 따르면 약간 지능이 낮은 사람들은 모든 면에서 틀에 박히고 습관적으로 행동하는 경향이 있으며 그러한 행동을 함으로써 칭찬을 받게 되면 그들은 더욱 행복을 느낀다고 한다.

나는 이러한 여담을 제시하는 것이 가치 있는 일이라고 생각한다. 왜냐하면 특히 인간을 비롯한 고등동물이 과거의 기억이나 통찰, 이성, 상상에 따라 수행한 행동과 하등동물이 본능적으로 수행한 아주 비슷한 행동을 비교할 때, 우리는 고등동물의 지적 능력을 과소평가하기 쉽기 때문이다. 후자의 경우, 그러한 행동을 수행하는 능력은 연속되는 각 세대에 걸쳐 동물 자신의 의식적인 지능의 개입 없이, 여러 정신 기관의 변이성 및 자연선택에 따라 단계적으로 얻어진 것이다. 월리스가 주장했듯이 인간이 행하는 많은 지적 작업이 이성이 아닌 모방으로 이루어진다는 것은 의심할 여지가 없지만[5] 인간과 하등동물이 보이는 모방 행동 사이에는 큰 차이가 있다. 즉 인간에게 모방할 수 있는 힘이 있다고 해도 돌도끼나 카누를 단 한 번에 만들 수는 없다. 인간은 연습을 통해서 작업을 익힌다. 그에 반해 비버는 댐이나 통로를, 새는 둥지를 훌륭하게 만든다. 최소한 보기 좋을 정도로는 만든다. 거미는 정말로 훌륭하게 집을 짓는다.[6] 첫 시도에도 경험이 많았던 것처럼 집을 만든다.

다시 본론으로 돌아가자. 하등동물도 인간과 마찬가지로 기쁨과 고통, 행복과 슬픔을 느끼는 것이 틀림없다. 개, 고양이, 양 같은 동물의 어린 새끼들은 우리의 아이들과 마찬가지로 함께 모여 놀 때 큰 행복을 느끼는 것으로 보인다. 곤충들도 함께 놀이를 한다. 곤충을 관찰하는 데 탁월했던 후버는 개미들이 강아지처럼 서로를 쫓기도 하고 상대를 장난으로 깨무는 척하는 행동을 한다고 보고했다.[7]

---

5) A.R. Wallace, *Contributions to the Theory of Natural Selection*, 1870, 212쪽.
6) 이 항목에 대한 증거를 보려면 모그리지(J.T. Moggridge)가 쓴 아주 흥미로운 책인『수확 개미와 뚜껑 거미』(*Harvesting Ants and Trapdoor Spiders*, 1873, 126, 128쪽)를 참조하시오.

하등동물도 우리와 똑같은 감정에 의해 자극받는다는 사실은 이미 아주 잘 알려져 있기 때문에 여기서 세세한 설명을 들어 여러분을 싫증 나게 할 필요는 없을 것 같다. 동물도 공포를 느끼면 우리와 마찬가지로 근육이 떨리고 가슴이 뛰고 괄약근은 이완되며 털이 곤두선다. 공포로 생기는 의심은 대부분의 야생동물에게 나타나는 큰 특징이다. 암컷 코끼리의 유혹 행동을 설명한 테넌트(J.E. Tennent)의 글을 읽어보면, 암컷 코끼리가 의도적으로 책략을 쓰고 있으며 그들이 무엇을 하려는지 잘 안다는 것을 알게 될 것이다. 개를 보면 잘 알 수 있듯이 용기와 수줍음은 같은 종 내에서도 개체 사이에 큰 차이를 보이는 성질이다. 개나 말 중에는 성미가 까다로워 잘 토라지는 개체도 있고 성미가 좋은 개체도 있다. 그리고 이러한 성질은 유전되는 것이 틀림없다. 모두 알고 있듯이 동물들은 쉽게 흥분할 수 있으며 얼마든지 그러한 감정을 보일 수 있다. 자기가 받은 원한을 오랫동안 숨기다가 어느 날 교묘하게 복수하는 동물의 일화를 다룬 책들이 많이 있는데 아마 사실일 것이다. 용의주도한 렝거와 브렘은 그들이 길들인 미국산 원숭이와 아프리카산 원숭이들은 반드시 원수를 갚는다고 했다.[8] 스미스(A. Smith)는 철두철미한 사람으로 널리 알려진 동물학자인데 자신이 직접 목격한 이야기를 내게 들려준 적이 있다. 희망봉에서 근무하던 한 장교가 개코원숭이 한 마리를 괴롭혔다. 어느 일요일 장교는 병사들과 함께 퍼레이드를 벌이고 있었는데 이것을 본 그 개코원숭이는 흙구멍 속에 물을 붓고는 급히 진흙덩이를 만들었다. 그러고는 지나가는 장교에게 그 진흙덩이를 솜씨 좋게 던져 많은 구경꾼들

---

7)  P. Huber, *Recherches sur les Moeurs des Fourmis,* 1810, 173쪽.

8)  다음에 계속되는 서술은 이 두 박물학자를 근거로 Rengger, *Naturgeschichte der Säugethiere von Paraguay,* 1830, 41~57쪽; A.E. Brehm, *Illustriertes Thierleben,* Bd. 1, 10~87쪽에서 발췌한 것이다.

앞에서 그 장교를 웃음거리로 만들었다. 그후 오랫동안 그 개코원숭이는 장교를 볼 때마다 기뻐하며 날뛰었다.

주인에 대한 개의 사랑은 유명하다. 옛날에 어느 작가 한 분이 다음과 같이 재미있는 글을 남겼다. "개는 이 세상에서 자신보다 당신을 더 사랑하는 유일한 동물입니다."[9]

죽음의 공포를 느끼면 개는 주인을 애무하는 것으로 알려져 있다. 생체 해부를 당하며 고통스러워하면서도 수술자의 손을 핥는 개의 울부짖음을 들어보았을 것이다. 우리의 지식을 증가시킨다는 명분 아래 이 수술이 충분히 정당화되지 않았거나 수술하는 사람의 가슴이 목석 같지 않았다면, 그는 살아 있는 마지막 순간까지 자신의 행위를 후회할 것이 틀림없다.

휴얼의 다음과 같은 질문은 적절했다. "모든 나라의 여성과 모든 동물의 암컷에게 있는 모성애에 대한 감동적인 사례를 이해하는 사람이라면 그 작용 원리가 동일하다는 것을 누가 의심하겠는가?"[10] 우리는 매우 세세한 부분에서 나타나는 모성애에 관해 알고 있다. 렝거가 관찰한 미국산 꼬리감기원숭이(*Cebus*)*는 자기 새끼를 괴롭히는 파리를 쫓아내려고 정성을 다했다. 뒤보셀(Duvaucel)이 관찰한 긴팔원숭이(*Hylobates*) 암컷은 흐르는 개천에서 자기 새끼의 얼굴을 씻겨주었다. 북아메리카에서 브렘이 가두어두었던 원숭이들은 자기 새끼가 죽었을 때 아주 괴로워했으며 일부 종류는 고통을 이기지 못하고 죽어버리는 경우도 있었다. 고아가 된 원숭이들은 항상 다른 암컷이나 수컷의 양자가 되어 세심한 보호를 받았다. 암컷 개코원숭이 한 마리는 포용력이 넓어 다른 종의 어린 원숭이를 양자로 삼았을 뿐만

---

9) W.L. Lindsay, "Physiology of Mind in the Lower Animals," *Journal of Mental Science*, 1871. 4, 38쪽에서 인용했다.

10) Whewell, *Bridgewater Treatise*, 263쪽.

아니라 어린 강아지와 고양이까지도 훔쳐내어 계속 데리고 다녔다. 그러나 암컷 개코원숭이는 먹이를 양자들과 나눠 먹을 정도로 친절하지는 않았다. 그것에 대해 브렘은 매우 놀랐다. 왜냐하면 그가 키우는 원숭이들은 자신의 자식들과는 모든 것을 항상 공평하게 나누었기 때문이다. 양자가 된 고양이 한 마리가 이 자애로운 개코원숭이를 할퀴어 상처를 냈다. 그 개코원숭이는 훌륭한 지성을 갖추었음이 틀림없었다. 왜냐하면 그 암컷 개코원숭이는 할퀸 사건에 대해 깜짝 놀라면서도 즉시 고양이의 발을 조사했다. 그러고는 큰일이 아니라는 듯 고양이의 발톱을 물어뜯어냈다.[11] 늙은 개코원숭이(*Cynocephalus chacma*) 한 마리가 붉은털원숭이 새끼를 양자로 삼았다는 얘기를 런던 동물원의 사육사에게서 들었다. 그러나 어린 드릴개코원숭이 한 마리와 개코원숭이 한 마리를 우리 안에 두었더니 암컷 개코원숭이는 이들 원숭이가 별개의 종이지만 좀더 가까운 친척이라는 것을 아는 것처럼 붉은털원숭이를 즉시 멀리하고 이들 두 마리의 개코원숭이를 양자로 삼았다고 한다. 내가 관찰한 바로는 어린 붉은털원숭이는 자기가 버림받았다는 사실에 몹시 화가 나는 것 같았다. 이 원숭이는 심술궂은 어린아이처럼 기회가 있을 때마다 어린 드릴개코원숭이와 개코원숭이를 괴롭히고 공격했다. 이런 행위가 나이 든 개코원숭이를 몹시 화나게 만든 것은 당연했다. 개는 자기를 사랑하는 주인이 다른 개들의 공격을 받을 때 주인을 방어한다. 브렘은 원숭이들도 그들의 주인이 누군가의 공격을 받게 되면 마찬가지로 주인을 방어할 것이라고 했다. 그러나 여기서 우리는 동정과 충성의 주제를 침

---

11) 비평가 한 분이 내 작품을 손상시킬 목적으로 브렘이 설명한 이런 행동이 불가능하다고 아무런 근거도 없이 말했다(*British Quarterly Review*, 1871. 7, 72쪽). 그래서 나는 생후 5주 된 어린 고양이의 날카롭고 작은 발톱을 직접 이빨로 물어뜯어보고 이빨로 발톱을 물어뜯는 것이 가능하다는 것을 알았다.

범하고 있다. 이것에 대해서는 나중에 다시 말할 기회가 있을 것이다. 다른 동물에게서도 관찰되는 현상처럼, 브렘의 원숭이들 가운데서도 몇몇은 늙은 개 한 마리를 몹시 미워한 나머지 갖가지 교묘한 방법으로 그 개를 곯려주면서 남다른 기쁨을 맛보곤 했다.

더욱 복잡한 감정 가운데 상당수가 우리와 고등동물 모두에 공통적으로 나타난다. 개는 주인이 다른 동물에게 애정을 갖고 관대하게 대할 때 질투하는 것으로 유명하다. 나는 원숭이에게서도 이 같은 사실을 관찰한 바 있다. 동물은 사랑할 뿐만 아니라 사랑받기를 몹시 바라고 있음을 보여주는 내용이다. 동물들이 경쟁심을 느낀다는 것은 틀림없다. 동물들은 허가나 칭찬 받기를 좋아한다. 주인을 위해 바구니를 물어 나르는 개는 높은 정도의 자기만족감이나 자긍심을 드러낸다. 내 생각에 개가 공포와는 전혀 다른 성질인 부끄러움을 느낀다는 사실도 의심할 여지가 없는 것 같다. 음식을 달라고 자주 조를 때는 수줍음과 흡사한 감정을 느끼는 것도 거의 확실하다. 덩치가 큰 개는 작은 개가 으르렁거려도 비웃어버리고 마는데, 이것을 아량으로 부를 수 있을 것 같다. 원숭이는 조롱당하는 것을 좋아하지 않는다는 것을 여러 사람이 관찰했다. 그들은 가끔 가상적인 공격을 개발하기도 한다. 사육사가 편지나 책을 크게 읽어줄 때마다 격렬하게 화를 내는 개코원숭이를 동물원에서 본 적이 있다. 그 분노가 하도 심하여 피가 나도록 자기 발을 물어뜯는 경우도 있다. 개들은 그런대로 유머 감각이라고 부를 수도 있는 감각이 있다. 단순한 놀이와는 틀림없이 다른 것이다. 막대기 같은 것을 개에게 던져주면 개는 그것을 물고 조금 달아나다 막대기를 땅에 놓고 그 옆에 쭈그리고 앉아 주인이 막대기를 가지러 올 때까지 기다린다. 주인이 가까이 다가오면 개는 다시 그것을 물고 의기양양하게 도망가며 이 같은 동작을 반복한다. 개는 짓궂은 장난을 즐기는 것이 틀림없다.

이제부터는 좀더 높은 지적 감정과 능력에 대해 살펴보자. 이것은 높은 정신 능력을 발달시키는 기초가 된다는 면에서 매우 중요하다. 개를 보면 알 수 있듯이 동물들이 자극적인 것을 즐기고 따분한 것을 지겨워한다는 것은 틀림없다. 렝거는 원숭이도 마찬가지라고 한다. 모든 동물은 '놀라움'을 느끼며, '호기심'을 갖는 동물도 많다. 사냥 꾼이 익살스런 행동을 하며 동물들을 유인할 경우 동물들은 호기심 때문에 낭패를 보는 경우가 있다. 나는 이런 호기심을 보이는 사슴을 목격한 적이 있다. 경계심이 많은 알프스산양과 야생 오리 중 일부 종류도 호기심이 많기는 마찬가지다. 브렘은 그가 키우는 원숭이들이 뱀에게 갖는 본능적인 공포에 대해 기이한 설명을 했다. 원숭이들은 뱀에게 본능적인 공포심을 품고 있었지만 대부분의 인간과 마찬가지로 이따금 공포를 즐기고 싶은 유혹을 이기지 못해 기어이 뱀들이 들어 있는 상자 뚜껑을 열고 말았다. 나는 이 설명을 듣고 무척 놀랐다. 그래서 똬리를 튼 박제 뱀을 들고 런던 동물원의 원숭이 우리 속으로 들어갔다. 그 때문에 야기된 우리 속의 동요는 내가 이제껏 본 광경 중에서 가장 기이한 것이었다. 가장 놀란 것은 세 종의 긴꼬리원숭이였다. 그들은 우리 속을 이리저리 뛰어다니며 위험 신호를 알리는 날카로운 소리를 내질렀고 다른 원숭이들은 이 소리의 뜻을 이해했다. 몇몇 어린 원숭이와 나이 든 아누비스개코원숭이 한 마리만이 뱀에게 주의를 기울이지 않았다. 나는 그 박제를 커다란 방의 바닥에 놓았다. 잠시 후 모든 원숭이가 박제 주위로 빙 둘러서서 뱀을 유심히 쳐다보며 어이없다는 표정을 지었다. 원숭이들은 극도로 예민해져 평소에 놀이기구로 갖고 놀아 익숙한 나무 공 하나가 밀짚 속에서 우연히 움직이자 깜짝 놀라 모두 흩어져버렸다. 죽은 물고기, 생쥐,[12] 산 거북이 그리고 그외의 물체를 우리 속에 넣었을 때 원숭이들의 행동은 전혀 달랐다. 비록 처음에는 놀라지만 곧 가까이 접근하여 만지기도 하고 이리저리 둘러보며 조사하기도 했다. 이번에는 종이봉투에 살아 있는 뱀 한 마리를 넣어 입구를 느슨하게 묶은 후 커다란 방 중 하나에 놓아두었다. 원숭이 한 마리가 즉시 다가와 조심스럽게 봉투를 조금 열고 안을 들여다보다가 바로 줄행랑을 쳤다. 이때 나는 브렘이 설명했던 것을 목격하게 되었다. 머리를 높이 세워 한쪽으로 돌린 채 원숭이들은 한 마리씩 종이봉투 근처로 다가왔다. 그들은 세워진 종이봉투 속에 조용히 엎드려 있는 뱀을 슬쩍이라도 들여다보지 않고는 견딜 수 없었던 것이다. 브렘이 키웠던 원숭이들이 해가 없는 도마뱀이나 개구리에도, 잘못된 것이기는 하지만 이상한 본능적 두려움을 가졌던 것으로 보아 원숭이들은 동물의 유사성에 대한 개념을 어느 정도 갖고 있는 것 같다. 오랑우탄도 거북을 처음 보게 되면 무척 놀라는 것으로 알려져 있다.[13]

'모방'의 원리는 인간에게 강하게 나타나며 내가 관찰한 바로는 미개인에게 특히 강하게 나타난다. 뇌가 병적 상태에 있으면 이런 경향은 극도로 증폭되는 경우가 있다. 염증으로 뇌조직이 연화되기 시작하는 일부 반신불수 환자들은 자기가 듣는 모든 말을 그것이 모국어든 외국어든 상관없이, 또 주위에서 일어나는 동작이나 행동도 모두 무의식적으로 흉내내듯 따라한다.[14] 원숭이보다 하등한 단계의 동물 중에서 인간의 행동을 자발적으로 흉내내는 동물은 없다고 데소르 (Desor)는 말했다.[15] 원숭이는 우스꽝스러운 흉내를 잘 내는 것으로 유명하다. 그렇지만 서로의 흉내를 내는 동물들도 있다. 개와 함께 사

---

12) 이런 경우에 일어나는 원숭이의 행동에 대해서 나는 *Expression of the Emotions in Man and Animals,* 43쪽에 간단히 설명했다.

13) W.C.L. Martin, *Natural History of Mammalia,* 1841, 405쪽.

14) Bateman, *On Aphasia,* 1870, 110쪽.

15) 포크트가 *Mémoire sur les Microcéphales,* 1867, 168쪽에서 인용했다.

육된 늑대 두 종은 간혹 재칼이 그러하듯이 짖는 것을 배웠다.[16] 그러나 이것을 자발적 모방이라고 불러야 할지는 별개의 문제다. 새들은 부모의 노랫소리를 흉내낸다. 때로는 다른 새의 소리도 흉내낸다. 앵무새는 자기가 자주 듣는 소리를 흉내내기로 유명하다. 뒤로 드라말은 고양이와 함께 자란 개에 대해 서술했다.[17] 그 개는 고양이 고유의 동작들을 배워 흉내냈다. 즉 발톱을 핥고, 귀와 얼굴을 닦는 동작을 따라했다. 유명한 박물학자인 오두앵(V. Audouin)도 같은 사실을 보고했다. 몇 가지 확증적인 설명을 들은 적이 있다. 이중 하나는 다음과 같다. 고양이 젖을 먹지는 않았지만 새끼 고양이들과 함께 어미 고양이가 기른 개 한 마리가 있었다. 그런데 이 개는 위에서 말한 고양이의 습성을 배워 따라했다. 그 개는 13년을 살면서 계속 그런 버릇을 보여주었다. 뒤로 드라말이 키우던 개도 앞발로 공을 굴리고 공 위에서 뛰며 노는 것을 새끼 고양이들에게서 배웠다. 어떤 기고가 한 분은 자기 집에서 키우는 고양이가 입구가 좁아 머리를 집어넣을 수 없는 우유병 속에 앞발을 집어넣곤 했다고 말했다. 이 고양이의 어린 새끼는 이 같은 요령을 금방 배워 그후 기회가 있을 때마다 같은 동작을 반복했다고 한다.

자식들에게 내재되어 있는 모방 원리를 존중하며 특히 그들의 본능적 또는 유전된 경향을 중시한다는 점에서 많은 동물의 부모들은 자식을 교육시킨다고 할 만하다. 고양이가 살아 있는 생쥐를 새끼들에게 가져다주는 것을 보면 우리는 이것을 알 수 있다. 뒤로 드라말도—앞에서 인용한 논문에서—새끼들을 가르치는 매를 관찰하고 흥미로운 설명을 했다. 처음에 어미 매는 죽은 생쥐나 참새를 공중에

---

16) *The Variation of Animals and Plants under Domestication*, vol. 1, 27쪽.
17) Dureau de la Malle, *Annales des Sciences Naturelles*, 제1시리즈, vol. 22, 397쪽.

서 떨어뜨리며, 비록 새끼들이 그것을 낚아채지는 못했지만, 새끼들에게 거리감각뿐만 아니라 민첩함을 가르치더니 나중에는 살아 있는 새를 잡아다가 주었다고 한다.

인간의 지적 진보에서 '주의력'만큼 중요한 능력은 없을 것이다. 고양이가 구멍 앞에서 먹이를 노려보며 덮칠 준비를 하는 것을 보면 동물들에게도 주의력이 있음이 틀림없다. 때로 야생동물들은 자기 일에 넋이 빠질 정도로 몰두하여 누가 자기에게 접근하는 것을 눈치채지 못하는 경우도 있다. 바틀릿(A.D. Bartlett)은 이런 능력이 원숭이마다 얼마나 차이가 많은지에 대한 증거를 내게 보여준 적이 있다. 연극에 출연하는 원숭이를 훈련시키던 한 사람이 동물학회에서 한 마리에 5파운드의 돈을 주고 원숭이들을 구입하곤 했지만, 3~4마리의 원숭이를 며칠 동안 살펴보다가 그 가운데서 한 마리만을 골라 구입하게 해준다면 그 원숭이에 대해 두 배의 돈을 주겠다고 했다. 좋은 배우가 될 원숭이를 어떻게 그렇게 빨리 아느냐고 묻자 그것은 전적으로 원숭이의 주의력에 달려 있다고 했다. 그가 원숭이에게 말을 하거나 무언가를 설명해줄 때 벽에 붙은 파리나 그외의 사소한 물체를 보며 설명에 주의를 기울이지 않는다면 그 원숭이는 희망이 없다는 것이다. 부주의한 원숭이를 교육시킬 때 벌을 주면 원숭이는 샐쭉하게 토라진다. 그러나 자기에게 신중하게 주의를 기울이는 원숭이를 훈련시키는 것은 언제나 가능하다고 했다.

사람이나 장소에 대한 동물의 '기억'이 탁월하다는 것은 말할 필요가 없을 것 같다. 스미스는 희망봉에 살던 개코원숭이 한 마리가 그와 헤어진 후 9개월 동안 그를 한 번도 못 보았는데도 다시 만났을 때 반갑게 그를 알아봤다고 했다. 내가 키우던 개는 낯선 사람에게 사나웠고 모든 낯선 사람을 싫어했다. 나는 5년하고도 2일 동안 그 개를 일부러 멀리한 후 그 개의 기억력을 시험했다. 개가 사는 곳 가까이 다가가서 옛날에 부르던 방식으로 개를 불렀다. 그 개는 기뻐하지는 않았지만 곧 나를 따라 밖으로 나와서 내 말에 복종하는 것이 마치 30분 전까지 나와 함께 있었던 것 같았다. 5년 동안 잠자고 있던 옛 추억의 단편들이 연속적으로 조합되어 즉시 그 개의 마음을 깨웠던 것이다. 심지어는 같은 집단의 동료와 4개월 동안 헤어졌다가 다시 만난 개미도 자신의 동료를 알아본다는 사실을 후버는 명백하게 보여주었다.[18] 동물들이 되풀이하여 일어나는 사건들의 시간 간격을 어떻게든 판단하는 것은 확실하다.

'상상'은 인간의 가장 고귀한 특권 중 하나다. 상상력이 있기 때문에 인간은 자기 의지와는 별개로 과거의 이미지와 관념을 결합하여 멋지고 고귀한 결과를 창출한다. 리히터(J.P. Richter)가 말했듯이[19] "온갖 수단으로 흑백논리만을 펴는 인물을 만들어내려는 시인은 명청한 시체에 지나지 않는다." 꿈은 상상력에 대한 최상의 관념을 우리에게 제공한다. 역시 리히터가 언급한 대로 "꿈은 무의식중에 이루어지는 시의 예술이다." 우리 상상이 이끌어낸 산물의 가치는 우리가 받은 감명의 횟수, 정확성 그리고 명쾌함에 달려 있는 것이 확실하다. 또한 우리가 의식하지도 못하는 사이에 조합된 감명을 선택하느냐 배제하느냐는 판단과 취향에 달려 있으며 어느 정도는 의식적으로 그들 감명을 조합하는 능력에 따라 영향을 받는다. 개, 고양이, 말 그리고 아마 다른 모든 고등동물, 심지어 새도 생생하게 꿈을 꾼다.[20] 이것은 그들의 움직임과 그들이 내는 소리로 알 수 있다. 따라서 우

---

18) P. Huber, 앞의 책, 150쪽.

19) Maudsley, *The Physiology and Pathology of Mind,* 2nd ed., 1868, 19, 220쪽에서 인용했다.

20) Jerdon, *Birds of India,* vol. 1, 1862, 21쪽; 휴즈(J.C. Houzeau)는 자신이 키우는 잉꼬와 카나리아가 환상에 잠긴 적이 있다고 했다(*Études sur les Facultés Mentales des Animaux,* tom. 2, 1872, 136쪽).

리는 그들에게도 어느 정도의 상상력이 있다는 사실을 인정해야만 한다. 한밤중에, 특히 달빛이 비치는 밤에 개가 이상한 목소리를 길게 뽑으며 우울하게 짖으면 틀림없이 그 이유가 있을 것이다. 물론 모든 개가 다 그런 것은 아니다. 휴즈는 그때 개들이 달을 보는 것이 아니라 지평선 근처의 한 지점을 응시하는 것이라고 했다.[21] 휴즈는 주변 물체들의 어렴풋한 윤곽이 개의 상상력을 교란하여 기이한 모양을 그려낸다고 생각했다. 만약 그렇다면 이때 개들이 갖는 느낌은 거의 미신에 가깝다고 해도 될 것 같다.

인간의 모든 정신 능력 중에서 '이성'이야말로 가장 높은 단계의 능력이라고 생각한다. 오늘날 동물에게도 어느 정도의 추리력이 있다는 것을 논박하는 사람은 별로 많지 않다. 동물들은 끊임없이 생각하고 숙고하며 결정하는 것으로 보인다. 박물학자가 특정한 동물의 습성에 대해 연구하면 할수록 선천적인 본능보다는 이성에 비중을 두게 된다는 것은 중요한 사실이다.[22] 앞으로 살펴볼 여러 장(章)에서 우리는 매우 하등한 동물이 상당한 정도의 이성을 갖는 사례들을 접하게 될 것이다. 이성과 본능의 힘을 구별하기가 종종 어렵다는 것은 의심할 여지가 없다. 예를 들어 헤이스(Hayes)는 그의 『광활한 극지의 바다』(The Open Polar Sea)에서 썰매를 끄는 개들은 얼음이 얇은 곳을 통과할 때 한 덩어리로 모여 썰매를 끄는 것이 아니라 서로 나뉘고 간격을 벌려 그들의 체중을 고르게 분산시킨다고 했다. 개들의 이런 행동은 여행자들에게 얼음이 얇고 위험하다는 것을 알리는 첫 경고가 되곤 했다. 개들의 이런 행동은 각자의 경험에서 나왔을까?

---

21) J.C. Houzeau, 앞의 책, 181쪽.
22) L.H. Morgan, *The American Beaver and His Works*, 1868에 훌륭한 사례가 들어 있다. 그러나 나는 그가 본능의 작용을 지나치게 과대평가했다는 생각을 떨칠 수가 없다.

아니면 나이가 들고 현명한 개들의 행동을 보고 배운 것일까? 아니면 유전된 습성, 즉 본능에서 나온 것일까? 이런 본능은 아마도 아주 먼 옛날 원주민들이 썰매를 끌 목적으로 개를 처음으로 이용하면서 유래되었거나 에스키모 개의 조상인 북극 늑대들이 얇은 얼음 위에 있는 사냥감을 집단으로 공격해서는 안 된다는 본능을 획득하면서 유래되었을지도 모른다.

  행동이 본능에 따른 것인지 이성에 따른 것인지 아니면 관념의 단순한 연상에 따라 일어나는 것인지는 행동이 일어났던 상황을 고려해서 판단할 수밖에 없다. 그렇지만 관념의 연상은 이성과 긴밀하게 관련되어 있다. 뫼비우스는 호기심을 끌 만한 창꼬치*의 사례를 하나 소개했다.[23] 그는 수족관을 유리판으로 막아 한쪽에는 창꼬치 한 마리를, 건너편에는 물고기들을 넣었다. 창꼬치는 종종 건너편에 있는 물고기를 잡기 위해 유리판을 향해 격렬하게 돌진했다. 간혹 그 동작이 매우 격렬하여 유리판에 충돌한 창꼬치는 정신을 잃을 정도였다. 창꼬치는 세 달 동안이나 이러한 행동을 계속했고 결국 신중해야 한다는 것을 배웠는지 나중에는 유리판을 향해 달려들지 않게 되었다. 그후 유리판을 제거하고 물고기들을 더 넣어주었다. 그러자 창꼬치는 새로 들어온 물고기들을 게걸스럽게 먹어치웠다. 그러나 처음부터 건너편에 있었던 물고기들을 향해서는 공격 시도조차 하지 않았다. 처음에 함께 있었던 물고기들을 공격하면서 창꼬치가 받은 정신적 충격이 매우 강했던 것이다. 대형 유리창문을 전혀 본 적이 없는 미개인이 창문을 향해 단 한 번이라도 돌진해본 경험이 있다면, 그는 그후로 오랫동안 창문틀과 자기가 받은 충격을 연상시킬 것이다. 그러나 창꼬치의 경우와는 크게 달라 그는 자기의 돌진을 방해한 본질

_____

23) Möbius, *Die Bewegungen der Thiere,* 1873, 11쪽.

이 무엇인지 곰곰이 생각할 것이고 그후 유사한 상황을 경계하게 될 것이다. 곧 살펴보겠지만, 원숭이는 자기의 행동 때문에 생기는 고통스러운 느낌이나 단지 불쾌한 느낌만 받아도 다시는 그 같은 행동을 하지 않는 경우가 있다. 원숭이와 창꼬치의 이러한 차이점이, 비록 창꼬치가 종종 더 심하게 상처를 입긴 했지만, 원숭이에게서 관념의 연상 작용이 더 활발하고 지속적으로 이루어졌기 때문이라고 한다면, 인간에게는 그와 유사한 차이가 근본적으로 전혀 다른 마음의 존재를 의미한다고 주장할 수 있을까?

휴즈는 텍사스의 넓고 건조한 평야를 가로지르는 동안 자기의 개 두 마리가 갈증 때문에 심하게 고통을 겪었으며 물을 찾으려고 30~40번이나 움푹 파인 곳을 향해 달려 내려갔다고 했다.[24] 그러나 그들이 달려 내려간 곳은 진정한 골짜기가 아니었다. 나무도 없고 특별한 식물상도 형성되어 있지 않았다. 완전히 건조해져 습기 찬 땅의 냄새조차 없는 곳이었다. 개들은 땅이 움푹 파인 장소에서 물을 찾을 확률이 높다는 것을 아는 것처럼 행동했다. 휴즈는 다른 동물들도 이와 비슷한 행동을 하는 것을 종종 목격했다고 한다.

동물원에서 작은 물체를 코끼리가 닿을 수 없는 땅에 던져주면, 코끼리는 물체가 떨어진 곳보다 먼 바닥을 향해 코로 바람을 내뿜어 반사된 바람으로 물체를 자기가 닿을 수 있는 곳으로 오게 하는 것을 본 적이 있다. 다른 사람들도 이런 광경을 틀림없이 보았을 것이다. 또 잘 알려진 인종학자인 웨스트로프(H.M. Westropp)는 빈에서 곰 한 마리가 발을 이용하여 우리 칸막이 가까이 있는 물에 수류를 일으켜 물에 떠 있는 빵 조각을 자기 쪽으로 오게 하는 것을 목격한 적이 있다고 했다. 자연 상태에서 취한 이런 행동은 동물에게 거의 쓸모가 없

---

24) J.C. Houzeau, 앞의 책, 265쪽.

을 것이기 때문에 코끼리나 곰의 이런 행동이 본능이나 물려받은 습성이라고 보기는 어려울 것 같다. 자, 만약 미개인과 고등동물이 이런 행동을 보였다면 이 두 행동의 차이는 무엇인가?

　미개인과 개는 낮은 평지에서 종종 물을 발견한다. 그런 장소에서 물을 발견할 수 있다는 것이 그들의 마음속에 연상 작용으로 자리 잡고 있는 것이다. 문명인은 물의 발견에 대해 몇 가지 일반 전제를 세우려고 하겠지만, 우리가 아는 미개인은 거의 그렇게 하지 못할 것이라고 생각한다. 물론 개도 틀림없이 그렇게 하지는 못할 것이다. 종종 실망이야 하겠지만 미개인은 개와 마찬가지 방법으로 물을 찾을 것이다. 물을 찾는 데 일반 전제를 의식적으로 먼저 세우느냐 마느냐를 떠나 미개인이나 개가 물을 찾는 것은 모두 이성의 작용인 것 같다.[25] 공기나 물의 흐름을 일으키는 코끼리나 곰에도 동일한 상황이 적용될 것이다. 미개인은 자기가 원했던 움직임이 어떠한 법칙으로 영향을 받았는지 틀림없이 알지도 못할 것이고 알려고도 하지 않을 것이다. 그러나 추리의 긴 사슬을 갖고 있는 철학자와 마찬가지로 비록 거칠기는 하지만 일종의 추리 과정이 그의 행동을 유도했을 것이다. 미개인과 고등동물 사이에 이러한 차이가 있다는 것은 의심할 여지가 없을 것이다. 미개인은 매우 미세한 상황이나 조건을 알아차리고 약간의 경험만으로도 그들 사이에 있는 연결고리를 알게 될 것이다. 이것은 정말로 중요한 것이 될 것이다. 내 자식 가운데 하나가 보이는 행동에 대해 일지를 쓴 적이 있다. 태어난 지 11개월이 되었을 때, 내 아들은 말을 하지는 못했지만 모든 종류의 물체와 소리가 그의 마

---

25) 헉슬리는 내 책에서 제시한 것과 비슷한 사례를 예로 들어, 하나의 사건을 통해 하나의 결론에 도달하는 개와 사람의 정신 단계를 감탄할 만큼 명쾌하게 분석했다. *Contemporary Review*, 1871. 11, 462쪽과 그의 *Critiques and Essays*, 1873, 279쪽에 실린 그의 논설인 "Mr. Darwin's Critics"를 참조하시오.

음속에서 함께 연상되는 것을 보고, 그 빠른 속도에 나는 자주 놀랐다. 그것은 지금까지 내가 알고 있던 가장 영리한 개와 비교해보았을 때 엄청나게 빠른 것이었다. 고등동물의 연상 능력, 추리력, 관찰력도 창꼬치 같은 하등동물과 비교할 때 똑같은 방식으로 차이를 보였다.

영장목 중 비교적 하등한 미국산 원숭이들은 다음의 사례에서 보듯이 아주 짧은 경험만으로도 이성이 촉구되는 것으로 유명하다. 주의 깊은 관찰로 유명한 렝거가 파라과이에서 그의 원숭이에게 달걀 몇 개를 주었을 때 원숭이들은 달걀을 깨뜨려 내용물을 많이 잃었지만 나중에는 딱딱한 물체에 달걀의 한쪽 끝을 조심스럽게 두드린 후 손가락으로 껍질을 뜯어냈다. 날카로운 도구에 벤 경험이 있는 원숭이들은 그 도구를 만지려고 하지 않았고 만지게 되더라도 매우 조심스럽게 다루려 했다. 렝거는 설탕 덩어리를 종이에 싸서 원숭이들에게 주곤 했다. 그러면서 렝거는 간혹 살아 있는 말벌을 종이 속에 집어넣었다. 서둘러 종이를 풀다가 원숭이들은 벌에 쏘이게 되었다. 이런 일이 한 번 일어난 후 원숭이들은 항상 종이묶음에 귀를 기울여 종이 속에서 움직임이 감지되는지 알아내려고 했다.[26]

다음의 사례들은 개와 관련된 것들이다. 사냥을 나간 콜쿠하운 (Colquhoun)은 들오리를 쏘았는데 들오리 두 마리가 개울의 건너편에 떨어졌다.[27] 그의 리트리버*는 들오리 두 마리를 동시에 물어오려고 했으나 성공하지 못했다. 사냥개는 새의 깃털을 물고 흔드는 것을 전에는 알지 못했지만 한 마리를 물어서 의도적으로 죽여놓고는 다

---

[26] 벨트(Belt)는 꽤 흥미로운 작품인 *The Naturalist in Nicaragua*, 1874, 119쪽에서 길들여진 꼬리감기원숭이의 여러 행동에 대해 비슷한 설명을 했다. 이것은 이 동물이 어느 정도의 추리력을 갖고 있다는 것을 명백히 보여주는 것이라고 생각한다.

[27] *The Moor and the Loch*, 45쪽; Hutchinson, *Dog Breaking*, 1850, 46쪽.

른 들오리를 찾아왔다. 그러고 나서 다시 자기가 죽인 들오리를 향해 달려갔다. 또 다른 사례를 보자. 두 마리의 자고*가 총에 맞아 한 마리는 죽고 한 마리는 부상을 입었다. 상처 입은 자고는 도망가려 했지만 사냥개에게 잡혔다. 새를 물고 돌아오던 사냥개는 죽은 새를 보았다. 이 상황에 대해 허친슨(Hutchinson)은 다음과 같이 말했다. "사냥개는 멈추어 선 채 꽤 당황해하는 것 같았다. 한두 번의 시도를 해보았지만 사냥개는 상처를 입어 퍼덕거리는 자고와 죽은 자고를 동시에 물어올릴 수 없다는 것을 알았다. 사냥개는 잠시 생각하더니 입에 문 자고를 강하게 물어 고의적으로 죽인 후, 두 마리를 한꺼번에 물고 왔다. 이것은 그 사냥개가 사냥감을 고의로 해치운 단 한 번의 경우였다." 비록 완전하지는 않더라도 이 경우에 이성이 있다고 할 수 있다. 왜냐하면 그 사냥개는 들오리의 사례처럼 부상당한 자고를 가져다놓고 다시 죽은 자고를 가지러 갈 수도 있었기 때문이다. 개별적인 두 사건을 증거로 삼으려고 위의 사례들을 제시했다. 또한 두 경우에 사냥개가 고의로 사냥감을 죽여본 후에는 모두 그들이 물려받은 습성, 즉 회수하는 사냥감을 죽이지 않아야 된다는 습성을 깨뜨리며 하나의 고정된 습성을 뛰어넘기 위해서는 추리력이 매우 강해야 한다는 것을 그 사냥개들 덕에 알았기 때문에 여기에 제시한 것이다.

유명한 훔볼트의 말[28]을 인용하는 것으로 결론을 내릴까 한다. "노새 몰이를 하는 남아메리카 사람들은 다음과 같이 말한다. '걸음을 가장 잘 걷는 노새 대신 머리를 가장 잘 쓰는 노새를 드리지요.'" 그는 다음과 같이 덧붙였다. "오랜 경험에서 우러나온 이 낯익은 어구는 동물이 단지 살아 있는 기계에 지나지 않는다는 입장을 다른 어떤 이론 철학의 논변들보다 설득력 있게 반박한다." 그런데도 일부 저

---

28) A. von Humboldt, *Personal Narrative*, 영역본, vol. 3, 106쪽.

술가들은 아직도 고등동물에게 어느 정도의 이성이 있다는 사실조차 부인한다. 장황하게 말을 늘어놓으며 위에서 제시한 모든 사실을 피해가며 그저 빠져나가려고만 한다.[29]

이제 인간과 고등동물, 특히 영장류는 몇 가지 본능을 공유하고 있음이 충분히 밝혀진 듯하다. 둘 다 동일한 감각, 직관, 지각이 있으며 열정, 애정, 감정이나 좀더 복잡한 질투, 의심, 경쟁, 감사, 아량도 마찬가지다. 둘 다 상대를 속이기도 하고 상대에게 복수하기도 한다. 때로는 조롱을 받기도 하고 유머 감각도 있다. 정도의 차이가 있기는 하지만 둘 다 놀라움과 호기심을 보이며 모방, 주의력, 숙고, 선택, 기억, 상상, 관념의 연상, 이성도 동일하다. 한 종 내에서도 정신 능력 면에서 완전한 바보가 있는가 하면 정말로 우수한 개체도 있다. 사람보다 훨씬 드물기는 하지만 동물도 역시 정신병에 걸릴 수 있다.[30] 그런데도 많은 저술가는 "인간의 정신 능력은 모든 하등동물이 뛰어넘을 수 없는 장벽으로 구별된다"고 주장한다. 나는 전에 위와 같은 격언들을 20개 이상이나 수집한 적이 있었다. 그러나 내용 면에서 그들이 서로 크게 다르고, 불가능하지는 않더라도 일일이 열거하는 것이 어려웠기 때문에 거의 쓸모가 없었다. 점진적으로 진보할 수 있는 것은 인간뿐이라는 주장이 제기된 적이 있다. 인간만이 도구와 불을

---

29) 스티븐(L. Stephen)처럼 사리가 밝은 사람을 만나게 되어 기쁘다. 그는 인간과 하등동물의 정신 사이에 놓인 높은 장벽에 대해 다음과 같이 말했다. "사실 이제까지 그어져 있는 그 구별은 수많은 형이상학적 구별보다 더 나을 것이 없는 근거에 따르는 것으로 보인다. 즉 우리가 그들에게 서로 다른 이름을 줄 수 있기 때문에 그들이 서로 다른 성질을 가질 수밖에 없다는 것이다. 개를 키우거나 코끼리를 본 적이 있는 사람은 동물도 본질적인 사고 처리 과정을 이행하는 능력이 있다는 사실을 인정하지 않을 수 없을 것이다"(*Darwinism and Divinity, Essays on Free Thinking and Plain Speaking*, 1873, 80쪽).
30) W.L. Lindsay, "Madness in Animals," *Journal of Mental Science*, 1871. 7을 참조하시오.

사용하고 다른 동물을 키우며 재산을 소유한다고 했다. 동물들은 추상 개념이나 보편 개념을 형성하는 능력이 없으며 자의식도 없고 자신을 이해할 수도 없다고 했다. 동물은 언어를 사용할 수 없고 인간만이 미의 감각을 갖고 있다고 했다. 변덕을 부리기 쉬운 것도 인간뿐이고 감사와 신비의 감정이 있는 것도 인간뿐이라고 했다. 인간만이 신을 믿으며 양심이 있다는 것이다. 이런 관점이 좀더 중요하고 흥미로운 사항에 대해 위험을 무릅쓰고 몇 마디 해야겠다.

섬너(Sumner) 주교는 인간만이 점진적인 진보를 한다고 주장한 적이 있다.[31] 인간은 다른 동물과 비교할 수 없을 정도로 크고 빠른 진보를 한다는 사실은 논쟁할 여지가 없다. 이것은 아마도 인간에게는 말을 할 수 있고 획득한 지식을 물려줄 수 있는 능력이 있기 때문일 것이다. 우선 개체 수준에서 동물을 살펴보자. 동물을 잡으려고 덫을 설치해본 적이 있는 사람은 어린 동물이 나이 든 동물에 비해 덫에 훨씬 잘 걸리며, 또한 어린 개체는 적의 접근을 쉽게 눈치채지 못한다는 사실을 잘 안다. 한 장소에서 한 종류의 덫으로 나이 든 동물을 여러 마리 잡거나 한 종류의 독으로 모든 동물을 없앤다는 것은 불가능하다. 나이 든 동물이 모두 독약을 먹을 것 같지는 않으며 더군다나 하나의 덫에 나이 든 동물이 모두 걸린다는 것도 불가능하다. 덫에 걸리거나 독약을 먹은 동료들을 보고 주의해야 한다는 것을 학습하는 것이 틀림없다. 모피 동물들이 오랫동안 사냥의 대상이 되고 있는 북아메리카에서, 이들을 관찰한 사람들의 한결같은 증언은 모피 동물들은 거의 믿을 수 없을 정도의 영리함과 주의력을 갖추고 있었고 빈틈을 보이지도 않는다는 것이다. 그러나 이것은 덫이 그곳에서

---

31) 라이엘(C. Lyell)이 *The Geological Evidences of the Antiquity of Man*, 1863, 497쪽에 인용했다.

매우 오랫동안 사용되었기 때문에 유전 효과가 작용하는 것일 수도 있다. 어떤 지역에 처음으로 전선이 설치되면 많은 새가 전선에 부딪혀 죽는다는 말을 여러 번 들었다. 그러나 동료들이 죽는 것을 본 새들은 불과 몇 년 만에 위험을 피할 수 있게 된다고 한다.[32]

동물을 여러 세대에 걸쳐 관찰해보면 새나 그외의 동물들이 인간이나 그외의 적에 대한 경계심을 점차 얻기도 하고 잃기도 한다는 것을 알 수 있다.[33] 물론 대부분 이러한 경계심은 유전된 습성이나 본능으로 생기지만, 어느 정도는 각 개체의 경험에 따른 산물이기도 하다. 훌륭한 관찰자인 르루아는, 여우 사냥이 많이 이루어지는 지역에 서식하는 여우는 굴을 갓 떠난 새끼라도 사냥이 성행하지 않는 지역의 나이 든 여우보다 훨씬 조심성이 있다고 말했다.[34]

집에서 기르는 개는 늑대와 재칼에서 유래했다.[35] 비록 개가 교활함을 획득하지도 않았고 경계심과 의심을 잃어버렸다고 해도 개는 도덕적 자질, 즉 애정, 신뢰, 온화함 그리고 아마도 일반적 지능을 갖추는 방향으로 진보했다. 쥐는 유럽 전역에서 여러 다른 종을 정복하고 물리쳤다. 북아메리카, 뉴질랜드 그리고 최근에는 중국뿐만 아니라 대만의 일부에서도 같은 상황이 벌어지고 있다. 스윈호우는 중국과 대만에서는 교활함이 뛰어난 일반 쥐가 몸집이 큰 무스 코닝가(*Mus coninga*) 쥐를 누르고 승리를 거두었다고 했다.[36] 이들은 인간이 절멸

---

32) 더 많은 증거에 대해 자세히 알아보려면 J.C. Houzeau, *Études sur les Facultés Mentales des Animaux,* tom. 2, 1872, 147쪽을 참조하시오.

33) 대양의 섬들에 사는 조류에 대해서는 내가 쓴 *Journal of Researches during the Voyage of the 'Beagle',* 1845, 398; Origin of Species를 참조하시오.

34) Leroy, *Lettres Phil. sur l'Intelligence des Animaux,* 소식판, 1802, 86쪽.

35) 이 항목의 증거에 대해서는 *The Variation of Animals and Plants under Domestication,* vol. 1, chap. 1을 참조하시오.

36) R. Swinhoe, *Proceedings of the Zoological Society,* 1864, 186쪽.

158

하는 것을 피하기 위해 늘 자기의 모든 능력을 발휘하기 때문에 교활해졌을 것이다. 또한 덜 교활하고 지능이 낮은 쥐들은 인간이 대부분 끊임없이 제거했기 때문에 교활한 쥐들만이 남았을 것이다. 그렇지만 인간이 개입하기 전에 이미 일반 쥐의 교활함이 동료 종에 비해 더 뛰어났기 때문에 성공했을 가능성도 있다. 결정적인 어떠한 증거도 제시하지 않으면서, 동물이 나이를 먹으며 지능이나 다른 정신 능력이 향상되지 않는다고 주장하는 것은 종의 진화에 대한 논점을 교묘히 회피하는 것이다. 라르테(E. Lartet)의 연구 결과, 몇 가지 목에 속하는 현존 포유류가 제3기에 살았던 그들의 조상에 비해 더 큰 뇌를 갖고 있다는 사실이 밝혀졌다.

사람들은 종종 동물들이 전혀 도구를 이용하지 않는다고 말한다. 그러나 자연 상태의 침팬지는 호두 같은 열매나 과일을 돌멩이로 깨부순다.[37] 렝거는 미국산 원숭이를 교육시켜 딱딱한 야자열매를 깨뜨려 열도록 했는데 교육은 쉽게 이루어졌다.[38] 그리고 나중에는 돌을 이용하여 견과류뿐만 아니라 상자도 깨뜨려 열게 되었다. 또한 그 원숭이는 불쾌한 냄새를 내는 과일 껍질을 벗겨버렸다. 다른 원숭이 한 마리는 막대기를 이용하여 커다란 상자의 뚜껑을 열도록 훈련받았는데, 그후 이 원숭이는 그 막대기를 무거운 물체를 움직이는 지레로 사용했다. 나도 어린 오랑우탄 한 마리가 막대기의 한쪽 끝을 갈라진 틈에 끼우고 다른 쪽을 살짝 들어 지레처럼 사용하는 것을 직접 본 적이 있다. 길들여진 인도코끼리는 나뭇가지를 부러뜨려 그 가지로 파리떼를 쫓아버리는 것으로 유명하다. 코끼리의 이 같은 행동은 자연 상태에서도 관찰된 바 있다.[39] 내가 본 어린 오랑우탄 한 마리

37) Savage & Wyman, *Boston Journal of Natural History,* vol. 4, 1843~44, 383쪽.
38) Rengger, *Naturgeschichte der Säugethiere von Paraguay,* 1830, 51~56쪽.
39) *The Indian Field,* 1871. 3. 4.

는 자기가 매를 맞는다는 것을 알았을 때 담요나 짚으로 자기의 몸을 감쌌다. 이런 여러 사례에서 돌멩이와 막대기는 도구로 이용되었다. 그러나 돌멩이와 막대기는 무기로도 사용된다. 브렘은 유명한 여행가 심퍼(Schimper)가 관찰한 내용을 근거로 언급하기를, 에티오피아에 사는 개코원숭이의 일종인 치노체팔루스 겔라다(*Cynocephalus gelada*)가 들판에 사는 다른 동물들을 약탈하기 위해 떼를 지어 산에서 내려오다가 역시 개코원숭이의 일종인 망토개코원숭이(*C. hamadryas*)를 만나면 싸움이 일어난다고 했다.[40] 겔라다가 커다란 돌을 굴리고 망토개코원숭이는 애써서 그것을 피한다. 그러다가 두 집단은 큰 소리를 지르며 서로를 향해 맹렬히 달려든다. 코버그 고타 공작(Duke of Coburg-Gotha)과 동행하던 브렘은 에티오피아의 멘사 지역을 지나가며 총을 쏘면서 개코원숭이 집단을 공격했다. 그러자 개코원숭이들은 상당히 많은 돌을 산 아래로 굴렸는데, 어떤 것은 사람의 머리만 한 것도 있었다. 결국 사람들은 퇴각할 수밖에 없었고 그 통로는 실제로 한동안 여행자들이 다니지 못할 정도로 폐쇄되고 말았다. 개코원숭이들의 이런 단체 행동은 주목할 만하다. 월리스는 어린 새끼들을 동행한 암컷 오랑우탄의 기이한 행동을 세 번이나 관찰했다고 한다.[41] "오랑우탄은 극도로 화가 난 듯한 모습으로 두리안 나무의 가지를 부러뜨리며 가시투성이의 열매들을 떨어뜨렸다. 그 양상이 소나기를 쏟아붓는 것 같아 우리는 가까이 갈 엄두도 내지 못했다." 내가 여러 번 관찰한 바에 따르면 침팬지는 자기를 공격하는 사람을 향해 손에 잡힌 물건이면 무엇이든 집어던진다. 앞에서 언급했던 희망봉의 개코원숭이는 자기의 목적을 위해 진흙을 준비했다.

---

40) A.E. Brehm, 앞의 책, 79, 82쪽.
41) A.R. Wallace, *The Malay Archipelago*, vol. 1, 1869, 87쪽.

동물원에 이빨이 튼튼치 못한 원숭이 한 마리가 있었는데 그 원숭이는 돌멩이를 이용하여 견과를 열었다. 동물원 사육사의 말에 따르면 돌멩이를 사용한 후에 그 원숭이는 돌멩이를 밀짚 속에 숨겨 다른 원숭이들이 갖고 가지 못하도록 했다고 한다. 여기서 재산 개념이 생겨난다. 그러나 재산 개념은 뼈를 지키려는 개와 둥지를 지키려는 새에게서 더 보편적으로 나타난다.

아질 공작은 특별한 목적을 위해 도구를 만드는 행위는 절대적으로 인간만이 할 수 있는 일이라고 했다.[42] 그는 이런 행위가 인간과 짐승 사이에 놓인 절대 넘을 수 없는 장벽이라고 생각했다. 이것이 매우 중요한 차이임은 틀림없다. 그러나 러벅의 제안이 내게는 훨씬 더 진실에 가까워 보인다.[43] 러벅은 어떤 목적에서든 원시인이 최초로 석기를 사용하게 되었을 당시, 원시인은 우연히 돌을 쪼개어 날카로운 조각을 사용했을 것이라고 했다. 이러한 진보가 일어난 후에 목적을 갖고 돌을 쪼개는 것은 작은 진보였을 것이고 그것들을 조잡하게 다듬는 것도 그리 큰 진보는 아니었을 것이다. 그러나 신석기 시대의 사람들이 그들의 석기를 문지르고 갈아서 사용하기까지 엄청난 시간이 흘렀다는 것을 생각한다면 이 두 번째 진보는 오랜 세월에 걸쳐 일어났을 것이다. 러벅도 말했듯이, 돌멩이를 깨뜨릴 때 불꽃이 튀었을 것이고 석기를 문지를 때는 열이 발생했을 것이다. 여기서 불을 얻는 두 가지 방법이 기원되었을 것이다. 화산 폭발로 용암이 숲속으로 흐르는 화산 지역을 중심으로 불의 성질이 알려졌을 것이다. 유인원은 아마 본능적으로 편평하고 높은 플랫폼을 만들었을 것이다. 그러나 많은 본능이 이성으로 크게 조절되는 것으로 보아 플랫폼을 만

---

42) Duke of Argyll, *Primeval Man,* 1869, 145, 147쪽.
43) J. Lubbock, 앞의 책, 473쪽 등.

드는 것 같은 단순한 본능은 자발적이고 의식적인 행동 속으로 쉽게 녹아들었을 것이다. 오랑우탄은 밤에 판다누스 식물 잎으로 자기 몸을 덮는 것으로 알려져 있다. 브렘도 그가 키우는 개코원숭이 한 마리가 태양빛을 가리기 위해 짚으로 만든 거적을 끌어당겨 머리를 덮는다고 했다. 이러한 몇 가지 습성에서, 우리는 인간의 초기 조상에게서 비롯된 조잡한 건축물이나 옷 같은 단순한 기술로 발달해가는 그 첫 단계를 보게 된다.

**추상, 보편 개념, 자의식, 정신적 개성**　나보다 지식이 훨씬 더 많은 사람도 동물이 높은 정신 능력을 어느 정도 보여주는지 결정하기란 매우 어려울 것이다. 동물의 마음속에 무슨 일이 벌어지는지 판단하는 것이 불가능하기 때문에 이 일이 어려운 것이다. 더욱이 저술가들마다 위에서 언급한 용어에 부여하는 의미가 아주 많이 다르다는 것이 더 큰 어려움이다. 최근에 출판된 여러 책은 동물에게는 추상 능력이나 보편 개념을 형성하는 능력이 절대로 없다고 강조한다. 그러나 어떤 개가 먼 거리에 있는 다른 개를 볼 때, 먼저 그 개를 추상적인 개 한 마리로 인식하는 것이 거의 분명해 보인다. 왜냐하면 점점 더 가까이 접근해 그 개가 자기의 친구라는 것을 알면 개의 태도가 갑자기 바뀌기 때문이다. 모든 경우에 동물과 인간의 정신 활동이 근본적으로 같지 않다고 주장하는 것은 순수한 가정에 지나지 않는다고 최근에 어떤 저술가 한 분이 말했다. 동물과 인간 모두 자기의 감각으로 알아낸 정보를 어떤 정신적 개념에 비추어 판단하는 것으로 보아 동물과 인간은 둘 다 똑같은 일을 하고 있는 것이다.[44] 내가 키우는 테리어*

---

44) 후크햄(Hookham)이 막스 뮐러(Max Müller)에게 보낸 편지가 『버밍엄 뉴스』(Birmingham News, 1873. 5)에 실려 있다.

에게 간절한 목소리로(여러 번 시도해봤다) "이봐, 이봐, 어디에 있니?" 하고 말하면, 개는 단번에 그 말을 사냥거리가 있다는 소리로 받아들인다. 그래서 대개는 주위를 재빨리 둘러보고는 사냥감의 냄새를 맡기 위해 가장 가까운 덤불 속으로 재빨리 달려 들어간다. 그러나 아무 냄새도 맡을 수 없게 되면 개는 고개를 들어 가까운 나무 위의 다람쥐를 쳐다본다. 개의 이러한 행동은 동물을 찾아 사냥해야 한다는 일반 관념이나 개념을 자기 마음속에 갖고 있다는 것을 명백하게 보여주는 것이 아닌가?

자신이 어디에서 왔으며 어디로 갈 것인지, 또는 삶은 무엇이고 죽음은 무엇인지 같은 문제를 고민하고 있다는 의미로 자의식의 뜻을 해석한다면 어떤 동물도 자의식을 갖고 있지 않다고 자신 있게 말할 수 있을 것이다. 그러나 뛰어난 기억력과 어느 정도의 상상력을 지닌 늙은 개가 젊은 시절의 사냥에 대한 즐거움과 고통을 곰곰이 생각하지 않는다고 어떻게 단언할 수 있겠는가? 이것도 자의식의 하나일 것이다. 그러나 뷔히너도 말했듯이,[45] 추상적인 단어를 거의 사용하지 않으며 4보다 큰 숫자를 세지도 못하는 비천하고 고생에 찌든 오스트레일리아 미개인의 아내가 어떻게 자의식을 발휘하며 자신의 존재에 대한 본질을 깊이 생각할 수 있겠는가? 고등동물에게 기억, 주의력, 관념의 연합, 심지어는 어느 정도의 상상력과 이성이 있다는 것은 어느 정도 인정되고 있다. 동물마다 서로 크게 다른 이러한 능력이 개선될 수 있다면 고도의 추상 능력, 자의식 같은 더 복잡한 능력을 갖추는 것이 그렇게 불가능하지는 않을 것 같다. 복잡한 능력이라는 것은 단순한 여러 능력이 발달되고 조합되어 이루어지는 것 아닌가? 동물 계열의 어느 시점부터 추상 같은 고급 능력이 생겨나게 되었는

---

45) L. Büchner, *Conférences sur la Théorie Darwinienne*, 불어 번역본, 1869, 132쪽.

지 말하는 것이 불가능하다는 이러한 견해를 반박하는 주장이 제기된 적이 있다. 그러나 어린이의 경우 정확히 몇 살 때부터 이러한 능력이 생긴다고 누가 말할 수 있겠는가? 우리는 적어도 어린이의 그런 능력이 눈에 보이지 않을 만큼 조금씩 발달한다는 것은 알고 있다.

동물들에게 정신적인 면에서 나름의 독특한 개성이 있다는 것은 의심할 여지가 없다. 전에 말했던 개의 마음속에서 내 목소리가 옛 관념들의 사슬을 일깨워 불러일으켰을 때, 그 개는 나름의 정신적인 개성을 보유하고 있었던 것이 분명하다. 비록 개의 뇌 속에 존재하는 모든 원자가 5년이라는 기간에 한 번 이상 모두 교체되었다고 하더라도 그 개성은 그대로 유지되었던 것이다. 이 개는 최근 모든 진화론자들을 제압하기 위해 제기된 논의를 제시하면서 이렇게 말했을 것이다. "마음은 한없이 뒤바뀌고 물질은 모두 변화하는 와중에 나는 서 있어요. [……] 원자들이 사라질 때 그 자리를 채우는 다른 원자들에게 자기가 받은 인상을 유산으로 남겨주고 떠난다는 가설은 의식 표현에 모순이 되니 잘못된 것이죠. 그런데 진화론이 이러한 가설을 필요로 하니 결국 진화론도 잘못된 것이죠."[46]

**언어**  언어 능력이야말로 인간과 하등동물을 구별해주는 가장 중요한 능력이라고 생각한다. 그러나 훌륭한 판관(判官)인 웨이틀리 대주교가 말했듯이, 인간은 "그의 마음속에서 일어나는 일을 표현하는 언어를 사용할 수 있는 유일한 동물이 아니다. 또한 남의 언어를 다소나마 이해할 수 있는 유일한 동물도 아니다."[47] 파라과이에 서식하는 꼬리감기원숭이의 일종인 체부스 아자레(*Cebus azarae*)가 흥분했

---

46) J. M'Cann, *Anti-Darwinism*, 1869, 13쪽.
47) Whately, *Anthropological Review*, 1864, 158쪽에서 인용했다

을 때 내는 소리는 최소한 6가지로 구분되는데, 이 소리들을 들은 다른 원숭이들은 소리를 낸 원숭이와 비슷한 감정을 갖게 된다.[48] 렝거와 여러 학자가 단언했듯이 우리는 원숭이의 얼굴 표정과 몸짓을 이해하며 그들도 우리의 얼굴 표정과 몸짓을 어느 정도 이해한다. 개가 가축이 된 이후에 최소한 4, 5가지의 서로 다른 음색으로 짖을 수 있게 되었다는 것은 더욱 놀랄 만한 사실이다.[49] 비록 짖는 소리가 새로운 기술인 것은 틀림없지만 야생 상태였던 개의 부모종이 여러 종류의 울음소리로 그들의 감정을 표현했다는 것은 의심할 여지가 없다. 집에서 기르는 개는 사냥처럼 무엇인가를 하고 싶어 안달하며 짖어댄다. 으르렁거리는 소리도 있고 화가 나서 짖는 소리도 있다. 갇혔을 때는 절망하며 깨갱거리는 소리를 내기도 하고 소리를 길게 뽑으며 짖기도 한다. 밤에 짖는 소리는 또 다르다. 주인과 함께 산책을 가려 할 때는 기뻐서 짖는다. 문이나 창문을 열어달라고 요구하고 간청하는 소리도 매우 독특하다. 휴즈는 이 주제에 특별한 관심을 기울였는데, 그에 따르면 닭도 최소한 서로 다른 의미가 있는 12가지의 소리를 낸다고 한다.[50]

그러나 분절 언어를 상습적으로 사용하는 것은 인간뿐이다. 그러나 인간도 하등동물과 마찬가지로 자기의 격한 감정을 표현할 때 비분절적인 소리를 지른다. 그리고 여기에 몸짓과 얼굴 근육의 움직임이 가미된다.[51] 이것은 우리의 고급 지능과 거의 연결되어 있지 않은 단순하고 생생한 감정을 표현할 때 특히 효과적이다. 고통·공포·놀

---

48) Rengger, 앞의 책, 45쪽.
49) 내가 쓴 *The Variation of Animals and Plants under Domestication*, vol. 1, 27쪽를 참조하시오.
50) J.C. Houzeau, 앞의 책, 346~349쪽. 51
51) 이 주제에 대해서는 E.B. Tylor, *Researches into the Early History of Mankind*, 1865, 제2장~제5장을 참조하시오.

람·분노의 부르짖음은 적절한 행동과 함께 어우러져 어떤 단어보다
도 우리의 감정 상태를 잘 드러낸다. 사랑하는 아기를 향한 엄마의 옹
얼거림도 마찬가지다. 개들도 많은 단어와 문장을 이해하는 것으로
보아 인간과 하등동물을 구별하는 것은 분절적인 소리를 이해하느냐
못 하느냐에 달려 있는 것이 아니다. 이 점에서는 개들도 10개월에
서 12개월 된 아기와—많은 단어와 간단한 문장을 이해하지만 말은
한마디도 하지 못하는—같은 발달 단계에 있다. 앵무새와 여러 종류
의 새들에게도 분절 언어를 발음하는 능력이 있는 것으로 보아 언어
가 분절적이라는 이유만으로 인간 고유의 특징이 되는 것은 아니다.
더욱이 명확한 소리를 명확한 의미에 연결시키는 것만으로도 인간의
뚜렷한 특징이 되지는 않는다. 왜냐하면 말하는 것을 배운 앵무새는
단어와 물건, 그리고 사람과 사건을 정확하게 일치시키는 것이 확실
하기 때문이다.[52] 인간이 하등동물과 다른 것은 인간만이 엄청나게
다양한 소리와 개념을 연결시키는 힘이 있기 때문이다. 그리고 이것

---

[52] 이 효과에 대한 자세한 설명을 몇 가지 접한 적이 있다. 주의 깊은 관찰자로
알려진 설리번(B.J. Sulivan) 제독은 그의 아버지 집에서 오랫동안 키웠던 아
프리카 앵무새가 방문객뿐만 아니라 집에 있는 일부 식솔들의 이름까지도
실수 없이 소리내어 불렀다고 말했다. 그는 아침 식사 시간에 만난 모든 사
람에게 "안녕"이라고 말했고, 밤에는 방을 떠나는 모든 사람에게 일일이 "잘
자"라고 말했다. 인사말은 절대로 바뀌지 않았다. 앵무새는 설리번 제독의 아
버지에게 "안녕"이라는 말에 짧은 문장 하나를 덧붙였는데, 아버지가 돌아가
신 후로 앵무새는 그 문장을 절대로 말하지 않았다고 한다. 낯선 개 한 마리
가 열린 창문으로 방에 들어왔을 때 앵무새는 그 개를 심하게 꾸짖었다. 또
새장 밖으로 나와 부엌 식탁에서 사과를 먹고 있는 다른 앵무새를 향해서도
"이 못된 앵무새야"(you naughty polly) 하고 말하며 꾸짖었다. 같은 취지로
앵무새에 대해 언급한 휴즈의 *Études sur les Facultés Mentales des Animaux,* vol.
2, 309쪽도 참조하시오. 모슈카우(A. Moschkau)가 아는 찌르레기 한 마리는
도착하는 사람에게 독일어로 "안녕"이라고 말하고 떠나는 사람에게는 "잘 가,
친구"라고 말했는데 실수하는 법이 없었다고 한다. 이 같은 사례들은 얼마든
지 더 들 수 있다.

은 분명히 인간의 정신 능력이 크게 발달했기 때문에 가능한 것이다.

고귀한 학문인 언어학을 창립한 사람 중의 하나인 투크(H. Tooke)가 연구한 바에 따르면 언어는 술을 빚고 빵을 굽는 것과 같은 기술이라는 것이다. 그러나 글쓰기에 비유하는 편이 더 나을 것 같다. 모든 언어가 배워야만 사용할 수 있는 것으로 보아, 언어가 본능이 아닌 것은 분명하다. 그렇지만 언어는 다른 기술들과는 크게 다르다. 아이의 종알거림에서 알 수 있듯이 인간은 말을 하려는 본능적인 성향이 있기 때문이다. 그러나 어떠한 아이도 술을 만들거나 빵을 굽거나 글쓰기를 하려는 본능적 성향이 있지는 않다. 더군다나 어떤 언어가 계획에 따라 만들어졌다고 생각하는 언어학자는 하나도 없다. 언어가 여러 단계에 걸쳐 서서히 그리고 무의식적으로 발달한 것이다.[53] 새가 지저귀는 소리는 여러 가지 면에서 언어에 가장 가깝다. 같은 종에 속하는 개체들은 그들의 감정을 표현할 때 모두 본능적인 울음으로 똑같이 지저귀기 때문이다. 노래를 부르는 새들은 그들의 능력을 본능적으로 발휘한다. 그러나 새들의 진짜 노랫소리는—심지어는 다른 새를 부르는 소리도—부모나 양부모에게 배우는 것이다. 배링턴이 증명했듯이 새들의 이런 소리는 "인간의 언어가 그러하듯이 선천적으로 타고난 것이 아니다."[54] 새들이 처음으로 노래를 부르려는 시도는 아기가 종알거리려고 불완전하게나마 시도하는 것에 비유할 수 있다. 젊은 수컷들은 10개월이나 11개월 동안 끊임없이 연습도

---

[53] 휘트니(Whitney)가 *Oriental and Linguistic Studies,* 1873, 354쪽에서 이 주제를 훌륭하게 언급했으니 참조하시오. 그는 인간의 의사 소통 욕망이 강렬하다는 것을 알았다. 그러한 강렬함은 언어의 발달 과정에 "의식적으로 작용하기도 하고 무의식적으로 작용하기도 한다. 성취되는 당장의 목적에 의식적이라는 것이고, 나중에 일어날 결과에 무의식적이라는 것이다."

[54] D. Barrington, *Philosophical Transactions,* 1773, 262쪽; Dureau de la Malle, *Annales des Sciences Naturelles,* 제3시리즈, 동물학, tom. 10, 119쪽.

하고 '기록'(새잡이들이 한 말이다)도 한다. 그들이 처음으로 시도하는 노랫소리는 불완전하기 짝이 없다. 그러나 나이를 먹을수록 새들의 노랫소리가 점점 다듬어지는 것을 알 수 있다. 그리고 마침내는 낭랑한 목소리로 노래를 부를 수 있게 된다. 티롤*의 교육받은 카나리아 사례에서 알 수 있듯이, 다른 종의 노랫소리를 배우며 자란 새들은 새로운 노래를 자손들에게 가르치고 전달하게 된다. 같은 종이라도 서로 다른 지역에 사는 새들의 노랫소리는 약간씩 다르다. 배링턴이 말했듯이 '지역적인 방언'으로 비유하는 것이 적절할 것 같다. 또 서로 다른 종이면서 가까운 친척뻘인 여러 종의 노랫소리는 여러 인종의 언어에 비유할 수 있을 것 같다. 하나의 기술을 획득하려는 본능적인 성향이 인간만의 것이 아니라는 것을 보여주기 위해 이런 사례들을 제시했다.

　분절 언어의 기원에 대해 밝히려고 나는 웨지우드와 패라르 그리고 슐라이허의 매우 흥미로운 작품들을 읽었다.[55] 또한 막스 뮐러의 유명한 강연록도 읽었다. 그후 나는 언어가 여러 가지 자연의 소리와 여러 동물의 소리, 그리고 인간의 본능적인 부르짖음을 모방하고 변형하는 데서 기원했으며 거기에 손짓과 몸짓이 가미되었다는 것을 확신할 수 있었다. 앞으로 성선택에 대해 다룰 때 원시인이나 인간의 초기 조상이 오늘날의 일부 개코원숭이가 그러하듯이 진정한 음악적 소리를 내면서 그의 목소리를 처음으로 사용하게 되었을 것임을 알게 될 것이다. 그리고 우리는 다른 동물에서 광범위하게 나타나는 유

---

55) H. Wedgwood, *On the Origin of Language*, 1866; F.W. Farrar, *Chapters on Language*, 1865. 이 작품들은 정말 흥미롭다. Albert Lemoine, *De la Phys. et de Parole*, 1865, 190쪽도 참조하시오. 얼마 전에 작고한 슐라이허(A. Schleicher)가 이 주제에 대해 쓴 작품이 있다. 이 작품은 바이커스(Bikkers)가 *Darwinism tested by the Science of Language*(1869)라는 제목으로 영역했다.

사한 사례들을 통해, 이러한 능력이 특히 구애 행동을 할 때 크게 발휘되었을 것이라고 결론짓게 될 것이다. 또 노래로써 사랑, 질투, 승리감 같은 여러 감정을 표현했으며 경쟁자에 대한 도전으로 노래를 이용하기도 했을 것이다. 그러므로 음악적인 울부짖음을 분절 소리로 모방하던 것이 여러 가지 복잡한 감정을 표현하는 단어로 발생했을 것이다. 우리의 가장 가까운 친척인 원숭이나 소두증 백치[56] 그리고 미개 인종은 듣는 모든 것을 흉내내려는 경향이 강하다. 모방에 대한 주제와 관련이 있는 것으로 주목할 만한 내용이다. 원숭이는 인간이 그들에게 하는 말의 상당히 많은 부분을 이해하는 것이 틀림없으며, 야생 상태에서 동료들에게 위험을 알리는 신호 비슷한 울음소리를 낸다.[57] 가금류는 땅으로 다가오는 위험이나 하늘의 매에게서 오는 위험을 서로 다른 소리로 동료들에게 알려주는 것이 틀림없다(개는 제삼의 울부짖음뿐만 아니라 이 두 가지 위험을 모두 알아차린다).[58] 그렇다면 유인원과 유사한 동물 중에서 매우 현명했던 어떤 동물이 그들을 공격하는 동물의 으르렁거리는 소리를 흉내냄으로써 예상되는 위험의 성질에 대해 동료 원숭이에게 알리지 않았겠는가? 이것이 언어 형성의 첫 번째 단계였을 것이다.

목소리를 더욱 많이 사용함에 따라 발성 기관은 많이 사용하는 기관이 유전되는 원리를 통해 강화되고 완전한 기관으로 변하게 되었을 것이다. 그리고 이것이 언어 능력에 다시 영향을 미쳤을 것이다.

---

56) C. Vogt, *Mémoiressur les Microcéphales,* 1867, 169쪽. 미개인에 대해서는 내가 쓴 *Journal of Researches during the Voyage of the 'Beagle',* 1845, 206쪽에 몇 가지 사례가 있다.

57) 브렘과 렝거의 두 작품은 매우 자주 인용된다. 이 항목에 대한 명백한 증거를 보려면 이 두 작품을 참조하시오.

58) 휴즈는 그가 쓴 *Études sur les Facultés Mentales des Animaux,* tom. 2, 348쪽에서 이 항목에 대해 자기가 관찰한 것을 매우 흥미롭게 기술했다.

그러나 언어의 계속적 사용과 뇌 발달 사이에 형성된 관계야말로 아주 중요하게 작용했을 것이 틀림없다. 초기 인류의 정신 능력은 가장 불완전한 형태의 언어가 사용되기도 전부터 이미 현존하는 어떠한 유인원보다 더 높게 발달해 있었음이 틀림없다. 그러나 정신 능력의 계속된 사용과 진보가 복잡한 사고의 연상 작용이 일어날 수 있도록 기회를 주고 발달을 촉진함으로써 정신 그 자체에 영향을 미쳤을 것이 거의 확실한 것 같다. 복잡한 사고의 연상은 소리가 나는 단어냐 침묵의 단어냐를 떠나 어쨌든 단어의 도움이 없다면 전혀 불가능할 것이다. 숫자와 대수를 사용하지 않고 긴 계산을 하는 것보다 더 어려웠을 것이다. 벙어리이자 귀머거리이며 장님인 소녀 로라 브리지먼(Laura Bridgman)을 관찰한 바로는 꿈을 꾸는 동안 그녀는 손가락을 사용한다는 것이 밝혀졌다.[59] 따라서 평범한 사고의 연상조차도 대부분 언어를 필요로 하거나 언어로 크게 촉진되는 것처럼 보인다. 그러나 꿈을 꾸는 동안 일어나는 개들의 움직임을 통해 추론해보건대, 생생하고 연속된 일련의 사고는 어떠한 언어의 도움 없이도 기억 속에 남을 수도 있다. 또한 우리는 동물들이 언어의 도움을 전혀 받지 않고도 어느 정도까지는 이성을 발휘할 수 있다는 사실을 안다. 잘 발달되어 있는 인간의 뇌와 언어 능력 사이에는 긴밀한 관계가 있다. 이것은 특히 언어 능력에 영향을 주는 특정한 뇌 질환의 여러 사례를 통해 잘 알려졌다. 뇌 질환 중에는 특이하게도 다른 단어는 제대로 사용하면서 명사를 기억하는 능력만을 잃는 경우가 있다. 또는 명사 중에서도 특정 부류의 명사만을 기억하지 못하거나 명사의 첫 번째 스펠링을 제외한 나머지 부분을 기억하지 못하고 고유의 이름을

---

59) 이 항목에 대해서는 Maudsley, *The Physiology and Pathology of Mind*, 2nd ed., 1868, 199쪽에 언급한 내용을 참조하시오.

잊어먹는 경우도 있다.[60] 정신 능력과 발성 기관을 계속해서 사용하게 됨으로써 이들 기관의 구조와 기능에 일어난 변화가 유전될 가능성이 글쓰기에 비해 더 적다고는 할 수 없다. 글쓰기는 손의 모양이나 정신적인 기질에 따라 어느 정도 결정되며 필체가 유전되는 것은 사실이다.[61]

최근 들어 막스 뮐러를 중심으로 몇몇 학자가, 언어를 사용하기 위해서는 보편적 개념을 형성할 수 있는 능력이 있어야 한다고 주장한다.[62] 그들은 이런 능력이 있는 동물이 전혀 없어 인간과 동물 사이에는 뛰어넘을 수 없는 장벽이 존재한다고 말한다.[63] 조잡하고 초보적이라고 해도 보편적 개념을 형성하는 능력이 동물에게서 관찰된다는 것을 나는 이미 밝히려고 했다. 10개월에서 11개월 된 아기나 말

---

60) 기이한 사례들이 많이 기록되었다. 예를 들어 Bateman, On Aphasia, 1870, 27, 31, 53, 100쪽 등을 참조하시오. 또한 Abercrombie, *Inquiries Concerning the Intellectual Powers,* 1838, 150쪽도 참조하시오.

61) *The Variation of Animals and Plants under Domestication,* vol. 2, 6쪽.

62) *Lectures on Mr. Darwin's Philosophy of Language,* 1873.

63) 휘트니 같은 저명한 언어학자들의 판단은 내가 말하는 것보다 이 주제에 더 큰 무게를 실을 수 있을 것이다. 휘트니는 *Oriental and Linguistic Studies,* 1873, 297쪽에서 블리크(Bleek)의 견해에 다음과 같이 말했다. "대개의 경우 언어는 추리의 꼭 필요한 보조자고, 사고력 발달에 필수불가결하며, 인식의 독자성·다양성·복합성에도 꼭 필요할 뿐만 아니라 의식 활동의 숙련에도 없어서는 안 되는 것이다. 따라서 블리크는 언어 능력과 그 도구를 동일시하면서 언어가 없었다면 사고는 전혀 불가능하다는 것을 기꺼이 말하고 싶었을 것이다. 블리크는 도구가 없다면 인간의 손이 아무짝에도 쓸모없다고 주장했을지도 모른다. 블리크의 원칙대로라면 블리크는 막스 뮐러가 말한 최악의 패러독스, 즉 유아는 인간이 아니며 농아는 단어를 모방하기 위해 손가락을 뒤트는 것을 배울 때까지는 이성을 갖지 못한다는 역설이 갖고 있는 단점을 저지할 수 없게 된다." 막스 뮐러는 *Lectures on Mr. Darwin's Philosophy of Language,* 1873, 제3강연에서 이탤릭체로 다음과 같은 경구를 썼다. "말이 없다면 사고는 없다. 마찬가지로 사고가 없다면 말은 거의 존재할 수 없다." 사고라는 단어에 대한 얼마나 이상한 정의인가!

을 하지도 듣지도 못하는 농아의 경우만을 생각해본다면 보편적 개념이 그들의 정신 속에 형성되어 있지 않는 한, 특정한 소리와 보편적 개념을 연결시킨다는 것은 거의 불가능할 것 같다. 좀더 지능이 높은 동물에게도 동일한 원리가 적용될 수 있다. 스티븐이 관찰했듯이 "개는 고양이나 양에 대한 보편적 개념을 갖고 있으며, 철학자가 사용하는 용어에 상응하는 나름의 용어들을 알고 있다."[64] 말하는 능력과 마찬가지로 이해력을 갖고 있다는 것은, 비록 조금 덜하기는 하지만, 소리를 내는 데 지성이 필요하다는 좋은 증거가 된다.

현재 말을 하기 위해서 사용되는 기관들이 다른 기관들에 비해 왜 처음부터 그 목적에 맞도록 완전하게 되었는지를 살펴보는 것은 어려운 일이 아니다. 후버는 개미의 언어를 설명하기 위해 자기 책의 한 장(章)을 모두 할애하여 설명했는데, 개미들에게는 더듬이를 이용해서 상호 의사를 전달하는 상당한 능력이 있다고 한다. 우리도 손가락을 효과적인 도구로 사용할 수도 있다. 연습만 한다면 공공 회의에서 연설하는 모든 말을 농아에게 전달할 수도 있다. 만약 그렇게 사용하는 손을 잃게 된다면 굉장히 불편할 것이다. 모든 고등동물은 우리의 발성 기관 같은 설계로 만들어진 발성 기관이 있으며 그것을 의사 소통 수단으로 사용하고 있으므로 의사 소통 능력이 향상되어야만 했다면 그들의 발성 기관은 틀림없이 더욱 발전했을 것이다. 그리고 발성 기관은 인접해 있으면서 잘 적응된 부위, 즉 혀와 입술의 도움에 영향을 받게 되었을 것이다.[65] 고등 유인원이 그들의 발성 기관을 언어를 위해 사용하지 않는다는 사실은 그들의 지능이 충분히 진

---

64) L. Stephen, *Darwinism and Divinity, Essays on Free Thinking and Plain Speaking*, 1873, 82쪽.
65) 이 효과에 대해서는 모드슬리의 앞의 책, 199쪽에 나오는 몇 가지 훌륭한 의견을 참조하시오.

보되지 못했기 때문인 것이 확실하다. 현재는 말하는 목적으로 사용하지 않지만 오랫동안 연습한다면 말을 하게 될지도 모를 기관을 그들이 갖고 있다는 사실은 현재 노래를 부르기 위해 사용하지는 않지만 노래에 적합한 기관을 갖고 있는 새의 경우와 비슷한 것이다. 예를 들어 나이팅게일과 까마귀에게 모두 비슷하게 설계된 발성 기관이 있지만 나이팅게일은 갖가지 다양한 노래를 부르고 까마귀는 그저 까악까악 하는 소리를 낼 뿐이다.[66] 유인원이 왜 인간만큼 그들의 지능을 발달시키지 않았는지를 묻는다면 그 답으로 일반적인 이유밖에는 댈 수가 없다. 모든 동물이 통과하는 발달의 연속 단계를 우리가 모르고 있으니 무언가 더 명확한 것을 기대한다는 것은 도리에 맞지 않는다.

서로 다른 언어가 형성되는 과정과 별개의 종이 만들어지는 과정은, 이 둘이 점진적인 과정을 통해 발달한다는 사실과 함께, 이상하게도 비슷하다.[67] 그러나 우리는 종이 형성되기 전에 이미 많은 언어가 형성되어 있었다는 흔적을 찾을 수 있다. 왜냐하면 언어는 갖가지 소리의 모방으로 만들어지기 때문이다. 우리는 여러 가지 언어의 유래가 동일하고 또 그 형성 과정이 비슷하기 때문에 언어들이 서로 매우 유사하다는 것을 알고 있다. 어떤 글자나 소리가 다른 글자나 소리의 변화에 맞춰 변화되는 양상을 보면 정말로 관련이 있는 것 같다. 두

---

66) W. MacGillivray, *History of British Birds,* vol. 2, 1839, 29쪽. 탁월한 관찰자인 블랙월( J. Blackwall)은 까치가 단순한 단어들을 배워 발음한다고 했으며 심지어는 짧은 문장까지 말할 수 있다고 했다. 웬만한 영국산 새보다 학습 속도가 빠르지만 까치의 습성을 오랫동안 면밀히 관찰해본 결과 자연 상태의 까치가 특별한 모방 능력을 보이는지는 알 수 없다고 했다. *Researches in Zoology,* 1834, 158쪽.

67) 종과 언어의 발달에 대한 매우 흥미로운 비유가 라이엘이 쓴 *The Geological Evidences of the Antiquity of Man,* 1863, 제23장에 나오니 이를 참조하시오.

가지 사례 모두에서 음절의 중복과 오랫동안 사용하여 생긴 효과 등이 발생한다. 언어나 생물에서 퇴화된 흔적이 자주 나타난다는 것은 더욱 놀랍다. 'am'이라는 단어의 'm'은 'I'를 의미한다. 따라서 'I am'이라는 표현 속에는 여분의 쓸모없는 흔적이 남아 있는 것이다. 또한 글자들은 과거에 발음되었던 흔적을 단어의 철자에 종종 간직하고 있다. 생물과 마찬가지로 언어도 집단으로 나눌 수 있고 그 집단 안에 더 작은 집단을 둘 수도 있다. 그리고 언어도 그 유래에 따른 자연 분류도 가능하고 특징에 따른 인위 분류도 가능하다. 우세한 언어와 방언은 널리 퍼져 다른 언어들을 점차 소멸시킨다. 종과 마찬가지로 언어도 일단 한번 소멸되면 라이엘이 말했듯이 절대로 다시 나타나지 않는다. 서로 다른 지역에서 동일한 언어가 생기는 일은 절대로 일어나지 않는다. 서로 다른 언어는 교배되거나 섞일 수 있다.[68] 모든 언어는 변화될 수 있으며 새로운 단어들이 계속해서 출현한다. 그러나 기억력에는 한계가 있어, 단어들은 전체 언어와 마찬가지로 점차 사라지게 된다. 그것에 대해서는 막스 뮐러가 잘 표현했다.[69] "모든 언어의 단어와 문법 사이에는 끊임없는 생존경쟁이 일어나고 있다. 훌륭하고 간단하며 쉬운 언어가 계속 우위를 차지하게 된다. 그들에게는 타고난 장점이 있기 때문에 성공하는 것이다." 이것이 한 언어의 생존에 가장 중요한 원인이지만 새로움이나 유행으로 덕을 볼 수도 있다. 왜냐하면 인간은 세상의 작은 변화에 강한 애정을 갖고 있기 때문이다. 우수한 언어가 생존경쟁을 통해 살아남거나 보존되는 것이 바로 자연선택이다.

많은 미개국가의 언어가 완벽하게 규칙적이며 놀랄 정도로 복잡하

---

68) 이 효과에 대해서는 *Nature*, 1870. 3. 24, 528쪽에 실린 패라르의 흥미로운 기사인 'Philology and Darwinism'을 참조하시오.
69) *Nature*, 1870. 1. 6, 257쪽.

게 만들어졌다는 사실은 이들 언어의 기원이 훌륭하거나 그 언어를 만든 사람들이 높은 예술성을 갖고 있으며 과거에 문명을 꽃피웠다는 사실을 보여주는 증거로 종종 제시되곤 한다. 예를 들어 슐레겔(F. von Schlegel)은 다음과 같이 썼다. "지적 문화가 매우 열등한 곳에서 출현하는 언어에서 우리는 그들의 문법 구조가 매우 훌륭하고 예술처럼 정교하다는 것을 종종 발견하게 된다. 특히 바스크 언어*와 라플란드 언어* 그리고 아메리카의 여러 언어에서 이 같은 사례가 종종 발견된다."[70] 그러나 언어가 정교하고 일정한 방식으로 형성되었다는 점을 생각해보면 언어를 예술이라고 하는 것은 명백한 잘못이다. 이제 언어학자들은 동사나 명사의 수나 격에 따른 변화형이 원래 개별적인 단어들이었으나 나중에 하나의 의미로 결합되었다는 점을 인정한다. 그런 단어들은 목적어와 인칭 사이의 관계를 아주 명백하게 표현하고 있으므로 과거 대부분의 인종이 이런 단어들을 사용했다는 것이 그리 놀랄 만한 일은 아니다. 완벽에 관해서 우리가 얼마나 쉽게 실수를 저지르는지 다음의 실례를 보면 알 수 있다. 바다나리는 무려 15만 개나 되는 껍질로 이루어지는 경우도 있는데 모든 껍질은 완벽한 방사 대칭으로 줄에 맞춰 놓여 있다.[71] 그러나 박물학자는 이런 종류의 동물을 좌우 대칭 동물보다 더 완벽하다고 여기지는 않는다. 좌우 대칭 동물은 신체를 이루는 구성 요소의 개수가 상대적으로 적으며 신체의 좌우를 제외한다면 닮은 부위라고는 전혀 없는 동물인데도 말이다. 박물학자가 기관의 분화와 특수화를 그저 완벽을 시험하는 수단 정도로만 여기는 것은 정당하다. 언어의 경우도 마찬가지다. 언어의 균형이 가장 잘 잡히고 복잡하다고 해서 불규칙하고 단

---

70) C.S. Wake, *Chapters on Man,* 1868, 101쪽에서 인용했다.
71) F. Buckland, *Bridgewater Treatise,* 411쪽.

축적이며 조악한 언어보다 높다고 평가할 수는 없다. 균형이 잘 잡히고 복잡한 언어는 여러 정복자나 피정복자, 또는 이주자의 언어에서 여러 유용한 문법 체계와 표현력이 풍부한 단어들을 차용한 것이다.

불완전하고 몇 안 되는 사례들이었지만, 나는 많은 미개 언어가 매우 복잡하게 형성되고 규칙적으로 만들어졌다고 해서 그들이 특별하게 만들어진 것은 아니라고 결론을 내린다.[72) 또한 이제까지 살펴본 것처럼 인간에게 분절 언어를 사용할 수 있는 능력이 있다고 해서 인간이 하등동물에서 발달되었다는 믿음이 도전을 받는 것은 절대 아니다.

**미적 감각** 미적 감각은 인간만이 갖고 있는 것으로 알려져 있다. 여기서는 특정한 색깔, 형태, 소리 그리고 미적 감각으로 진정 불릴 만한 것들이 주는 즐거움에 대해서만 알아보겠다. 그렇지만 문명화된 인간에게는 이들 감각이 복합적인 아이디어나 일련의 사고와 직접 관련되어 있다. 어떤 새는 아름답지도 않고 이를 과시하는 행동을 보이지도 않지만, 어떤 새의 수컷은 자기의 우아한 깃털이나 화려한 색깔을 암컷 앞에서 과시한다. 따라서 이 경우에 암컷 새가 수컷 파트너의 아름다움에 탄복한다는 것은 의심할 바 없다. 이 세상 모든 여성이 이런 깃털로 자신을 꾸미는 것으로 보아 그런 장식의 아름다움에는 논쟁할 여지가 없을 것 같다. 나중에 살펴보겠지만 벌새의 둥지와 바우어버드(bowerbird)*의 놀이 통로는 화려한 색깔의 물건들로 고상하게 꾸며져 있다. 이것으로 보아 이 새들은 화려한 물건들을 바라봄으로써 일종의 즐거움을 얻는 것이 틀림없다. 그렇지만 대부분의

---

72) *The Origin of Civilisation*, 1870, 278쪽에서 러벅이 언어의 단순화에 대해 언급한 훌륭한 여러 의견을 참조하시오.

동물이 갖고 있는 미적 감각은 우리가 판단하는 한 이성을 유인하는 데 한정되어 있다. 번식기가 되어 수컷 새들 사이에서 넘쳐흐르는 달콤한 긴장감은 틀림없이 암컷 새들을 감탄시킬 것이다. 이에 대한 증거는 앞으로 제시하겠다. 만약 새의 암컷이 수컷의 아름다운 색깔, 장식, 목소리를 식별하고 감상할 능력이 없다면 수컷이 암컷 앞에서 자기의 매력을 과시하기 위해 드러내는 수고와 열망은 사라졌을 것이다. 물론 이것은 도저히 받아들일 수 없는 상황이다. 특정한 밝은 색이 왜 즐거운 감정을 일으키는지 알기는 어려울 것 같다. 특정한 맛과 향기가 왜 상대를 끄는지도 마찬가지다. 그러나 처음에 우리의 감각에 유쾌하지 못했던 것이 나중에는 즐거움이 되며 이런 습성은 유전되는 것으로 보아 습성은 그 결과와 무언가 관계가 있다. 헬름홀츠 (Helmholtz)는 조화로운 소리와 운율이 기분 좋게 들리는 것은 생리적인 원리와 어느 정도 관련되어 있다고 설명했다. 그러나 불규칙한 간격으로 반복되는 소리는 비위에 크게 거슬리는 경우가 많다. 한밤중에 배의 나무 갑판 위에서 로프가 불규칙적으로 펄럭이는 소리를 들어본 사람이라면 이 사실을 인정할 것이다. 시각에도 동일한 원리가 작용할 것 같다. 눈은 대칭적인 형상이나 규칙적으로 반복되는 모양을 좋아한다. 가장 미개한 인간들도 그들의 장식 속에 이 같은 종류의 양식을 채택한다. 이러한 양식은 일부 수컷들이 꾸미는 장식이 성선택됨으로써 발달하게 되었다. 시각과 청각을 통해 그렇게 생겨난 즐거움에 대한 이유를 제시할 수 있든 없든 간에 인간과 많은 하등동물들은 동일한 색깔과 우아한 명암과 형태 그리고 동일한 소리에 비슷한 즐거움을 느낀다.

여성이 갖고 있는 아름다움에 관해서만 생각해보더라도, 아름다움에 대한 기호는 인간의 마음속에 그렇게 고유한 성질의 것이 아니다. 왜냐하면 아름다운 여성에 대한 기호는 인종 간에, 또 동일한 인종으로 구성된 나라 간에도 크게 다르기 때문이다. 대부분의 미개인이 숭배하는 장식과 음악이 끔찍하다는 것을 생각해보면, 그들의 심미적 재능은 새 같은 일부 동물의 재능만큼이나 고귀하지 않다는 주장을 제기할지도 모르겠다. 어떠한 동물도 밤하늘이나 아름다운 광경, 또는 세련된 음악에 감탄하지는 못할 것이다. 그러나 그러한 고귀한 취향은 문화를 통해서 획득되어 관념의 복잡한 연합 작용에 따라 형성되는 것이다. 야만인이나 교육받지 못한 사람들은 그런 것을 즐길 수 없을 것이다.

인간의 점진적 진보에 막대한 영향을 미친 상상력, 경이, 호기심 그리고 막연하나마 미적 감각, 모방 경향, 자극적이고 새로운 것에 대한 동경은 관습과 유행을 변덕스럽게 변화시켰을 것이다. 최근 저술가 한 분이 '미개인과 짐승 사이의 가장 명백하고도 전형적인 차이'는 바로 변덕이라고 했기 때문에 이것을 지적하는 것이다.[73] 그러나 우리는 상충되는 갖가지 영향에 따라 인간이 얼마나 변덕스러워질 수 있는지를 부분적으로나마 이해할 수 있을 뿐만 아니라, 앞으로 살펴보겠지만 하등동물들도 인간과 마찬가지로 애정, 증오, 미적 감각에서 변덕스럽다는 것을 이해할 수 있다. 또한 동물들이 새로운 것을, 그저 새롭다는 이유만으로 동경한다고 여길 만한 근거가 있다.

**신의 존재에 대한 믿음—종교** 전지전능한 하느님이 존재한다는 고상한 믿음이 원래부터 인간에게 주어졌다는 증거는 없다. 그러나 성급하게 겉만 둘러본 여행자들에게서 얻은 자료가 아닌 미개인들과 오랫동안 함께 생활한 사람들에게서 얻은 증거들에 따르면 신에 대한 개념도 전혀 없고 언어 속에 그러한 개념을 표현할 만한 단어도 전

---

73) *The Spectator*, 1869. 12. 4, 1430쪽.

혀 담고 있지 못한 많은 인종이 옛날에도 생존했으며 오늘날에도 생존한다는 것을 알 수 있다.[74] 물론 우주의 창조자이며 지배자가 존재하느냐 않느냐에 관한 질문은 전혀 별개의 것이다. 이 질문에 이제껏 존재했던 최고 지성의 소유자들이 긍정적인 대답을 했다.

그렇지만 만약 우리가 '종교'라는 용어에 눈에 보이지 않는 영적인 힘을 포함시킨다면 문제는 완전히 달라진다. 왜냐하면 덜 개화된 인종에게도 보편적으로 이런 믿음이 있는 것으로 여기기 때문이다. 이런 믿음이 어떻게 일어났는지를 이해하는 것은 어렵지 않다. 추리력과 함께 상상력, 경이, 호기심 같은 중요한 재능이 어느 정도 발달되자마자 인간은 자기 주변에서 무슨 일이 일어나고 있는지 간절히 알려고 했을 것이다. 이것은 당연한 일이다. 그리고 자신의 존재에 대해 막연하게나마 깊이 생각하게 되었을 것이다. 맥레난(M'Lennan)이 말했듯이, "인간은 생명 현상에 대한 해석을 나름대로 꾸며댈 수밖에 없으며, 이러한 해석이 보편적이라는 사실로 보아 인간에게 일어났다고 여길 수 있는 가장 단순한 가설은 다음과 같을 것이다. 즉 동물, 식물, 사물 그리고 자연의 힘 속에 그들 자신이 갖고 있는 것처럼 여겨지도록 작용하는 그러한 영혼이 존재하기 때문에 여러 가지 자연 현상이 일어난다는 것이다."[75] 타일러가 보여주었듯이, 미개인들이 주관적 생각과 객관적 생각을 쉽사리 구별하지 못하는 것으로 보아 꿈은 영혼에 대한 관념으로 발전했을 것이다. 미개인들은 꿈속에 나타나는 인물들이 상당히 먼 곳에서 오며 자신을 굽어보고 있는 것으

---

74) 이 주제에 대해서는 패라르가 *Anthropological Review*, 1864. 8, 217쪽에 훌륭한 기사를 실었으니 참조하시오. 그 이상의 내용에 대해서는 J. Lubbock, *Prehistoric Times*, 2nd ed., 1869, 564쪽을 참조하시오. 특히 그가 쓴 *The Origin of Civilisation*, 1870에서 종교에 대한 부분을 참조하시오.
75) "The Worship of Animals and Plants," *Fortnightly Review*, 1869. 10. 1, 422쪽.

로 여긴다. 또는 "꿈꾸는 자의 영혼이 육체를 빠져나가 여행을 하다가 자기가 본 것을 기억한 채 집으로 돌아오는 것으로 생각한다."[76] 그러나 상상력, 호기심, 이성 등이 인간의 정신 속에 제대로 형성되기 전까지는, 개와 마찬가지로 꿈이 있다고 해서 영혼을 믿지는 않았을 것이다.

미개인은 살아 있는 영적 존재가 자연의 사물과 힘에 생명을 불어넣는다고 생각하는 경향이 있는데, 이러한 경향은 내가 전에 한 번 지적한 작은 사실로도 알 수 있을 것이다. 나는 전에 개를 키운 적이 있었는데, 그 개는 충분히 성장했고 분별력을 갖고 있었다. 그 개는 덥고 바람이 없는 어느 날 잔디 위에 누워 있었다. 그때 조금 멀리서 산들바람이 불어와 펼쳐진 파라솔이 흔들거렸다. 누군가 파라솔 근처에 있었다면 개는 이런 상황에 전혀 주의를 기울이지 않았을 것이다. 그러나 파라솔이 흔들릴 때마다 개는 사납게 으르렁거리며 짖었다. 그 개는 빠르고 무의식적으로 다음과 같이 생각했을 것이다. 즉 뚜렷한 원인도 없이 움직임이 있다는 것은 무언가 낯선 존재가 있기 때문

---

76) E.B. Tylor, *Researches into the Early History of Mankind,* 1865, 6쪽. J. Lubbock, *The Origin of Civilisation,* 1870에 종교의 발달에 관해 서술한 인상적인 세 개의 장(章)이 있으니 이것도 참조하시오. 스펜서는 『격주평론』(*Fortnightly Review,* 1870. 5. 1, 535쪽)에 실린 그의 독창적인 평론에서 옛날에 널리 퍼져 있었던 종교적 믿음의 형태를 설명했다. 그에 따르면 인간은 꿈, 환영 그리고 그외의 다른 원인을 통해 자신을 육체와 영적인 이중 실체로 바라보게 되었다고 한다. 영적인 존재는 사후에 존재하고 강력한 것으로 여겨지기 때문에 여러 가지 선물과 의식으로 달래어 그 도움을 구하는 것이다. 더 나아가 스펜서는 동물이나 사물에서 이름을 따 부족의 선조나 창시자에게 붙여준 이름이나 별명이 나중에 그 부족의 진정한 선조를 대표하는 대상이 된다는 것을 보여주었다. 그들은 그런 동물이나 사물이 영혼의 형태로 존재한다고 자연스럽게 믿었고 신성한 것으로 여겼으며 신으로 숭배했다. 그런데도 나는 이것보다 앞서는 미완성의 초기 단계가 있을 것이라고 생각하지 않을 수 없다. 그 시기에는 힘과 움직임을 갖고 있는 어떠한 대상도 우리의 것과 비슷한 생명과 정신 능력을 갖고 있다고 여겼을 것이다.

이며 그 낯선 존재는 절대로 자기 영역에 들어올 권리가 없다고 말이다.

영적 작용에 대한 확신은 신이 존재한다는 믿음으로 쉽게 옮겨졌을 것이다. 왜냐하면 미개인들은 그들 스스로가 느끼는 열정, 복수심과 단순한 판단까지도 모두 영혼 때문에 생겨난다고 자연스럽게 믿었을 것이기 때문이다. 이 점에서 푸에고 제도 원주민은 중간 상태에 있는 것 같다. 비글호에 상주하던 의사가 새끼오리 몇 마리를 사냥하여 표본으로 만든 것에 대해 요크 민스터(York Minster)는 매우 엄숙하게 다음과 같이 말했다. "오, 바인느 선생님, 비도 많이 오고 눈도 많이 오고 총도 많이 쏘는군요." 이것은 인간의 식량을 낭비한 것에 대한 보복성 질책이 분명했다. 게다가 그의 형이 '야만인'을 죽였을 때, 폭풍이 오랫동안 격노했으며 비와 눈이 많이 내렸다고 이야기했다. 그러나 푸에고 제도 원주민이 우리가 하느님이라고 부르는 존재를 믿는지, 또는 어떤 형태로든 종교적인 의식을 행하는지는 전혀 알 수가 없다. 버턴(J. Button)은 그의 땅에 어떤 악마도 존재하지 않는다고 정당하고도 강력하게 주장했다. 미개인에게는 악한 영혼에 대한 믿음이 좋은 영혼에 대한 믿음보다 훨씬 더 보편적인 것으로 보아 위의 마지막 주장은 주목할 만한 것이다.

종교적 헌신의 감정은 정말로 복잡한 것이다. 그것은 사랑, 고귀하고 신비스러운 절대자에 대한 절대 순종, 강한 의존감,[77] 두려움, 존경, 감사, 미래에 대한 희망 그리고 그외의 여러 가지 요소로 이루어진다. 이렇게 복잡한 감정을 경험하기 위해서는 지적 능력과 도덕적 능력이 적어도 어느 정도는 높은 수준까지 진보되어 있어야만 한다.

---

77) 파이크(L.O. Pike)가 *Anthropological Review*, 1870. 4, 63쪽에 실은 훌륭한 논문인 "Physical Elements of Religion"을 참조하시오.

그런데도 주인에 대해 개가 보이는 깊은 사랑에서―절대 순종과 어느 정도의 두려움, 그리고 그외의 여러 느낌이 가미되어 있다―우리는 이런 마음에 어느 정도나마 접근하는 감정을 본다. 오랫동안 못 보았던 주인을 만난 개의 행동과 가장 사랑하는 사육사를 대하는 원숭이의 행동은 그들의 동료에 대한 행동과는 크게 다르다. 동료에 대한 행동에서는 기쁨의 도취가 다소 덜하며 모든 행동에서 평등감이 나타난다. 브라우바흐는 개는 자기 주인을 심지어 신으로 여기기도 한다고 주장한다.[78]

이런 높은 정신 능력 때문에 인간은 보이지 않는 정신적 힘을 믿었으며 주물 숭배, 다신론을 거쳐 궁극적으로는 유일신 사상을 갖게 되었다. 추리력의 발달이 형편없었다면 인간은 이상한 미신과 풍습에 빠졌을 것이 틀림없다. 피를 좋아하는 신에게 사람을 재물로 바치고 독약이나 불의 시련을 견딘 자만이 무죄로 인정되는 행위와 갖가지 마법은 생각만 해도 끔찍하다. 그러나 이따금 이런 미신들을 곰곰이 생각해보는 것도 괜찮다. 왜냐하면 그럼으로써 우리는 이성의 고취, 과학, 축적된 지식이 우리에게 얼마나 큰 혜택을 주는지를 알 수 있기 때문이다. 러벅이 적절하게 말한 것처럼, "미지의 악마에 대한 무서운 공포심이 미개인의 생활에 두터운 구름처럼 깔려 있으며 모든 즐거움을 비참하게 만들 수 있을 것이다."[79] 이같이 우리가 높은 지적 능력을 갖게 됨으로써 간접적으로 생겨나는 비참한 결과는 하등동물의 본능이 간혹 저지르는 우연한 실수에 비유할 수 있을 것 같다.

---

78) Braubach, *Religion, Moral, etc., der Darwin'schen Art-Lehre,* 1869, 53쪽. 오래전에 베이컨(Bacon)도 같은 주장을 했으며 시인 번스(Burns)도 같은 주장을 했다고 알려져 있다(W.L. Lindsay, *Journal of Mental Science,* 1871, 43쪽).
79) 러벅의 앞의 책, 제2판, 571쪽에는 이상하고 변덕스러운 미개인들의 풍습이 많이 소개되었다.

# 제4장　인간과 하등동물의 정신 능력 비교(계속)

도덕감―기본 명제―사회적 동물의 자질―사교성의 기원―대립적인 본능 사이의 투쟁―사회적 동물인 인간―영속적인 사회적 본능이 덜 영속적인 본능을 정복한다―미개인이 생각하는 사회적 덕목―진화 후기에 획득한 자애(自愛)―행동에 대해 집단 구성원들이 내리는 판단의 중요성―도덕적 경향의 전달―요약

　나는 인간과 하등동물의 모든 차이점 중에서 도덕감과 양심이 가장 중요하다고 주장하는 학자들의 판단에 전적으로 동의한다.[1] 매킨토시가 말했듯이 도덕감은 "인간의 행동 원칙 중에서 가장 높은 자리를 차지한다."[2] 이는 짧지만 강압적인 '하는 것이 당연하다'(ought)는 중요한 의미를 내포한 말로 요약된다. 도덕감은 인간의 속성 중에서 가장 고귀한 것이다. 인간이 자기 동료의 목숨을 구하기 위해 조금도 망설이지 않고 위험을 무릅쓰는 것은 도덕감이 있기 때문이다. 또 인간은 상황을 깊이 숙고한 후 깊은 권리 의식이나 의무감만으로도 위대한 목적을 위해 자기 삶을 희생하기도 한다. 칸트는 외쳤다. "의무여! 훌륭한 사상은 어리석은 풍자나 아첨이나 위협으로도 움직이지 않으며 단지 그대 영혼 속에 있는 그대로의 율법을 간직함으로써만

---

1)　이 주제에 대해서는 Quatrefages, *Unité de l'Espèce Humaine,* 1861, 21쪽 등을 참조하시오.
2)　Mackintosh, *issertation on Ethical Philosophy,* 1837, 231쪽 등을 참조하시오.

움직이노라. 항상 복종하지 않는다면 스스로 항상 존경을 빼앗노라. 아무리 은밀히 반란을 꾀하는 욕망일지라도 그대 앞에서는 모두 사라지노라. 그대는 어디에서 왔는가?"[3]

유능한 능력을 갖춘 많은 학자들이 중대한 이 질문에 대해 논의했다.[4] 따라서 이 문제에 손을 댄다는 것이 송구스럽기는 하지만 여기서 이 문제를 살펴보지 않고 그냥 넘어간다는 것은 있을 수 없는 일이다. 그리고 내가 알기로 자연사적 측면에서 이 문제에 접근한 사람은 하나도 없기 때문에 여기서 간단히 짚어보려는 것이다. 이 연구에는 또한 다른 독립적인 관심사가 있는데, 이는 하등동물에 대한 연구가 인간의 가장 고등한 정신 능력 중 하나를 해명할 수 있는지의 여부를 확인하려는 시도다.

다음의 제안은 정말로 그럴듯한 것으로 보인다. 즉 두드러진 사회적 본능을 천부적으로 부여받았으며[5] 부모와 자식 간에 애정이 있

---

3) I. Kant, *Metaphysics of Ethics*, trans. J.W. Semple, 1836, 136쪽.

4) 베인(A. Bain)은 이 주제에 대해 책을 쓴 26명의 영국 저술가 목록을 *Mental and Moral Science*, 1868, 543~725쪽에서 제시했다. 이들의 이름은 독자들에게 친숙할 것이다. 이 목록에 베인 자신의 이름과 레키(Lecky), 호지선(S. Hodgson), 러벅(J. Lubbock)과 그외의 여러 이름을 추가할 수 있을 것이다.

5) 인간이 사회적 동물이라는 사실을 관찰한 후, 브로디는 의미심장한 질문을 던진다. "이것으로 도덕감의 존재 같은 논란거리가 해결되면 안 되는가?"(B. Brodie, *Psychological Enquiries*, 1854, 192쪽). 마르쿠스 아우렐리우스(Marcus Aurelius) 같은 옛사람도 비슷한 생각을 했을 것이다. 밀(J.S. Mill)은 그의 유명한 작품인 『공리주의』(*Utilitarianism*, 1864, 45~46쪽)에서 사회적 감정을 "강력하고도 자연스러운 감정"이라고 했다. 또 "공리 도덕을 위해서 당연히 필요한 기초 감정"으로 표현하기도 했다. 또 그는 "도덕적 능력이 우리 본성의 일부가 아니라면 그것은 인간이 획득한 여러 능력과 마찬가지로 우리의 본성에서 야기된 자연적인 파생물로서 어느 정도는 자발적으로 생겨날 수 있다"고 했다. 그러나 이 모든 것에 반대하여 밀은 다음과 같이 말하기도 했다. "나 자신의 신념이기도 하지만 만약 도덕감이 선천적인 것이 아니고 획득된 것이라고 해도 그런 이유로 자연스럽지 못할 이유는 없다." 망설임이 없는 것은 아니지만 그렇게 심오한 사색가와 감히 의견을 달리하려 한다. 하등

는 동물이라면 그들의 지적 능력이 인간과 거의 동일할 정도로 발달하자마자 도덕감과 양심을 필연적으로 획득하게 된다는 것이다. 이런 말을 하는 이유는 다음과 같다. 첫째, 사회적 본능 때문에 동물은 동료들과 함께 살아가는 사회 안에서 즐거움을 얻고, 동료들과 어느 정도의 공감대를 형성하며 그들을 위해 여러 가지 봉사를 하게 되기 때문이다. 봉사는 명확하고 분명한 본능일 것이다. 그렇지는 않더라도 대부분의 고등한 사회적 동물에게서 나타나듯이 보편적 수단으로 자기 동료를 도우려는 소망과 준비성 정도는 될 것이다. 그러나 이런 감정이나 봉사가 종의 모든 개체로까지 확장되는 것은 절대 아니다. 함께 모여 생활하는 집단의 개체들에게나 가능한 것이다. 둘째, 정신 능력이 크게 발달하자마자 과거의 모든 행동과 동기에 대한 이미지가 각 개체의 두뇌를 통해 끊임없이 지나갔을 것이다. 한순간 매우 강하기는 하지만 본질적으로 지속적이지도 않고 나중에 생생한 인상을 남기지도 않는 본능이 있다고 해보자. 이러한 본능이 영구적이고 지속적인 사회적 본능을 억압했다는 것을 알았을 때 당연하게도—이것에 대해서는 곧 살펴보겠다—불만족스러움이 생겨났을 것이고, 심지어 비참한 감정까지도 생겼을 것이다. 배고픔 같은 많은 본능적 욕구는 본래 오랫동안 지속되지 않는다는 것이 확실하다. 또 일단 욕구가 충족된 후에는 잘 생각나지도 않는다. 셋째, 언어 능력이 갖추어져 자신들의 소망을 표현할 수 있게 된 후, 각각의 구성원이 공동의 선을 위해 어떻게 행동해야 하는지에 대한 대중의 견해가 자연스럽

___

동물이 보이는 사회적 감정이 본능이고 선천적이라는 사실은 논쟁할 여지가 없을 것 같다. 그렇다면 인간은 왜 그러면 안 되는 것인가? *The Emotions and the Will*, 1865, 481쪽에서 베인과 그외의 여러 사람은 개인이 살아가면서 도덕감을 획득하는 것으로 믿는다. 일반 진화론에서 본다면 적어도 이런 일은 절대로 일어날 것 같지 않다. 유전된 모든 정신적 자질을 무시하는 것은 앞으로 밀의 작품에서 가장 치명적인 오점이 될 것 같다.

게 모든 행동의 지침이 되었을 것이다. 그러나 우리가 아무리 대중의 견해에 큰 무게를 싣는다 하더라도 동료의 동의와 비동의에 대한 우리의 관심은 공감에 달려 있다는 것을 명심해야 한다. 곧 살펴보겠지만 공감은 사회적 본능의 핵심을 이루며 그 초석이 된다. 마지막으로, 각 개인이 갖고 있는 습성은 궁극적으로 각 구성원의 행동 지침으로서 매우 중요한 역할을 했을 것이다. 왜냐하면 사회적 본능이나 공감은 다른 본능과 마찬가지로 습관으로 크게 강화되었고 그 결과 집단의 소망과 판단을 따랐을 것이기 때문이다. 이러한 몇 가지 부수적인 주장에 대해서는 당장 살펴볼 필요가 있다. 이들 중 몇몇에 대해서는 아주 자세하게 살펴볼 것이다.

미리 말해두지만, 철저하게 사회 생활을 하는 동물의 지적 능력이 인간의 지적 능력처럼 활동적이며 크게 발달한다고 해서 인간의 것과 똑같은 도덕감을 획득하게 될 거라고 주장하는 것이 아니다. 동경의 대상이 매우 다양한 것은 사실이지만 동물들에게도 어느 정도의 미적 감각이 있다. 그렇기 때문에 그들이 옳고 그름에 대한 일종의 감각(이에 따른 행동 양식은 매우 다양하게 나타나지만)을 갖고 있을지도 모른다. 극단적인 사례를 들어보자. 만약 인간이 꿀벌과 아주 똑같은 상황에서 성장한다면 결혼하지 않은 여성은 일벌과 마찬가지로 오빠나 남동생 죽이는 것을 틀림없이 신성한 의무로 생각할 것이다. 그리고 엄마는 성숙한 딸들을 죽이려 할 것이고 아무도 이러한 행위를 방해할 생각을 하지 않을 것이다.[6] 그런데도 꿀벌이나 그밖의 사회적

---

6) 시지윅(H. Sidgwick)은 이 주제에 대해 *Academy*, 1872. 6. 15, 231쪽에서 훌륭하게 토의하면서 다음과 같이 말했다. "뛰어난 꿀벌 한 마리가 이 보편적인 문제에 대해 좀더 부드러운 답을 찾으려고 열망했으리라는 것을 우리는 확신한다." 그러나 대부분의 미개인이 갖고 있는 습성으로 판단하건대, 인간은 여아살해, 일처다부, 난잡한 교제를 통해 이 문제를 해결했을 것이다. 그러므로 좀더 부드러운 방법으로 이것을 가능하게 했다고 보기는 어려울 것 같

동물은 이 같은 상상의 사례에서 옳고 그름에 대한 감정이나 양심을 갖게 될 것 같다. 내가 이런 말을 하는 이유는 각 개체가 어떤 경우에는 강하거나 지속적인 본능을, 또 다른 경우에는 강하지도 지속적이지도 않은 본능을 소유하려는 내적인 감각을 갖고 있기 때문이다. 그래서 어떤 충동을 따르느냐에 대한 투쟁이 종종 일어났을 것이다. 과거에 받은 인상을 끊임없이 되새기며 서로 비교하면서 만족감이나 불만족스러움, 심지어는 고통도 느꼈을 것이다. 그리고 어떤 내적 감시 장치가 동물에게 두 충동 중에서 어느 충동을 따라 행동하는 것이 더 낫다는 것을 알려줬을 것이다. 한 경로는 가야만 되는 길이고 다른 한 경로는 가서는 안 되는 길이었을 것이다. 하나는 옳았을 것이고 다른 하나는 옳지 않았을 것이다. 이것에 대해서는 다시 이야기하겠다.

**사회성**  많은 종류의 동물이 사회성을 보인다. 심지어 별개의 두 종이 함께 살아가는 경우도 있다. 예를 들어 아메리카의 일부 원숭이들이 그렇고, 당까마귀, 갈까마귀, 찌르레기도 그렇다. 인간도 개를 특히 좋아하는 것으로 보아 이와 비슷하다. 개는 자기가 받은 애정에 이자를 붙여 인간에게 되돌려준다. 말, 개, 양 등이 동료들과 헤어졌

---

다. 코브(Cobbe) 양(孃)은 이와 동일한 설명에 대해 "Darwinism in Morals," *Theological Review*, 1872. 4, 188~191쪽에서 논평하면서 사회적 의무는 그렇게 뒤바뀌게 되었을 것이라고 말했다. 그리고 이것으로 그녀는 사회적 의무를 충족시키는 것이 각 개인에게는 손해를 끼치게 되었다는 것을 보이려고 한 것 같다. 그러나 그녀는 꿀벌의 본능이 집단의 이익을 위해 획득되었다는 것을 간과했다. 이것은 그녀도 기꺼이 인정할 것이다. 그녀는 이번 장에서 펼치는 도덕 이론이 한 번이라도 널리 받아들여졌다면 "승리의 시간에 인류의 덕목을 알리는 종소리가 울려퍼졌을 것이라고 믿지 않을 수 없다"고 아주 극단적으로 말했다. 많은 사람이 이 지구에서 덕목이 영구히 지속된다는 믿음을 약하게 갖지 않기를 바라는 것이다.

을 때 얼마나 슬퍼하는지를 본 적이 있을 것이다. 적어도 말과 개는 다시 만났을 때 서로 강한 애정을 보여준다. 개의 감정에 대해 사색하는 것은 흥미롭다. 개는 주인이나 가족과 함께라면 있는지 없는지도 모르게 방에서 몇 시간을 평화롭게 놀 수도 있지만 잠시라도 혼자 남게 되면 우울하게 짖거나 울부짖는다. 앞으로는 고등한 사회적 동물에만 국한하여 살펴보겠다. 일부 곤충은 사회적이며 중요한 여러 면에서 서로 돕는 동물이지만 그냥 넘어가겠다. 고등동물들 사이에 나타나는 가장 일반적인 봉사는 모두 이해할 수 있는 감각을 통해 위험을 서로에게 경고하는 것이다. 예거에 따르면 함께 모여 있는 동물들에게 접근하는 것이 얼마나 어려운지 사냥꾼들은 잘 알고 있다고 한다.[7] 야생의 말과 소는 위험을 알리는 어떤 신호도 내지 않는 것으로 생각하지만 적을 맨 처음 발견한 동물이 보이는 태도는 다른 동물들에게 위험을 알리는 효과가 있다. 토끼는 뒷다리로 바닥을 크게 구르며 신호를 보낸다. 양과 알프스산양은 호각을 부는 것처럼 소리를 내며 앞발로 동일한 신호를 보낸다. 많은 조류와 일부 포유류는 보초를 서는데, 물개는 일반적으로 그 몫을 암컷이 담당한다고 한다.[8] 원숭이 집단의 지도자는 보초를 서며 위험이나 안전을 알리는 소리를 지른다.[9] 사회적 동물은 서로 세세한 여러 가지 봉사를 한다. 말은 서로 가려운 부위를 입술로 다듬어주고, 소는 서로를 핥아주며 원

---

7) Jaeger, *Die Darwin'sche Theorie,* 101쪽.

8) R. Brown, *Proceedings of the Zoological Society,* 1868, 409쪽.

9) A.E. Brehm, *Illustriertes Thierleben,* Bd. 1, 1864, 52, 79쪽. 서로 가시를 뽑아주는 원숭이에 대해서는 54쪽을 참조하시오. 돌을 던지는 망토개코원숭이에 대해 앨바레즈(Alvarez)가 얻은 증거가 76쪽에 나오는데, 브렘은 앨바레즈가 관찰한 내용들을 매우 가치 있는 것으로 여겼다. 개를 공격하는 나이 든 수컷 개코원숭이에 대해서는 79쪽을 참조하시오. 독수리에 대해서는 56쪽을 참조하시오.

숭이는 외부 기생충을 찾아준다. 가시덤불을 통과한 체르코피테쿠스 그리세오비리디스(*Cercopithecus griseoviridis*) 원숭이 무리는 한 마리가 사지를 벌리고 있으면 다른 원숭이가 그 옆에 앉아 털을 꼼꼼하게 조사하여 가시나 깔끔거리는 조각들을 뽑아준다고 브렘은 말했다.

동물들은 서로에게 매우 중요한 봉사를 하기도 한다. 늑대나 그외의 몇몇 맹수는 단체로 서로를 도와 사냥감을 공격한다. 펠리컨은 단체로 물고기를 잡는다. 망토개코원숭이는 돌을 뒤집어 벌레 등을 찾는다. 그러다가 아주 커다란 돌에 다다르면 여러 마리가 돌 주위에 모여 함께 돌을 뒤집어 벌레를 잡고 그것을 서로 분배한다. 사회적 동물은 서로를 지켜준다. 북아메리카의 바이슨 들소는 위험이 닥쳐오면 암컷과 어린 송아지들을 중심에 모으고 수컷들은 바깥을 둘러싸며 방어 태세를 취한다. 칠링햄의 젊은 야생 황소 두 마리가 동시에 늙은 황소를 공격하는 내용을 앞으로 소개하게 될 것이다. 두 마리의 종마가 다른 한 마리의 종마를 암컷들에게서 떨어뜨려놓는 것도 설명하게 될 것이다. 에티오피아에서 브렘은 계곡을 건너는 큰 집단의 개코원숭이를 만났다. 일부 원숭이는 이미 건너편 산을 오르고 있었고 일부는 아직 계곡 아래에 있었다. 뒤처진 무리가 개의 공격을 받게 되었지만 앞서가던 나이 든 수컷 개코원숭이들이 바위 위에서 급히 내려와 입을 크게 벌리며 큰 소리로 으르렁거리자 개들이 줄행랑을 쳤다. 개들이 다시 전열을 가다듬어 공격하기 시작했지만 이번에는 모든 원숭이가 높은 곳으로 올라간 후였다. 6개월 정도 된 새끼 원숭이 한 마리만이 높은 곳으로 오르지 못하고 크게 울부짖으며 도움을 청하면서 바위 위로 기어올랐지만 곧 사냥개들이 그 새끼 원숭이를 포위했다. 이때 그날의 진정한 영웅인 커다란 개코원숭이 수컷 한 마리가 다시 산에서 내려와 서서히 새끼 원숭이 쪽으로 가서는 새끼 원숭이를 안심시킨 후, 새끼 원숭이를 데리고 의기양양하게 사라졌다. 개들은 너무 놀라 차마 공격할 엄두도 내지 못했다. 역시 브렘이 관찰한 내용을 한 가지 더 제시해야겠다. 독수리 한 마리가 어린 긴꼬리원숭이를 낚아챘는데, 긴꼬리원숭이는 나뭇가지를 움켜잡고 버티며 큰 소리로 울부짖으면서 도움을 청했다. 그러자 무리의 다른 원숭이들이 소리를 지르며 그 원숭이를 도우러 달려와서 독수리를 둘러싸고는 깃털을 마구 뽑았다. 그러자 독수리는 먹이 생각은 하지도 못하고 발버둥치며 도망가려고만 했다. 브렘이 말했듯이 이 독수리는 무리 속에 있는 원숭이를 다시는 공격하지 않을 것이다.[10]

무리지어 생활하는 동물들이 서로에게 애정을 갖는 것은 확실하다. 그러한 감정은 다 자란 비사회적 동물들이 느끼지 못하는 것이다. 대부분 그들이 상대편의 고통과 즐거움에 실제로 어느 정도 공감하는지에 대해서는 의심스러운 점이 많다. 특히 즐거움에 대해서는 더욱 그러하다. 그렇지만 관찰력이 탁월했던 벅스턴은 노픽*에서 풀어 키운 그의 마코앵무새들이 둥지를 함께 쓰는 암컷 짝에게 '엄청난 관심'을 갖고 있다고 했다.[11] 암컷이 둥지를 떠날 때마다 그 암컷은 무리의 호위를 받았는데, 무리는 '암컷의 영예를 알리는 엄청난 환호'를 외쳤다고 한다. 동물들이 동종의 다른 개체가 겪는 고통에 대해 어떤 감정을 갖는지를 판단하는 것은 어려울 때가 많다. 죽어가고 있거나 이미 죽은 동료 주위에 모여 그 모습을 응시하는 소들이 품고 있는

---

10) 벨트는 니카라과의 거미원숭이에 관한 사례를 제시한다. 숲속에서 거미원숭이의 비명소리가 거의 두 시간 동안이나 들려왔는데, 발견되었을 때 거미원숭이의 옆 나뭇가지에는 독수리 한 마리가 앉아 있었다. 원숭이와 얼굴을 마주하는 시간이 길어질수록 독수리는 공격하는 게 두려워졌을 것이 틀림없는 것 같았다. 거미원숭이의 습성을 조사한 적이 있는 벨트에 따르면 이들 원숭이들은 두세 마리가 함께 다님으로써 독수리의 공격에 대비한다고 한다. Belt, *The Naturalist in Nicaragua*, 1874, 118쪽.
11) C. Buxton, *Annals and Magazine of Natural History*, 1868. 11, 382쪽.

감정이 무엇인지 누가 알 수 있겠는가? 그렇지만 휴즈가 말했듯이 그들이 죽은 동료를 불쌍히 여기지 않는 것은 틀림없다. 동물들이 때로 아무런 공감대를 형성하지 않는다는 것은 매우 확실하다. 왜냐하면 그들은 부상당한 동료를 무리에서 축출하거나 뿔로 찌르거나 괴롭혀서 죽일 것이기 때문이다. 부상당한 동료를 무리에서 축출하는 것은 그들을 추격하는 인간과 맹수의 마음을 돌리려는 본능이나 생각이 작용했기 때문이라고 알려져 있다. 만약 이것이 진실이 아니라면 동물들의 이러한 행위는 아마도 자연사에서 가장 참담한 사실일 것이다. 이 경우에 그들의 행위는 북아메리카 인디언이나 피지 제도 원주민의 행위보다 그렇게 나쁘지는 않다. 인디언들은 연약한 동료를 벌판에서 죽도록 그대로 내버려둔다. 피지 제도 원주민은 부모가 늙거나 병들면 부모를 산 채로 매장한다.[12]

그러나 많은 동물이 고통과 위험에 대해 서로 공감대를 형성하는 것은 사실이다. 새에게도 이러한 일이 일어난다. 스탠스버리(Stansbury) 선장은 유타주(州)의 한 염호(鹽湖)에서 늙고 눈먼 펠리컨 한 마리를 보았는데, 그 새가 매우 살쪄 있었던 것으로 보아 동료들이 그를 오랫동안 보살펴온 것이 확실한 것 같다고 했다.[13] 블리스(E. Blyth)도 두세 마리의 눈먼 동료를 먹여 살리는 인도 까마귀들을 본 적이 있다고 했다. 나도 닭이 이와 유사한 행동을 한다는 말을 들은 적이 있다. 마음먹기에 따라서는 이런 행동이 본능적인 것이라고 말할 수 있을 것이다. 그러나 특수한 본능의 발달 과정에서 이 같은 사례가 나타날 가능성은

---

12) J. Lubbock, *Prehistoric Times,* 2nd ed., 446쪽.
13) 모건(L.H. Morgan)이 *The American Beaver and His Works,* 1868, 272쪽에서 인용했다. 스탠스버리 선장도 매우 흥미로운 사실을 관찰했는데 아주 어린 펠리컨 한 마리가 강한 물살에 휩쓸려 내려갔는데 어린 펠리컨이 다시 물가로 나올 수 있도록 여섯 마리의 어른 펠리컨이 그를 유도하고 격려하는 모습이었다.

매우 희박하다.[14] 나도 친절한 감성을 갖고 있는 개를 본 적이 있다. 그 개에게는 매우 친했던 고양이 한 마리가 있었는데 고양이가 아파서 바구니에 엎드려 있는 동안 그 개는 그 옆을 지날 때마다 고양이를 핥아 주었다.

자기 주인을 때린 자를 용감한 개가 공격하게 만드는 요인을 공감이라고 불러야만 한다. 한 남자가 여자를 때리려는 시늉을 하는 것을 본 적이 있다. 그 여자의 무릎에는 작고 겁이 많은 개 한 마리가 있었고 이런 일은 처음 당하는 일이었다. 그 작은 개는 그 자리에서 도망을 쳤지만 상황이 끝나자 그 개는 곧 다가와 여자 주인의 얼굴을 계속 핥으며 위로하려고 했는데 그 모습이 애처로울 정도였다. 우리 속에 감금된 개코원숭이를 벌주려고 다가가면 다른 개코원숭이들이 동료를 지키려고 한다고 브렘은 말했다.[15] 개와 독수리의 공격을 받는 어린 동료를 지키려는 개코원숭이와 긴꼬리원숭이의 행위에는 틀림없이 공감이 들어 있을 것이다. 동정심이 가득한 영웅적 행위에 대한 사례를 한 가지만 더 언급하겠다. 덩치가 작은 미국산 원숭이의 사례다. 몇 년 전 동물원의 한 사육사가 자기의 목덜미에 난 상처 자국을 보여준 적이 있다. 그가 바닥에 무릎을 꿇고 앉아 있었을 때 사나운 개코원숭이가 공격하여 입힌 상처라고 했다. 그 사육사와 친했던 작은 미국산 원숭이가 같은 우리 안에 살고 있었는데 덩치 큰 개코원숭이를 몹시도 두려워했다고 한다. 그런데도 사육사가 위험에 처한 것을 보자마자, 그 작은 미국산 원숭이는 그를 도우려고 달려들어 소리치며 덩치 큰 개코원숭이를 미친 듯이 물어뜯어 사육사는 간신히 위험에서 벗어날 수 있었다. 사육사를 치료했던 의사는 자칫 생명이 위험

14) 베인은 "고통을 겪고 있는 자에 대한 효과적인 도움은 공감 그 자체에서 우러난다"(*Mental and Moral Science*, 1868, 245쪽)고 했다.
15) A.E. Brehm, 앞의 책, 85쪽.

할 수도 있었다고 했다.

애정과 공감 외에도 동물은 사회적 본능과 관련된 그외의 여러 특성을 갖고 있는데, 인간의 것이었다면 그것을 도덕이라고 부를 수 있을 것이다. 나는 개가 양심과 아주 비슷한 무엇인가를 갖고 있다는 아가시의 말에 동의한다.[16]

개에게는 어느 정도 자제력이 있으며 자제력이 모두 두려움 때문에 생기는 것은 아닌 것 같다. 브라우바흐가 말했듯이 개는 주인이 없을 때 음식을 훔치지 않을 것이다.[17] 사람들은 개가 충성심과 복종심이 있기 때문에 오랫동안 키워왔다. 그러나 코끼리도 몰이꾼이나 사육사에게 정말로 충실하다. 아마도 자기들의 지도자로 여기는 것 같다. 후커가 내게 알려준 바에 따르면, 인도에서 그가 타던 코끼리가 수렁에 너무 깊이 빠져 다음 날 사람들이 와서 줄을 던져 구조되기 전까지 그는 꼼짝 못하고 갇혀 있었다고 했다. 이런 상황에서 코끼리들은 코를 이용하여 죽은 것이든 산 것이든 아무 물건이나 잡아 그들의 무릎 아래로 집어넣어 진흙 속에 더 깊이 빠지지 않게 했다. 그래서 몰이꾼은 코끼리가 후커를 잡아 진흙 속으로 처박아 죽이지나 않을까 몹시 두려워했다. 그러나 후커와 몰이꾼은 어떠한 위험에도 빠지지 않았다고 후커가 말했다. 커다란 덩치의 동물에게 너무도 두려웠을 비상 상황에서 코끼리가 베푼 이러한 관용은 그들에게는 고귀한 충성심이 있다는 훌륭한 증거다.[18]

무리를 이루어 사는 모든 동물은 방어나 공격할 때 단체 행동을 하는 것으로 보아 이들은 서로에게 어느 정도 충실한 것이 틀림없다. 그리고 우두머리를 따르는 자들에게는 어느 정도 복종심이 있는 것

16) L. Agassiz, *De l'Espèce et de la Classe,* 1869, 97쪽.
17) Braubach, *Religion, Moral, etc., der Darwin'schen Art-Lehre,* 1869, 54쪽.
18) Hooker, *Himalayan Journals,* vol. 2, 1854, 333쪽을 참조하시오.

이 확실하다. 에티오피아의 개코원숭이들이 과수원을 약탈할 때 그들은 조용히 우두머리를 따른다. 만약 경솔한 어린 원숭이가 소리를 내면 다른 원숭이들이 어린 원숭이를 때려 정숙과 복종을 가르친다.[19] 남아프리카에서 반쯤 야생화된 소를 관찰할 절호의 기회가 있었던 골턴(F. Galton)은 그들이 잠시도 무리에서 이탈하는 것을 아주 싫어한다고 했다.[20] 그들에게는 근본적으로 노예 근성이 있어서 공동의 결정을 따르는데, 그나마 독립심을 지녀 우두머리의 위치를 맡을 수 있는 소 한 마리가 이끄는 대로 따라다닐 뿐이며 더 좋은 자리를 찾으려고 하지도 않는다. 이런 동물을 길들이는 사람들은 홀로 떨어져 풀을 뜯으며 자기의존적인 성향을 보이는 소를 주의 깊게 찾아 맨 앞에 세우는 소로 훈련시킨다. 골턴은 그런 소가 드물고 귀하다고 덧붙였다. 사자는 항상 무리에서 떨어져 홀로 헤매는 먹잇감을 노리기 때문에, 만약 자기의존성이 강한 소가 많이 태어난다면 그들은 곧 제거될 것이라고 했다.

특정한 동물들을 무리짓도록 하고, 여러 면에서 서로 돕도록 만드는 자극에 대해, 우리는 그들이 여러 본능적 행동을 수행하는 과정에서 경험한 만족감이나 즐거움을 공유하게 되었고 본능적 행동을 할 수 없게 되었을 때 생기는 불만족스러움도 서로 나누게 되었다고 추측할 수 있다. 수많은 사례를 통해 이 같은 사실을 알 수 있으며 이것은 가축들이 획득한 본능으로도 아주 잘 나타난다. 예를 들어 어린 양치기 개는 양떼를 몰고 그 주위를 뛰어다닐 때 즐거워하지 양떼를 괴롭힐 때 즐거워하지 않는다. 일부 개들은 여우에게 전혀 관심이 없는 반면에 어린 여우사냥개는 여우를 사냥할 때 즐거워한다. 성질이

19) A.E. Brehm, 앞의 책, 76쪽.
20) 그가 쓴 아주 흥미로운 논문 "Cregariousness in Cattle, and in Man," *Macmillan's Magazine*, 1871. 2, 353쪽을 참조하시오.

매우 활발한 새도 강한 내적 만족감을 느끼기 때문에 자기가 낳은 알 위에 앉아 며칠 동안이나 알을 품을 수 있는 것이다. 철새의 이동을 저지하면 철새는 아주 가련해진다. 아마 그들은 긴 여행을 시작하는 것이 즐거운가 보다. 그러나 날개가 부실한 거위는 수천 킬로미터 이상이나 되는 장거리 여행을 때맞춰 시작하면서 어떠한 즐거움도 느끼지 않을 것이라고 오듀본(J. J. Audubon)은 말했다. 공포심 같은 고통스러운 감정만으로도 일부 본능이 결정될 수 있다. 공포심은 자기보존으로 이어지고 어떤 경우에는 특정한 적을 향해 표출할 수도 있다. 즐거움과 고통의 감정을 분석할 수 있는 사람은 아무도 없다고 생각한다. 그렇지만 많은 경우 즐거움이나 고통의 자극 없이 유전의 힘만으로도 본능이 지속적으로 나타날 수 있을 것 같다. 어린 사냥개가 처음으로 사냥감의 냄새를 맡으면 추적하지 않고는 못 배기는 것이 틀림없다. 자기가 먹을 수 없는 견과(堅果)를 땅속에 묻으려는 듯 톡톡 두드리는 우리 속의 다람쥐는 즐겁거나 괴롭기 때문에 그런 행위를 하는 것 같지는 않다. 그러므로 즐거움이나 괴로움에 대한 경험으로 인간의 모든 행동이 결정된다는 보편적인 가정은 잘못된 것 같다. 하나의 습성이 한순간의 즐거움이나 고통과 관계없이 그저 생겨날 수도 있다. 그렇더라도 그러한 습성이 강제적이고 갑작스럽게 저지를 당하면 대개는 막연하나마 불만족스러움을 경험하게 된다.

지금까지 다음과 같은 내용을 가정했다. 즉 동물들이 처음으로 사회를 형성하게 되었고, 그들이 서로 헤어지게 되었을 때 불안한 마음을 경험하게 되었으며, 함께 있을 때는 편안함을 느끼게 되었다는 것이다. 그러나 사회를 형성하여 이익을 얻었을 동물들이 함께 살아가기 위해서 이런 감정이 발달하기 시작했다는 것이 더 그럴듯한 견해인 것 같다. 즉 배고픔과 먹는 즐거움은 의심할 것도 없이 동물이 음식을 먹도록 유도하기 위해서 일차적으로 획득되는 것과 마찬가지다.

사회적 본능이 부모와 함께 오랜 시간을 보낸 어린 동물들에게서 발달하는 것으로 보아 사회에서 얻는 즐거운 감정은 부모와 자식이 갖는 애정의 연장일 수도 있다. 그리고 이런 연장은 부분적으로 습관 때문일 수도 있지만 대개는 자연선택에 따른 것이다. 혼자 살아가며 동료들을 거의 보살피지 않는 개체들은 대부분 멸망되었겠지만 친밀한 관계를 유지하며 살아감으로써 이익을 얻는 동물의 경우, 집단 속에서 가장 큰 즐거움을 얻는 개체들은 갖가지 위험을 잘 모면할 수 있었을 것이다. 부모와 자식의 애정은 사회적 본능의 밑바닥에 깔려 있는 것이 분명하지만 우리는 이런 애정이 생겨난 과정을 알지 못한다. 그러나 대부분 자연선택을 통해 이루어졌다고 추측해도 될 것 같다. 드물기는 하지만 애정과는 반대 감정인 증오심이 가장 가까운 친족 관계에서 나타나기도 하는데 이것 역시 자연선택을 통해 형성되었다고 보는 것이 옳을 것이다. 예를 들어 일벌이 남자 형제인 수벌을 죽이고 여왕벌이 미래의 여왕벌이 될 딸을 죽이는 경우를 보라. 이 경우에 가장 가까운 친족을 죽이려는 욕구가 집단에게는 이득이 되는 것이다. 불가사리나 거미처럼 아주 하등한 동물에게도 어버이의 애정이나 그것에 상응하는 감정이 발달되어 있다. 또한 집게벌레처럼 전체 동물 집단 중에서 일부 몇몇 구성원만이 이런 감정을 갖는 경우도 있다.

아주 중요한 감정인 공감은 사랑의 감정과는 별개의 것이다. 어머니는 잠자는 아기를 열렬히 사랑할 수 있지만 그 순간에 아기에게 공감을 갖는다고 말하기는 어려울 것 같다. 개에 대한 인간의 애정은 공감과는 별개의 것이다. 주인에 대한 개의 애정도 마찬가지다. 최근에 베인도 주장했듯이 일전에 아담 스미스는 공감의 기초는 우리가 과거에 고통스러웠거나 즐거웠던 상태를 강하게 간직하고 있기 때문이라고 했다. 그러므로 "다른 사람이 배고픔, 추위, 피로로 괴로워하는 것을 보면, 우리도 그러한 상황을 회상하게 되는데, 이때 우리는 생각만으로도 괴로움을 느끼게 된다." 그래서 우리는 다른 사람의 고통을 덜어주고 싶은 것이다. 그럼으로써 우리 자신의 괴로운 감정을 동시에 없애고 싶은 것이다. 마찬가지 방법으로 우리는 다른 사람의 즐거움에도 동참하게 된다.[21] 그러나 관계없는 사람보다는 사랑하는 사람에 의해 훨씬 더 강한 공감대가 형성된다는 사실을 이 견해만으로 설명할 수는 없을 것 같다. 애정과는 상관없이 상대가 고통받는 모습을 보는 자체만으로도 우리는 이에 관련된 회상을 할 수 있을 것이다. 모든 동물에게 공감이란 함께 생활하는 집단의 구성원들에게로만 향하며 그에 따라 구면이며 어느 정도 애정을 품는 대상에게로만 향한다는 사실에서 그 근거를 찾을 수 있을 것 같다. 같은 종이라 해도 모든 구성원을 향해 공감을 갖는 것은 아니다. 이 사실은 많은 동물이 갖는 공포심이 특정한 적에게만 나타난다는 사실만큼이나 당연하다. 사자나 호랑이처럼 사회성이 없는 종은 다른 어떤 동물이 아닌 자기 어린 새끼들이 겪는 고통에만 공감을 느끼리라는 것은 의심할 여지가 없다. 베인이 보여주었듯이 인간의 경우는 이기주의, 경험, 모방 능력이 공감에 보태졌을 것이다. 왜냐하면 우리가 선행하면 보답을 받으리라는 희망이 있기에 우리는 다른 사람에게 동정이 가득한 친절을 베푼다. 또 공감은 습성으로 더욱 강화된다. 공감이 아무리 복합

---

21) 아담 스미스가 쓴 『도덕감정론』(Theory of Moral Sentiments)의 인상적인 제1장을 참조하시오. A. Bain, Mental and Moral Science, 1868, 244, 275~282쪽도 참조하시오. 베인은 다음과 같이 말했다. "공감은 그것을 베푸는 자에게 간접적으로 기쁨의 원천이 된다." 그는 이것을 호혜주의(互惠主義)에 입각하여 설명하는 것이다. 그는 "이익을 얻은 사람은 공감과 받은 호의에 대한 답례로 모든 희생을 치를 수 있을 것이다"라고 했다. 그러나 사정에 따라 그럴 수도 있지만, 만약 공감이 전적으로 본능이라면 동정을 베푸는 일은 앞에서 언급했던 거의 모든 본능의 경우와 마찬가지로 공감을 베푸는 자에게 직접적인 즐거움을 줄 것이다.

적인 방식으로 생겨났다고 해도, 서로 돕고 지켜주는 동물들에게 공감이란 매우 중요한 것이기 때문에 자연선택을 통해 공감이 증가되었을 것이다. 왜냐하면 공감이 잘 형성된 구성원이 많은 집단일수록 잘 번성할 뿐만 아니라 많은 후손을 낳아 키울 것이기 때문이다.

그렇지만 일부 사회적 본능이 자연선택을 통해 획득되었는지, 그 외의 본능이나 공감, 사고력, 경험, 모방 경향 같은 능력의 간접적인 결과인지, 아니면 그저 오랜 세월에 걸쳐 일어난 습성의 결과인지를 구별하는 것은 대개 불가능하다. 보초를 세워 집단에게 위험을 알려주는 것 같은 비범한 본능이 이런 능력의 간접적인 결과라고 보기는 어렵다. 그것은 아마도 직접 획득되었을 것이다. 반면에 일부 사회적 동물 중에서 수컷들이 집단을 지키고 적이나 먹이를 단체로 공격하는 습성은 아마 서로의 공감을 통해 생겨났을 것이다. 그러나 용기, 그리고 대부분의 경우에 힘은 아마 자연선택을 통해 이보다 앞서 획득되었을 것이다.

갖가지 본능과 습성 중에서 일부는 다른 것에 비해 훨씬 더 강하다. 즉 어떤 본능과 습성은 그것을 실행함으로써 더욱 큰 즐거움을 주고 억제되었을 때는 더욱 큰 괴로움을 준다. 그리고 정말로 중요한 것은 이런 본능이나 습성이 다른 특별한 즐거움이나 고통의 감정을 자극하지 않아도 유전을 통해 끈질기게 지속된다는 것이다. 우리가 갖고 있는 일부 습성은 다른 습성에 비해 고치거나 변화시키기가 훨씬 더 어렵다는 사실은 잘 알려져 있다. 그러므로 동물들이 서로 다른 본능들 사이에서, 또는 본능과 습관화된 성향 사이에서 갈등하는 모습을 자주 관찰하게 될 것이다. 말을 뒤쫓는 개를 꾸짖으면 개는 잠시 멈춰 망설이다가 다시 말을 향해 달리거나 풀이 죽어 주인에게 돌아온다. 또 자기 새끼에 대한 애정과 주인에 대한 애정 사이에서 개는 갈등을 겪을 수도 있다. 왜냐하면 개는 주인을 따르지 않는 것에 절반쯤은 유감스러운 기색을 보이며 슬금슬금 새끼들에게로 다가가는 것으로 보이기 때문이다. 그러나 내가 알고 있는 가장 이상한 사례는 모성 본능을 억누르는 이주 본능이다. 이주 본능은 놀랄 정도로 강하다. 새장에 갇힌 새는 이주의 계절이 돌아오면 새장 안의 철사에 가슴을 부딪쳐 털이 빠지고 피가 나기도 한다. 활기찬 연어가 민물로 거슬러 올라오는 것도 이주 본능 때문이다. 연어는 민물에서만 알을 낳아 번성할 수 있기 때문에 결국 부지불식간에 자살을 감행하는 것이다. 모성 본능이 강하다는 것은 누구나 다 아는 사실이다. 모성 본능이 강하기 때문에 아무리 약한 새라도 망설이지 않고 자기보존 본능에 역행하며 새끼를 위해 큰 위험에 맞서게 되는 것이다. 그런데도 이주 본능은 매우 강하기 때문에 늦가을을 맞이한 제비, 흰털발제비, 칼새 들은 둥지에 남아 있는 약한 새끼들을 비참하게 죽게 내버려두면서까지 떠난다.[22]

어떤 본능이 반대 본능에 비해 그 종의 이익에 더 큰 도움이 된다면 그 본능적 충동은 자연선택을 통해 더 강력한 힘을 발휘할 것이라는 사실을 알 수 있다. 왜냐하면 이런 본능이 잘 발달해 있는 종이 좀

---

22) 이것은 저명한 제너(Jenner)가 *Philosophical Transactions*, 1824에서 최초로 기록한 이래 블랙월 같은 여러 학자가 확인했다고, 제닌스(L. Jenyns)가 그의 책 *White's Nat. History of Selborne*, 1853, 204쪽에서 언급했다. 세심한 관찰자인 블랙월은 2년에 걸쳐 늦가을에 36개의 새 둥지를 관찰했다. 그는 12개의 둥지에서 어린 새끼들이 죽어 있는 것을 발견했는데, 그중 다섯 개의 경우는 알에서 막 깨어나려는 상태였고, 세 개의 경우는 아직 부화되지도 않은 상태였다고 한다. 긴 비행을 할 정도로 충분히 성장하지 못한 많은 새가 그렇게 버려진다. Blackwell, *Researches in Zoology*, 1834, 108, 118쪽을 참조하시오. 더 많은 증거를 원한다면, 딱 들어맞지는 않지만 Leroy, *Lettres Phil. sur l'Intelligence des Animaux*, 소식판, 1802, 217쪽을 참조하시오. 칼새에 대해서는 J. Gould, *Introduction to the Birds of Great Britain*, 1823, 5쪽을 참조하시오. 아담스(A.L. Adams)는 *Popular Science Review*, 1873. 7, 283쪽을 통해 캐나다에서 관찰되는 이와 유사한 사례를 보고했다.

더 많이 살아남을 것이기 때문이다. 그렇지만 모성 본능에 비해 이주 본능이 이 경우에 해당한다고 보기는 어려울 것 같다. 1년 중 특정한 계절에 일어나는 이주 본능의 지속적인 작용이 잠시나마 아주 강한 힘을 발휘한다고 볼 수 있다.

**사회적 동물인 인간**  인간이 사회적 존재라는 것은 누구나 인정할 것이다. 인간이 홀로 있는 것을 싫어하고 자기 가족의 소망을 초월해서 사회를 위한 소망을 갖는다는 점에서 이것을 알 수 있다. 사람을 홀로 감금시켜놓는 벌이 가장 심한 벌 가운데 하나다. 일부 학자는 인간이 원시 시대에는 단일 가족으로 살았다고 추정한다. 그러나 한 가족이나 두세 가족이 황무지에서 외롭게 배회하는 경우도 있는 것은 사실이지만 내가 알기로 가족은 동일 지역에 사는 다른 가족과 친밀한 관계를 맺고 있다. 가족들은 가끔 회의를 열어 그들의 공동 방어를 위해 결속한다. 인접 지역의 미개 부족들이 거의 항상 전쟁을 벌이고 있다고 해서 미개인이 사회적 동물이 아니라는 논거가 되는 것은 아닌데, 이는 사회적 본능이 동일 종의 모든 구성원에게로 확장되지는 않았기 때문이다. 대부분의 사수목 동물이 서로 비슷하게 닮았다는 사실로 미루어볼 때 유인원과 비슷했던 인간의 초기 조상은 사회적이었을 것이다. 그러나 그것은 그렇게 중요한 사실이 아니다. 인간은 조상들이 한때 갖고 있었던 본능을 오늘날 별로 갖고 있지 않다고 하더라도, 이것이 인간이 동료에 대한 본능적인 애정과 공감을 아주 먼 옛날부터 갖고 있으면 안 될 이유가 되는 것은 아니다. 우리가 그러한 공감을 정말로 갖고 있다는 것은 모두가 아는 사실이다.[23]

---

23) 흄은 『도덕의 원리』에서 다음과 같이 말했다. "다른 사람의 행복이나 불행이 우리에게 전혀 무관심한 광경이 아니라는 사실을 고백해야겠다. 그러나 행복의 목적이 [······] 은밀한 즐거움을 나누는 것이고, 불행이 출현하게 되면

그러나 그것이 하등동물처럼 아주 오래전에 생긴 본능인지, 아니면 우리 각자가 오래전에 개별적으로 획득한 것인지 우리는 알지 못한다. 인간은 사회적 동물이기 때문에 동료에게 신의를 지키고 부족의 우두머리에게 복종하는 경향이 유전되리라는 것은 거의 확실하다. 왜냐하면 이러한 자질은 대부분의 사회적 동물에게 보편적으로 나타나기 때문이다. 그 결과 인간에게는 어느 정도 자제력이 있었을 것이다. 부모에게서 물려받은 경향 때문에 인간은 다른 사람들과 힘을 합하여 동료를 지키려고 할 것이다. 또 자신의 행복이나 강한 욕구가 크게 방해받지만 않는다면 수단과 방법을 가리지 않고 동료들을 도우려 할 것이다.

가장 하등한 사회적 동물은 동일 집단의 다른 구성원을 도우려는 특별한 본능에 철저히 따르며 행동한다. 매우 고등한 동물도 대부분 이에 따르지만 서로의 애정이나 공감이 일부 영향을 미친다. 그리고 이 과정에는 어느 정도의 사고력이 영향을 미치는 것이 분명하다. 이제 막 언급한 것처럼 동료를 어떻게 도와야 할지 알려줄 만한 특별한 본능을 인간이 갖고 있지 못하더라도 인간은 여전히 동료를 돕고 싶은 충동을 갖고 있다. 그래서 인간은 향상된 지적 능력과 사고와 경험을 통해 그쪽으로 자연스럽게 유도될 것이다. 본능적인 공감이 있기 때문에 인간은 동료의 동의에 높은 가치를 부여한다. 베인은 칭찬해주고 싶은 마음과 기뻐하는 감정, 또 경멸과 불명예에 대한 강한 공포심은 모두 공감이 작동하기 때문이라는 사실을 분명하게 보여주었다.[24] 결과적으로 인간은 동료의 몸짓과 언어에 나타나는 소망, 동의, 비난의 영향을 가장 크게 받는다. 따라서 매우 미개한 상태의 인

---

[……] 축축한 우울은 망상 너머로 내던져진다는 것도 말해야 할 것 같다"(*An Enquiry Concerning the Principles of Morals,* 1751, 132쪽).
24) A. Bain, 앞의 책, 254쪽.

간이 획득한 것이 틀림없고, 아마도 유인원 같은 상태의 조상이 획득했을 수도 있는 사회적 본능은 인간이 행하는 고상한 일부 행동에 여전히 영향을 미친다. 그러나 인간의 행동은 동료가 표현한 소망과 판단에 따라 크게 결정되며 불행하게도 자신의 강한 이기적인 욕구로 결정되는 경우도 빈번하다. 그러나 애정, 공감, 자제력이 습성으로 강화되고 사고력이 더욱 명백해져 인간이 동료의 판단을 공정하게 평가할 수 있게 되면서 인간은 일시적인 즐거움이나 고통을 떠나 특정한 행동 규범에 따라 행동한다는 것을 느낄 것이다. 물론 미개인이나 문명화되지 않은 인간은 그렇게 생각하지 않겠지만 인간은 자신의 행동에 최고의 판단을 내리는 주체가 바로 자기 자신이라고 주장할 것이다. 또 칸트의 말을 빌리면 적어도 스스로 신성한 인간성을 더럽히지는 않을 것이라고 주장할지도 모른다.

**영속적인 사회적 본능이 덜 영속적인 본능을 정복한다**  우리는 아직도 가장 중요한 점을 살펴보지 않았다. 현재 우리가 갖고 있는 관점에 따르면 도덕감의 모든 문제가 바로 그것에서 일어난다. 인간은 왜 두 가지 본능적 욕구 중에서 어느 하나를 따라야만 한다고 생각하는가? 자기보존 의식이 강하게 생겨나 동료의 생명을 구하는 위험스러운 일을 외면한 후, 우리가 비통하게 후회하는 이유는 무엇인가? 배가 고파 음식을 훔친 것에 대해 인간은 왜 후회하는가?

인류에게 본능적인 여러 충동의 강도가 서로 다르다는 것은 명백하다. 미개인은 동일 집단에 속한 구성원의 생명을 구하려고 위험을 무릅쓰겠지만 이방인에게는 아주 무관심할 것이다. 젊고 겁 많은 엄마도 자기 아기를 위해서라면 모성 본능에 따라 조금도 망설이지 않고 어떤 위험도 무릅쓰겠지만 단순히 동료를 위해서라면 그렇게 하지 않을 것이다. 문명 사회의 남자는—심지어는 소년까지도—과거에 남을 위해 위험을 겪어본 경험이 전혀 없어도 급류에 휘말린 사람을 보면 그 사람이 낯선 사람이라 할지라도 용기와 공감에 가득 차서 자기보존 본능을 버리고 물속으로 뛰어들 것이다. 이 경우 인간을 재촉했던 본능적 충동은 전에 말했던 아메리카의 소형 원숭이가 크고 무서운 개코원숭이를 공격하여 사육사를 구하도록 재촉했던 본능적 충동과 같은 것이다. 위에서 말한 여러 행동은 다른 본능이나 동기의 결과이기보다는 사회적 본능이나 모성 본능이 그저 강하게 표출된 결과인 것으로 보인다. 왜냐하면 이러한 행동은 생각할 겨를도 없이, 또 즐거움이나 고통을 느껴볼 겨를도 없이 매우 즉각적으로 이루어지기 때문이다. 물론 어떠한 원인 때문에 억제되었을 때 고뇌나 심지어는 비통함이 느껴지기는 하지만 말이다. 반면에 겁 많은 남자는 자기보존 본능이 지나치게 강해 설사 자신의 아이가 위험에 빠졌다고 해도 자기 자신을 어떠한 위험에 빠뜨리지 않을지도 모른다.

내가 아는 몇몇 사람은 위에서 말한 것과 같이 충동적으로 이루어진 행동들이 도덕감에 따라 일어난 것이 아니며, 그렇기 때문에 도덕적이라고 할 수 없다고 주장한다. 그들은 ‘도덕적’이라는 용어를, 반대 욕구를 누른 후에 의도적인 행동이나 고귀한 동기로 촉진되는 신중한 행동에 국한시킨다. 그러나 이것을 명쾌하게 구별짓기는 거의 불가능할 것 같다.[25] 고귀한 동기를 고려한다면 미개 사회에서도 다양한 사례가 많이 알려져 있다. 일반 대중에 대한 자비심이 있는 것도 아니고 종교적 동기 때문에 이끌리는 것도 아니지만 자신의 동료

---

25) 여기서는 ‘실질적 도덕성’과 ‘형식적 도덕성’이라고 부르는 두 가지 도덕의 구별을 말하려는 것이다. 헉슬리가 *Critiques and Addresses*, 1873, 287쪽에서 나와 동일한 견해를 피력한 것을 발견하고 나는 기뻤다. 스티븐(L. Stephen) 은 *Darwinism and Divinity, Essays on Free Thinking and Plain Speaking*, 1873, 83쪽에서 다음과 같이 말했다. “실질적 도덕성과 형식적 도덕성 간의 형이상학적 구별은 다른 구별과 마찬가지로 무의미하다.”

를 배반하기보다는 죄수로 살아가며 자신의 삶을 의도적으로 희생한 사람들이 그 사례가 될 수 있다.[26] 그들의 행동은 틀림없이 도덕적인 것으로 여겨져야만 한다. 의도적 행동에 관한 한, 또 반대 동기를 누르는 승리에 관한 한, 동물들은 위험에서 '자신의 새끼와 동료 중에서 누구를 구할 것인가' 하는 상충되는 본능 사이에서 갈팡질팡할 것 같다. 그러나 그들의 행동이 설사 다른 동물의 이익을 위해 행해졌다 하더라도 도덕적이라고 할 수는 없을 것이다. 더군다나 우리가 자주 행하는 모든 행위는 결국 고의성이나 망설임 없이 일어날 것이고, 이 경우에도 이들을 본능과 구별한다는 것은 거의 불가능할 것이다. 그러나 그런 행동이 도덕적인 행동이 아니라고는 누구도 감히 주장하지 않을 것이다. 오히려 우리 모두는, 필요한 자질을 타고난 사람이 행동하듯이 고민이나 노력 없이 즉각적으로 행동한 것이 아니라면, 그 행위가 완벽하다거나 가장 고귀한 방식으로 이루어진 것으로 여길 수 없다고 느낀다. 그렇지만 공포심이나 부족한 공감을 극복하고 선을 행한 사람은, 아무런 노력도 없이 선천적 자질로 선을 행한 사람보다 어떤 면에서는 더 높은 평가를 받을 만하다. 우리가 행동의 동기를 구별할 수 없듯이 우리는 어떤 범주의 행위들을 도덕적 인간이 행했다면 그들의 모든 행위를 도덕적인 것으로 간주한다. 도덕적 인간은 자신이 행한 과거와 미래의 행동이나 그 동기를 비교할 수 있어야 하고 그 행동이 옳았다고 하거나 옳지 않았다고 할 수 있는 사람이라야 한다. 하등동물에게 이러한 능력이 있다고 추정할 만한 근거는 전혀 없다. 그러므로 뉴펀들랜드 개*가 물에 빠진 어린이를 끌어내는 것이

---

26) 나는 그런 사례를 하나 제시한 적이 있다. 그것은 세 명의 파타고니아 인디언의 사례였는데 그들은 전쟁에서 자기 편의 비밀을 누설하느니 차라리 모두 총살당하는 것을 택했다(*Journal of Researches during the Voyage of the 'Beagle'*, 1845, 103쪽).

나 동료를 위해 희생하는 원숭이나 고아 원숭이를 보살피느라 부담을 지는 원숭이의 경우에 우리는 이 동물들의 행위를 도덕적이라고 하지는 않는다. 그러나 유일한 도덕적 존재로 여길 수 있는 인간은 특정한 범주의 행위들을 도덕적인 것으로 여기는데, 그것이 반대 동기와 갈등한 끝에 의도적으로 행해진 것인지, 본능을 통해 즉각적으로 이루어진 것인지, 또는 서서히 형성된 습성의 효과 때문에 이루어진 것인지 관계없이 그것들을 도덕적인 행위라고 부른다.

더욱 화급한 주제로 되돌아가자. 일부 본능이 다른 본능에 비해 더 강력하기 때문에 그에 따른 행위가 이루어지는 것은 사실이지만 인간에게 사회적 본능(칭찬받기를 좋아하는 마음과 비난받기를 두려워하는 마음을 포함하여)이 자기보존, 배고픔, 정욕, 복수의 본능보다 더 강한 힘을 갖고 있거나 오랜 습성을 통해 강한 힘을 획득하게 되었다는 것은 이치에 닿지 않는다. 그렇다면 인간은 왜 특정한 자연적 충동을 따른 자신의 행위에 대한 후회를 떨쳐버리려고 노력하는데도 계속해서 후회하는가? 또 왜 인간은 자신의 행위를 후회해야만 된다고 생각하는가? 이 점에서 인간은 하등동물과 크게 다르다. 그런데도 우리는 그러한 차이가 일어나는 이유를 어느 정도 확실하게 알 수 있을 것 같다.

인간은 정신 능력의 작용이 있기 때문에 과거를 회고하지 않을 수 없다. 과거의 인상과 이미지는 끊임없이 그리고 명백하게 마음을 스쳐간다. 평생을 한 무리에 속해 살아가는 동물들에게 사회적 본능이란 늘 존재하고 지속된다. 이러한 동물들은 항상 위험 신호를 이용하여 집단을 방어할 준비가 되어 있으며 나름의 습성에 따라 동료를 도와줄 준비가 되어 있다. 그들은 특별한 열정이나 소망 없이도 동료에게 어느 정도의 애정과 공감을 항상 느낀다. 그들은 동료들과 오랫동안 떨어져 있게 되었을 때 슬퍼하며 다시 함께하게 되었을 때는 즐거위한다. 그것은 우리 인간도 마찬가지다. 심지어 아무도 없이 혼자 있을 때에도, 우리는 다른 사람이 동의할 것인지 동의하지 않을 것인지를 생각하며 즐거움과 괴로움을 얼마나 자주 느끼는가! 이 모든 것은 사회적 본능의 필수 요소인 공감에서 오는 것이다. 그러한 본능을 전혀 갖지 못한 인간은 괴이한 괴물이 되었을 것이다. 반면에 배고픔을 채우려는 욕구, 또는 복수 같은 열정을 충족시키려는 욕구는 본래 일시적인 것이어서 잠시나마 충분히 채워질 수 있다. 배고픔 같은 감정을 나중에 아주 생생하게 기억해낸다는 것은 쉬운 일이 아니다. 아마 거의 불가능할 것이다. 자주 언급했듯이 사실 어떤 고통도 마찬가지일 것이다. 자기보존 본능은 위험이 닥치지 않는 한 느낄 수 없다. 많은 겁쟁이는 적을 직접 맞닥뜨릴 때까지 자신이 용감하다고 생각한다. 다른 사람의 재산을 탐하는 것은 아마 다른 어떤 소망만큼이나 영속적인 것 같다. 그러나 그 경우에도 실제 그 물건을 소유했을 때의 만족감은 그것을 가지려는 욕구보다 일반적으로 약하다. 상습 도둑이 아닌 사람이 남의 물건을 훔쳤을 경우, 그들은 물건을 훔친 후 자기가 그것을 왜 훔쳤는지 의아해한다.[27]

---

27) 증오, 즉 남을 미워하는 마음도 다른 어떤 감정보다도 매우 지속적인 것 같다. 질투는 타인의 훌륭함이나 성공을 미워하는 마음으로 정의된다. 베이컨 (Bacon)은 다음과 같이 주장한다. "모든 감정 중에서 질투야말로 가장 끈덕지고 빈번하게 일어나는 감정이다"(*Essay*, ix). 개들은 낯선 사람이나 낯선 개를 싫어하는 경향이 강한데, 가까운 곳에 살지만 같은 가족, 부족, 씨족에 속해 있지 않은 낯선 대상에게는 특히 더 심하다. 따라서 질투는 선천적인 것으로 보이며 가장 지속적인 감정임이 틀림없다. 그것은 진정한 사회적 본능을 보완하는 동시에 그 반대의 감정이 되는 것 같다. 전해 들은 바로는 미개인에게도 무언가 비슷한 원리가 적용되는 것 같다. 그것이 사실이라면 같은 부족의 어떤 사람이 자신에게 상해를 입히고 적이 되었을 때 질투의 감정을 그 적에게 전가하는 것은 누구에게나 자연스러웠을 것이다. 적에게 상해를 입혔다고 해서 선천적인 양심이 그를 꾸짖지는 않았을 것 같다. 오히려 원한이 있는 사람에게 복수를 하지 않았다면 그의 선천적인 양심이 그를 꾸짖었을 것

인간은 과거에 받았던 인상이 가끔 다시 생각나는 것을 막을 수가 없다. 그래서 인간은 과거의 배고픔, 복수, 다른 사람의 희생으로 모면한 위험에 대한 감정들을 상존하는 본능적 공감, 타인에게 칭찬받을 것인지 비난받을 것인지를 자신이 갖고 있는 과거의 지식과 비교하게 된다. 이 지식은 마음에서 지울 수 없으며 본능적인 공감에 따라 매우 중요한 것으로 평가된다. 그러고 나면 인간은 마치 현재의 본능이나 습성을 따르는 데 방해를 받고 있다고 느낄 것이다. 그리고 이것은 모든 동물에게는 불만족이나 심한 경우 비통함의 원인이 되기도 한다.

앞에서 언급했던 제비의 사례는 하나의 실례가 된다. 비록 자연스럽지 못하고 어느 순간에 일어나는 일시적인 현상이라고 하더라도 이주 본능은 매우 강하게 지속되는 본능으로서 대개는 자식 사랑의 강한 본능을 억누른다. 적당한 계절이 오면 제비들은 하루 종일 이주에 대한 욕구를 마음에 새기는 것 같다. 제비들의 습성이 변하고 불안해하고 떠들썩하며 모여서 무리를 이룬다. 어미 새가 새끼들에게 먹이를 주거나 알을 품고 있는 동안에는 모성 본능이 이주 본능보다 강한 것 같다. 그러나 결국에는 지속적인 이주 본능이 승리를 거두어 결국 어린 새끼들이 시야에서 보이지 않는 순간 어미 새는 비행을 시작하며 새끼들을 버리게 된다. 새들이 긴 여행의 목적지에 도착하여 이주 본능이 사라지게 되었을 때, 차가운 북쪽에서 추위와 배고픔으로 죽어가는 어린 새끼들에 대한 생각이 끊임없이 어미 새의 마음

---

이다. 악을 선으로 대하고 적을 사랑하는 것은 매우 높은 도덕이다. 그런데 사회적 본능 그 자체가 우리를 그렇게 이끈 적이 있었는지는 의심스럽다. 이들 본능은 공감과 함께 사고력, 교육, 신에 대한 사랑이나 두려움 때문에 크게 교화되고 확장되어야만 했을 것이다. 이러한 일은 그러한 행동 규범이 사색의 대상이 되고 복종의 대상이 되기 전에 일어났을 것이다.

속에 솟아나는 것을 막을 수 없다면 높은 정신 능력을 부여받은 어미 새는 엄청난 고통을 느낄 것이다.

인간은 행위의 순간에 여러 충동 중에서 가장 강한 충동을 따르게 될 것이 틀림없다. 그리고 종종 인간이 가장 고귀한 행위를 하게 될지라도, 대부분은 이렇게 강한 충동이 인간에게 다른 사람의 희생을 치러서라도 인간 자신의 욕구를 만족시키게 만드는 것도 사실이다. 그러나 욕구가 충족된 후, 과거의 약했던 생각이 지속적인 사회적 본능과 동료가 잘 되기를 바라는 깊은 배려로 되살아나게 되면 반드시 응징이 일어나게 된다. 그는 자책, 유감, 후회와 부끄러움을 느낄 것이다. 그렇지만 부끄러움의 감정은 대개 타인의 판단과 관계되어 있다. 결과적으로 그는 다음에는 다르게 행동할 것이라고 어느 정도 굳게 결심하게 된다. 이것이 바로 양심이다. 왜냐하면 양심은 뒤를 돌아보게 하며 미래에 대한 안내자 역할을 수행하는 것이기 때문이다.

우리가 유감, 부끄러움, 후회, 자책이라고 부르는 감정의 성질과 힘은 더럽혀진 본능이 얼마나 강한 것이냐에 달려 있을 뿐만 아니라 어느 정도는 본능을 더럽힌 유혹이 얼마나 강한 것이냐에 달려 있다. 그리고 가끔은 동료들의 판단에 더욱 큰 영향을 받는다. 다른 사람을 평가한다는 것은 자기가 갖고 있는 선천적이거나 후천적인 공감의 힘과 자기 행동에 대한 결과를 생각할 수 있는 능력에 달려 있다. 필연적이지는 않더라도 중요한 요인이 한 가지 더 있다. 그것은 각자가 믿는 하느님이나 성령에 대한 존경이나 두려움으로서 이것은 특히 후회의 경우에 적용된다. 일부 비평가들은, 이 장(章)에서 주장하는 견해를 가지고 일부 약한 유감이나 후회를 설명할 수 있을지라도, 영혼을 뒤흔들 정도의 자책감을 이런 식으로 설명할 수는 없다고 반대한다. 그러나 그들의 반대에는 근거가 부족한 것 같다. 나를 비평하는 사람들은 '자책'이라는 말이 무엇을 의미하는지 정의를 내리지 않고 있는데, 나는 '자책'이라는 말이 '당혹스러운 후회'라고 알고 있으며, 그 이상의 의미가 있는 정의를 찾을 수 없다. 노여움이 심해지면 격노가 되고, 아픔이 심해지면 심한 고통이 되듯이 후회가 심해지면 자책이 되는 것 같다. 모성 본능처럼 강력하면서도 훌륭한 본능이 억압당하게 되면, 그 억압의 효과가 약해지자마자 가장 깊은 고통이 따르게 된다는 것은 당연하다. 설사 어떤 행동이 아무런 본능에 위배되지 않을지라도 친구나 동료가 그것에 대해 단지 멸시하고 있다는 것을 아는 것만으로도 틀림없이 커다란 고통이 일어날 수 있다. 두려움 때문에 결투를 회피하는 것이 치욕스러운 고통이 된다는 사실을 누가 의심하겠는가? 부정한 음식을 먹었을 때 대부분의 힌두 사람은 영혼의 밑바닥까지도 더러워진다고 생각한다. 자책이라고 불릴 만한 또 다른 사례가 한 가지 있다. 랜더는 오스트레일리아 서부에서 행정장관으로 일했는데, 그의 농장에 있던 한 원주민이 여러 명의 부인 가운데 하나를 병으로 잃자 그를 찾아왔다고 한다.[28] 그의 말을 들어보자. "그는 부인에 대한 의무감을 충족시키기 위해 다른 부족의 여자 하나를 창으로 찔러 죽이려고 떠나려 했습니다. 나는 그에게 그런 짓을 하면 감옥으로 보내 종신형을 살게 할 것이라고 말했습니다. 그는 농장 주위에서 몇 달을 보냈으나 대단히 야위어버렸습니다. 그는 쉴 수도 먹을 수도 없다고 불평했고 저세상으로 간 부인을 위해 자기가 다른 사람을 죽이지 않았기 때문에 죽은 부인의 영혼이 자주 나타난다고 하소연을 했습니다. 그래서 나는 그에게 만약 그런 짓을 한다면 그를 구할 수 있는 것은 아무것도 없을 것이라고 냉혹하고도 확실하게 경고했습니다." 그렇게 말했는데도 그 남자는 사라졌고 1년 이상을 보이지 않았다. 그가 다시 돌아왔을 때 그는 상태가 매우 좋아

---

28) Landor, *Insanity in Relation to Law*, 1871, 1쪽.

보였는데, 다른 부인 하나가 랜더에게 말하길 남편이 먼 부족의 여자 하나를 죽였다고 했다. 그러나 범죄에 대한 합법적인 증거를 얻는 것은 불가능했다. 부족에게는 신성한 것으로 여겨지는 규칙을 위반하는 행위는 가장 깊숙한 감정을 자극할 것이다. 이러한 위반은, 만약 그것이 집단의 판단에 따라 이루어지는 경우라면 예외가 되겠지만, 사회적 본능과는 정말 동떨어진 것이다. 이 세상에 그토록 많은 이상야릇한 미신이 어떻게 생겨났는지 우리는 가늠하지 못한다. 더군다나 근친상간 같은 정말로 큰 죄악(그렇지만 근친상간이 그렇게 널리 유행했던 것은 아니다)이 어쩌다가 하등한 미개 사회에서 강한 혐오 대상이 되었는지도 우리는 알지 못한다. 친척이 아니더라도 같은 이름의 여자와 결혼하는 것보다 근친상간을 더 나쁜 죄악으로 여기는 부족이 있었는지조차도 의심스럽다. "이 법을 어기는 것은 오스트레일리아 원주민들이 가장 혐오하는 죄악이다. 이것은 북아메리카의 일부 인디언 부족들도 마찬가지다. 다른 부족의 여자를 죽이는 게 나쁘냐 아니면 자기 부족의 여자와 결혼하는 게 나쁘냐는 질문을 위의 두 지역에 던진다면 그들은 조금의 망설임도 없이 우리와 정반대로 대답할 것이다."[29] 그러므로 이제 우리는 인간이 근친상간을 혐오하는 이유가 하느님이 주신 특별한 양심을 갖고 있기 때문이라고 주장하는 일부 작가의 믿음을 받아들이지 않아도 될 것 같다. 위에서 후회라는 감정이 일어나는 과정에 대해 설명한 바 있다. 이처럼 강한 감정에 내몰린 인간이 그 때문에 속죄의 길을 가게 되는 것은 이해가 된다. 그는 교육받은 대로 자기 자신을 법정 앞에 세우는 것 같은 속죄의 길을 갈 것이다.

양심에 따라 행동하는 인간은 오랜 습성을 통해 완벽한 자제력을

---

29) E.B. Tylor, *Contemporary Review*, 1873. 4, 707쪽.

얻게 될 것이고 그에 따라 욕구와 격정은 결국 사라지게 되어 동료의 판단에 대한 느낌을 포함하여 사회적 공감과 여러 본능 앞에 빠르고 어렵지 않게 무릎을 꿇게 될 것이다. 아주 배가 고픈 사람이나 복수심에 불타는 사람이라도 음식을 훔치거나 복수할 생각을 하지는 않을 것이다. 앞으로 살펴보겠지만 자제력의 습성은 다른 습성과 마찬가지로 유전될 가능성이 있고 그 확률도 높다. 그래서 인간은 이런 습성을 통해 변하지 않는 욕구를 따르는 것이 자신에게 가장 유익하다는 것을 결국 알게 될 것이다. '하는 것이 당연하다'는 거만한 단어는 그 기원이 어떠하든 간에 행동 규칙의 존재에 대한 자각을 뜻하는 것으로 보인다. 과거의 개념으로 본다면 모욕당한 신사는 반드시 결투를 '하는 것이 당연하다'는 주장을 강하게 제기했을 것이다. 심지어 포인터는 사냥감을 가리키는 것이 당연하고, 리트리버*는 총에 맞은 사냥감을 찾아 물어오는 것이 당연하다고 우리들은 말한다. 그렇게 하지 못하는 동물은 자신의 의무를 수행하지 못하는 것이고 잘못 행동하는 것이 된다.

다른 구성원의 이익에 반하는 행동을 일으키는 욕구나 본능이 마음속에 떠올랐을 때, 그것이 사회적 본능만큼 강하게 나타나거나 그보다 더 강하게 나타나는 사람이 있을 것이다. 그런 사람이라면 자기 욕구나 본능에 따랐을 때 통렬한 후회를 느끼지는 못할 것이다. 그러나 그는 자기의 행동이 동료들에게 알려졌을 때 동료들이 자기의 행동에 동의하지 않을 것이라는 사실을 잘 알고 있을 것이다. 여기까지 생각이 미쳤을 때 불편함을 느끼지 못할 정도로 공감대의 형성이 부족한 사람은 거의 없을 것이다. 만일 그가 그런 공감을 갖고 있지 못하고, 사악한 행동을 일으키는 욕구가 그 당시 너무 강해 지속적인 사회적 본능이나 타인의 판단으로도 저지되지 않는다면 그는 본질적으로 나쁜 사람이다.[30) 그의 행동을 저지할 수 있는 단 하나의 동기는 처벌에 대한 두려움이다. 또 자신의 이익보다는 타인의 이익을 존중해주는 것이 결국에는 자신의 이기적인 이익에도 가장 좋다는 신념도 그의 행동을 저지할 수 있을 것이다.

만약 자신의 욕구가 사회적 본능에 의해 방해받지 않는다면, 모든 사람이 양심에 걸리지 않고 타인의 이익과 함께 자신의 욕구를 충족시킨다는 것은 명백하다. 그러나 자책감이나 최소한의 걱정도 갖지 않기 위해서는 이성적인 것이든 그렇지 않은 것이든 동료의 비동의를 피하는 게 필요하다. 또한 자기 삶의 정해진 습성들을 깨뜨려서도 안 된다. 특히 그러한 습성들을 이성이 지지할 때는 더욱 그러하다. 만약 그가 자기 삶의 정해진 습성을 깨뜨리게 된다면 그는 틀림없이 불만족을 느낄 것이기 때문이다. 그는 또한 하느님의 벌을 피해야 한다. 하느님을 믿지 않는 사람이라면 자기의 지식이나 미신에 따라 믿는 여러 신의 벌을 피해야 한다. 그러나 이 경우에 신의 징벌에 대한 부가적인 두려움이 잇따라 일어나는 경우가 많다.

**처음에 고려했던 철저한 사회적 덕목**　우리의 행동 지침을 알려주는 도덕감의 기원과 본질, 그리고 우리가 그것에 복종하지 않았을 때 우리를 책망하는 양심에 대한 위의 견해는 인간의 마음속에 도덕감이 발달하지 않았던 초기 상태에 잘 들어맞는다. 미개인들이 집단에 융화되기 위해서 적어도 어느 정도 실행해야만 되는 덕목은 아직도 가장 중요한 것으로 여겨지고 있다. 그러나 그러한 덕목은 거의 같은 부족 사람들의 관계에서만 이루어지고 있다. 덕목에 위배되는 행위를 다른 부족 사람들에게 행할 때 그것을 죄악으로 여기지 않는다. 살인, 절도,

---

30) 데스파인(P. Despine)은 *Psychologie Naturelle,* 1868, vol. 1, 243쪽; vol. 2, 169쪽에서 양심이라고는 눈곱만큼도 없는 추악한 범죄자들에 대한 기이한 사례를 많이 제시했다.

변절 등이 성행하는 부족은 함께 단결할 수가 없다. 따라서 같은 부족 내에서 그런 죄악에는 영원히 지워지지 않는 낙인이 찍힌다.[31] 그러나 다른 부족 사람들에게 행한 행위는 죄악이라는 감정을 불러일으키지 않는다. 북아메리카의 인디언 중에는 다른 부족의 머리 가죽을 벗겼을 때 스스로 가장 기뻐하며 타인의 존경을 받는 부족이 있다. 다야크족*은 죄 없는 사람의 머리를 잘라 건조시켜 그것을 전리품으로 삼는다. 유아 살해는 세계적으로 널리 유행했지만 아무런 질책도 받지 않았다.[32] 특히 여아를 대상으로 한 유아 살해는 부족에게는 덕목이 되는 것으로 생각했다. 적어도 해악이 되는 것으로 생각하지는 않았다. 일반적으로 과거에는 자살을 죄악으로 여기지 않았다.[33] 오히려 용기 있고 존경할 만한 행위로 여기기도 했다. 일부 반(半)문명화된 국가와 미개국가의 일부에서는 아직도 자살에 대해 아무 비난을 가하지 않는다. 왜냐하면 자살은 부족의 다른 구성원들과 아무 이해관계가 없기 때문이다. 과거에 인도의 암살단원 중 한 명은 자기가 강탈하고 살해한 여행자의 수가 그의 아버지가 죽인 사람의 수에 미치지 못했다고 정말로 슬퍼했다는 기록이 있다. 문명화가 덜 된 상태

---

31) *North British Review,* 1867, 395쪽에 실린 훌륭한 기사를 참조하시오. 배젓(W. Bagehot)은 *Fortnightly Review,* 1867, 529쪽과 1868, 457쪽 등에 "Importance of Obedience and Coherence to Primitive Man"에 대한 글을 실었다.

32) 나는 Gerland, *Über dam Aussterben der Naturvölker,* 1868에서 이제껏 접했던 어떠한 내용보다도 충분한 설명을 보았다. 이후의 장(章)에서 유아 살해의 주제에 대해서 다시 살펴보겠다.

33) Lecky, *History of European Morals,* vol. 1, 1869, 223쪽에 자살에 관한 매우 흥미로운 논의가 실려 있으니 참조하시오. 리드(W. Reade)는 서아프리카의 미개한 흑인종들이 종종 자살한다고 알려주었다. 에스파냐 정복 이후 남아메리카에서 비참한 생활을 하던 원주민들 사이에 자살이 널리 유행했다는 것은 잘 알려진 사실이다. 뉴질랜드와 알류산 열도에 대해서는 Ferd Müller, *Reise der Novara: Anthropolog. Theil*을 참조하시오. 이 글은 J.C. Houzeau, *Études sur les Facultés Mentales des Animaux,* tom. 2, 136쪽에서 인용했다.

에서는 낯선 이의 물건을 강탈하는 것은 대개 영광스러운 것으로 여겨진다.

　노예 제도가 고대에 어느 정도 이득이 되었던 것은 사실이지만[34] 사실 노예 제도는 큰 죄악이다. 그러나 최근까지도 이 제도는 가장 문명화된 국가에서조차 그렇게 여겨지지 않았다. 이것은 정말로 사실이었다. 그 이유는 노예들이 그들을 소유하는 인종과 다른 인종인 경우가 대부분이었기 때문이다. 야만인은 여자들의 의견에 주의를 기울이지 않으며 아내를 대개 노예처럼 취급한다. 대부분의 미개인은 이방인의 고통에는 정말로 무관심하며 심지어 이방인의 고통을 목격하며 즐거워하기까지 한다. 북아메리카 인디언의 여자와 아이들이 남자를 도와 적을 고문한다는 것은 잘 알려진 사실이다. 일부 미개인들은 동물에게 잔혹한 행위를 가함으로써 끔찍한 즐거움을 얻는다.[35] 이들은 인간성의 덕목을 알지 못한다. 그런데도 가족 간의 애정과 부족 내의 친절은 일반화되어 있다. 특히 몸이 아플 때는 더욱 그러하다. 그리고 이런 친절이 부족 바깥으로 확장되는 경우도 있다. 파크(M. Park)는 그의 마음속에 남아 있는 흑인 여성의 친절을 감동적으로 설명했는데 이 이야기는 매우 잘 알려져 있다. 미개인이 이방인에게는 아니지만 서로에 대해서는 고귀한 성실성을 갖고 있다는 사실을 보여주는 많은 사례가 알려져 있다. "인디언을 절대로, 절대로 신뢰하지 말라"는 말은 에스파냐 격언인데 이것이 옳다는 것은 어느 정도의 경험만으로도 알 수 있다. 진실이 없다면 성실성은 기대할 수 없다. 진실이라는 기본적인 덕목은 같은 부족의 구성원들 사이에서는 그렇게 희귀한 것이 아니다. 파크는 흑인 여성들이 아이들에게 진

---

34) W. Bagehot, *Physics and Politics*, 1872, 72쪽.
35) 해밀턴(C. Hamilton)은 *Anthropological Review*, 1870, 15쪽에 카피르족*에 대해 보고했다.

실을 사랑하라고 교육시키는 것을 들었다고 한다. 다시 말하지만 이 것은 마음속에 깊이 뿌리를 내리게 된 덕목 중의 하나다. 그래서 때로는 미개인들도 이방인에 대해 고귀한 희생을 치르며 이런 덕목을 행한다. 그러나 현대 외교사를 통해 분명히 알 수 있듯이 적을 속이는 것이 죄라고 생각하는 사람은 거의 없다. 부족이 승인된 우두머리를 갖자마자 우두머리에 대한 불복종은 죄악이 되며 비열한 복종도 신성한 덕목으로 여긴다.

미개 시대에는 용기를 갖추지 못한 사람이 자기 부족에게 유용한 사람이 될 수 없었고 성실한 사람도 될 수 없었기에 용기는 어느 곳에서나 가장 높은 덕목으로 꼽혔다. 문명 사회 집단에서 비록 겁은 많지만 선량한 사람이 용감한 사람보다 집단에 더 유용할 수는 있어도 우리는 선량한 겁쟁이보다는 용감한 사람을 본능적으로 존경하게 되는데, 이것은 어쩔 수 없는 일이다. 반면에 신중한 품성을 갖고 있으면서도 타인의 복지에 관심을 기울이지 않는 사람은, 신중한 품성이 매우 유용한 덕목임은 틀림없지만, 높이 평가된 적이 한 번도 없었다. 자기 부족의 복지에 필요한 덕목을 행하기 위해서는 자기희생, 자제력, 인내력이 있어야 한다. 그러므로 이런 자질들은 항상 가장 높은 평가를 받았고 가장 가치 있는 것으로 여겨졌다. 아메리카의 미개인들은 자신의 꿋꿋함과 용기를 증명하고 강화시키려고 신음소리 한 번 내지 않고 끔찍한 고통을 잘 견뎌낸다. 그들의 무모함에 감탄하지 않을 수 없다. 어리석은 종교적 동기 때문에 살에 꽂힌 갈고리에 매달린 채 흔들거리는 인도의 고행자들도 마찬가지다.

이외에도 자기 자신의 이익을 증가시키는 소위 자애(自愛)라는 덕목이 있는데, 이 덕목은 부족의 복지에는 영향을 미치지 않는 것 같다. 오늘날의 문명 사회에서는 자애의 덕목이 높이 평가되고 있지만 미개인들은 이 덕목을 높이 평가한 적이 단 한 번도 없었다. 아무리 무절

제한 인간이라 해도 미개 사회에서는 비난의 대상이 되지 않는다. 그 곳에는 완전한 방탕과 변태적인 죄악이 크게 만연해 있다.[36] 그렇지만 일부다처든 일부일처든 결혼이 보편화되자마자 여성의 질투는 덕목의 하나로 자리 잡게 될 것이다. 질투는 존중되었고 미혼 여성 사이에 널리 퍼지는 경향이 있을 것이다. 오늘날 우리는 질투가 남성 사이에서는 매우 느리게 퍼진다는 사실을 안다. 순결은 자제력을 크게 요구한다. 따라서 순결은 문명화된 인간의 도덕사에서 매우 이른 시기부터 존경의 대상이 되었다. 그 결과 특별한 의미가 없는 독신주의도 아주 먼 옛날부터 하나의 덕목으로 여겼다.[37] 우리가 외설을 미워하는 것은 선천적이라고 생각될 만큼 당연한 것이고 순결에도 도움이 되는 가치 있는 것인데, 이것은 현대에 들어서 이루어진 덕목으로서 스톤턴이 말했듯이 오로지 문명 생활과 관련이 있다.[38] 이것은 고대 여러 나라에서 행했던 종교 의식에서 잘 나타난다. 폼페이 벽화와 많은 미개인의 관습에서도 잘 나타난다.

이제 우리는 미개인이—아마 원시인도 그랬을 것이다—그들의 행동을 선이나 악으로 나누는 기준이, 부족의 복지에 미치는 영향에 따라 결정된다는 것을 알았다. 종 전체의 복지에 미치는 영향은 고려하지 않았으며 부족을 이루는 각 구성원의 복지에 미치는 영향도 고려하지 않았다. 이 결론은 소위 도덕감이라는 것이 사회적 본능에서 처음 유래되었다는 믿음과 일치한다. 왜냐하면 두 가지 모두 초기에는 개인이 아닌 집단에만 관련되어 있었기 때문이다.

우리의 기준으로 판단하건대 미개인의 도덕성이 낮은 주요 원인은

---

36) M'Lennan, *Primitive Marriage*, 1865, 176쪽에서 이 항목에 대해 여러 훌륭한 사례를 제시했다.
37) Lecky, 앞의 책, 109쪽.
38) G. Staunton, *Embassy to China*, vol. 2, 348쪽.

첫째, 그들의 공감이 자기 부족에게만 국한되어 있다는 것이다. 둘째, 부족의 공공 복지만 강조하다 보니, 특히 자애(自愛)를 비롯한 여러 덕목을 갖출 만큼 사고력이 충분하지 못했다. 예를 들어 미개인은 절제와 순결 등이 없기 때문에 야기되는 복합적인 죄악을 생각해내지 못한다. 그리고 셋째, 자제력의 부족이다. 자제력은 오랜 시간에 걸친 습성으로 강화되지 못했으며 아마도 유전이나 교육, 그리고 종교로도 강화되지 못했을 것이다.

이제까지 미개인의 비도덕성에 대해 일일이 소개했는데,[39] 그 이유는 일부 학자가 최근 미개인의 도덕적 성향에 높은 점수를 주기 때문이다. 또는 미개인이 저지른 대부분의 죄악은 선행에 대한 관점이 서로 다르기 때문이라는 것이다.[40] 이 작가들은 미개인들이 가족과 부족의 생존에 쓸모 있거나 꼭 필요한 덕목을 갖고 있다는 사실을 근거로 자기의 주장을 펴는 것 같다. 미개인도 틀림없이 이런 자질을 갖추고 있는 것이 사실이며 그 수준이 꽤 높은 것도 사실이다.

**결론**　도덕의 유도 학파(derivative school)[41] 철학자들은 과거에 도덕성의 기초가 이기주의의 형태로 존재한다고 생각했다. 그러나 최근에는 '절대 다수의 행복론'이 우세해졌다. 그렇지만 '절대 다수의 행복론'은 행동의 동기가 아닌 행동의 기준으로서 언급하는 것이 좀 더 정확할 것 같다. 그런데도 내가 참고했던 모든 책의 지은이들은 약간의 예외를 제외한다면 모든 행동에는 뚜렷한 동기가 있어야만

---

39) 이 주제에 대해서는 J. Lubbock, *The Origin of Civilisation*, 1870, 제7장에 나오는 풍부한 증거를 참조하시오.
40) Lecky, 앞의 책, 124쪽.
41) 이 용어는 *Westminster Review*, 1869, 10, 498쪽에 실린 한 훌륭한 기사에서 사용했다. '절대 다수의 행복론'에 대해서는 밀의 『공리주의』(448쪽)를 참조하시오.

된다는 식으로 서술했다.[42] 그리고 이것은 즐거움이나 불쾌함과 관련되어 있어야 한다고 했다. 그러나 벌과 개미가 본능을 맹목적으로 따르며 행동하듯이 인간도 즐거움을 인식하지 않고 본능이나 오랜 습성에 따라 종종 충동적으로 행동하는 것 같다. 화재처럼 매우 위험한 상황에서 잠시 망설임도 없이 동료를 구하려고 뛰어들 때 우리는 즐거움을 거의 느끼지 못할 것이다. 하물며 동료를 구하려고 시도하지 않음으로써 차후에 겪게 될지도 모르는 불만족을 생각해볼 겨를은 더더욱 없을 것이다. 시간이 지나 자신의 행동을 곰곰이 생각해본다면 그는 자신의 내부에 충동적인 힘이 있다는 것을 느낄 것이다. 그 힘은 즐거움이나 행복을 추구하는 것과 전혀 다른 것이다. 이것은 깊숙이 뿌리 박힌 사회적 본능인 것 같다.

하등동물의 경우, 그들의 사회적 본능은 종 전체의 행복보다는 종 전체의 이익을 위해 발달했다고 보는 것이 훨씬 더 그럴듯하다. 종 전체의 이익, 즉 공익이라는 용어는 가장 많은 수의 개체를 강인하고 건강하게 키우고, 처한 상황에서 그들의 능력을 최대로 발휘할 수 있도록 성장시키는 것으로 정의할 수 있다. 인간과 하등동물의 사회적 본

---

42) 밀은 『논리학 체계』(*System of Logic*, vol. 2, 422쪽)에서 즐거움에 대한 기대 없이도 습관에 따라 행위가 이루어질 수 있다는 것을 명쾌하게 밝혔다. 시지윅은 다음과 같이 말했다. "우리가 의식하는 강한 충동은 항상 우리 자신이 동의할 수 있는 감정을 만드는 쪽으로 향한다는 원리가 있다. 이것과는 달리 나는 다음과 같이 주장하고 싶다. 즉 즐거움이 아닌 그 무엇인가로 향하는 여분의 충동을 우리는 어느 곳에서건 의식적으로 찾는다는 것이다. 또한 그 충동은 대개 자애와는 양립할 수 없기 때문에 이 둘은 동시에 의식 속에서 공존할 수 없다"("Essay on Pleasure and Desire," *Contemporary Review*, 1872. 4, 671쪽). 즐거움이 수반되고 예상된다고 해서 충동이 일어나는 것은 아니라는 어렴풋한 느낌이 도덕성의 직관론을 받아들이고, 공리주의나 '절대 다수의 행복론'을 배척하는 데 크게 기여했다는 생각을 나는 떨쳐버릴 수가 없다. '절대 다수의 행복론'으로 향하는 행동의 기준과 동기는 종종 혼란스러웠을 것이 틀림없다. 그러나 그것들이 어느 정도 혼합된 것은 사실이다.

능이 거의 동일한 과정을 밟아 발달했다는 것은 의심할 여지가 없다. 그러므로 두 경우에 동일한 정의를 사용하고, 집단 전체의 행복보다는 공익이나 복지를 도덕성의 기준으로 세우는 것이 더 나을 것 같다. 그러나 이런 정의는 아마도 정치 윤리 때문에 어느 정도의 제한이 필요할 것 같다.

인간이 동료의 생명을 구하기 위해 자신의 생명을 위험에 빠뜨리는 상황을 예로 들어보자. 이때 그의 행동은 인류 전체의 행복보다는 공익을 위해 그렇게 행동했다는 것이 나을 것 같다. 개인의 복지와 행복이 대개 동일하다는 것은 의심할 여지가 없다. 만족하며 행복한 부족이 불만족하며 불행한 부족보다 더 번성할 것이다. 초기 인류사에서도 집단 전체가 원하는 소망은 각 구성원의 행동에 큰 영향을 미치게 되었음을 우리는 알고 있다. 모든 사람이 행복을 원하므로 '절대 다수의 행복론'은 이차적으로 가장 중요한 안내자이자 목표가 될 것이다. 그렇지만 사회적 본능은 공감(우리는 이로써 다른 사람의 동의나 비동의에 대해 깊이 생각한다)과 함께 일차적인 충동이자 안내자로서 기여한다. 따라서 인간 본성의 가장 고귀한 부분의 기초를 이기주의에 세운다는 비난은 제거되었다. 그렇지 않았다면 적당한 본능을 따랐을 때 모든 동물이 느끼는 만족감과 그것이 억제되었을 때 느끼는 불만족스러움은 모두 이기적인 것이 될 것이다.

동일 집단의 구성원이 갖고 있는 소망과 의견은 처음에는 말로 표현되었을 것이고 나중에는 글로도 표현되었을 것이다. 이것은 우리 행동에 대한 유일한 지침을 형성했으며 사회적 본능을 크게 강화시켰을 것이다. 그렇지만 그러한 의견이 사회적 본능에 정반대의 경향으로 나타나는 경우도 있다. 이런 사실은 '명예와 체면에 관한 불문율'에서 잘 나타난다. 즉 인간은 모든 사람의 의견이 아닌 자기 동료의 의견에 따라 행동한다는 것이다. 이 규칙을 위반하는 것은 설사 그 위반이 참된 도덕성에 완전히 일치하더라도 진정한 죄악보다 많은 사람을 더욱 고통스럽게 만든다. 우리는 화끈거리는 수치심이 미치는 영향을 모두 느껴보았을 것이다. 사소한 예의범절을 우연히 위반한 경우, 몇 년 후 그것을 다시 상기했을 때 우리는 그와 동일한 수치심을 느끼게 된다. 집단의 판단은 모든 구성원에게 장기적으로 최상의 것이 무엇인지에 대한 조야한 경험에 의해 대개 유도될 것이다. 그러나 이러한 판단은 무지와 약한 사고력에서 크게 벗어나지는 못할 것이다. 그렇게 해서 인류의 진정한 복지와 행복에 정반대되는 기이한 풍습과 미신이 전 세계에 걸쳐 막강한 힘을 가지게 된 것이다. 자신의 계급 제도를 깨뜨린 힌두 사람과 그와 유사한 많은 사례에서 이들이 느끼는 공포심을 통해 우리는 이것을 알 수 있다. 부정한 음식의 유혹에 굴복해 그것을 먹은 힌두 사람이 느끼는 후회와 도둑이 물건을 훔친 후에 느끼는 후회를 구별하기란 어려울 것이다. 그러나 전자의 경우가 훨씬 더 심할 것이다.

합리적이지 못한 수많은 종교적 믿음뿐만 아니라 어색하기 짝이 없는 수많은 행동 규칙이 어떻게 생겨났는지 우리는 알지 못한다. 또 그들이 전 세계 모든 곳에서 인간의 마음속에 어떻게 그렇게 깊이 각인되었는지도 전혀 알 길이 없다. 그러나 뇌가 영향을 받기 쉬웠던 초기 생명의 역사에서 끊임없이 반복적으로 주입된 믿음이 거의 본능으로 변했다고 보는 것이 합리적일 것 같다. 그리고 본능의 핵심은 그것이 이성과는 전혀 상관없이 일어난다는 것이다. 진리에 대한 사랑 같은 특정 덕목이 왜 일부 원시인 부족에게 그렇게 높이 평가되고 있는지 우리는 그 이유를 알 수 없다.[43] 그리고 이와 비슷한 현상이

---

43) 월리스(A.R. Wallace)는 *Scientific Opinion*, 1869. 9. 15에서 훌륭한 여러 사례를 제시했다. 그의 *Contributions to the Theory of Natural Selection*, 1870, 353쪽에 더욱 자세한 사례가 실려 있다.

왜 문명국가에서도 그렇게 유행하고 있는지 그 이유 또한 알 길이 없다. 기이한 풍습과 수많은 미신이 그렇게 확고한 자리를 차지하게 된 이유를 안다면, 이성으로 지지되는 자애의 덕목이 마치 선천적인 것으로 생각될 만큼 자연스럽게 여겨지는 사실이 전혀 놀라운 것이 아니다. 물론 과거에 인간들은 자애의 덕목을 가치 있는 것으로 생각하지 않았을 수도 있지만 말이다.

의심스러운 점이 많은 것은 사실이지만 인간은 높은 도덕 규칙과 낮은 도덕 규칙을 쉽게 구별할 수 있다. 높은 도덕 규칙은 사회적 본능에서 나타나며 타인의 복지와 관련되어 있다. 이 규칙은 동료의 동의와 이성으로 지지된다. 낮은 도덕 규칙은, 물론 자기희생이 뒤따르는 경우 그것을 낮은 도덕 규칙이라고 말하기 어려운 경우가 있는 것은 사실이지만, 미개한 부족에서 이러한 도덕 규칙이 이루어지지 않는 것으로 보아 주로 자기 자신과 관련되어 있고 대중의 견해에서 생겨나 경험과 수련을 통해 성숙된다.

인간이 문명화되고 작은 부족들이 연합하여 큰 집단을 이룰수록 각 개인은 나라의 모든 구성원을 향해, 설사 그들이 개인적으로 서로 아는 사이가 아니더라도, 사회적 본능과 공감을 펼쳐야만 된다는 지시를 매우 단순한 이성으로 내렸을 것이다. 상황이 여기까지 도달했다면 공감을 모든 나라와 모든 인종의 인간에게로 확장시키는 데는 인위적인 장벽이 하나 남아 있을 뿐이다. 실제로 다른 나라나 다른 인종의 사람이 외모나 습성 면에서 차이가 너무 심하다면 그들을 우리의 동료로 인식하는 데는 불행스럽게도 무척 오랜 세월이 걸린다는 것을 우리는 경험을 통해 알 수 있다. 인간에게 국한되지 않은 공감, 즉 하등동물을 향한 자비는 도덕적으로 가장 최근에 획득된 것 중의 하나로 보인다. 미개인도 자신의 애완동물에게는 자비심을 보이겠지만 그외의 동물에게는 전혀 자비심을 보이지 않을 것이다. 옛

로마인이 자비에 대해 별로 알지 못했다는 것은 검투사의 끔찍한 결투 문화를 보면 알 수 있다. 내가 알기로 팜파스*에 사는 가우초*에게 자비는 낯선 것이었다. 인간이 부여받은 가장 고귀한 덕목 중의 하나인 자비는, 우리의 공감이 더욱 부드러워지고 더욱 확산되어 지각 있는 모든 생명체에게 퍼지면서 부수적으로 일어난 것 같다. 일부 사람이 이 덕목을 높이 평가하고 실천하면서 이것은 교육과 실례를 통해 젊은이들에게 퍼지게 되어 결국에는 대중적인 견해로 유입된 것이다.

　도덕 문화의 가장 높은 단계는 우리가 자신의 생각을 조절해야만 된다는 것을 인식하는 시기다. 그리고 "과거를 그렇게 즐거운 것으로 만들었던 죄악에 대해 다시 생각조차 나지 않을 때에만 가능하다."[44] 우리에게 익숙한 사악한 행위를 조장하는 모든 행위는 지나치게 수월하게 일어난다. 마르쿠스 아우렐리우스가 오래전에 다음과 같이 말했다. "그대가 갖는 습관적인 생각에 따라 그대의 마음은 그런 성격을 갖게 될 것이다. 영혼은 생각으로 채색되기 때문이다."[45]

　우리의 위대한 철학자 스펜서(H. Spencer)는 최근 도덕감에 대한 그의 견해를 피력했다. 그는 다음과 같이 말했다. "만인의 이익을 추구하는 공리(公利)의 경험은 인류의 긴 세대를 통하여 조직화되고 강화되었습니다. 이런 경험은 그에 상응하는 변화를 일으키고 있다고 생각합니다. 이런 변화는 계속해서 전달되고 축적되면서 우리의 마음속에 특정한 도덕적 직관 능력으로 자리 잡게 된 것이지요. 나는 그런 능력이 옳고 그른 행동에 대응하는 감정으로서 개인적으로 경험한 공

---

44) A. Tennyson, *Idylls of the King*, 244쪽.
45) *The Thoughts of the Emperor Marcus Aurelius*, 영역본, 2nd ed., 1869, 112쪽. 마르쿠스 아우렐리우스는 서기 121년에 태어났다.

리의 경험에 전혀 그 기원을 두고 있지 않다고 믿고 있습니다."[46] 어느 정도 강하게 유전되는 도덕적인 성향에서 그것이 선천적이지 않을 이유는 전혀 없다고 생각한다. 가축이 그들의 후손에게 물려주는 여러 가지 성질이나 습관은 말할 것도 없고 내가 아는 믿을 만한 사례에서 무엇인가를 훔치려는 욕구와 거짓말을 하려는 성향이 상류층의 가계에서 나타나는 것 같기 때문이다. 상류층에서는 물건을 훔치는 범죄가 희박하므로 한 가족 내에서 두세 명의 구성원이 이런 성향을 갖는 상황을 단지 우연의 일치 때문이라고 보기는 어려울 것 같다. 만약 좋지 않은 성향이 유전된다면 좋은 성향도 마찬가지로 유전될 가능성이 높다. 신체 상태가 뇌에 영향을 미침으로써 도덕적 성향에 커다란 영향을 미친다는 사실은 소화계나 간의 만성 질환을 앓는 많은 사람을 통해 알 수 있다. 정신착란의 초기 증상으로 도덕감의 곡해와 파괴가 가끔 일어나는데 이것을 보아도 마찬가지 사실을 알 수 있다.[47] 광기는 악명 높게도 유전되는 경우가 흔하다. 도덕적 성향이 유전된다는 원리를 무시한다면 우리는 여러 인종 사이에 존재하는 것으로 여기는 도덕적 성향의 차이를 이해할 수 없다.

도덕적 성향의 일부분만 유전되었다고 해도 그것은 사회적 본능에서 직·간접으로 유도된 일차적인 충동에 엄청난 보탬이 되었을 것이다. 도덕적 성향이 유전된다고 잠시 가정해보자. 그러면 적어도 순결, 절제, 동물에 대한 자비 등의 경우에 도덕적 성향은 습성, 교육, 모범을 통해 정신을 조직화하는 데 우선 영향을 미치게 될 것이다. 이러한 현상은 한 가족 내에서 수세대에 걸쳐 지속될 것이고, 불가능할지도 모르지만 그런 덕목을 갖고 생존경쟁에서 가장 성공한 사람들이

---

46) 밀에게 보낸 편지로 베인의 *Mental and Moral Science,* 1868, 722쪽에 실렸다.
47) Maudsley, *Body and Mind,* 1870, 60쪽.

어느 정도 이루었을 것이다. 이러한 유전에 대해 내가 가장 미심쩍어 하는 부분은 몰상식한 풍습이나 미신, 그리고 힌두 사람들이 부정한 음식을 싫어하는 것 같은 취향이 이와 동일한 원리에 따라 유전되었다는 것이다. 미신적인 풍습이나 몰상식한 습성이 전달되는 것 자체가 동물이 음식에 대한 취향이나 적에 대한 두려움을 물려받는 것보다 더 불가능할 것 같지는 않을지라도, 나는 이것을 지지할 만한 증거를 한 번도 접한 적이 없다.

인간은 하등동물과 마찬가지로 집단의 이익을 위해 사회적 본능을 획득했으며 이것은 의심할 여지가 없다. 이런 사회적 본능 때문에 인간은 처음부터 자신의 동료를 돕고 싶은 소망, 즉 얼마간의 공감을 가졌을 것이다. 그래서 인간은 동료들이 자신에 대해 동의하느냐 그렇지 않느냐에 신경을 쓰게 된 것이다. 이런 충동에 따라 인간은 아주 먼 옛날에 이미 옳고 그름 같은 선악의 규칙을 갖게 되었을 것이다. 그후 인간의 지적 능력은 점진적으로 발달되고 자기 행동이 미래에 미칠 결과까지 생각할 수 있게 되었다. 또 인간은 유해한 풍습이나 미신을 배척할 정도의 충분한 지식을 갖게 되었다. 그리고 인간은 동료의 복지뿐만 아니라 행복까지도 점점 더 고려하게 되었다. 또 유익한 경험과 교육과 모범을 따르는 습성에서 인간의 공감이 더욱 부드러워지고 모든 인종, 바보, 불구자, 쓸모없는 사회 구성원, 그리고 마지막으로 하등동물에까지 널리 확산되었을 것이다. 이 모든 일이 일어나면서 도덕의 기준은 점점 더 높아지게 되었을 것이다. 유도 학파의 도덕주의자들과 직관론자들도 인간의 초기 역사에서 도덕성의 기준이 생겼다는 사실은 인정한다.[48]

---

48) 건전한 판단을 내릴 수 있는 저술가 한 분이 『북부영국평론』(*North British Review*, 1869. 7, 531쪽)에 이 결론이 옳다고 강력하게 주장하는 글을 실었다. 레키는 이에 어느 정도 동의하는 것 같다(*History of European Morals*, vol. 1, 143쪽).

하등동물의 여러 본능 사이에서는 가끔 투쟁이 일어날 것이다. 마찬가지로 인간에게도 투쟁이 일어난다는 사실은 전혀 놀랄 만한 일이 아니다. 투쟁의 한쪽은 사회적 본능과 그것에서 파생된 고귀한 덕목이고, 다른 한쪽은 일시적으로 매우 강력할 수 있는 저급한 충동이나 욕구다. 골턴이 말했듯이, 이것은 전혀 놀라운 사실이 아니다.[49] 왜냐하면 인간이 미개한 상태에서 벗어난 것은 비교적 최근의 일이기 때문이다. 유혹에 굴복한 후 우리는 불만족, 부끄러움, 후회, 자책감을 느낀다. 이러한 감정은 다른 강렬한 본능이나 욕구가 만족되지 않거나 좌절되었을 때 생기는 감정과 비슷하다. 우리는 과거에 있었던 유혹의 희미한 느낌과 우리의 마음속에 상존하는 사회적 본능이나 습성을 서로 비교한다. 이런 습성은 젊을 때 얻은 것으로서 전 생애를 통해 강화되며 습성이 본능만큼 강해질 때까지 이런 비교는 계속된다. 만약 우리 앞에 여전히 놓여 있는 유혹에 우리가 굴복하지 않는다면, 그것은 사회적 본능이나 습성이 그 순간에 우세했기 때문이거나 그것이 유혹의 희미한 느낌보다 나중에는 더욱 강해질 것이라는 것을 알았기 때문이다. 또한 그것을 위반하는 것이 우리를 괴롭게 할 것임을 알고 있었기 때문이다. 미래에 사회적 본능이 더 약화될 것이라고 두려워할 이유는 없다. 도덕적 습성은 더욱 강해져 아마도 유전적으로 고정될 것이다. 이 경우에 고급스러운 충동과 저급한 충동 사이의 투쟁이 그렇게 심각하게 일어나지는 않을 것이다. 그리고 결국은 덕이 승리를 얻게 될 것이다.

**지난 두 장의 요약** 가장 하등한 인간과 고등동물의 정신이 보이는

---

49) 그의 뛰어난 작품 *Hereditary Genius: an Inquiry into its Laws and Consequences*, 1869, 349쪽을 참조하시오. 아질 공작은 *Primeval Man*, 1869, 188쪽에서 인간의 본질로 옳음과 그름의 투쟁에 대해서 훌륭하게 언급했다.

차이가 엄청나게 크다는 것은 의심할 여지가 없다. 유인원이 자신에게 공정한 견해를 가질 수 있다면 다음과 같은 사실을 인정할 것이다. 즉 유인원은 채소밭을 약탈할 교묘한 계획을 세울 수도 있고 싸울 때나 견과를 깨뜨려 열기 위해 돌멩이를 이용할 수도 있지만 돌멩이를 이용하여 도구를 만들겠다는 생각을 하는 것은 정말로 유인원의 능력을 벗어나는 일이다. 역시 인정하겠지만 유인원은 형이상학적 사고의 괘도를 따라잡을 수 없다. 또 수학 문제를 풀 수도 없고 하느님에 대해 깊이 숙고할 수도 없으며 웅장한 자연 경관을 찬미할 수도 없다. 그렇지만 일부 유인원은 아마도 결혼 배우자의 유색 피부와 모피의 아름다움을 찬미할 수 있으며 실제로 찬미했다고 말할 수도 있을 것이다. 그들은 소리를 지름으로써 자기 동료들에게 자신이 갖고 있는 간단한 소망과 느낌을 알릴 수 있겠지만 일정한 소리로 자기의 생각을 뚜렷하게 표현하기는 절대로 불가능하다는 것을 인정할 것이다. 유인원들은 함께 생활하는 집단의 동료를 위해 자신이 위험에 빠지는 것을 알면서도 여러 가지 방법으로 동료를 도우려 하며, 동료가 죽었을 때 고아가 된 새끼들을 양육할 준비가 되어 있다고 주장할지도 모른다. 그러나 인간의 가장 고귀한 특성인 모든 생물체를 향한 사심 없는 사랑은 정말로 그들의 이해력을 뛰어넘는 것이라는 사실을 유인원은 인정해야만 할 것이다.

그런데도 인간과 고등동물이 보이는 정신 능력의 차이는 그것이 아무리 클지라도 정도의 문제지 결코 종류의 문제가 아니라는 사실은 명백하다. 인간이 자랑하는 감각과 직관, 그리고 사랑, 기억, 주의력, 호기심, 모방, 사고력 등과 같은 여러 가지 감정과 능력은 하등동물에서도 미흡하나마 발견할 수 있다. 심지어는 하등동물에서 이러한 능력이 아주 잘 발달되어 있는 경우도 있다. 개를 늑대나 재칼과 비교하면서 알 수 있었던 것처럼 이러한 능력은 유전적으로 어느 정도 진보될 수도 있다. 보편 개념의 형성이나 자의식 등과 같은 높은 정신 능력이 절대적으로 인간만의 특징이라는 것을 증명할 수 있다면—이것은 정말 불가능해 보인다—높은 정신 능력은 다른 지적 능력이 크게 발달되면서 부수적으로 생긴 결과에 불과할 수도 있다. 그리고 이것은 다시 완전한 언어의 습관적 사용이 그 주요 원인이 되어 생긴 결과일 수도 있다. 신생아는 몇 살에 추상 능력을 갖게 되는가? 자아를 의식하고 자신의 존재에 대해 깊이 숙고하게 되는 것은 몇 살부터인가? 우리는 그 답을 알 수 없다. 마찬가지로 우리는 생물의 진보 단계도 알지 못한다. 언어가 반쯤은 기술이고 반쯤은 본능이라는 사실을 통해 우리는 진화가 점진적으로 일어난다는 것을 알 수 있다. 모든 인간이 하느님의 존재에 대해 기품 있는 믿음을 갖고 있지는 않다. 따라서 영적 존재에 대한 믿음은 다른 정신 능력에서 생겨나는 것이 당연하다. 인간과 하등동물을 가장 잘 구별할 수 있는 기준은 도덕감일 것이다. 그러나 이 주제에 대해 더 이상 말할 필요는 없을 것 같다. 왜냐하면 나는 아주 최근에 인간이 갖는 도덕 구조의 으뜸 원리인 사회적 본능이 활발한 지적 능력과 습성 효과의 도움을 받아 자연스럽게 황금률로 이끌었다는 것을 보여주려고 노력했다.[50] 그 규칙은 다음과 같다. "남이 그대들에게 해주기를 원하는 대로 남에게 해주어라." 이것은 도덕성의 기초가 되는 것이다.

다음 장에서 나는 인간의 몇 가지 정신적 재능과 도덕적 재능이 점진적으로 발달하게 되는 과정의 여러 단계와 그 방법에 대해 몇 가지 언급할 것이다. 적어도 이런 식의 진화가 가능하다는 사실 자체를 부정해서는 안 된다. 이런 말을 하는 이유는 우리가 모든 아이를 통해 정신 능력과 도덕 능력이 발달하는 과정을 늘 보고 있기 때문이다. 또

---

50) *The Thoughts of the Emperor Marcus Aurelius*, 139쪽.

우리는 동물보다도 더 낮은 단계에서 뉴턴의 정신에 이르는 완벽한
단계적 변화를 추적할 수 있기 때문이다.

# 제5장 원시 시대와 문명 시대에 일어난 지적 능력과 도덕 능력의 발달

자연선택을 통한 지적 능력의 진보 ─ 모방의 중요성 ─ 사회적 능력과 도덕 능력 ─ 한 부족 내에서 일어난 지적 능력과 도덕 능력의 발달 ─ 문명국가에 영향을 미치는 자연선택 ─ 문명국가도 한때 미개했다는 증거

이번 장에서 논의할 주제는 매우 흥미로운 것이지만 나는 이 주제를 불완전하고 단편적으로밖에 다루질 못했다. 월리스는 전에 언급했던 훌륭한 논문에서 인간이 하등동물과 구별되는 지적 능력과 도덕 능력을 어느 정도나마 갖게 된 후, 자연선택이나 그외의 다른 수단을 통해 약간이나마 신체의 변형이 일어났을 수도 있다고 주장했다.[1] 왜냐하면 인간은 정신 능력을 통해 '변화되지 않은 신체'를 '변화하는 우주'에 조화롭게 맞출 수 있기 때문이다. 인간에게는 자기의 습성을 새로운 생활 조건에 적응시키는 위대한 힘이 있다. 인간은 식량을 구하고 자신을 방어하기 위해 무기와 도구, 그리고 여러 가지 전략을 개발한다. 추운 지역으로 이주할 때는 옷을 입고 오두막을 세우고 불을 피우며 그냥 먹었으면 소화시키지 못했을 음식을 불에 요리한다. 인간은 여러 가지 방법으로 동료를 도와주며 미래에 일어날 사건들을 예측한다. 아주 오래전에도 인간은 어느 정도의 노동 분업을

---

1) A.R. Wallace, *Anthropological Review*, 1864. 5, 158쪽.

했다.

　반면에 하등동물은 크게 변화된 환경에서 생존하기 위해서 그들의 신체 구조를 변화시켜야만 했다. 그들은 새로운 적에 대항하기 위해 강해지거나 더욱 효과적인 이빨이나 발톱을 갖출 수밖에 달리 도리가 없었다. 그것도 아니면 적에게 발견되지 않고 위험을 피하기 위해 체구를 줄여야만 했다. 추운 지역으로 이주할 때, 동물들은 두꺼운 모피를 갖추거나 체질을 바꾸어야만 했다. 만약 그들이 그렇게 변화되지 못했다면 그들은 생존할 수 없었을 것이다.

　그러나 월리스가 공정하게 주장했듯이 인간의 지적 능력과 도덕 능력에 대한 경우는 크게 다르다. 지적 능력과 도덕 능력은 변하기 쉽다. 그리고 이런 변이가 유전되는 경향이 있다는 믿음에는 나름대로 충분한 근거가 있다. 그러므로 지적 능력과 도덕 능력이 과거에 원시인에게나, 유인원과 유사했던 우리 조상에게 매우 중요했다면 그런 능력은 자연선택을 통해 완성되거나 진보되었음이 틀림없다. 지적 능력이 매우 중요하다는 사실은 의심할 여지가 없다. 왜냐하면 인간이 이 세상에서 지배적인 위치를 차지하는 것은 바로 지적 능력 덕분이기 때문이다. 가장 원시적인 사회에서 가장 현명했던 사람, 최상의 무기나 덫을 발명하여 사용했던 사람, 그리고 자신을 가장 잘 방어했던 사람은 더 많은 자손을 키울 수 있었을 것이라는 사실을 우리는 안다. 그런 능력을 겸비한 사람들이 많은 부족은 인구도 증가하고 다른 부족을 침략하여 그 자리를 차지했을 것이다. 인구는 주로 생계 수단에 따라 결정된다. 또 생계 수단은 그 지역의 물리적 자연 환경에 따라 어느 정도 결정되지만 주로 그곳에서 실행되는 기술에 따라 결정된다. 한 부족이 증가하고 승리를 거둘수록 다른 부족을 흡수하면서 더욱 증가했을 것이다.[2] 부족 사람들의 신장과 강인함도 역시 부족이 성공하는 데 중요한 요소다. 그리고 부족의 신장과 강인함은 그들이 얻을 수 있는 식량의 질과 양에 따라 어느 정도 결정된다. 유럽에서 청동기 시대 사람들은 더욱 강하고 손이 컸던—이 사실은 그들이 다루었던 칼의 손잡이를 보면 알 수 있다—한 인종에게 그 자리를 내주었다.[3] 그러나 그들이 성공한 것은 기술적인 면에서 우위를 차지했기 때문일 가능성이 훨씬 더 크다.

우리가 미개인에 대해 알고 있는 모든 것, 그들의 전통, 우리가 까맣게 잊었던 역사가 잉태한 옛 유적에서 추론할 수 있는 것은 아주 먼 옛날부터 성공적인 부족이 다른 부족을 침략하여 그 자리를 차지했다는 것이다. 사라졌거나 잊힌 부족의 유적들이 지구의 여러 문명 지역에서 발견되고 있다. 아메리카의 대초원과 태평양의 외딴 섬에서도 발견된다. 오늘날까지도 기후가 매우 효과적인 장벽으로 작용하는 곳을 제외한 모든 지역에서 문명국가는 미개국가를 정복하고 있다. 이런 침략이 항상 성공하는 것은 아니지만 대부분 성공을 거두고 있다. 그것은 지성의 산물인 기술을 통해 일어나고 있다. 그러므로 인류의 지적 능력이 오로지 자연선택을 통해 점진적으로 완성되어왔을 가능성은 매우 높다. 이 정도의 결론이면 우리에게 충분하다. 개별적인 능력에 대해 하등동물의 능력에서부터 인간의 능력까지 그 하나하나의 발달 과정을 추적하는 것은 매우 흥미로울 것이 틀림없다. 그러나 나는 능력과 지식이 부족하여 감히 엄두도 내지 못하고 있다.

인간의 조상이 사회성을 획득하자마자(아마 이것은 인류사의 초기에 일어났을 것이다) 모방의 원리와 이성과 경험이 증가했을 것이라는 사실은 주목할 만하다. 그리고 이에 따라 지적 능력이 상당히 변화되었

---

2) 메인(H. Maine)이 *Ancient Law*, 1861, 131쪽에서 말했듯이 다른 부족 속으로 흡수되었던 부족의 구성원은 얼마 후 그들이 같은 조상의 공통 후손이라는 사실을 당연한 것으로 받아들이게 된다.
3) Morlot, Soc. *Vaud. Sc. Nat.*, 1860, 294쪽.

을 것이다. 우리는 그 흔적을 하등동물에서 찾을 수 있다. 유인원들은 하등한 미개인과 마찬가지로 모방으로 많은 것을 얻는다. 같은 장소에 같은 종류의 덫을 설치하면 일정 시간이 지난 후에는 단 한 마리의 동물도 잡을 수 없게 된다고 앞에서 말한 바 있다. 이런 간단한 사실로 우리는 동물이 경험을 통해 새로운 것을 배우며 다른 동물이 행하는 경계 행동을 흉내낸다는 것을 알 수 있다. 부족 내에 다른 사람보다도 더 영리한 사람이 한 명 있다고 해보자. 그가 만약 새로운 덫이나 무기 또는 공격이나 방어에 사용되는 수단을 새롭게 창안했다면 부족 내의 다른 구성원들은 큰 사고력의 도움 없이 순전한 이기심 때문에 그를 모방할 것이고 결국 모두가 이득을 얻게 될 것이다. 각각의 새로운 기술을 습관적으로 활용하게 되면 지력 또한 마찬가지로 약간이나마 강해지는 것이 틀림없다. 만약 새로운 발명품이 중요한 것이라면 부족의 인구는 증가하여 퍼지게 되고 결국에는 다른 부족을 정복하게 될 것이다. 그렇게 해서 더욱 수가 늘어난 한 부족에서 좀더 우수하고 창의적인 구성원이 출생할 확률이 더욱 높아지는 것은 당연하다. 그런 사람들이 자기 자식들에게 지적 우월성을 물려준다면 더욱 천재적인 구성원이 출생할 기회는 좀더 많아질 것이다. 만약 부족의 크기가 작다면 그 확률은 결정적으로 높아질 수도 있다. 설사 그들이 아이를 남기지 않는다고 해도 부족 내에는 여전히 그의 혈족들이 생존한다. 농학자들이 확인한 바에 따르면 동물 가족 중에서 한 마리를 보존하여 키움으로써 우리가 원하는 유용한 형질을 얻을 수 있었다고 한다.[4]

이제 사회적 능력과 도덕성으로 눈을 돌려보자. 원시인이나 우리

---

4) 내가 쓴 *The Variation of Animals and Plants under Domestication,* vol. 2, 196쪽에 예를 들어 놓았다.

조상이 사회생활을 영위하기 위해서 그들 모두는 집단생활이 가능하도록 해주는 본능적 감정을 동일하게 획득했어야만 했다. 그리고 그들 모두에게는 틀림없이 동일한 보편적 기질이 있었을 것이다. 어느 정도 애정을 느끼는 동료와 헤어졌을 때 그들의 마음은 편치 않았을 것이다. 그들은 서로에게 위험 신호를 보내고 공격하거나 방어할 때 서로 도왔을 것이다. 이 모든 것에는 어느 정도의 공감과 충실성, 그리고 용기가 필요하다. 하등동물에게 무척 중요한 이런 사회적 자질을 인간의 조상도 유사한 방법, 즉 자연선택을 통해 획득했으며 여기에 습성의 유전이 도움을 주었을 것은 의심할 여지가 없다. 같은 지역에서 살아가는 두 집단의 원시인 부족이 경쟁 관계에 놓이게 되었다고 해보자. 만약 다른 상황이 동일한 상태에서 한 부족이 용기 있고 공감을 갖고 충실한 구성원이 많았다고 해보자. 이들은 위험이 닥쳐왔을 때 항상 서로에게 위험을 알리고 서로 돕고 방어할 준비가 되어 있으므로 이 부족은 다른 부족보다 더 빛나는 성공을 거두고 결국은 다른 부족을 정복했을 것이다. 전쟁이 끊이지 않는 미개 사회에서 충실성과 용기가 얼마나 중요한지 우리는 알아야 한다. 훈련받은 병사들이 훈련받지 않은 집단에 비해 유리한 이유는 각 구성원이 동료에 대한 신뢰감을 갖고 있기 때문이다. 배젓이 잘 보여주었듯이 복종은 매우 소중한 것이다.[5] 왜냐하면 어떤 형태의 통치도 아무것도 없는 것보다는 낫기 때문이다. 이기적이고 다투기 좋아하는 사람들은 하나로 뭉치지 못할 것이고 응집이 없다면 아무것도 이룰 수 없다. 위에서 언급한 여러 자질을 많이 갖춘 부족은 더 넓게 퍼지고 다른 부족을 누르고 승리를 거두었을 것이다. 그러나 과거의 모든 역사를

---

[5] W. Bagehot, *Fortnightly Review*, 1867. 11; 1868. 4. 1; 1869. 7. 1에 개별적으로 실린 "Physics and Politics"라는 제목의 훌륭한 논문 시리즈를 참조하시오.

통해 판단하건대 그런 부족은 더 훌륭한 자질을 갖춘 다른 부족에게 다시 정복당하게 된다. 그렇게 해서 사회적 자질과 도덕적 자질은 서서히 진보하며 전 세계로 널리 퍼져나갔을 것이다.

그러나 다음과 같은 질문이 있을 수 있다. 같은 부족 내에서 얼마나 많은 수의 구성원이 최초로 그런 사회적 자질과 도덕적 자질을 부여받았는가? 그리고 탁월함의 기준은 어떻게 향상되었는가? 한 부족 내에서 동정심이 풍부하고 인자한 부모, 또는 동료에게 매우 성실한 사람들이 이기적이고 남을 배반하기 좋아하는 사람들보다 더 많은 후손을 낳아 길렀다고 생각하는 것은 미심쩍은 면이 많다. 많은 미개인이 그렇듯이 자기 동료를 배반하기보다는 동료를 위해 생명을 희생할 준비가 되어 있는 사람은 자기의 고결한 본성을 물려줄 만한 후손을 남기지 못하는 일이 종종 있을 것이다. 항상 전쟁의 선두에 서고 남을 위해 흔쾌히 위험을 감수하는 용감한 사람들은 그렇지 않은 사람들에 비해 평균적으로 더 많이 죽을 것이다. 그러므로 그 같은 고결한 덕목을 갖춘 사람들이 자연선택, 즉 적자생존으로 그 수가 증가할 것 같지는 않다. 그들이 갖는 우수함의 기준도 그런 식으로 증가할 것 같지는 않다. 우리는 여기서 한 부족이 다른 부족에게 승리를 거두는 상황에 대해 이야기하는 것이 아니다. 우리는 지금 한 부족 내에서 덕목의 수준이 서로 다른 두 사람에 대해 말하는 것이다.

같은 부족 내에서 고결한 덕목을 갖춘 사람의 숫자가 증가하는 상황은 매우 복합적이어서 명쾌하게 밝히기 어렵다. 그렇더라도 그럴듯한 몇 개의 과정을 추적할 수는 있을 것 같다. 첫째, 집단을 이루는 구성원의 사고력과 선견지명이 향상됨에 따라 각 구성원은 자기가 동료를 도와주었을 때 자기도 그 답례로 도움을 받게 된다는 것을 곧 알게 되었을 것이다. 이런 단순한 동기 때문에 그는 동료를 돕는 습관을 획득했을지도 모른다. 그리고 인자한 행동을 행하는 습관은 동정심을 강화시키고 그런 동정심은 다시 인자한 행동을 일으키는 최초의 충동이 되었을 것이다. 더구나 여러 세대에 걸쳐 지속되는 습관은 아마 유전되는 경향이 있었을 것이다.

그러나 사회적 덕이 발달하는 더욱 강한 자극은 자기 동료의 칭찬이나 비난 때문에 생겨났을 것이다. 이미 살펴보았듯이 우리가 끊임없이 남을 칭찬하고 비난하는 것은 일차적으로 동정심의 본능이 있기 때문이다. 처지를 바꿔놓고 본다면 우리는 칭찬받기를 좋아하고 비난받기를 싫어한다. 그리고 다른 사회적 본능과 마찬가지로 동정심의 본능이 일차적으로 자연선택을 통해 획득되었다는 견해에는 의심할 여지가 없다. 인간의 조상이 얼마나 일찍 동료의 칭찬과 비난을 느끼게 되었고 그에 따라 행동하게 되었는지 우리는 물론 알지 못한다. 그러나 개들도 격려와 칭찬 그리고 비난을 구별하는 것으로 보인다. 하등한 미개인도 영예에 대한 감정을 느낄 수 있다. 그들이 자기의 용맹성을 보여주는 전리품을 보존하는 것을 보면 알 수 있다. 또 그들은 습관적으로 자기 자신을 지나칠 정도로 자랑한다. 그들이 개인적인 외모와 장식에 지나치게 신경을 쓰는 것만 보아도 알 수 있는 사실이다. 만약 그들이 동료의 평가에 신경을 쓰지 않는다면 그들이 보이는 앞에서 말한 것과 같은 행위에는 아무런 의미도 없을 것이다.

그들이 집단의 규칙을 위반했을 때 그 규칙이 아무리 사소한 것이라 할지라도 그들은 틀림없이 부끄러움과 자책감을 느낀다. 이것은 오스트레일리아 원주민의 사례에서 잘 나타난다. 한 원주민이 죽은 아내의 영혼을 달래주기 위해 다른 여자를 죽이려고 했는데 그 일이 뜻대로 되지 않고 지체되었다는 생각에 결국에는 수척해졌고 편안히 쉬지도 못했다. 그외에는 기록된 다른 사례들을 본 적이 없다. 그렇지만 부족을 배반하기보다는 자신의 생명을 쾌히 희생하는 미개인이나 약속을 깨기보다는 감옥으로 향하는 미개인이[6] 신성하다고 생각하는 임무를 실행하지 못했을 때 마음속 깊숙한 곳에 자책감을 갖지 않을 것이라는 생각은 거의 잘못된 것 같다.

그러므로 우리는 원시인의 행동이 아주 먼 옛날부터 동료의 칭찬과 비난에 영향받았다고 결론지을 수 있다. 같은 부족의 구성원들은 공동의 선에 기여할 것 같은 행동을 틀림없이 좋은 행동으로 인정했을 것이다. 그리고 사악해 보이는 행동을 비난했을 것이다. 남에게 선을 베푸는 것, 즉 남이 자기에게 해주기를 바라는 바를 그에게 해주는 것이 도덕성을 이루는 초석이다. 그러므로 원시 시대에 칭찬을 좋아하고 비난을 싫어하는 상황이 중요하게 작용했을 것이라는 견해가 지나친 과장으로 보이지는 않는다. 뿌리 깊은 본능적 감정이 아닌 영예의 감정으로 타인의 이익을 위해 자기 목숨을 희생하려는 사람의 태도는 다른 사람에게도 영예의 소망을 불러일으킬 것이다. 그리고 실습을 통해 고귀한 찬미의 감정을 강화시킬 것이다. 따라서 그는 자신의 고결한 품성을 닮기 쉬운 자손을 낳기보다는 자기 부족에게 더욱 많은 선을 베풀었을지도 모른다.

경험과 사고력이 증가함에 따라 인간은 자신의 행동에 대해 더 먼 결과까지 인지하게 되었다. 그리고 자제, 순결 같은 자기 사랑의 덕목은 앞에서 살펴본 바와 같이 아주 먼 옛날에는 전혀 고려할 대상이 되지 못했지만 이제는 매우 고귀하고 심지어 신성한 것으로까지 여기게 되었다. 그렇지만 제4장에서 이 항목을 언급했으므로 여기서 다시 반복할 필요는 없을 것 같다. 결국 우리의 도덕심이나 양심은 아주 복합적인 감정이 되었다. 이것은 사회적 본능에서 기원했으며 동료의 찬성으로 인도되고 이성과 이기주의에 이끌렸다. 그리고 나중

---

6) 월리스는 그의 *Contributions to the Theory of Natural Selection,* 1870, 354쪽에 여러 사례를 제시했다.

에는 깊은 종교적 느낌으로 지배되었으며 교육과 습성으로 확립되었다.

높은 도덕 기준은 한 개인이나 그의 후손에게 부족 내의 다른 구성원에 비해 약간의 이득을 줄 수도 있고 전혀 주지 않을 수도 있다. 그렇더라도 좋은 품성을 갖춘 사람들이 늘어나고 도덕성의 기준이 진보할수록 부족 전체는 다른 부족에 비해 막대한 이득을 얻게 된다는 것을 잊어서는 안 된다. 높은 수준의 애국심, 충실성, 복종심, 용기, 동정심이 있어서 남을 도울 준비가 항상 되어 있고 공동의 이익을 위해 자신을 희생할 준비가 되어 있는 사람이 많은 부족은 다른 부족에 비해 성공을 거둘 것이다. 이것이 바로 자연선택이다. 전 세계를 통해 한 부족이 다른 부족의 자리를 차지하는 상황은 항상 일어난다. 여기에 도덕성은 그들의 성공 여부를 결정하는 중요한 한 요인이 된다. 그러므로 어느 곳에서건 도덕성의 기준은 올라가고 품성이 좋은 사람의 수는 늘어날 것이다.

그러나 왜 다른 부족이 아닌 특정한 부족이 성공을 거두고 문명화의 단계가 올라갔는지를 판단한다는 것은 매우 어려운 일이다. 수세기 전 처음으로 발견된 수많은 미개인은 모두 동일한 상황 속에서 살아가고 있었다. 배젓이 말했듯이 우리는 인간 사회에서 진보를 당연하게 생각하는 경향이 있다. 그러나 역사를 보면 그렇지 않다. 고대인들은 사상을 지니고 있지도 않았다. 동양의 국가들은 오늘날에도 그렇다. 또 다른 훌륭한 학자인 메인에 따르면 "인류의 대부분은 시민 제도가 개선되어야 한다는 약간의 욕구도 보여주질 못했다."[7] 동시에 발생하는 여러 유리한 조건에 따라 진보가 이루어지는 것 같다.

---

7) H. Maine, *Ancient Law*, 1861, 22쪽; 배젓의 의견은 *Fortnightly Review*, 1868. 4. 1, 452쪽을 참조하시오.

그런 조건은 매우 복잡해서 끝까지 추적할 수 없다. 그러나 서늘한 기후는 산업과 여러 기술 분야에서 매우 양호한 조건으로 작용한다는 말이 자주 언급된다. 에스키모 사람들은 절실히 필요했기 때문에 천재적인 많은 발명품을 성공적으로 개발했다. 그러나 기후가 너무 혹독하여 계속 진보할 수는 없었다. 유목 습성은 그것이 광활한 평야에서 이루어지든, 열대의 빼곡한 삼림 지역에서 이루어지든, 또는 해변가를 따라 이루어지든 어느 경우에나 크게 불리하게 작용했다. 푸에고 제도의 미개한 원주민을 관찰하는 동안 나는 사유 재산, 고정된 거주지, 우두머리를 중심으로 모인 여러 가족의 연합이 문명화에 꼭 필요한 필수조건이라는 생각을 하게 되었다. 그러한 습성 때문에 땅을 경작하는 것이 필요하게 되었다. 그리고 경작의 첫 단계는 내가 다른 곳에서도 말했듯이,[8] 다음과 같이 일어났을 것이다. 예를 들어 과일 열매가 쓰레기 더미 위에 떨어져 매우 훌륭한 변종이 생산되는 것 같은 우연한 사건으로 경작이 시작되었을 것이다. 그러나 미개인이 문명화로 향하는 첫 번째 진보에 관한 문제는 현재로는 해결하기 무척 어려워 보인다.

**문명국가에 영향을 미치는 자연선택**　　나는 지금까지 반인(半人)적 상태에서부터 현존하는 미개인의 상태에 이르는 인간의 진보만을 고려했다. 그러나 문명국가에 영향을 미치는 자연선택의 작용도 어느 정도 언급하는 것이 좋을 것 같다. 그레그는 이 주제를 훌륭하게 논의했다.[9] 그리고 전에는 월리스와 골턴이 이 주제에 대해 역시 훌륭하게

---

8) *The Variation of Animals and Plants under Domestication*, vol. 1, 309쪽.

9) W.R. Greg, *Fraser's Magazine*, 1868. 9, 353쪽. 이 작품은 많은 사람에게 충격을 준 것 같다. 그 때문에 두 편의 훌륭한 평론과 한 편의 답변서가 *Spectator*, 1868. 10. 3; 10. 17에 실리게 된다. 이것은 *Quarterly Journal of Science*, 1869,

논의했다.[10] 내 견해의 대부분은 이들 세 학자에게서 얻은 것이다. 미개인 사회에서 몸이나 마음이 허약한 사람은 곧 제거된다. 그리고 생존하는 사람들의 건강 상태는 일반적으로 강하다는 것을 알 수 있다. 그러나 문명화된 우리들은 몸이나 마음이 허약한 사람이 제거되지 않도록 하기 위해 최대한의 노력을 기울인다. 우리는 저능한 바보나 병든 사람을 위해 보호 시설을 세우고 빈민 구제법을 제정한다. 의료인은 모든 사람의 생명을 구하기 위해 최후의 순간까지 최대한의 기술을 발휘한다. 예방 접종이 수천 명의 인명을 구했다고 믿을 만한 근거가 있다. 그들은 약한 체질 때문에 과거 같으면 천연두에 걸려 죽었을 사람들이었다. 그러므로 문명사회에서는 약한 구성원이 그들의 후손을 퍼뜨리게 된다. 가축의 번식 사업에 종사하는 사람들은 모두 이것이 인간 종족에게 크게 해가 될 것이라고 생각할 것이다. 가축의 번식에 관심을 기울이지 못하거나 잘못 기울였을 때 가축의 퇴화가 아주 빨리 일어난다는 사실은 놀랍다. 그러나 인간과 다르게, 가축의 경우 자신이 키우는 동물 중에서 가장 형편없는 놈을 번식시킬 정도로 무지한 사람은 아마 없을 것이다.

의지할 데 없는 사람에게 제공해야 된다고 생각되는 도움은 주로 본능적인 동정심의 부수적인 결과다. 그것은 원래 사회적 본능의 일부로 획득되었다. 그러나 앞에서 지적한 대로 더욱 섬세해지고 더욱

---

152쪽에서도 거론되었다. 테이트(L. Tait)는 *Dublin Q. Journal of Medical Science*, 1869. 2에서 이 문제를 논의했고, 랑케스터(E.R. Lankester)는 그의 *Comparative Longevity*, 1870, 128쪽에서 이 문제를 논의했다. 전에 *Australasian*, 1867. 7. 13에도 이와 비슷한 견해가 실린 적이 있다. 나는 이들 여러 작가의 견해를 빌려왔다.

10) 월리스에 대해서는 전에 인용했던 *Anthropological Review*를 참조하시오. F. Galton, *Macmillan's Magazine*, 1865. 8, 318쪽. 그의 위대한 작품인 *Hereditary Genius: an Inquiry into its Laws and Consequences*, 1870도 참조하시오.

널리 퍼지게 되었다. 확실한 이유가 있을 때에도, 우리 본성의 고결한 부분이 악화되지 않는 한 동정심은 저지되지 않았다. 외과의사는 수술을 실행하면서 자신을 단련시킬 수 있다. 왜냐하면 의사는 환자의 이익을 위해서 활동하고 행동한다는 것을 알기 때문이다. 그러나 만약 우리가 약하고 의지할 데 없는 사람을 의도적으로 무시한다면 그것은 현존하는 불가항력적 죄악과 함께 확실하지도 않은 이익만을 위하는 것이 될 뿐이다. 그러므로 우리는 약한 사람들이 생존하고 자신과 똑같은 후손을 퍼뜨리는 것이 틀림없이 나쁜 효과를 미친다는 사실을 명심해야 한다. 그러나 적어도 이러한 한결같은 작용은 저지되는 것 같다. 즉 약하고 열세한 사회 구성원이 건전한 사람처럼 자유스럽게 결혼하지는 않는다는 것이다. 그리고 비록 기대되는 것보다 더 원하고 있기는 하지만, 이런 저지는 결혼하기를 꺼려하는 허약한 사람들 때문에 막연하게나마 증가되었을지도 모른다.

대규모 군대를 유지하고 있는 모든 나라에서 가장 건장한 젊은 남자들은 징집되어 군인이 된다. 그들은 전쟁을 치르는 과정에서 남들보다 일찍 죽을 수도 있고 병에 걸리는 경우도 많으며 인생의 전성기에 결혼도 하지 못한다. 반면에 키도 작고 허약한 남자는 형편없는 체질 때문에 군인으로 징집되지 않고 집에 남게 된다. 결과적으로 그들은 훨씬 더 나은 결혼 기회를 갖게 되고 자신과 같은 종류의 후손을 퍼뜨릴 확률이 높아진다.[11]

인간은 부를 축적하며 유언을 통해 자기 자식에게 그것을 물려준다. 그래서 부자의 자식은 가난한 사람보다 신체적이거나 정신적인 우월성과는 관계없이 성공할 기회가 많아진다. 반면에 건강 상태가

---

11) 피크(H. Fick)는 *Einfluß der Naturwissenschaft auf das Recht*, 1872. 6에서 이 항목과 그외의 다른 조항에 대해 훌륭하게 언급했다.

양호하지 못하고 활력도 부족한 사람은 대개 단명한다. 그런 사람의 자식은 부모가 일찍 죽는 관계로 다른 아이들보다 일찍 재산권을 갖게 되고 이른 나이에 결혼할 확률도 높아진다. 그래서 자신의 열등한 형질을 물려받을 후손을 더 많이 낳게 될 것이다. 그러나 재산을 물려주는 것은 절대로 죄악이 아니다. 부의 축적이 없었다면 기술의 진보는 없었을 것이다. 문명화된 인종이 영토를 확장하는 것도 그들의 힘을 통해서다. 지금도 세계 곳곳에서 미개한 인류의 자리를 차지하기 위해서 그들은 영토를 확장한다. 부의 적당한 축적이 자연선택의 과정을 방해하지는 않는다. 가난한 사람이 어느 정도 부자가 되었을 때, 그의 자식들은 무역계나 전문직에 입문하게 된다. 그곳은 경쟁이 많이 일어나는 곳이어서 신체와 정신이 유능한 사람이 성공할 확률이 훨씬 높은 곳이다. 훌륭한 교육을 받았으면서 하루의 식량을 위해 노동할 필요가 없는 집단이 존재한다는 것은 무엇보다도 중요하다. 고도의 지적 작업은 모두 그들이 이루어냈다. 그리고 모든 종류의 물질적 진보도 대개는 이들이 이루어냈다. 그외에도 큰 이득이 있다는 것은 말할 것도 없다. 부가 지나칠 때 남자가 쓸모없는 수벌이 된다는 것은 의심할 여지가 없다. 그러나 수벌의 수는 절대로 많은 법이 없다. 수벌은 어느 정도 제거된다. 왜냐하면 부자가 바보나 난봉꾼으로 타락해서 그들의 재산을 탕진하는 것을 우리는 자주 보기 때문이다.

재산권을 수반하는 장자 상속권은 과거 한때 우월한 계급을 형성함으로써 크게 이득이 된 점도 있지만 직접적으로는 해악이 된다. 물론 우월한 계급이 형성되면 지배가 생기고 어떤 형태의 지배도 전혀 없는 것보다는 낫다. 장남은 동생들에 비해 결혼할 확률이 높다. 장남이 몸이나 마음이 허약하고 동생들이 형에 비해 우수해도 마찬가지다. 재산을 상속받은 보잘것없는 장남은 부를 탕진하지도 못한다. 그러나 다른 경우와 마찬가지로 이 경우에도 문명화된 생활은 지나치게 복잡해서 이를 보상할 수 있는 일종의 저지 작용이 끼어들게 된다. 장자 상속을 통해 부자가 된 사람은 대를 거듭하면서 더욱 아름답고 매력적인 여성을 선택할 수 있다. 그래서 그들은 대개 육체적 건강과 정신적 활기를 얻을 것이다. 선택이 전혀 일어나지 않고 동일한 계열의 후손을 계속해서 유지하게 되면 나쁜 결과가 초래된다. 이런 나쁜 결과는 부와 권력을 향상시키려고 늘 애쓰는 계급의 사람들이 저지한다. 이것은 상속권을 가진 여자와 결혼함으로써 효과적으로 이루어진다. 그러나 골턴이 밝혔듯이 외동딸들은 불임이 되기 쉽다.[12] 그러므로 고결한 이런 가계는 부계 혈통이 계속해서 끊어지고, 결과적으로 그들의 부는 옆길로 빠지게 된다. 그러나 불행하게도 어떤 종류의 우월성을 갖고 있다고 해서 이 옆길의 주인공이 되는 것은 아니다.

이같이 문명화 과정은 자연선택의 작용을 여러 가지 방법으로 저지했다. 그렇더라도 좋은 음식을 섭취하고 육체적 고통에서 해방됨으로써 자연선택이 더 나은 신체 발달을 유도한다는 것은 명백하다. 이것은 미개인과 비교했을 때 문명화된 사람이 언제나 육체적으로 강건하다는 사실로 보아 알 수 있다.[13] 많은 모험적인 탐험 여행에서 증명되었듯이 문명화된 사람은 미개인에 비해 지구력 면에서 뒤지지 않는다. 심지어 부자의 엄청난 사치도 해악이 되는 것은 전혀 아니다. 왜냐하면 귀족의 평균 수명은 나이나 성별에 관계없이 하층 계급에서 건강하게 사는 영국 사람들의 수명보다 거의 적지 않기 때문이다.[14]

---

12) F. Galton, *Hereditary Genius: an Inquiry into its Laws and Consequences,* 132~140쪽.

13) Quatrefages, *Revue des Cours Scientifiques,* 1867~68, 659쪽.

14) 랭케스터가 *Comparative Longevity,* 1870, 115쪽에서 표를 하나 작성했는데, 그 표에는 훌륭한 작가들의 주장이 실려 있다. 그 표에서 다섯 번째 난과 여섯 번째 난을 참조하시오.

자, 이제부터는 지적 능력에 대해 살펴보겠다. 각 등급의 사회에서 전체 구성원이 동일한 두 집단으로 나뉘어 한 집단에는 지적으로 우수한 사람들이 들어 있고, 다른 한 집단에는 그렇지 못한 사람들이 들어 있다면 모든 직업에서 전자의 집단이 성공할 것이고 그렇게 됨으로써 더 많은 자손을 키울 수 있으리라는 것은 거의 의심할 여지가 없다. 엄청난 노동 분업으로 기술과 능력이 크게 이득이 되지 않는 직업이 많은 것은 사실이지만, 가장 밑바닥의 세상살이에도 기술과 능력이 어느 정도 이득을 주는 것은 사실이다. 그러므로 문명국가에서는 지적으로 능력 있는 사람의 수는 약간씩 증가하며 지적 능력의 수준도 약간씩 상승하는 경향이 나타날 것이다. 그러나 무모하고 선견지명이 없는 사람들이 증가하는 것 같은 여러 가지 상황 때문에 이런 효과가 상쇄된다는 사실을 부인하고 싶지는 않다. 그러나 이런 경우에도 개인의 능력이 어느 정도 이득이 되리라는 것은 틀림없다.

지금까지 살았던 가장 탁월한 사람은 그들의 위대한 지성을 물려받은 단 한 명의 후손도 남기지 않았다는 사실은 앞서 말한 것과 같은 견해를 반대하는 이유로 종종 내세워지곤 한다. 골턴은 다음과 같이 말했다. "비범한 천재들이 불임인지 아닌지, 또 불임이라면 어느 정도인지에 관한 단순한 질문을 해결할 수 없는 것이 안타깝다. 그러나 나는 훌륭한 남자들이 결코 그렇지 않다는 것을 보인 바 있다."[15] 위대한 입법자들과 유익한 종교의 창시자들과 위대한 철학자와 과학의 발견자들은 인류의 진보에 크게 공헌했다. 그러나 그들은 많은 후손을 남기기보다는 위대한 업적으로 인류에 공헌하는 것이다. 신체 구조가 진보되는 것은 약간이라도 우세한 형질을 갖는 개체가 선택되고 덜 유리한 형질을 갖는 개체가 제거되기 때문이지 엄청난 특정

---

15) F. Galton, 앞의 책, 330쪽.

과 진기한 이형이 보존되기 때문이 아니다.[16] 지적 능력에서도 마찬가지일 것이다. 사회의 각 계층에서 다소 유능한 사람들은 그렇지 못한 사람보다 성공할 것이다. 다른 수단으로 방해받지 않는다면 그렇게 해서 그 수가 늘어날 것이다. 어떤 나라에서든 지성의 기준과 지성인의 수가 늘어날 때 우리는 '편차의 법칙'으로 비범한 천재가 전보다는 더욱 자주 출현할 것이라고 예상할 수 있다. 이것은 골턴도 보인 바 있다.

도덕적 자질을 본다면 가장 훌륭한 문명국가에서는 추악한 성향을 어느 정도 제거하는 과정이 늘 일어나고 있다. 죄를 저지른 사람은 처형되거나 오랫동안 감옥에 갇히게 된다. 그래서 그들은 자신의 나쁜 특성을 자유롭게 전달하지 못하게 된다. 우울증 환자와 미친 사람은 감금당하거나 자살한다. 난폭하고 호전적인 사람은 종종 처참한 최후를 맞는다. 한 가지 직업에 몰두할 수 없고 들떠 있는 사람은—이것은 야만 사회의 유물로서 문명화에 큰 걸림돌이 된다[17]—새로 형성된 나라로 이주한다. 그곳에서 그들은 유능한 개척자로 다시 태어난다. 무절제는 파괴력이 심하다. 30세의 사람을 예로 든다면 그들의 남은 평균 수명은 13.8년밖에 되지 않는다. 반면에 영국의 시골에서 노동하는 같은 나이인 사람의 평균 잔여 수명은 40.59년이 된다.[18] 방탕한 여자는 거의 아이를 낳지 않고 방탕한 남자는 좀처럼 결혼하지 않으며 둘 다 병으로 고통을 겪는다. 가축이 번식하는 데 특정 형질이 뚜렷하게 열등한 개체를 제거하는 것은 비록 제거되는 동물의 수가

16) *Origin of Species,* 5th ed., 1869, 104쪽.

17) F. Galton, 앞의 책, 347쪽.

18) E.R. Lankester, *Comparative Longevity,* 1870, 115쪽. 무절제한 사람들에 대한 목록은 네이슨(Neison)의 *Vital Statistics*에서 인용했다. 방탕에 대해서는 Farr, "On the Influence of Marriage on the Mortality of the French People," *Natural Association for the Promotion of Social Science,* 1858을 참조하시오.

얼마 되지 않는다 하더라도 성공하는 중요한 요소가 된다. 털이 검은 색깔인 양이 출현하는 것과 같이 환원 유전으로 유해한 특징이 재발되는 경우에는 특히 효과가 좋다. 인간의 경우에도 뚜렷한 원인도 없이 한 가계에서 가끔 출현하는 추악한 특징은 아마 야만 상태로 향하려는 환원 유전 때문일 것이다. 그렇게 많은 세대가 지났어도 우리는 야만 상태에서 벗어나질 못하는 것이다. 그런 사람을 한 집안의 망나니(black sheep)라고 일컫는 통상적인 표현에는 이런 견해가 들어 있는 것 같다.

근본적인 사회적 본능이 자연선택으로 획득된 것은 사실이다. 그러나 문명국가에서는 진보된 도덕성의 기준과 훌륭한 사람의 수가 증가하는 현상이 자연선택의 영향을 거의 받지 않는다는 사실은 분명하다. 그러나 나는 미개 민족을 다루면서 도덕성의 진보를 이끄는 원인에 대해 충분히 얘기한 바 있다. 즉 동료의 인정, 습관에 따른 동정심의 강화, 모범과 모방, 사고력, 경험과 심지어는 이기주의, 어렸을 때의 교육, 종교적 느낌 등이 도덕성의 진보를 이끄는 주요한 원인이 된다고 논의한 바 있다.

그레그와 골턴은 문명국가에서 상류 계급 사람들의 증가를 저지하는 중요한 요인에 대해 강하게 주장했다.[19] 즉 쉽게 악의 구렁텅이에 빠지는 가난하고 무모한 사람들은 거의 대부분이 일찍 결혼한다는 것이다. 반면에 일반적 덕목을 갖추고 조심스러우며 검소한 사람은 자신과 자식들을 편안하게 부양할 능력이 생길 때까지 혼인을 미루므로 늦은 나이가 되어서야 결혼한다는 것이다. 일찍 결혼하는 사람들은 일정 기간 내에 많은 세대를 만들 수 있을 뿐만 아니라, 덩컨

---

19) W.R. Greg, *Fraser's Magazine*, 1868. 9, 353쪽; F. Galton, *Macmillan's Magazine*, 1865. 8, 318쪽. 패라르(F.W. Farrar) 성직자는 견해가 다르다(*Fraser's Magazine*, 1870. 8, 264쪽).

이 보여주었듯이 낳는 아이의 수도 훨씬 더 많다.[20] 더군다나 여자가 삶의 전성기에 낳은 아이들은 체중도 많이 나가고 덩치도 크다. 그렇기 때문에 다른 시기에 출생한 아이보다 더 강할 것이다. 그러므로 신중하고 덕목을 갖춘 사회 구성원보다는 무모하고 품위 없는 사람이나 타락한 사람이 더 빠른 속도로 증가하는 경향이 있다. 또는 그레그가 살펴본 것처럼 "부주의하고 비열하며 공명심이 없는 아일랜드인은 토끼처럼 번식한다. 검소하고 통찰력 있고 자존심이 강하며 야망이 있는 스코틀랜드인은 도덕성이 엄격하고 믿음이 숭고하며 영리하다. 또 자신의 지성을 연마하여 인생의 황금기를 투쟁과 독신으로 보낸다. 따라서 그들은 결혼을 늦게 하고 자식을 많이 남기지 않는다. 1,000명의 스코틀랜드 사람과 1,000명의 켈트족*이 한 지역에서 살기 시작했다고 해보자. 12세대가 지난 후에는 인구의 5/6가 켈트족이 될 것이다. 그러나 재산가, 권력가, 지성인의 5/6는 스코틀랜드인이 차지하게 될 것이다. 끊임없는 '생존경쟁'에서는 열등하고 덜 호의적인 인종이 널리 퍼졌을 것이다. 그들이 널리 퍼진 이유는 선한 자질의 덕목 때문이 아니라 오히려 결점이 있기 때문이다."

그렇지만 그렇게 쇠퇴해가는 경향을 저지하는 작용은 있다. 절제력이 없는 사람들은 사망률이 높은 것으로 알려져 있다. 극도로 방탕한 생활을 하는 사람은 자손을 거의 남기지 않는다는 것도 알려져 있다. 최하층 계급의 사람들은 도시로 몰려든다. 스타크(Stark)는 10년간의 스코틀랜드 통계 자료를 조사해 모든 연령층에서 도시의 사망률이 농촌보다 높다는 것을 보였다. "출생 후 5년간 도시의 사망률은 시골 지

---

20) Duncan, "On the Laws of the Fertility of Women," *Transactions of the Royal Society of Edinburgh*, vol. 24, 287쪽. 지금은 *Fecundity, Fertility, and Sterility*이라는 제목의 단행본으로 1871년에 출간되었다. 위에서 언급한 효과에 대해 알아보려면 골턴의 앞의 책, 352~357쪽을 참조하시오.

방에 비해 거의 두 배나 되었다."[21] 이러한 통계표는 부자나 가난한 사람을 모두 고려하고 있으므로 도시에 사는 최하층민이 그 수를 유지하기 위해서는 시골의 최하층민에 비해 두 배 이상의 출생률이 필요하다는 것은 의심할 여지가 없다. 너무 이른 나이에 결혼하는 것은 여성에게는 매우 해롭다. 프랑스에서 조사한 바에 따르면 1년 동안 죽은 20세 미만의 사망자 중 기혼자와 미혼자의 수를 비교해보면 기혼자가 미혼자에 비해 두 배나 된다고 한다. 결혼한 20세 미만 남자들의 사망률 또한 '엄청나게 높다'.[22] 그러나 그 원인은 확실하지 않다. 마지막으로, 가족을 편안하게 부양할 때까지 결혼을 신중하게 연기하는 남자들이 만약 인생의 전성기에 있는 여자를 선택한다면—그런 일은 종종 일어난다—더 나은 계급의 인구 증가율은 약간만 감소할 것이다.

1853년 한 해 동안의 엄청난 양의 통계에서 뽑아낸 정보에 따르면 20~80세의 프랑스 남자 중 미혼자의 사망률이 기혼자에 비해 훨씬 더 높게 나와 있다. 결혼하지 않은 20~80세의 남자 1,000명당 1년에 죽는 사람은 11.3명으로 조사되었다. 반면에 결혼한 남자는 단지 6.5명만이 죽었을 뿐이다.[23] 스코틀랜드에서 1863년과 1864년에 20세가 넘는 모든 인구를 대상으로 조사한 결과에서도 유사한 규칙이 존재한다는 것을 알 수 있다. 예를 들어 결혼하지 않은 20~30세의 남자 1,000명 중 1년에 14.97명이 죽었다. 반면에 결혼한 남자는 단지 7.24명만이 죽었다. 절반도 안 되는 수치다.[24] 이것에 대해 스타크는 다음과 같이 말

---

21) Stark, *Tenth Annual Report of Births, Deaths, etc., in Scotland,* 1867, 29쪽.
22) 여기에 인용한 것은 이 분야의 위대한 권위자인 패라르의 논문, "On the Influence of Marriage on the Mortality of the French People"에서 따온 것이다. 이 논문은 *Natural Association for the Promotion of Social Science*(1858)에서 낭독되었다.
23) F.W. Farrar, 앞의 글. 아래에 인용한 것은 그 훌륭한 앞의 글에서 뽑은 것이다.

했다. "독신 생활은 건강을 해치는 직업보다도 더욱 인생을 파괴한다. 다른 말로 표현하면 독신 생활은 위생을 개선하기 위한 최소한의 시도조차 없을 정도로 건강을 해치는 집이나 지역에 사는 것보다도 더욱 인생을 파괴한다." 스타크는 '결혼과 그에 수반되는 가정의 규칙적인 생활 습관'이 사망률을 줄이는 직접적인 원인이 된다고 여긴다. 그러나 스타크는 무절제하고 방탕하며 죄를 범하는 계급의 사람들은 수명이 짧으며 대개 결혼하지 않는다는 것을 인정한다. 마찬가지로 허약한 체질이거나 병들었거나 신체나 마음에 큰 질병이 있는 남자들은 대개 결혼하려고 하지 않으며 배우자에게도 거절당할 것이라는 사실도 역시 인정해야만 할 것이다. 스타크는 결혼 그 자체가 생명을 연장하는 주요한 원인이 된다는 결론에 도달한 것 같다. 그것은 나이 든 기혼 남자가 결혼하지 않은 같은 나이의 남자에 비해 이 점에서 상당히 이득을 얻고 있다는 사실에서 얻은 결론인 듯하다. 그러나 젊었을 때 건강이 좋지 않아 결혼하지 않았으나 건강이 좋지 않은 상태로도 노년까지 여전히 살고 있는 사람들도 있다. 스타크의 견해를 지지할 만한 놀라운 상황이 있다. 즉 프랑스의 미망인과 홀아비는 결혼한 사람에 비해 사망률이 매우 높다는 것이다. 그러나 파르는 이것이 가족의 파탄과 큰 슬픔의 결과로 생긴 가난과 나쁜 습관 탓이라고 했다. 대체로 우리는 파르의 의견에 동의하게 될 것이다. 즉 결혼한 사람이 결혼하지 않은 사람에 비해 사망률이 낮은 것은 일반적인 현상인 것 같으며, 이것은 '대를 거듭하면서 불완전한 유형이 계속해서 사라지고 가장 훌륭한 개체를 노련하게 선택하기 때문'이라는 것이다. 여기서 말

---

24) 나는 *Tenth Annual Report of Births, Deaths, etc., in Scotland*에 나오는 5년간의 평균치들을 조사하여 그들의 전체 평균을 구했다. 스타크의 글에서 인용한 내용은 *Daily News*, 1868. 10. 17에 실린 기사에서 옮긴 것이다. 파르는 이 글을 매우 정성 들여 쓴 글이라고 생각했다.

하는 선택은 결혼 상태에만 관련되는 것으로서 신체와 지성 그리고 도덕의 모든 자질에 작용하는 것이다.[25] 그러므로 신중함 때문에 한동안 결혼하지 않는 건전하고 선량한 사람의 사망률이 높지 않을 것이라는 추측이 가능하다.

앞의 두 단락에서 우리는 여러 가지 저지 작용에 대해 살펴보았다. 만약 이런 저지 작용과 그외의 알려지지 않은 저지 작용 때문에 무모한 사람, 악의에 찬 사람, 열등한 사회 구성원들이 훌륭한 계급의 사람들보다 더 빠른 속도로 증가하는 것을 저지하지 않는다면 그 나라는 퇴보할 것이다. 이런 일은 세계 역사에서 자주 일어났다. 진보는 불변의 법칙이 아니라는 사실을 명심해야 한다. 한 문명국가가 일어나 다른 국가에 비해 더욱 강해지면서 넓게 퍼지는 이유를 알기는 어렵다. 그런 국가가 왜 다른 국가에 비해 어느 한순간에 더 빨리 진보하는지에 대해서도 마찬가지다. 단지 우리가 말할 수 있는 것은 이런 현상이 탁월함의 수준이 상승하면서 영향을 받을 뿐만 아니라 실제적인 인구 증가와 높은 지적 능력과 도덕 능력을 갖춘 사람의 숫자에 달려 있다는 것뿐이다. 강인한 신체가 강인한 정신력을 만든다는 점을 제외한다면 신체 구조는 별로 영향을 미치지 못하는 것 같다.

일찍이 존재했던 그 어떤 인종보다도 높은 지적 능력을 보유했던 옛 그리스인을 생각해보자. 높은 지적 능력이 한 국가에 이득이 되므로 만약 자연선택이 실제로 작용한다면 그들은 아직도 더욱 높게 발전하고 있어야 한다. 그뿐만 아니라 유럽 전체를 채울 만큼 그들의 인구도 증가했을 것이라고 몇몇 학자는 주장한다.[26] 여기서 우리는 신

---

25) 덩컨은 *Fecundity, Fertility, and Sterility*, 1871, 334쪽에서 이 주제에 대해서 다음과 같이 말했다. "어떠한 연령층에서든 건강하고 아름다운 사람들은 미혼에서 기혼으로 넘어간다. 그 결과 미혼자를 기재하는 칸은 병들고 불행한 사람만으로 가득 차게 된다."

체 구조와 관련하여 묵시적으로 다음과 같은 사실을 가정하고 있다. 즉 마음과 몸에는 지속적인 발달로 향하는 선천적 경향이 어느 정도 존재한다는 것이다. 그러나 모든 종류의 발달은 동시대의 수많은 우호적인 환경에 따라 결정된다. 자연선택은 단지 불확실하게 작용할 뿐이다. 개인과 인종이 어떤 뚜렷한 이득을 얻을 수도 있고 그외의 다른 특징을 갖지 못해 멸망할 수도 있다. 그리스인은 수많은 작은 국가 간의 응집력이 부족해서 퇴보했을지도 모른다. 그들의 나라가 너무 작아서 그랬을 수도 있다. 노예 제도의 실행이 그 원인일 수도 있고 극단적인 관능주의 때문에 퇴보했을 수도 있다. 이런 말을 하는 근거는 '그들의 기력이 약화되고 모든 것이 철저하게 타락하고 나서야' 그리스인이 사라졌기 때문이다.[27] 오늘날 유럽 서부의 여러 국가는 미개했던 그들의 옛 조상을 엄청나게 능가하며 문명의 정상에 서 있다. 이들이 훌륭한 옛 그리스인의 서적을 많이 갖고 있는 것은 사실이지만 그리스인에게서 직접 물려받은 우월성은 거의 없다.

한때 그렇게 우세했던 에스파냐가 경주에서 뒤떨어진 이유가 무엇인지 누가 확실하게 말할 수 있겠는가? 유럽의 국가들이 암흑 시대에서 눈을 뜨게 되는 사건은 여전히 골치 아픈 문제다. 골턴이 말한 대로, 과거에는 명상이나 정신문화를 갖추고 상냥한 품성을 지닌 거의 모든 남자에게, 독신주의를 요구했던 교회의 품을 제외하고는 달리 쉴 만한 은신처가 없었다.[28] 이것은 각 세대에 나쁜 영향을 미치

---

26) 이 주제에 대해서는 F. Galton, *Hereditary Genius: an Inquiry into its Laws and Consequences*, 340~342쪽에서 처음으로 기묘한 논의를 폈으니 참조하시오.

27) W.R. Greg, *Fraser's Magazine*, 1868. 9, 357쪽.

28) F. Galton, 앞의 책, 357~359쪽. 패라르 성직자는 *Fraser's Magazine*, 1870. 8, 257쪽에서 다른 논쟁을 펼쳤다. 라이엘(C. Lyell)은 *Elements of Geology*, vol. 2, 1868, 489쪽에서 종교 재판이, 선택을 통해 유럽에서 지성의 일반적인 기준을 낮추게 되었다는 사실을 인상적으로 언급했다.

지 않을 수 없었다. 같은 시기에 있었던 종교 재판은 엄격한 심사를 통해 자유분방한 남자들을 골라 화형에 처하거나 감옥에 가두었다. 에스파냐에서는 300년 동안 기존 체계에 의문을 제기하는 많은 훌륭한 사람이 1년에 1,000명꼴로 제거되었다. 진보가 있을 수 없었던 것은 너무나 당연했다. 다른 방법으로 어느 정도 그 효과가 상쇄된 것은 틀림없지만 가톨릭 교회가 그렇게 저지른 죄악은 헤아릴 수도 없이 많다. 그런데도 유럽은 놀라운 속도로 진보했다.

유럽의 여러 국가에 비해 영국인이 식민지 개척자로서 거둔 놀랄 만한 성공은 그들이 '모험적이고 끈질긴 에너지'를 갖고 있었기 때문인 것으로 알려져 있다. 이것은 영국과 프랑스 혈통의 캐나다 사람들이 거둔 진보와 비교함으로써 잘 알 수 있다. 그러나 영국인들이 어떻게 그런 에너지를 얻었는지 누가 감히 말할 수 있겠는가? 미국 사람들의 특징뿐만 아니라 미국이 거둔 놀랄 만한 진보가 자연선택의 결과라는 믿음에는 분명한 근거가 있다. 왜냐하면 유럽의 모든 지역에서 지난 10세대에서 12세대 동안 그 위대한 나라로 이주해 그곳에서 최고의 성공을 거둔 사람들은 모두 남보다 정력적이고 쉬지 않고 일하며 용기 있는 사람들이었기 때문이다.[29] 먼 미래를 생각해보면 나는 진케의 견해가 과장되었다고는 생각하지 않는다. 진케는 다음과 같이 말했다.[30] "그리스인이 높은 정신문화를 보유하고, 또 로마 제국이 성립하게 된 것은 여러 가지 사건이 있었기 때문이다. 마찬가지로 어떤 사건이 서부로 향한 앵글로색슨족의 위대한 이주와 관련되어 있거나 그에 종속되어 있다고 여길 때에만 그 사건은 목적을 갖고 가치가 있는 것으로 보인다." 문명화가 이루어지는 과정에 애매한

29) F. Galton, *Macmillan's Magazine*, 1865. 8, 325쪽; "On Darwinism and National Life," *Nature*, 1869. 12, 184쪽도 참조하시오.
30) Zincke, *Last Winter in the United States*, 1868, 29쪽.

점은 있지만, 오랜 시기에 걸쳐 높은 지성과 정력과 용감성과 애국심과 자애로움을 갖춘 사람이 많은 나라가 그렇지 못한 나라를 압도한다는 사실 정도는 알 수 있다.

개체수가 빠르게 증가하기 때문에 생존경쟁이 일어나며, 생존경쟁에서 자연선택이 일어난다. 인간이 증가하는 비율을 보면 무척이나 안타깝다. 그렇게 안타까운 마음이 드는 것이 현명한 것인지 아닌지는 별개의 문제다. 인구가 증가하기 때문에 미개한 부족 내에서 유아 살해가 성행하고 그외에도 많은 범죄가 일어나게 된다. 인구 증가 때문에 문명국가에서도 비참한 가난과 독신주의가 존재하고 검소한 사람들의 결혼이 늦어진다. 그러나 인간은 하등동물과 마찬가지로 물질적 재난을 똑같이 겪기 때문에 인간은 생존경쟁의 결과로 생기는 재난에 대한 면역성을 기대할 자격이 없다. 먼 옛날에 자연선택의 영향을 받지 않았다면 인간은 현재의 우세한 지위에 절대로 도달하지 못했을 것이다. 행복한 많은 가정을 유지할 수 있는 최상의 비옥한 땅이 이 지구에 널리 퍼져 있다는 것을 우리는 안다. 그러나 정처 없이 돌아다니는 소수의 미개인들만이 그곳에 모여 있다. 그렇기 때문에 생존경쟁은 인간에게 그가 올라갈 수 있는 최고 수준까지 올라가도록 강요하지 않았다는 주장이 나올지도 모르겠다. 우리가 인간과 하등동물에 대해 아는 모든 사실로 판단하건대, 지적 능력과 도덕 능력의 변이는 자연선택을 통한 꾸준한 진보가 일어날 정도로 다양하다는 사실을 알 수 있다. 그런 진보가 있기 위해서는 많은 우호적인 상황이 함께 수반되어야 한다는 것은 의심할 바 없다. 그러나 만약 인구가 가파르게 증가하지 않았고 그에 따라 생존경쟁도 치열하지 않았다고 한다면 진보가 일어날 만한 우호적인 환경이 충분했다고 보기는 어려울 것 같다. 이것은 우리가 남아메리카의 여러 지역에서 목격한 사례에도 나타난다. 초기에 그곳에 식민지를 개척한 에스파냐 사람들처럼 문명화되었다고 여길 만한 사람들은 생활 조건이 아주 안락해졌을 때 게으르고 퇴화될 것 같았다. 고도로 문명화된 국가가 계속 진보하느냐 못하느냐는 자연선택의 영향을 덜 받는다. 미개 부족들은 서로의 자리를 차지하면 상대를 모두 없애버리는 일이 일어나지만 고도로 문명화된 국가들 사이에서는 이런 일이 일어나지 않기 때문이다. 그런데도 같은 집단 내에서 총명한 구성원은 그렇지 못한 구성원보다 결국에는 더 나은 성공을 거둘 것이다. 그 결과 더 많은 후손을 남길 것이다. 이것은 자연선택의 한 유형이다. 어린 시절에는 뇌의 감수성이 강하다. 이 시절에 받은 교육이야말로 높은 수준의 탁월함과 함께 진보를 일으키는 좀더 효과적인 요인으로 작용하는 것 같다. 높은 수준의 탁월함은 가장 능력 있고 훌륭한 사람에 의해 이루어지며 국가의 법과 풍습과 전통으로 구체화되고 대중의 의견으로 강화된다. 그러나 명심할 것이 있다. 대중의 의견이 강화되는 것은 우리가 타인의 찬성이나 찬성하지 않음을 얼마나 인정하느냐에 달려 있다. 그리고 이런 인정은 우리의 동정심에 뿌리를 두고 있으며 동정심이 원래 사회적 본능의 가장 중요한 요소로서 자연선택을 통하여 발달했다는 것은 의심할 여지가 없을 것이다.[31]

**모든 문명국가도 한때 미개했다는 증거**　이 주제를 러벅,[32] 타일러, 맥레난 그리고 그외에도 많은 학자가 충분하고도 훌륭하게 다루었다. 따라서 여기서는 그들의 결과를 아주 간단하게 요약하는 정도로 그치겠다. 최근에는 아질 공작이, 그리고 전에는 웨이틀리(Whately) 대

31) 이 주제에 대해 훌륭하게 비평해준 몰리( J. Morley)에게 감사한다. M.P. Broca, "Les Sélections," *La Revue d'Anthropologie*도 참조하시오.
32) J. Lubbock, "On the Origin of Civilisation," *Proceedings of the Ethnological Society,* 1867. 11. 26.

주교가 인간이 문명을 갖춘 존재로서 이 세상에 출현했다고 주장했다.[33] 그리고 인간은 계속해서 타락했기 때문에 미개인이 되었다는 것이다. 내가 보기에 반대 주장에 비해 설득력이 부족한 것 같다. 문명화 과정에서 많은 나라가 사라져버리고, 증거는 없지만 일부 국가는 완전히 미개 상태로 추락했다는 것은 의심할 여지가 없다. 푸에고 제도를 정복한 약탈자 무리는 그곳의 원주민들이 황폐한 지역에 정착하도록 강요했을 것이다. 그 결과 원주민들은 더욱 퇴화되었을 것이다. 그러나 그들이 브라질의 가장 비옥한 지역에 사는 보토쿠도족보다 더 퇴화되었는지를 증명하는 것은 어려울 것 같다.

모든 문명국가가 미개인의 후손이라는 증거는 그들이 오늘날까지도 갖고 있는 풍습, 신앙, 언어 등에 과거의 조악한 흔적이 분명히 존재하는 것으로 보아 알 수 있다. 또 미개인들도 그들 스스로 약간의 문명화를 이룰 수 있다는 증거가 있으며 실제로도 그런 일은 일어났다. 첫째 항목에 대한 증거는 정말로 기이하지만 여기에 제시할 수는 없다. 그저 숫자의 셈에 관한 기술에서 그 흔적을 볼 수 있을 것 같다. 타일러가 일부 지역에서 여전히 사용하는 단어들을 조사하여 명백하게 보여주었듯이 셈에 관한 기술은 손가락을 세는 것에서 기원했는데 먼저 한 손의 손가락을 세고 그후에는 다른 손의 손가락을 세며 마지막에는 발가락을 세게 된다. 우리는 십진법 체계와 로마 숫자에서 그 흔적을 찾을 수 있다. 로마 숫자의 V는 사람의 손 모양을 간략하게 표시한 것으로 여겨지는데, V 다음에 VI으로 넘어간다. 이때 다른 손을 사용했다는 것은 의심할 여지가 없다. 또 다른 한편, "우리가 'three-score and ten'*이라는 말을 사용할 때 우리는 20진법을 이용한다. 여기서 'score'는 이같이 관념적으로 만들어진 것으로서 20을

---

33) Duke of Argyll, *Primeval Man*, 1869.

뜻한다. 멕시코 사람과 카리브 사람들은 그것으로 '한 사람'을 뜻한다".[34] 한참 성장해가는 한 언어학파에 따르면 모든 언어에는 점진적이고도 서서히 진화했다는 표시가 있다고 한다. 글씨가 그림을 이용한 표현의 흔적인 것으로 보아 글쓰기 기술도 마찬가지다. 맥레난의 작품을 읽으면 아내를 불법으로 잡아오는 것 같은 야만적인 풍습의 흔적이 모든 문명국가에 여전히 남아 있다는 것을 인정하지 않을 수 없다.[35] 맥레난이 질문했듯이 원래부터 일부일처제였던 고대 국가가 어디 있었겠는가? 전투의 법칙과 흔적으로 남아 있는 풍습들이 보여주듯이 정의에 대한 기본 개념 역시 가장 조야(粗野)한 것이다. 현존하는 많은 미신은 과거의 잘못된 종교적 믿음 때문에 생겨났다. 하느님이 죄를 미워하고 정의를 사랑한다는 숭고한 사상은 종교의 가장 높은 형태로서 원시 시대에는 알려지지 않았다.

다른 종류의 증거를 들어보자. 러벅은 일부 미개인들이 사용하는 단순한 기술의 일부가 최근에 개량되었다는 것을 보여주었다. 세계 여러 곳의 미개인들이 사용하는 무기, 도구, 기술에 대한 그의 설명은 기이했다. 그는 불을 만드는 기술을 제외한 모든 기술이 독자적으로 발견되었다는 사실을 의심할 수 없다고 했다.[36] 오스트레일리

---

34) *Royal Institution of Great Britain,* 1867. 3. 15; *Researches into the Early History of Mankind,* 1865도 참조하시오.

35) M'Lennan, Primitive Marriage, 1865. 또 같은 지은이가 쓴 것이 확실한 흥미로운 기사가 *North British Review,* 1869. 7에 실려 있으니 참조하시오. 또한 L.H. Morgan, "A Conjectural Solution of the Origin of the Class, System of Relationship," *Proceedings of the American Academy of Sciences,* vol. 7, 1868. 2를 참조하시오. 샤프하우젠(Schaaffhausen)은 *Anthropological Review,* 1869. 10, 373쪽에서 '호머와 구약에 나타난 인간의 희생 정신에 관한 흔적'에 대해 언급한다.

36) J. Lubbock, *Prehistoric Times,* 2nd ed., 1869, chps. 15, 16 등. 타일러의 *Early History of Mankind,* 2nd ed., 1870에서 훌륭하게 씌어진 제9장도 참조하시오.

아 원주민의 부메랑은 독자적으로 발견된 좋은 사례다. 타히티섬 사람들이 처음으로 세상에 알려졌을 때 그들은 대부분의 다른 폴리네시아 섬 원주민들에 비해 여러 면에서 진보된 상태였다. 페루 원주민과 멕시코 원주민의 높은 문화가 외국에서 유래했다는 설이 있으나 뚜렷한 근거가 없다.[37] 많은 토착 식물이 그곳에서 재배되고 있었으며 소수의 토착 동물도 가축화되어 있었다. 대부분의 선교사가 미친 영향이 변변찮다는 사실에서 우리가 명심할 것이 있다. 어느 정도 문명화된 나라의 배가 파도에 밀려 아메리카 대륙의 해안에 도착하게 되었다고 해보자. 이때 그곳의 원주민이 이미 어느 정도 진보된 상태가 아니었다면 도착한 선원들은 그곳 원주민들에게 뚜렷한 영향을 전혀 미치지 못한다. 세계사의 아주 먼 과거를 돌아보면 우리는 '구석기 시대'와 '신석기 시대'—이 두 용어는 러벅이 처음으로 사용한 유명한 단어다—를 발견하게 된다. 그 시대를 보면서 거친 돌 도구를 연마하는 기술을 다른 데서 유입한 기술이라고 주장하는 사람은 아무도 없을 것이다. 동쪽으로는 그리스를 포함하여 모든 유럽 지역과 팔레스타인, 인도, 일본, 뉴질랜드 그리고 이집트를 포함하는 아프리카에서 석기는 많이 발견되었다. 그러나 오늘날 그곳에 사는 사람들에게는 석기의 사용에 대한 어떤 전통도 남아 있지 않다. 중국과 고대 유대인들도 먼 옛날부터 석기를 사용했다는 간접적인 증거들이 있다. 그러므로 거의 모든 문명 세계를 포함하는 이들 나라에 살았던 사람들이 한때 미개 상태에 있었다는 사실은 의심할 여지가 없을 것 같다. 인간이 원래부터 문명화되었고 그후 많은 지역에서 완전한 타락의 길을 밟고 있다는 견해는 한심스럽게도 인간 본성을 지나치게

---

37) 페르트 뮐러(Ferd Müller)는 *Reise der Novara: Anthropolog. Theil,* 제3부, 1868, 127쪽에서 이 효과에 대해 훌륭하게 언급했다.

과소평가하는 것이다. 진보가 퇴보보다 훨씬 더 일반적이라는 견해가 진실에 더 가깝고 유쾌한 것임은 틀림없는 사실이다. 마찬가지로 인간이 비천한 상태에서 느리고 단속(斷續)적인 단계를 밟으며 지식, 도덕, 종교에서 아직 달성하지 못한 최고 수준으로 향상되어간다는 견해가 더 진실에 가깝고 유쾌한 것이다.

# 제6장  인간의 유연 관계와 혈통

동물 계열에서 인간이 차지하는 위치—계통을 나타내는 자연 체계—가치가 적은 적응 형질—인간과 사수목 동물의 유사성에 관한 몇 가지 요점들—자연 체계 내에서 인간의 등급—인간의 출생지와 유물—고리를 연결하는 화석의 부재—유연 관계와 신체 구조로 살펴본 인간 계통의 하위 단계—척추동물이 과거에 보여주었던 자웅동체—결론

일부 박물학자가 주장하는 것처럼 인간과 그 친척들의 신체 구조가 크게 다르고 또 정신 능력 면의 엄청난 차이를 우리가 인정할 수밖에 없다고 하더라도 지금까지 우리가 살펴본 바에 따르면, 인간과 하등생물을 연결하는 고리를 아직 발견하지는 못했지만 인간이 하등동물에서 유래했다는 것은 너무도 분명한 것 같다.

인간에게는 미세하고 다양한 여러 가지 변이가 일어나기 쉬운데, 이러한 변이는 하등동물과 마찬가지로 동일한 보편적 요인으로 유발되고 지배되며 전달된다. 인간은 매우 급격하게 증가했기 때문에 필연적으로 생존경쟁을 하게 되었고 그 결과 자연선택의 영향을 받게 되었다. 많은 인종이 생겨났으며 일부 인종은 서로 아주 달라 그들을 별개의 종으로 분류하는 박물학자도 있다. 인간의 신체는 다른 포유류의 신체와 동일한 계획에 따라 상동적으로 만들어져 있다. 인간이 겪는 배발생 단계는 다른 동물의 경우와 동일하다. 인간은 쓸모없는

흔적 구조를 많이 갖고 있는데, 이러한 구조들이 과거 한때 유용하게 사용되었다는 것은 의심할 여지가 없다. 간혹 다시 출현하는 형질도 있는데 인간의 먼 조상에게 이런 형질이 있었다는 믿음에는 근거가 있다. 만약 인간이 모든 동물과 그 기원을 전혀 달리한다면 인간에게 나타나는 이런 여러 가지 구조의 출현은 그저 무의미한 속임에 지나지 않겠지만 그렇게 받아들일 수는 없다. 그러나 만약 인간과 포유류가 미지의 하등동물에서 유래된 공동 후손이라고 한다면 이러한 구조가 출현하는 것은 대부분 이해할 수 있는 일이 된다.

일부 박물학자는 인간이 갖고 있는 정신 능력과 영적 능력을 높이 평가해 생물을 인간계, 동물계, 식물계의 세 계로 나누었다. 즉 인간에게 별도의 계를 부여한 것이다.[1] 박물학자는 영적 능력을 비교하거나 분류할 수 없다. 그러나 박물학자는 내가 그랬던 것처럼 인간과 하등동물의 정신 능력이 비록 그 정도의 차이는 매우 크지만 결코 그 자체가 다르지는 않다는 것을 보이려고 할 것이다. 정도의 차이가 아무리 크더라도 인간을 개별적인 계로 분류하는 것은 합당하지 못하다. 두 곤충의 정신 능력을 비교해보자. 연지벌레와 개미의 정신 능력은 엄청난 차이를 보이지만 이들은 틀림없이 동일한 강(綱)에 속해 있지 않은가? 여기서 예로 든 두 곤충이 보이는 정신 능력의 차이는 비록 그 정신 능력이 어느 정도 다른 종류이기는 하지만 인간과 고등 포유류가 보이는 정신 능력의 차이보다 더 크다. 암컷 연지벌레는 주둥이를 식물에 박고 즙을 빨아먹으면서 어린 시절을 보내며 이동하는 법이 없다. 성장해서는 단지 수정하고 알을 낳는 것이 연지벌레 삶의 전부다. 반면에 일개미의 습성과 정신 능력을 설명하기 위해서

---

1) 조프루아 생틸레르(I. Geoffroy Sanit-Hilaire)는 여러 박물학자의 분류에 나타난 인간의 위치에 대해서 자세하게 설명한다(*Histoire Nat. Générale*, tom. 2, 1859, 170~189쪽).

는 후버(P. Huber)가 보여주었듯이 상당히 많은 지면이 필요할 것이다. 그러나 몇 가지 특징만을 간단히 언급하겠다. 개미가 서로 정보를 교환하는 것은 확실하다. 그리고 여러 마리의 개미가 함께 일을 하며 함께 놀기도 한다. 개미는 수개월 후에도 동료 개미를 알아보며 동정심도 갖고 있다. 개미는 위대한 건축물을 세우고 집을 깨끗이 청소하며 저녁에는 문을 닫고 보초를 세운다. 개미는 하천의 밑을 파서 터널을 만들 뿐만 아니라 도로도 건설한다. 서로의 몸을 이어 물 위에 임시 다리를 세우기도 한다. 개미는 집단을 위해 먹이를 모으고 먹이가 문을 통과할 수 없을 정도로 클 때에는 문을 넓혀 먹이를 집으로 갖고 들어간 후 다시 문을 정비한다. 개미는 씨앗을 저장하며 씨앗의 발아를 막기도 한다. 씨앗이 축축해지면 땅 위로 꺼내 올려 건조시키기도 한다. 개미는 진딧물과 그외의 곤충들을 젖소처럼 키우기도 한다. 개미는 질서정연하게 무리를 지어 전투를 하고 집단 전체의 행복을 위해 자기의 목숨을 기꺼이 희생한다. 개미는 미리 정해진 계획에 따라 이주한다. 개미는 노예를 포획한다. 개미는 그들의 알과 번데기뿐만 아니라 진딧물의 알도 둥지의 따뜻한 곳으로 옮겨 빨리 부화하게 한다. 이외에도 개미의 정신 능력을 보여주는 수없이 많은 사례가 있다.[2] 대략 살펴보아도 개미와 연지벌레의 정신 능력은 엄청난 차이를 보인다. 그러나 어느 누구도 이 두 곤충을 별개의 계는 고사하고 별개의 강으로 분류하려는 시도에 대해 생각조차 하지 않았다. 이렇게 엄청난 정신 능력의 차이를 연결할 만한 곤충들이 존재하는 것

---

2) *The Naturalist in Nicaragua,* 1874에 소개된 벨트(Belt)의 글은 이제까지 개미의 습성에 관해 발간된 내용 중에서 가장 흥미로운 것이다. 모그리지(J.T. Moggridge)의 훌륭한 작품 *Harvesting Ants and Trap-Door Spiders,* 1873을 참조하시오. 또한 M.G. Pouchet, "L'Instinct chez les Insectes," *Revue des Deux Mondes,* 1870, 682쪽도 참조하시오

은 의심할 여지가 없다. 이것은 인간과 고등 유인원의 경우와는 다르다. 그러나 시리즈의 끊긴 부분이 나타나는 것은 너무나 많은 생물이 멸종되었기 때문이라고 우리는 믿고 있으며 우리의 믿음에는 충분한 근거가 있다.

오언(R. Owen)은 주로 뇌의 구조를 기준으로 포유류를 네 개의 아강(亞綱)으로 분류했다. 그는 이중의 하나가 인간이라고 했으며 다른 하나의 아강에는 유대류와 단공류(單孔類)*를 포함시켰다. 결국 그는 인간을 다른 모든 포유류와 구별한 것이다. 내가 알기로 독자적 판단을 내릴 수 있는 어느 박물학자도 이 견해를 받아들이지 않았다. 그러니 여기서 더 이상 이것에 대해 고려할 필요는 없을 것 같다.

하나의 특징이나 기관만을 고려하여 세운 분류는, 그 기관이 뇌처럼 놀라울 정도로 복잡하고 중요하다고 해도 그다지 만족스럽지 못한 것으로 드러난다. 크게 발달한 정신 능력을 고려하여 세운 분류도 마찬가지다. 이 원리를 실제 벌목 곤충에 적용하여 벌의 습성에 따라 벌목의 곤충들을 분류한 적이 있었지만 그 배열이 지극히 인위적이라는 것이 밝혀졌다.[3] 물론 분류라는 것은 크기, 색깔, 그들이 갖는 요소 등 어떤 것이든 형질에 기초를 두고 이루어질 것이다. 그러나 박물학자들은 자연 체계가 존재한다는 굳은 확신을 오랫동안 갖고 있었다. 이 체계에 따라 각각의 생물을 배열할 때 우리는 계통을 고려해야 한다. 이것은 이제 누구나 인정하는 사실이다. 즉 하나의 조상에서 유래된 생물들을 하나의 집단으로 묶어 다른 생물에서 유래된 생물의 집단과 구별해야 한다는 것이다. 그러나 만약 각각의 조상이 친족 관계에 있다면 그들의 후손도 함께 고려되어야 하기 때문에 두 집단은 더욱 큰 집단에 함께 포함될 것이다. 여러 집단 간에 나타

3) J.O. Westwood, *Modern Classification of Insects*, vol. 2, 1840, 87쪽.

나는 차이의 정도는 속, 과, 목, 강 같은 용어로 표현할 수 있다. 즉 이런 용어를 써서 각각의 집단이 겪은 변화량을 나타내는 것이다. 우리는 유래의 계보에 관한 기록을 갖고 있지 않다. 그러므로 분류하려는 생물체 간의 유사성을 조사하여 가계도를 그릴 수밖에 없다. 이때 일부 구조가 크게 유사하거나 크게 다르다는 사실보다는 유사 항목의 숫자가 많다는 것을 훨씬 더 중요하게 취급한다. 만약 두 언어가 단어와 문장을 구성하는 데 유사한 항목이 상당히 많다면 이 두 언어는 하나의 원천에서 생겨났다는 사실이 보편적으로 인정될 것이다. 약간의 단어나 문장 구성이 크게 다른 것은 별 문제가 되지 않는다. 그러나 생물체의 경우에 비슷한 생활환경에 적응하기 위해 생긴 유사성은 제외시켜야 한다. 예를 들어 두 동물이 물에서 살기 위해 그들의 신체 구조를 변형시켜 비슷한 모습을 할 수는 있다. 그러나 자연 체계에 따르면 그들의 신체 구조가 유사하다 할지라도 서로 유연 관계가 가까운 것으로 취급하지 않을 것이다. 그러므로 중요하지 않은 기관이나 쓸모없고 흔적적인 기관의 유사성, 또는 현재 활발한 기능을 보이지 않는 기관의 유사성이나 배발생 상황의 유사성이 분류하는 데 매우 중요한 기여를 한다는 것을 알 수 있을 것이다. 왜냐하면 그런 기관들은 적응에 의해 최근에 만들어진 기관이 아니며 결국 옛 계보나 진정한 유연 관계를 보여주고 있기 때문이다.

더 나아가 우리는 어떤 하나의 형질에 엄청난 변화가 일어났다고 해도 그것으로 두 생물을 서로 멀리 갈라놓을 수 없는 이유를 알게 될 것이다. 어떤 생물의 부위가 그 친척 생물의 부위와 크게 다르다면 그것은 진화의 법칙에 따라 이미 많이 변형된 것이다. 결과적으로 그 생물이 동일한 조건에 계속 남아 있다면 같은 종류의 변이가 더 크게 일어날 가능성은 매우 높다. 만약 그런 변이가 유리한 것이라면 보존되고 이에 따라 계속 증대될 것이다. 새의 부리나 포유류의 치아

같은 구조가 끊임없이 발달하면 대부분은 식량을 구하거나 그외의 다른 목적에 도움이 되지 않을 것이다. 그러나 인간의 경우에 뇌와 정신 능력이 계속 발달하여 가져다줄 이익을 고려한다면 뇌와 정신 능력의 발달이 어디까지 갈지는 알 수 없다. 그러므로 자연 체계의 가계도에서 인간이 차지하는 위치를 결정하기 위해서는 뇌가 극도로 발달했다는 사실에 지나치게 큰 무게를 실어서는 안 된다. 덜 중요하거나 전혀 중요하지 않은 많은 기관의 유사성이 더 중요하게 취급될 수도 있기 때문이다.

인간의 모든 신체 구조와 정신 능력을 연구했던 많은 박물학자는 블루멘바흐(Blumenbach)와 퀴비에(G. Cuvier)의 의견을 따라 인간을 이수목(二手目)*이라는 별개의 목으로 취급한다. 따라서 사수목(四手目),* 식육목 등의 목들과 동일한 수준으로 취급한다. 최근에는 훌륭한 많은 박물학자가 린네(Linnaeus)가 최초로 제안했던 견해로 되돌아가고 있다. 보기 드물게 현명했던 린네는 인간과 사수목 동물을 합쳐 영장류라고 했다. 이 결론은 정당한 것으로 인정될 것이다. 그 이유는 다음과 같다. 첫째, 크게 발달된 인간의 뇌가 분류의 기준으로서 그렇게 중요하게는 취급되지 않기 때문이다. 그리고 인간과 사수목 동물의 두개골이 뚜렷하게 다른 이유는(최근에 비쇼프와 에비와 그외의 학자들이 주장하고 있다) 이들 뇌의 발달 정도가 서로 다르기 때문이라는 것이 명백하기 때문이다. 둘째, 인간과 사수목 동물이 보이는 그외의 중요한 모든 차이점은 분명히 적응 때문에 생긴 결과이고 인간의 직립 자세와 주로 연관되어 있다는 것을 명심해야 한다. 손과 발과 골반의 구조, 등뼈의 휘어짐, 머리의 위치 등이 모두 직립 때문에 변형된 구조들이다. 적응 때문에 생긴 특징이 분류에 그렇게 중요하지 않다는 것은 물개를 보면 잘 알 수 있다. 물개과에 속하는 동물들은 식육목의 다른 동물들과 신체 형태와 사지 구조가 다르다. 인간과 고등 유인원의 차이보다 더 큰 차이를 보인다. 그러나 퀴비에의 체계부터 최근의 플라워(W.H. Flower)의 체계에 이르기까지 대부분의 체계에서 물개류는 식육목 내의 한 과로 등급이 매겨져 있을 뿐이다.[4] 만약 인간이 자신을 분류하는 주체가 아니었다면 인간 자신을 위해 하나의 개별적인 목(目)을 만들 생각은 전혀 하지 않았을 것이다.

인간과 영장류의 공통되는 구조는 매우 많아 내 지식으로는 그 이름조차 다 댈 수가 없다. 정말로 내 한계를 넘어서는 일이다. 우리의 위대한 해부학자이자 철학자인 헉슬리는 이 주제에 대해 자세하게 논의했다.[5] 모든 면에서 인간과 고등 유인원이 보이는 차이는 고등 유인원과 하등 유인원이 보이는 차이보다 적다고 헉슬리는 결론 내렸다. 결과적으로 '인간을 별개의 목에 할애하는 것은 전혀 정당하지 않다'.

이 책의 앞부분에서 나는 인간의 체질이 고등 포유류의 체질과 매우 흡사하다는 것을 소개했다. 이 같은 일치는 미세한 구조와 화학적 조성이 우리와 매우 많이 닮아 있기 때문이다. 나는 우리가 동일한 질병에 잘 걸리고 비슷한 기생충의 공격 대상이 된다는 것을 사례로 제시한 바 있다. 동일한 자극에 대한 우리의 미각은 비슷하며 그에 따른 반응도 비슷하다. 그뿐만 아니라 여러 가지 약품에 대한 반응도 비슷하고 그외의 여러 사실에 대해서도 마찬가지다.

인간과 사수목 동물의 유사점 중에서 미미하고 중요하지 않은 특징들은 계통을 세우는 작업에서 무시되는 경우가 보통이다. 그러나 그 개수가 많을 때 이들 특징은 우리가 서로 관련되어 있다는 것을 명백하게 보여준다. 따라서 나는 그런 몇 가지 특징에 대해 자세하

---

4) *Proceedings of the Zoological Society,* 1863, 4쪽.
5) T.H. Huxley, *Man's Place in Nature,* 1863, 70쪽과 그외의 여러 부분을 참조하시오.

게 설명하겠다. 얼굴 생김새의 상대적인 위치는 틀림없이 동일하다. 그리고 여러 가지 감정이 근육과 피부의 움직임, 특히 눈썹 윗부분과 입 주위의 움직임에 의해 주로 표현되는 것은 아주 비슷하다. 사실 일부 표정은 거의 동일하다. 어떤 종류의 원숭이는 눈물을 흘리는 모습이 우리와 동일하고 또 다른 종류의 원숭이는 소리 내어 웃을 때 입의 가장자리가 뒤로 젖혀지고 아래 눈꺼풀에 주름이 생기는 모습이 우리와 동일하다. 귀는 이상하다고 느낄 정도로 비슷하다. 인간의 코는 다른 대부분의 원숭이에 비해 튀어나와 있다. 그러나 우리는 흰눈썹긴팔원숭이의 코가 매부리코 모양으로 휘어지기 시작하는 것을 볼 수 있다. 셈노피테쿠스 나시카(*Semnopithecus nasica*) 원숭이의 튀어나온 코는 그 모습이 매우 우스꽝스럽다.

많은 원숭이의 얼굴은 턱수염, 구레나룻, 코밑수염으로 덮여 있다. 셈노피테쿠스 원숭이 중 일부 종은 머리칼이 아주 길게 자란다.[6] 보닛원숭이(*Macacus radiatus*)의 경우는 머리칼이 머리 꼭대기에서 사방으로 뻗어 일부는 허리까지 내려온다. 인간이 고결하고 지적인 모습을 갖는 것은 이마 때문이라고 한다. 그러나 보닛원숭이의 굵은 머리칼은 아래쪽으로 향해 급작스럽게 끝나며 미세한 털로 이어지는데, 그 털은 너무 짧고 미세해서 조금만 벗어나면 눈썹을 제외한 이마에서는 거의 털을 발견할 수 없다. 모든 원숭이에게는 눈썹이 없다는 잘못된 주장이 제기된 적이 있었다. 보닛원숭이의 이마가 벗겨진 정도는 개체 간에 차이가 난다. 에슈리히트는 우리의 아이들도 머리칼이 돋은 머리 부위와 이마의 경계가 잘 구별되지 않는 경우가 있다고 했다.[7] 이것은 이마가 아직 완전히 벗겨지지 않았던 조상으로 돌

---

6) I. Geoffroy Saint-Hilaire, 앞의 책, 217쪽.
7) Eschricht, "Über die Richtung der Haare am Menschlichen Körper," *Müller's Archiv für Anatomie und Physiologie*, 1837, 51쪽.

아가려는 환원 유전에 대한 작은 사례가 되는 것 같다.

우리의 팔에 돋은 털은 팔꿈치를 기준으로 위와 아래에서 팔꿈치 쪽으로 향하는 경향이 있다는 것은 잘 알려진 사실이다. 대부분의 하등 포유류는 이런 배열을 갖지만 고릴라, 침팬지, 오랑우탄에서는 이런 기이한 배열이 흔히 나타난다. 긴팔원숭이(*Hylobates*)의 일부 종과 아메리카 원숭이의 일부 종에도 나타난다. 검은손긴팔원숭이의 팔뚝에 돋은 털은 팔목을 향해 대개 아래로 향한다. 흰손긴팔원숭이의 털들은 거의 곧추서 있다. 아주 약간 앞으로 기울어지는 경향이 있어 과도적인 상태를 보여준다. 대부분 포유류의 등에 돋은 털의 굵기와 그 방향은 빗물을 흘려보내기 위해 적응된 결과라는 사실은 거의 의심할 여지가 없다. 심지어 개의 앞발에 돋은 털의 방향이 가로 방향인 것도 개가 몸을 웅크리고 잠잘 때 동일한 기여를 할지 모른다. 오랑우탄의 습성에 대해 면밀하게 연구했던 월리스(A.R. Wallace)는 오랑우탄의 팔에 난 털이 모두 팔꿈치를 향하여 쏠리는 현상은 빗물을 흘려보내기 위해 적응된 구조일 수도 있다고 했다. 왜냐하면 오랑우탄은 비가 올 때면 팔을 구부리고 두 손으로 나뭇가지를 잡고 있거나 마주 잡은 두 손을 머리 위에 올려놓고 있기 때문이다. 리빙스턴(Livingstone)에 따르면 고릴라도 세차게 내리는 빗줄기 속에서 두 팔을 머리 위에 올린 채 앉아 있는다고 한다.[8] 위의 설명이 맞다면―그럴 것 같다― 인간의 팔에 돋은 털의 방향도 우리의 과거 상태에 대한 기이한 기록을 담고 있는 것이 된다. 그 이유는 현재 우리의 털 방향이 빗물을 흘려보내는 데 아무 기여도 하지 않는다고 생각하기 때문이다. 더군다나 현재의 직립 자세에서 빗물을 흘려보낼 목적이라면 팔에 돋은 털의 방향이 적절하지 않기 때문이다.

---

8) W. Reade, *African Sketch Book,* vol. 1, 1873, 152쪽에서 인용했다.

그렇지만 인간이나 인간의 조상에 있어서 털의 방향에 관한 적응 원리에 대해 지나치게 확신하는 것은 경솔할 수도 있다. 왜냐하면 에슈리히트가 사람의 태아에 돋은 털의 배열에 관해 연구한 내용에 따르면 털의 배열을 형성할 때 다른 복잡한 원인이 관여했다는 데 동의하지 않을 수 없기 때문이다. 털이 몰리는 지점은 발생 과정 중에 있는 배에서 마지막으로 닫히는 부위와 어느 정도 관련되어 있는 것으로 보인다. 또한 팔다리에 돋은 털의 방향은 내부 동맥의 진행과 어느 정도 관련되어 있는 것으로도 보인다.[9]

털이 없는 이마, 긴 머리칼 등과 같은 특징이 인간과 일부 유인원에서 비슷하게 나타난다고 해서 이 모든 것을 공동 조상에게서 온전하게 물려받은 유전의 결과이거나 그에 따른 환원 유전의 탓으로 돌려서는 안 된다. 이런 유사성의 많은 경우가 둘에게서 각각 일어난 비슷한 변이 때문에 생겼을 가능성이 더욱 크다. 내가 다른 곳에서 보이려 했듯이 동일 조상에서 유래된 생물체, 즉 비슷한 구조로 비슷한 변형을 일으키는 유사한 요인의 영향을 받는 생물체에서 이런 변이가 일어난다.[10] 인간과 일부 원숭이의 팔에 돋은 털의 방향이 비슷한 것은 이 형질이 대부분의 유인원에게서 보편적으로 나타나는 것으로 보아 유전 때문일 가능성이 매우 높지만 확실한 것은 아니다. 왜냐하면 이들과는 아주 다른 일부 아메리카 원숭이에게서도 이런

---

9) 긴팔원숭이의 털에 대해서는 W.C.L. Martin이 쓴 *Natural History of Mammalia*, 1841, 415쪽을 참조하시오. 아메리카 원숭이와 그외의 여러 원숭이에 대해 설명한 조프루아 생틸레르의 글이 *Histoire Nat. Générale*, tom. 2, 1859, 216, 243쪽에 실려 있다. Eschricht, 앞의 책, 46, 55, 61쪽; R. Owen, *Anatomy of Vertebrates*, vol. 3, 619쪽; A.R. Wallace, *Contributions to the Theory of Natural Selection*, 1870, 344쪽.

10) *Origin of Species; The Variation of Animals and Plants under Domestication*, vol. 2, 1868, 348쪽.

특징이 나타나기 때문이다.

　이제 알게 된 것처럼 비록 인간이 자신만의 독자적인 목(目)을 이룰 당위성은 없지만 별개의 아목(亞目)이나 과(科)가 필요할지는 모른다. 헉슬리는 그의 최근 작품에서 영장류를 세 아목으로 나누었다.[11] 즉 인간만을 포함하는 사람아목(Anthropidae), 모든 종류의 원숭이를 포함하는 원숭이아목(Simiadae), 그리고 여러 여우원숭이속을 포함하는 여우원숭이아목(Lemuridae)으로 구별했다. 중요한 구조의 차이점을 고려한다면 인간이 아목 단계를 요구하는 것은 정당할 수 있다. 그리고 인간의 정신 능력을 주요 고려 대상으로 한다면 이 계급은 너무 낮을 수도 있다. 그렇지만 계통의 관점에서 본다면 이 계급이 너무 높은 것으로 나타난다. 인간은 한 개 과를 이루거나 가능하다면 단지 아과(亞科) 수준에서 분류되어야 한다. 하나의 공통 줄기에서 갈라져나온 세 계열이 있다고 가정해보자. 그중 두 계열은 긴 세월이 지났는데도 너무 변화가 적어 얼마든지 한 속에 속하는 두 종으로 취급될 수 있다. 반면에 나머지 한 계열은 너무 변화가 심해 별개의 아과로 분류되거나 심지어 목 수준에서 분류될 수도 있다. 그러나 이런 상황에서도 마지막 계열은 유전을 통해 다른 두 계열과 여전히 미세한 유사성을 수없이 보유하고 있을 것이 거의 확실하다. 그렇다면 여기에서 어려움이 생겨난다. 현재로서는 풀기 어려운 문제다. 이들을 분류할 때 그 종류는 많지 않지만 큰 차이를 보이는 구조와 변형에 어느 정도의 무게를 주어야 하는지가 어렵다. 또한 중요하지는 않지만 가계의 계열을 나타내주는 수많은 유사성에는 또 어느 정도의 무게를 주어야 하는가? 종류는 많지 않지만 큰 차이를 보이는 형질에 더 큰 무게를 실어주는 것이 알기 쉽고 아마도 안전한 과정이

---

11) T.H. Huxley, *An Introduction to the Classification of Animals,* 1869, 99쪽.

기는 하다. 그렇지만 수많은 미세한 유사성에 좀더 큰 주의를 기울이는 것이 진정한 자연 분류에 가까우며 더욱 옳다고 여겨진다.

인간을 대상으로 이 항목에 대한 판단을 내리는 과정에서 우리는 원숭이과의 분류에 대해 잠깐 훑어보아야 한다. 거의 모든 박물학자는 원숭이과를 두 집단으로 나눈다. 첫째 집단은 협비원류(狹鼻猿類)로서 구세계 원숭이라고도 하는데 그 이름이 의미하듯이 콧구멍의 구조가 기이한 것이 특징이며 위턱과 아래턱에는 각각 네 개의 작은 어금니가 있다. 둘째 집단은 광비원류(廣鼻猿類)로서 신세계 원숭이라고도 하는데 이 집단은 다시 뚜렷한 두 개의 작은 집단으로 나뉜다. 모든 신세계 원숭이는 두 개의 콧구멍이 분리되어 있으며 각각의 턱에는 여섯 개의 작은어금니가 있다. 그외의 작은 차이점에 대해서도 언급해야 될지 모르겠다. 인간이 치아 발생이나 콧구멍의 구조나 그외의 여러 점에서 협비원류, 즉 구세계 원숭이 무리에 포함된다는 것은 논쟁할 여지가 없다. 더구나 인간의 대다수 형질이 광비원류보다는 협비원류와 비슷하다. 중요하지도 않으며 적응 때문에 생긴 것이 틀림없는 몇 개의 구조만 예외일 뿐이다. 그러므로 이것은 신세계 원숭이의 일부가 과거에 구세계 원숭이의 뚜렷한 모든 특징을 갖고 있는 인간과 비슷하게 변형되면서 자신의 모든 특징을 잃게 되었다는 가능성에 반대되는 것이다. 결과적으로 인간이 구세계 원숭이 줄기에서 갈라져나왔다는 것은 의심할 여지가 없다. 따라서 계통학적인 관점에서 보면 인간은 협비원류로 분류되어야 한다.[12]

---

12) 마이바르트(*Transactions of the Philosophical Society*, 1867, 300쪽)가 임시로 분류한 것과 거의 동일하다. 그는 영장류에서 일차로 여우원숭이과를 분리하고 나머지 집단을 다시 사람과(Hominidae)와 원숭이과(Simiadae)로 분류했다. 원숭이과는 협비원류, 꼬리감는원숭이류(Cebidae), 하팔리대류(Hapalidae)로 구성되는데 여기서 꼬리감는원숭이류와 하팔리대류는 광비원류에 해당한다. 마이바르트는 여전히 같은 견해를 고수한다(*Nature*, 1871, 481쪽).

대부분의 박물학자는 유인원, 즉 고릴라, 침팬지, 오랑우탄, 긴팔원숭이를 구세계 원숭이 중에서도 별개의 작은 집단으로 분류하여 다른 집단과 구별한다. 내가 알기로 그라티올레(Gratiolet)는 뇌의 구조를 근거로 들면서 이런 소집단이 존재한다는 사실을 인정하지 않았다. 이것이 잘못된 견해라는 것은 틀림없는 사실이다. 그러므로 마이바르트가 말했듯이 오랑우탄은 "그 목의 동물 중에서 가장 이상하고 탈선적인 동물 중의 하나다."[13] 일부 박물학자는 구세계 원숭이 중에서 유인원을 제외한 원숭이들을 다시 두세 개의 작은 집단으로 나눈다. 그 중 한 집단이 셈노피테쿠스(*Semnopithecus*) 원숭이인데 이들의 위는 특이하게도 여러 개의 소낭으로 이루어져 있다. 그러나 아티카*에서 놀랄 만한 발견을 한 가우드리(M. Gaudry)에 따르면, 중신세(Miocene period)*에 아티카에 존재했던 한 동물이 셈노피테쿠스 원숭이와 마카쿠스 원숭이를 연결하고 있으며, 아마도 이것은 여러 고등한 집단이 한때 하나로 섞여 있었다는 것을 보여주는 것이기도 하다.

만약 유인원이 자연적인 소집단으로 분류되는 것을 인정한다면 인간은 그들과 일치하게 된다. 그렇다면 인간이 협비원류와 공통으로 갖고 있는 모든 형질에서뿐만 아니라 꼬리가 없고 그 부위에 티눈이 박힌 것 같은 특별한 형질과 일반 외형으로 판단하건대, 유인원 소집단의 일부 구성원이 인간으로 갈라져나왔다고 추측할 수 있을 것이다. 상사(相似) 변이의 법칙에 따르면 하등한 소집단의 한 구성원에서 여러모로 고등한 유인원과 닮은, 사람 같은 생물이 생겨날 것 같지는 않다. 인간은 그의 모든 친척과 비교하여 엄청나게 많은 변화를 겪었다는 것은 의심할 여지가 없다. 이런 변형은 주로 뇌의 엄청난 발달과 직립 자세 때문에 일어난 것이다. 그런데도 "인간은 영장류의 여러

---

13) G. J. Mivart, *Transactions of the Zoological Society,* vol. 6, 1867, 214쪽.

동물 중 하나에 지나지 않는다"[14]는 사실을 명심해야 한다.

진화의 원리를 믿는 모든 박물학자는 원숭이의 두 계열인 협비원류와 광비원류에 속하는 모든 원숭이가 아주 먼 옛날에 살았던 하나의 조상에서 유래되었다는 사실을 인정한다. 이 조상의 초기 후손들은 서로 엄청난 정도로 분기하기 전까지는 하나의 자연 집단을 형성하며 살았을 것이다. 그러나 일부 종이나 새로 일어난 속의 일부는 분기된 형질에서 미래의 협비원류와 광비원류가 보일 뚜렷한 표시를 이미 나타내기 시작했을 것이다. 그러므로 이 상상의 조상 집단에 속하는 구성원들은 치아 발생이나 콧구멍의 구조가 현재의 협비원류와 광비원류와는 동일하지 않고 오히려 친척뻘인 여우원숭이를 닮았을 것이다. 이들의 주둥이 모양은 크게 다르며[15] 치아 발생에도 엄청난 차이를 보인다.

협비원류와 광비원류의 원숭이들은 많은 형질 면에서 유사하다. 이것은 그들이 하나의 동일 목에 속한다는 것을 결정적으로 보여주는 것이다. 그들이 공통으로 갖고 있는 많은 형질을 그렇게 많은 종이 독자적으로 획득할 수는 없다. 따라서 이런 형질은 모두 유전으로 물려받은 것이 틀림없다. 그러나 과거에 어떤 한 동물이 협비원류와 광비원류의 공통적인 특징을 많이 갖고 있고 중간적인 형질도 일부 갖고 있으며 또 오늘날의 두 집단이 갖고 있는 형질과는 서로 다른 형질을 갖고 있을 때 박물학자는 그 동물을 틀림없이 유인원이나 원숭이로 취급할 것이다. 그리고 계통적인 관점에서 인간이 협비원류, 즉 구세계 원숭이에 속하므로 우리의 결론이 자존심을 상하게 하더라도 인간의 초기 조상이 적절하게 분류되었다고 결론지을 수밖에 없을

---

14) G.J. Mivart, 위의 책, 410쪽.
15) 여우원숭이상과(Lemuroidea)에 대해서는 *Transactions of the Zoological Society*, vol. 7, 1869, 5쪽에 실린 뮤리와 마이바르트의 글을 참조하시오.

것이다.[16] 그러나 인간을 포함하는 모든 원숭이의 조상이 현생 유인원이나 원숭이와 동일하거나 상당히 닮았을 것이라고 가정하는 우를 범해서는 안 된다.

**인간의 출생지와 유물**  이제 우리는 인간의 조상이 협비원류에서 갈라져나오는 무대가 된 최초의 장소에 대해 묻는 것이 당연하다. 우리의 조상이 협비원류에 속했다는 사실은 그들이 구세계에 거주했다는 것을 명백하게 보여준다. 지리적 분포로 볼 때 오스트레일리아나 그 외의 다른 섬에서 살지는 않았을 것이다. 넓은 지역에 사는 포유류는 그 지역에서 살다가 사라진 종들과 밀접하게 관련되어 있다. 그러므로 과거에 아프리카에서 고릴라나 침팬지와 매우 흡사하게 닮은 유인원이 살다가 멸종되었을 가능성은 있다. 고릴라와 침팬지는 현재 인간의 가장 가까운 친척이므로 인간의 초기 조상도 다른 곳이 아닌 바로 아프리카에서 살았을 가능성은 어느 정도 있는 편이다. 그러나 이 주제에 대해 깊이 생각하는 것은 쓸모없는 일이다. 그 이유는 두세 종류의 유인원이 중신세에 유럽에도 존재했기 때문이다. 이중 하나가 라르테(E. Lartet)가 밝힌 드리오피테쿠스(*Dryopithecus*)*인데,[17] 덩치가 인간과 비슷한 이들은 긴팔원숭이와 아주 흡사했다. 매우 먼 옛날부터 지구에는 대변혁이 많이 일어났던 것이 확실하고 대규모 이주에 필요한 충분한 시간이 있었다.

인간이 최초로 그의 털옷을 벗게 되는 사건이 언제 어디서 일어났

---

16) 헤켈(E. Häckel)도 이와 동일한 결론에 도달했다. Virchow, "Über die Entstehung des Menschengeschlechts," *Sammlung. gemein. wissen. Vortrage*, 1868, 61쪽을 참조하시오. 1868년에 발간된 헤켈의 *Natürliche Schöpfungsgeschichte*도 참조하시오. 이 작품에서 헤켈은 인간의 혈통에 관한 자기의 견해를 자세하게 제시했다.

17) C.F. Major, "Sur les Singes fossiles trouves en Italie," *Soc. Ital. des Sc. Nat.*, tom. 15, 1872.

는지를 떠나 인간은 그 시기에 아마 더운 지방에 살았을 것이다. 유추해보건대 과일을 주요 식량으로 삼았을 인간에게 더운 환경은 우호적인 것이었다. 얼마나 오래전에 인간이 협비원류 혈통에서 최초로 분기했는지 우리는 전혀 알지 못한다. 그러나 시신세(Eocene period)* 만큼이나 오래전에 일어났을 것이다. 왜냐하면 고등 유인원이 하등 유인원에서 분기한 사건이 중신세 후기 정도의 시기에 일어났다는 사실이 드리오피테쿠스의 존재로 밝혀졌기 때문이다. 고등동물이든 하등동물이든 형편이 좋은 상황에 놓였을 때 그들이 얼마나 빨리 변형되는지 우리는 전혀 알지 못한다. 그러나 엄청난 시간이 흘렀어도 동일한 형태를 유지하는 동물들이 있다는 사실을 우리는 안다. 가축화 과정에서 우리는 하나의 종에서 유래된 후손들 중에는 동일 시기에 전혀 변하지 않은 종도 있고 약간만 변형된 종도 있으며 또는 큰 변화가 일어난 종도 있다는 사실을 알 수 있다. 이런 사건은 인간에게도 일어나 인간의 일부 형질이 고등 유인원에 비해 엄청난 변화를 겪었을 것이다.

인간과 그의 가까운 친척 간의 유기적 사슬이 끊어진 큰 틈은 어떤 현생종이나 절멸종으로도 연결될 수 없다. 이것은 인간이 하등동물에서 유래되었다는 믿음의 큰 장애 요인이 되기도 한다. 그러나 장애 요인은 진화의 일반 원리를 믿는 사람에게는 크게 문제될 것이 없을 것이라는 보편적인 근거가 있다. 모든 계열에서 단절은 흔히 나타나는 현상이다. 넓고 날카로우며 윤곽이 뚜렷한 단절이 일어나는 경우도 있지만, 일부 동물들이 보이는 단절은 그런 특징이 미세하고 그 정도도 여러 가지다. 예를 들어 오랑우탄과 그의 가장 가까운 친척들이 보이는 단절이나, 안경원숭이와 여우원숭이가 보이는 단절, 그리고 코끼리와 일반 포유류가 보이는 단절을 생각해보라. 오리너구리나 바늘두더지와 일반 포유류가 보이는 단절은 그 규모가 상당히 큰 편이다. 그러나 이들 단절은 친척 생물이 얼마나 멸종되었는지에 달려 있을 뿐이다. 오늘날 문명화된 인종은 몇 세기가 지나지 않은 미래에 거의 절멸하고 미개 인종이 전 세계에 걸쳐 그 자리를 대신하게 될 것이 틀림없다. 샤프하우젠이 말했듯이 그와 동시에 유인원들도 절멸될 것이 거의 확실하다.[18] 그렇게 되면 현재의 백인보다 더 문명화된 인종과—그러기를 희망한다—개코원숭이만큼 하등한 유인원이 각각 그 자리를 차지하게 될 것이다. 그래서 미래의 단절은 흑인이나 오스트레일리아 원주민과 고릴라 사이에 놓인 오늘날의 단절보다 더 커질 것이다.

라이엘의 논의를 읽어본 적이 있는 사람은 유인원을 닮은 인간의 조상과 인간을 연결하는 화석이 없다는 사실을 크게 강조하지는 않을 것이다.[19] 라이엘은 모든 척추동물에서 화석을 발견하는 일이 매우 더디고 우연히 이루어진다는 것을 밝혔다. 더구나 유인원과 비슷한 과거 생물과 인간을 연결하는 화석이 가장 잘 나올 만한 지역을 지질학자가 한 번도 탐사한 적이 없다는 사실도 잊어서는 안 된다.

**인간 계통도의 하위 단계**  우리는 신세계 원숭이에서 협비원류, 즉 구세계 원숭이가 분기된 후, 이들 구세계 원숭이에서 인간이 분기되었을 것이라는 사실을 살펴보았다. 이제 우리는 인간 계통도의 희미한 흔적이나마 추적해볼 것이다. 여러 강과 목 사이에는 지구에 연속적으로 출현한 시기 면에서는 어느 정도의 차이는 있겠지만 이들이 친척 관계로 서로 연결되어 있다는 사실을 우리는 믿고 있다. 여우원숭이과는 원숭이과보다 약간 하등하며 매우 독특한 영장류의 한 과를

---

18) Schaaffhausen, *Anthropological Review*, 1867. 4, 236쪽.
19) C. Lyell, *Elements of Geology*, 1865, 583~585쪽; *The Geological Evidences of the Antiquity of Man*, 1863, 145쪽.

이룬다. 헤켈과 그외의 학자들에 따르면 별개의 목을 이룰 수도 있다. 이 집단은 다양화되었고 다른 집단과는 엄청난 단절을 보이며 이상한 동물이 많이 포함되어 있다. 그러므로 이 집단 내의 많은 종이 절멸되었을 것이다. 나머지 대부분은 마다가스카르*와 말레이 제도 같은 섬에 살고 있다. 대륙에 살았던 많은 종은 심각한 생존경쟁을 겪었겠지만 이곳에 사는 종들은 큰 경쟁 없이 살고 있다. 이 집단도 많은 단계적 변화를 보여준다. 헉슬리가 말했듯이 "최정상의 동물부터 태반 포유류의 가장 하등하고 작고 지성적이지 못한, 마치 한 계단밖에 없는 동물까지 눈에 띄지 않을 정도로 서서히 변하는 많은 단계가 존재한다."[20] 이러한 여러 상황을 고려해보면 원숭이과가 현존하는 여우원숭이과의 조상에서 처음으로 갈라져 생겨났을 가능성은 있다. 그리고 여우원숭이과는 다시 아주 하등한 포유류에서 생겨났을 가능성도 있다.

유대류의 여러 주요 형질은 태반 포유류보다 하등하다. 유대류는 지질학적으로 더 이른 시기에 출현했으며 지금보다 훨씬 더 넓은 지역에 분포했다. 그러므로 일반적으로 유태반류(Placentata)는 무태반류(Implacentata), 즉 유대류에서 생겨났다고 여겨진다. 그렇지만 현존 유대류와 매우 흡사한 그 어떤 생물에서 생겨난 것이 아니고 유대류의 먼 조상에서 갈라져나왔다는 사실을 명심해야 한다. 단공류(Monotremata)는 분명히 유대류와 관련이 있다. 단공류도 포유류 계열에서 세 번째 하등한 집단을 이룬다. 오늘날 이 집단은 오리너구리(Ornithorhynchus)와 바늘두더지(Echidna)로 대표된다. 이 두 종류의 동물은 틀림없이 더 큰 집단의 잔재로 여길 수 있을 것이다. 우호적인 여러 환경의 협동 작용을 통해 오스트레일리아에서 보존되어 살

---

20) T.H. Huxley, *Man's Place in Nature*, 105쪽.

아남은 이들은 과거의 큰 집단을 대표한다. 단공류는 몇 가지 주요 구조에서 파충류를 닮았다는 사실이 정말 흥미롭다.

포유류의 계통도와 인간의 계통도를 추적하면서 계열의 하위 단계로 내려갈수록 우리는 더욱더 애매한 사실을 만나게 된다. 그러나 매우 훌륭한 파커(Parker)가 판단했듯이 진정한 조류나 파충류가 인간이나 포유류가 유래된 직속 계열에 들어 있지 않다고 믿을 만한 충분한 근거가 있다. 이것에 대해 자세히 알고 싶은 사람은 헤켈의 여러 저술을 참조하면 될 것이다.[21] 나는 몇 가지 일반적인 언급을 하는 것으로 만족하겠다. 모든 진화론자는 척추동물의 커다란 다섯 개 강, 즉 포유류, 조류, 파충류, 양서류, 어류가 어떤 하나의 원형에서 유래되었다는 사실을 인정할 것이다. 왜냐하면 그들에게는 공통점이 많이 있기 때문이다. 특히 배발생 시기에는 더욱 그러하다. 어류는 가장 하등하고 다른 것보다 앞서 출현했으므로 우리는 척추동물의 모든 구성원들이 물고기와 비슷한 동물에서 유래되었다고 결론내릴 수 있을 것이다. 원숭이, 코끼리, 벌새, 뱀, 개구리, 물고기 등과 같이 뚜렷이 구별되는 동물들이 모두 동일 조상에서 발생할 수 있었다는 생각은 최근 진보되고 있는 자연사에 전념하지 않는 사람들에게는 끔찍하게 보일 것이다. 왜냐하면 이것은 모든 동물을 밀접하게 묶어주는 연결 고리가 과거에 존재했다는 사실을 넌지시 암시하기 때문이다. 현재로서는 정말로 일어날 것 같지 않지만 말이다.

---

21) 헤켈의 *Generelle Morphologie*, Bd. 2, 153쪽과 425쪽에 공을 들여 작성한 표가 있다. 그리고 그는 『자연창조사』(*Natürliche Schöpfungsgeschichte*)에서 인간에 대해 매우 특별하게 언급했다. 헉슬리는 『자연창조사』에 대한 평론을 *Academy*, 1869, 42쪽에 쓰면서 자기는 헤켈과 몇 가지 면에서 견해가 다르지만 헤켈이 척추동물의 유래 계열에 대해 훌륭하게 고찰했다고 말했다. 또 헉슬리는 그의 작품 전체에서 배어나는 일반 취지와 정신을 높이 평가한다고 했다.

그런데도 척추동물의 여러 큰 강을 다소 가깝게 연결해주는 동물 집단이 존재했거나 현재 존재한다는 것은 확실하다. 우리는 오리너구리와 파충류가 점진적으로 연결된다는 사실을 안다. 헉슬리는 공룡들의 여러 가지 주요 특성이 특정한 파충류와 조류 사이의 중간 위치에 있다는 것을 발견했다. 이런 견해에 대해서는 코프(E.D. Cope)와 그외의 여러 학자가 확인했다. 여기서 언급한 조류는 타조류와 시조새(*Archeopteryx*)인데, 타조는 조류 집단에서 상당히 많이 변화된 조류고 시조새에게는 도마뱀처럼 긴 꼬리가 있었다. 또 오언에 따르면 지느러미 발이 있는 거대한 바다 도마뱀인 어룡은 오늘날의 어류와 공통점이 많다고 한다.[22] 헉슬리는 오히려 양서류와 닮은 점이 많다고 했다. 개구리와 두꺼비는 양서류 내에서 가장 고등한 부류에 속하는데 경린어*와 친척 관계임이 틀림없다. 경린어는 지질 연대의 초기에 떼를 지어 살며 '보편적 유형'이라 부르는 구조를 형성하게 되었다. 즉 그들은 다른 여러 집단의 동물들과 다각적인 유사성을 보였다. 폐어(肺魚)도 양서류나 어류와 매우 유사하다. 그래서 박물학자들은 폐어를 이 두 강 중 어디에 놓을 것인지를 놓고 오랫동안 논란을 벌였다. 폐어는 다른 일부 경린어와 마찬가지로 강에 서식함으로써 완전히 멸종되지 않고 보존되었다. 강이 피난처가 된 것이다. 대륙에 살던 동물이 섬으로 이주하여 피난처를 찾듯이 큰 바다에 살다가 강으로 이주하여 피난처를 찾은 것이다.

마지막으로 다른 어류와는 크게 다른 강(綱)의 단일 구성원인 창고기(*Amphioxus*)를 살펴보자. 헤켈은 창고기가 다른 모든 어류와 매우 달라 척추동물 내에 창고기가 들어갈 별개의 강을 설정해야 된다고 주장했다. 창고기의 여러 형질은 뚜렷하게 발달되어 있지 않은 것이

---

22) R. Owen, *Palaeontology*, 1860, 199쪽.

특징이다. 창고기에는 뇌, 척주, 심장 등이 있다고 보기 어렵다. 그래서 나이 든 박물학자들은 창고기를 벌레로 분류하기도 했다. 오래전 굿(Good)은 창고기가 대추멍게와 어느 정도 닮았다는 것을 알아냈다. 대추멍게는 무척추동물로서 자웅동체(雌雄同體)*이며 지지 구조에 붙어 평생을 살아가는 해산동물이다. 그들은 거의 동물처럼 보이지 않으며 단순하고 두꺼운 질긴 주머니로 이루어져 있다. 또 주머니에는 두 개의 구멍이 돌출되어 있다. 헉슬리는 이들이 연체동물의 하위 집단인 물루스코이다(Mulluscoida)에 속한다고 했다. 그러나 최근의 박물학자들은 이들을 연형동물(Vermes), 즉 벌레에 포함시킨다. 대추멍게의 유생은 그 모양이 올챙이와 닮았으며 자유롭게 헤엄쳐 다닐 수 있다.[23] 코발레브스키는 최근 대추멍게의 유생이 척추동물과 관련되어 있다는 것을 관찰했다.[24] 발생 방법, 신경계의 상대적 위치, 척추동물의 특징인 척삭(脊索)이 존재하는 것으로 보아 척추동물과 연관성이 있다는 것이었다. 이런 사실을 나중에 쿠퍼(Kupffer)가 지지했다. 코발레브스키는 네팔에서 내게 편지를 보냈는데 그의 연구가 상당히 진척되었으며 그 결과를 잘 확립할 계획이라고 했다. 이 모든 것은 매우 가치 있는 발견이 될 것이다. 그러므로 우리가 분류학의 가장 안전한 안내자인 발생학에 따른다면 우리는 최소한 척추동물이 어디

---

23) 포클랜드 제도*에서 1833년 4월 나는 대추멍게의 유생이 이동하는 것을 관찰하곤 매우 기뻐했다. 다른 어떤 박물학자보다도 몇 년은 앞선 관찰일 것이다. 그 동물은 만두멍게와 매우 닮았으나 속(屬)의 수준에서는 명백하게 구별되었다. 꼬리는 타원형의 머리에 비해 다섯 배나 길었으며 매우 미세한 세사로 이어지며 끝이 났다. 간단한 현미경으로 내가 관찰한 바로는 이 동물은 불투명한 구획으로 가로로 뚜렷하게 나뉘었다. 이 구획은 코발레브스키가 묘사한 거대 세포를 나타내는 것으로 사료된다. 발생 초기에 이들 유생의 꼬리는 머리 주위에 똘똘 감겨 있었다.

24) W. Kovalevsky, *Mémoires de l'Acad. des Sciences de St. Pétersbourg*, tom. 10, no. 15, 1866.

에서 유래되었는지에 대한 단서를 얻을 수 있을 것으로 보인다.[25] 아주 먼 옛날에 현생 대추멍게 유생과 매우 흡사한 동물 집단이 존재했으며 그것이 크게 두 갈래로 갈라졌다고 믿는 것은 합당하다. 한 갈래는 퇴화되어 현재의 대추멍게 집단을 만들었으며 다른 한 갈래는 척추동물로 발달하여 동물계의 최정상을 차지하게 되었다.

이렇게 우리는 척추동물간에 나타나는 유사성을 이용하여 척추동물의 계통도를 어설프게나마 추적해보았다. 이제 오늘날의 인간에 대해 살펴보겠다. 그렇게 되면 우리는 인간의 초기 조상들이 가졌던 구조를 시대에 맞춰—정확한 시간 순서가 아닌—부분적으로나마 복구해볼 수 있을 것이다. 이런 작업은 인간이 아직까지 보유하고 있는 흔적 기관을 통해 이루어질 수 있다. 또한 환원 유전에 의해 가끔 출현하는 형질을 통해 작업이 이루어질 수도 있다. 그리고 형태학과 발생학의 개념이 도움이 될 수도 있을 것이다. 여기서 언급하게 될 여러 가지 사실은 이미 앞에서 살펴본 적이 있다.

인간의 먼 조상은 한때 털로 덮여 있었음이 틀림없다. 남성이든 여성이든 둘 다 턱수염이 있었을 것이다. 그들의 귀는 끝이 뾰족했으며 움직일 수 있었다. 몸통에는 꼬리가 달려 있었으며 꼬리에는 기능을 제대로 수행하는 근육이 분포했다. 그들의 팔다리와 신체에는 많

---

25) 그러나 이 결론에 반대하는 유능한 전문가들이 있다는 말을 보탤 의무가 내게는 있다. 예를 들어 기어드(M. Giard)는 『실험동물학 논총』(Archives de Zoologie Expérimentale, 1872)에 실린 논문 시리즈에서 이 결론에 반박한다. 그런데도 기어드는 281쪽에서 다음과 같이 말했다. "모든 가설이나 이론은 생각할 필요도 없이, 대추멍게 애벌레의 구조만으로도 우리는 무척추동물이 환경에 적응할 수 있는 유일한 수단으로 척추동물의 가장 기본적인 특징(척삭의 존재)을 자연에서 획득했다는 사실을 알 수 있다. 또 척추동물의 특징이나 무척추동물에게서 나타나는 이런 변이가 언제 어떻게 이루어졌는지는 모르지만 이런 변이가 언제든 일어날 수 있다는 그 가능성만으로도 척추동물과 무척추동물의 차이는 금세 사라지고 만다는 사실을 알 수 있다."

은 근육이 분포하며 작용했다. 오늘날 인간에게서 이들 근육은 아주 드물게 출현하지만 사수목 동물에게는 정상적으로 존재한다. 이같이 먼 옛날에는 상완골의 큰 동맥과 신경이 과상돌기공(顆上突起孔)*을 통해 달렸다. 내장에는 현재보다 더 큰 맹장이 있었다. 태아의 엄지발가락 모양으로 미루어 판단하건대 그 당시의 발은 물건을 잡을 수 있었다. 우리의 조상이 나무 위에서 살았으며 온화하고 산림이 울창한 곳에 모여 살았으리라는 것은 의심할 여지가 없다. 수컷에게는 커다란 송곳니가 있었으며 이런 송곳니는 가공할 만한 무기로 작용했다. 아주 먼 옛날에는 자궁이 이중 구조였다. 배설은 총배설강을 통해 이루어졌다. 눈은 제삼의 눈꺼풀인 순막으로 덮여 보호되었다. 더 먼 과거에는 인간의 조상에게 수중 생활의 습성이 있었음이 틀림없다. 왜냐하면 형태학적으로 우리의 허파는 한때 부표로 작용했던 부레가 변형되어 이루어진 것이 확실하기 때문이다. 사람 태아의 목에서 관찰되는 갈라진 틈은 그곳에 한때 아가미가 존재했다는 것을 보여준다. 달의 주기나 일주일 간격으로 일어나는 신체 기능의 주기성을 볼 때 우리가 태고의 출생지, 즉 조수간만의 영향을 받는 해안에 살았다는 흔적을 여전히 간직하고 있다는 것을 알 수 있다. 대략 이 시기에는 진정한 콩팥 대신에 볼프체(corpora Wolffiana)가 존재했다. 심장은 규칙적으로 박동치는 단순한 관상 구조였으며 척삭이 척주의 자리를 대신했다. 이렇게 시간의 희미한 구석에서 출현한 인간의 초기 조상은 창고기만큼 그 체계가 단순했을 것이다. 아니면 창고기보다 더 단순했을지도 모른다.

명심할 것이 또 하나 있다. 척추동물에서 번식과 관련된 여러 부속 기관은 각각의 성에 국한되어 존재하지만 반대 성에도 이런 기관의 흔적이 존재한다는 사실은 오래전부터 알려져 있다. 배발생의 초기에 암수 모두에서 진정한 수컷 생식샘과 암컷 생식샘이 함께 나타난다는 사실이 확실하게 밝혀졌다. 따라서 모든 척추동물의 먼 조상은 자웅동체였던 것으로 보인다.[26] 그러나 여기에서 우리는 유례없는 어려움에 봉착한다. 포유류의 수컷에는 전립선 소낭 속에 자궁의 흔적이 있으며 자궁에 인접한 통로의 흔적도 있다. 또 수컷에는 유방의 흔적이 있으며 일부 수컷 유대류에는 육아낭의 흔적이 있다.[27] 비슷한 다른 예들을 더 추가할 수도 있다. 그렇다면 아주 먼 과거의 포유류가 포유강의 독특한 특징을 획득하고 그후 척추동물의 하등한 계급에서 분기한 후 계속해서 자웅동체의 상태를 유지했다고 생각해야만 하는가? 이것은 거의 불가능해 보인다. 왜냐하면 자웅동체의 특징을 아직까지 간직하고 있는 동물을 찾기 위해서는 가장 하등한 강인 어류까지 내려가야 하기 때문이다.[28] 한쪽 성에 적합한 여러 가지 부속 기관이 반대 성에서 흔적으로 남아 있는 것이 발견된다. 이런 상

---

26) 이것은 비교해부학 분야의 최고 권위자 중 한 분인 게겐바우어(Gegenbaur)의 결론이다. Gegenbaur, *Grundzüge der vergleich. Anat.* 1870, 876쪽을 참조하시오. 이 결과는 주로 양서류 연구에서 얻은 것이다. 그러나 발다이어(M. Waldeyer)는 *Journal of Anatomy and Physiology,* 1869, 161쪽에서 이 연구로 얻은 결과에 따르면 심지어는 고등 척추동물의 성기관도 발생 초기에는 자웅동체 상태라고 한다. 아직까지 확실한 근거는 없지만 일부 저자들은 오랫동안 이와 비슷한 주장을 펼쳐왔다.

27) 주머니늑대(*Thylacinus*) 수컷의 경우가 가장 좋은 예다. R. Owen, *Anatomy of Vertebrates,* vol. 3, 771쪽.

28) 자웅동체 현상은 바리과(Serranus) 어류의 일부 종과 그외의 일부 어류에서 관찰되었다. 이들 어류는 정상적으로는 자웅동체 현상을 보이지만 비정상적으로는 그렇지 않은 경우도 있다. 주테빈(H.H. Zouteveen)은 이 주제에 대해 내게 말한 적이 있다. 특히 할베르츠마(Halbertsma)가 『독일 과학아카데미 회보』(*Transact. of the Dutch Acad. of Sciences,* vol. 16)에 기고한 논문에 대해서 각별히 설명했다. 귄터(A. Günther)는 그 사실을 의심했지만 지금은 아주 많은 사람들이 이 사실에 대해 보고한 관계로 더 이상 논쟁할 여지가 없다. 레소나(M. Lessona)는 카볼리니(Cavolini)가 바리과 어류에 대해 관찰한 내용을 확인했다고 내게 편지를 보냈다. 에콜라니(Ercolani)는 최근 뱀장어가 자웅동체라는 것을 보였다(*Acad. delle Scienze,* 1871. 12. 28).

황은 다음과 같이 설명할 수 있다. 즉 한쪽 성이 그런 기관을 점진적으로 획득했고 그 특징이 다소 불완전한 상태로 반대 성에게 전달되었다는 것이다. 앞으로 성선택을 다룰 때, 우리는 이런 종류의 전달에 관한 수없이 많은 사례를 접하게 될 것이다. 예를 들면 가시, 깃털, 화려한 색깔은 수컷 새가 전투나 장식을 위해 획득한 것이고 이런 형질은 불완전하거나 흔적으로 암컷에게 전달된다.

포유류 수컷이 기능적으로 불완전하지만 수유(授乳) 기관을 갖고 있다는 사실은 어느 면에서는 정말로 기이한 일이다. 단공류에는 구멍이 있는 제대로 된 젖 분비샘이 있지만 젖꼭지는 없다. 단공류가 포유류 계열의 아주 낮은 지위를 차지하므로 이 동물의 조상도 젖꼭지가 없는 젖 분비샘을 갖고 있었을 가능성은 있다. 소위 '발생의 방식'이라고 알려진 것 때문에 이 결론은 지지를 받는다. 왜냐하면 터너가 쾰리커(Kölliker)와 랑거(Langer)의 연구 결과를 근거로 내게 알려준 바에 따르면 배발생 시기의 젖 분비샘은 젖꼭지가 보이기 전에 이미 뚜렷이 그 흔적을 찾을 수 있기 때문이다. 그리고 각 개인의 신체 부위가 연속적으로 발달하는 순서는 일반적으로 같은 계열에서 유래된 동물의 연속적인 발달 순서를 나타내며 그것과 일치하기 때문이다. 유대류에는 단공류와 달리 젖꼭지가 있다. 따라서 단공류에서 갈라져나간 유대류가 단공류보다 발달하면서 최초로 젖꼭지를 획득했을 것이다. 그후 젖꼭지는 태반 포유류에게 전달되었을 것이다.[29] 유대류가 현재의 신체 구조를 어느 정도 획득한 이후에도 여전히 자웅

---

29) 게겐바우어는 *Jenaische Zeitschrift*, Bd. 7, 212쪽에서 포유류의 여러 목에서 두 가지 유형의 젖꼭지가 널리 퍼져 있다는 것을 밝혔다. 그러나 두 종류의 젖꼭지가 유대류의 젖꼭지에서 유래된 방식과 또 유대류의 젖꼭지가 단공류의 젖꼭지에서 유래된 방식은 쉽게 이해할 수 있다는 것을 보였다. 후스(M. Huss)가 젖샘에 대해서 쓴 회고록이 위의 책, 제8권, 176쪽에 실려 있으니 참조하시오.

동체 상태를 유지하고 있었을 것이라고 생각하는 사람은 없을 것이다. 그렇다면 유방이 있는 포유류 수컷에 대해 우리는 어떻게 설명할 수 있는가? 유방은 최초로 암컷에게서 발달했고 그후 수컷에게 전달되는 것이 가능하다. 그러나 그후에 일어날 사건을 생각해보면 이것은 거의 가능성이 없다.

또 다른 견해로, 모든 포유류의 조상이 자웅동체 상태를 그만둔 지 한참 되었을 때 암수가 모두 젖을 생산해서 어린 새끼들을 먹였다는 제안도 나올 수 있다. 그리고 유대류의 경우는 암수 모두 어린 새끼들을 육아낭에 넣고 다녔다는 것이다. 이 모든 것이 다 불가능한 것 같지는 않다. 실고기 수컷은 암컷의 알을 자기 복부에 있는 주머니 속으로 받아들여 부화시킨다. 그후에도 그들은 계속해서 새끼들을 먹여 살린다고 일부 학자들은 믿고 있다.[30] 어떤 물고기 수컷은 알을 입속이나 아가미강 속에서 부화시킨다. 어떤 두꺼비 수컷은 암컷에게서 알 덩어리를 받아 자신의 넓적다리 주위에 감아 올챙이로 태어날 때까지 보관하고 다닌다. 수컷이 부화하는 모든 과정을 모두 담당하는 조류도 있다. 비둘기 수컷은 암컷과 마찬가지로 모이주머니에서 분비물을 게워내어 새끼들에게 먹인다. 그러나 위의 제안을 보고 나는 포유류 수컷의 젖샘이 다른 생식 부속 기관(한 성에서는 완전하고 다른 성에서는 불완전하게 존재하는)에 비해 훨씬 더 완전하다는 생각을 처음으로 하게 되었다. 젖샘과 젖꼭지가 포유류 수컷에게 실제로

---

30) *Quarterly Journal of Science*, 1868. 4, 269쪽에서 인용한 바에 따르면 록우드(Lockwood)는 해마의 발생을 관찰하고 수컷의 복부에 형성된 주머니의 벽이 어느 정도 영양을 제공한다고 했다. 입속에서 알을 부화시키는 수컷 물고기에 대해서는 *Proceedings of the Boston Society of Natural History*, 1857. 9. 15에 실린 와이먼(Wyman)의 매우 흥미로운 논문을 참조하시오. 또 *Journal of Anatomy and Physiology*, 1866. 11. 1, 78쪽에 실린 터너의 논문도 참조하시오. 귄터도 비슷한 사례에 대해서 마찬가지로 설명했다.

존재하는 것으로 보아 이들을 흔적 기관이라고 부르기는 어려울 것 같다. 그들은 단지 충분히 발육되지 못했고 활발한 기능을 하지 않을 뿐이다. 그들은 암컷의 젖샘이나 젖꼭지와 마찬가지로 특정한 질병의 영향을 똑같이 받는다. 출생할 때와 사춘기 때 젖꼭지에서 몇 방울의 젖이 분비되기도 한다. 사춘기 때 젖이 분비된다는 사실은 전에 말했던 두 쌍의 유방이 있는 남자의 기이한 사례에서 나타났다. 성숙기의 남자와 포유류 수컷에서 젖샘과 젖꼭지가 잘 발달하여 충분한 젖을 생산하는 경우도 간혹 알려져 있다. 자, 만약 과거 오랫동안 포유류 수컷이 암컷을 도와 새끼에게 젖을 공급했으며[31] 나중에 어떤 이유에서(적은 수의 새끼를 생산하는 것 같은) 돕지 않게 되었다고 해 보자. 그렇다면 성숙기에 기관을 사용하지 않음으로써 젖 분비 기관은 활성을 잃게 되었을 것이다. 그리고 잘 알려진 두 가지 유전의 원리로 이런 불활성화 상태는 아마 해당 시기의 수컷에게 전달되었을 것이다. 그러나 어린 나이에는 영향을 주지 않아 어린 나이에는 암수 모두에서 거의 비슷하게 발달했을 것이다.

**결론**　베어(K.E. von Baer)는 생물 계통의 진보에 대해 매우 훌륭한 정의를 내렸는데, 그의 정의에 따르면 생물체의 특정한 부위에서 일어난 분화와 특수화의 정도에 따라 생물의 진보를 고려해야 한다는 것이다. 생물이 성숙했을 때를 대상으로 해야 한다는 말을 베어의 정의에 덧붙이고 싶다. 생물체는 자연선택을 통해 다양한 계통에 서서히 적응하게 되었으므로 그들의 신체 부위는 생리 기능의 분업화로 얻은 이득으로 여러 가지 기능을 수행하기 위해 더욱더 분화되고 특

---

31) 루아예(C. Royer)는 그녀가 쓴 *Origine de l'Homme*, 1870에서 비슷한 견해를 제안했다.

수화되었을 것이다. 신체 부위가 일차적으로 한 가지 목적을 위해 종종 변형되고, 나중에는 동일 부위가 전혀 다른 목적을 위해 변형되었던 것으로 보인다. 그래서 모든 부위가 점점 더 복잡하게 된 것이다. 그러나 모든 생물체는 그들이 처음으로 갈라져나온 조상의 특징을 나타내는 보편적인 구조를 여전히 보유하고 있다. 이 견해에 따라 지질학적 증거를 살펴보면 느리고 끊긴 단계 때문에 조직화가 이루어진 것으로 보이는 증거가 전 세계에서 발견된다. 척추동물 중에서 인간은 이런 조직화의 절정을 이루었다. 그렇지만 한 집단의 생물에서 더 완전한 집단이 생겼다고 이전의 집단이 모두 멸망하고 사라진다고 생각해서는 안 된다. 더 완전한 집단이 그들의 전임자에 비해 성공을 거둘지라도 자연계의 질서로 보아 모든 지역에서 항상 잘 적응하지는 않았을 것이다. 과거의 어떤 생물들은 혹독한 경쟁 세계와 단절되고 보호된 환경에 거주함으로써 생존할 수도 있었을 것이다. 그리고 이런 상황은 과거에 사라진 집단에 대한 공정한 견해를 제공함으로써 인간의 계통도를 세우는 데 도움을 줄 수 있다. 그러나 현존하는 생물 중에서 조직화가 미흡한 집단이 그들의 먼 조상을 완벽하게 나타내주는 것으로 간주하는 실수를 범해서는 안 된다.

애매한 부분이 없는 것은 아니지만 척추동물의 가장 원시적인 조상은 현존 대추멍게의 유생과 비슷한 해산동물이었음이 분명하다.[32]

---

32) 바닷가에 살던 거주자들은 조수간만의 영향을 크게 받았음이 틀림없다. 밀물 수위의 평균 지점 근처에 사는 동물들이나 썰물 수위의 평균 지점 근처에 사는 동물들은 2주 간격으로 일어나는 조류의 완벽한 주기를 경험하게 된다. 결과적으로 그들의 식량 공급은 주(週)에 따라 뚜렷한 변화를 겪을 것이다. 여러 세대 동안 이런 조건에서 살아가는 동물들의 주요 기능이 주별로 규칙적인 경향을 띠는 것은 당연하다. 고등한 육상 척추동물이나 그외의 많은 동물이 갖고 있는 정상적인 기능이나 비정상적인 기능 중 많은 부분이 1주나 그 이상의 주 단위로 반복된다는 것은 불가사의한 일이다. 만약 척추동물이 현존하는 대추멍게처럼 조수간만의 영향을 받는 동물에서 유래되었다면 이런

이 동물에서 창고기처럼 완전한 조직화가 이루어지지 않은 어류 집단이 갈라져 나왔을 것이다. 그리고 여기서 경린어가 나오고 폐어 같은 어류로 발달했음이 틀림없다. 그런 어류에서 아주 작은 진보가 일어나 양서류가 출현했을 것이다. 우리는 조류와 파충류가 한때 매우 밀접하게 연결되어 있었다는 것을 살펴본 적이 있다. 그리고 단공류는 포유류를 파충류에 약하나마 연결시키고 있다. 그러나 현재로는 아무도 포유류, 조류, 파충류처럼 고등한 집단이 양서류, 어류같이 하등한 척추동물에서 어떤 계열을 통해 유래되었는지 알지 못한다. 옛 단공류부터 옛 유대류까지 이어지는 단계와 이들 동물에게서 태반 포유류까지 이어지는 단계를 이해하는 것은 어렵지 않다. 여우원숭이과로 거슬러 올라가 살펴보는 것이 나을 것이다. 여우원숭이과부터 원숭이과에 이르는 간격은 그렇게 크지 않다. 그후 원숭이과는 신세계 원숭이와 구세계 원숭이의 큰 두 갈래로 갈라졌다. 그리고 구세계 원숭이에서 아주 먼 옛날에 우주의 놀라움과 영광인 인간이 갈라져나왔다.

---

사실이 납득될 것이다. 이와 같이 주기성을 갖는 많은 사례를 제시할 수 있을 것이다. 예를 들면 포유류의 임신 기간, 신체 발열(發熱)의 지속 기간 등과 같은 것이 주기성을 띤다. 알의 부화도 좋은 예다. 바틀릿의 *Land and Water*, 1871. 7. 7에 따르면 비둘기의 알은 2주 만에 부화한다고 한다. 닭의 알은 3주 만에 부화하고, 오리의 알은 4주 만에 부화한다. 그리고 거위의 알은 5주 만에 부화하며, 타조의 알은 7주 만에 부화한다. 판단컨대 반복적으로 나타나는 주기가 어떤 과정이나 기능을 위해 대체로 옳은 기간으로 작용했다면 그것이 일단 획득되었을 때 쉽게 변하지는 않았을 것이다. 결과적으로 그런 주기성은 집단의 모든 구성원에게 전달되었을 것이다. 그러나 기능이 변하면 기간도 변할 수밖에 없었을 것이고 이런 변화는 일주일 간격으로 거의 단절적인 변화가 일어나는 경향이 있었을 것이다. 이 결론이 옳다면 이것은 매우 주목할 만한 것이다. 왜냐하면 포유류의 임신 기간과 새들의 부화와 그외의 많은 중요한 과정은 그들의 원시 출생지에 대한 정보를 은연중에 드러내고 있을 것이기 때문이다.

이같이 우리는 인간의 기원에 대한 막대한 길이의 계통도를 제시했다. 그러나 이 긴 계통도에 고결한 특성이 있다고 말하기는 어려울 것 같다. 사람들은 이 세상이 인간의 출현을 오랫동안 준비했다는 말을 종종 한다. 이것은 어느 한편으로 생각하면 맞는 말이 될 수 있다. 조상들의 긴 계보 덕분에 인간이 출현했기 때문이다. 이 사슬의 고리 중 어느 하나만 존재하지 않았더라도 인간은 오늘날의 모습과 똑같지는 않았을 것이다. 고의로 눈을 감고 주어진 사실을 못 본 체하지만 않는다면, 우리는 오늘날의 지식을 통해 인간의 혈통을 대략이나마 인식할 수 있을 것이다. 그것을 부끄럽게 생각할 필요는 없다. 아무리 하찮은 생물이라도 우리 발밑의 무생물 티끌보다는 훨씬 더 고상하다. 편견이 없는 사람이라면 가장 하찮은 생물을 연구할 때에도 그 생물의 기묘한 구조와 특성에 큰 감동을 받지 않을 수 없다.

# 제7장　인종

　　종이 갖는 특성의 본질과 가치 ― 인종에게 적용시킴 ― 소위 말하는 인종을 별개의 종으로 나누는 것에 대한 찬반 양론 ― 아종(亞種) ― 일원주의자와 다원주의자 ― 형질의 수렴 ― 대부분의 인종들이 보이는 신체와 정신의 많은 유사성 ― 처음으로 지구에 퍼졌을 시절의 인간 상태 ― 한 쌍에서 유래되지 않은 각 인종 ― 인종의 멸망 ― 인종의 형성 ― 교잡의 영향 ― 생활 조건이 미치는 직접적인 작용의 작은 영향 ― 자연선택의 미미한 영향 ― 성선택

　　여기서 나는 소위 말하는 인종 그 자체에 대해 설명하려는 것이 아니다. 나는 분류학적인 관점에서 인종 간의 차이에 대한 평가는 무엇이며 각각의 인종이 어떻게 기원했는지를 알아보려 한다. 두 개 이상의 유사한 생명체를 종으로 묶을지 변종으로 나눌지를 결정하기 위해서 박물학자들은 특히 다음과 같은 사항에 의거한다. 즉 그들이 보이는 차이의 정도와 그런 차이가 구조와 얼마만큼 관련되어 있는지를 고려하고 그들이 생리적으로 얼마나 중요한지를 생각한다. 그러나 무엇보다도 특히 그러한 특징들이 지속적인 것인지를 숙고한다. 박물학자들은 변하지 않는 특징을 중요하게 생각하며 이것을 주로 고려하여 조사한다. 문제의 생물이 오랫동안 별개의 것으로 유지되고 있다는 것이 밝혀지거나 그럴 가능성이 있는 것으로 밝혀진다면 그들을 종으로 취급하자고 주장하는 것이 유리할 것이다. 어떤 두 생

물이 처음으로 교배했을 때 그들이나 그 후손에게 불임성이 약간이라도 나타난다면 사람들은 일반적으로 그들을 서로 별개의 종으로 여기는 결정적인 검정 결과를 얻었다고 생각한다. 그들이 동일한 지역에서 다른 생물과 혼합되지 않고 유지된다면 사람들은 이것을 어느 정도의 상호 불임성이나 짝짓기를 혐오하는 것에 대한 충분한 증거로 여기는 것이 일반적이다.

상호 교배에 의한 융합을 제외한다면, 조사가 충분히 이루어진 지역에서 가까운 두 친척 생물을 연결하는 변종이 전혀 존재하지 않는다는 사실은 아마 종의 개별성에 대한 가장 중요한 판단 기준일 것이다. 단순히 형질의 항구성만을 고려하는 것과는 다소 관점이 다른 것이다. 두 생물이 서로 크게 달라 아직 중간 변종을 만들어내지 못한 것이 그 이유가 될 수 있다. 우리는 때로는 무의식적으로, 때로는 의식적으로 지리적 분포를 고려하는 경우도 있다. 그래서 대부분의 동물 분포 면에서 차이를 보이는 상당히 격리된 지역에 사는 두 동물이 서로 다를 때, 우리는 그들을 대개 별개의 종으로 여기게 된다. 그러나 사실 이것은 소위 말하는 '훌륭한 종', 즉 진정한 종과 지리적 품종을 구별하는 데 아무런 도움도 주지 못한다.

이제 박물학자가 동물을 바라보는 것과 같은 마음으로 인간을 바라보면서 이런 보편적 원리를 인종에게 적용시켜보자. 인종 간의 차이가 얼마나 되는지를 알아보기 위해서는 우리 자신을 관찰하는 오랜 습관에서 얻은 훌륭한 판별력을 어느 정도 이용해야 한다. 엘핀스톤이 말했듯이 인도에 새로 도착한 유럽인은 그곳의 여러 원주민 족속을 처음에는 구별할 수 없지만 얼마 지나지 않아 그들이 서로 아주 다르다는 것을 알게 된다.[1] 마찬가지로 힌두 사람도 처음에는 유럽

---

1) Elphinstone, *History of India*, vol. 1, 1841, 323쪽. 리파(Ripa) 신부님도 중국

여러 나라 사람들의 차이를 구별하지 못한다. 서로 아주 다른 인종도 처음에 상상했던 것보다는 그 외형이 서로 비슷하다. 일부 흑인 종족은 제외해야 되겠지만 다른 종족의 얼굴 생김새는 백인의 모습이다. 이것은 롤프스(Rohlfs)가 내게 보낸 편지에서도 나타나고 내가 스스로 관찰한 내용이기도 하다. 보편적으로 나타나는 이런 유사성은 『파리 자연사 박물관의 인류학 총서』(*Collection Anthropologique du Muséum de Paris*)에 실린 여러 인종의 사진에서도 잘 나타난다. 그들 중 많은 사람은 유럽인으로 통할지도 모르겠다. 많은 사람이 내가 보여준 사진을 보고 그렇게 말했다. 그렇기는 하지만 사진 속의 사람들을 실제로 본다면 매우 다르게 보일 것이 틀림없다. 따라서 피부와 머리칼의 단순한 색깔, 얼굴 생김새의 미세한 차이, 그리고 표정이 우리가 판단을 하는 데 큰 영향을 준다는 것은 틀림없다.

그러나 면밀히 비교하고 측정해보면 각각의 인종이 서로 크게 다르다는 것은 의심할 여지가 없다. 머릿결, 인체 여러 부위의 상대적 비율,[2] 허파의 용량, 두개골의 모양과 용량, 심지어는 대뇌 표면의 주름에 이르기까지 서로 크게 다르다.[3] 그러나 수많은 차이점을 일일이 열거한다는 것은 한도 끝도 없을 것이다. 각 인종은 체질, 새 풍토에 대한 적응, 특정 질병에 대한 감수성 면에서도 서로 차이를 보인다. 마찬가지로 인종의 정신적 특징도 서로 크게 다르다. 주로 감정 면에서 크

---

인에 대해서 이와 똑같은 말을 했다.

[2] 굴드(B.A. Gould)가 쓴 『미군 병사에 대한 군사 인류학 통계 조사』(*Investigations in the Military and Anthropological Statistics of American Soldiers*, 1869, 298~358쪽)에 실린 「허파의 용량」("On the capacity of the Lungs")에는 백인, 흑인, 인도인에 대한 방대한 양의 실측 자료가 실려 있다. 셰르처(K. Scherzer)와 슈바르츠(Schwarz)의 관찰 결과에서 얻은 사실을 Weisbach, *Reise der Novara: Anthropolog. Theil*, 1867에 귀중한 여러 개의 표로 작성해놓았으니 참조하시오.

[3] 예를 들어 *Philosophical Transactions*, 1864, 519쪽에 부시먼 여자의 뇌에 대해 설명한 마셜(Marshall)의 글이 있으니 참조하시오.

게 다르지만 지적인 능력 면에서도 부분적으로는 차이를 보인다. 남아메리카 원주민과 흑인을 비교해본 적이 있는 사람은 누구나 침울할 정도로 과묵한 남아메리카 원주민과 쾌활하고 수다스러운 흑인이 보이는 대조에 틀림없이 놀랐을 것이다. 말레이 사람과 파푸아 사람 사이에도 거의 비슷한 대조가 나타난다.[4] 그들이 살고 있는 물리적 환경은 같고 좁은 바다만이 그들을 격리시키고 있는데도 말이다.

우선 인종을 별개의 종으로 분류하려는 쪽의 주장에 대해 살펴본 후, 그 반대 주장을 살펴보자. 흑인, 호텐토트족,* 오스트레일리아 원주민, 몽고 인종을 전에 한 번도 본 적이 없는 박물학자가 만약 그들을 서로 비교한다면 그들의 많은 형질이 서로 다르다는 것을 곧 알아차리게 될 것이다. 일부 형질은 미미한 것이고 일부 형질은 매우 중요한 것이다. 그들이 다양한 기후에 살 수 있도록 적응되었다는 사실은 조사를 통해 밝혀질 것이다. 그리고 그들이 체질과 정신적 성향도 어느 정도 서로 다르다는 것이 알려질 것이다. 만약 박물학자가 같은 나라에 수백 명의 유사한 표본이 존재한다는 말을 들었다면 그는 많은 종에게 종명을 붙여주는 습관대로 그들이 각각 진정한 종이라고 선언했을 것이 틀림없다. 이들이 수세기에 걸쳐 동일한 형질을 간직해왔으며 현존 흑인과 동일한 흑인이 적어도 4,000년 전에 살았다는 사실을 그 박물학자가 확인하게 된다면 이 결론은 크게 강화될 것이다.[5]

---

4) A.R. Wallace, *The Malay Archipelago*, vol. 2, 1869, 178쪽.
5) 일부 학자는 그 유명한 이집트의 아부심벨 대신전의 동굴에 그려진 벽화에서 수십 개 나라 사람들의 얼굴을 구별할 수 있다고 믿고 있지만 푸셰(M.G. Pouchet)는 『인종의 다양성』(*The Plurality of the Human Races,* 영역본, 1864, 50쪽)에서 자기는 그럴 능력이 전혀 없다고 말했다. 특징이 매우 뚜렷한 인종에 대해서도 이 주제에 대해 씌어진 것에서 예견될 수 있을 정도로 모든 사람의 견해가 동일할 수는 없다. 한 예로 노트(Nott)와 글리던(Gliddon)은 『인류의 유형』(*Types of Mankind*, 148쪽)에서 람세스 2세 대왕이 유럽인의 얼굴 모습을 똑같이 닮았다고 말했다. 반면에 인종 간의 뚜렷한 차이점을 확고하게

관찰 능력이 뛰어난 룬트(Lund)의 작품을 통해[6] 그 박물학자는 많은 포유류가 절멸하며 함께 묻힌 브라질의 동굴에서 발견된 인간의 두개골이 현재 아메리카 대륙에 널리 분포하는 사람들의 두개골과 동일한 유형이라는 것을 알게 될 것이다.

이제 박물학자는 지리적 분포 쪽으로 눈을 돌릴 것이다. 그리고 그들이 외모에서 서로 다를 뿐만 아니라, 무덥고 습하고 건조한 지역과 극지방에도 적응한 별개의 종으로 분류되어야 한다고 주장할 것이다. 그는 인간 다음의 집단, 즉 사수목 동물에 속하는 그 어떤 종도 저온이나 기후의 큰 변화를 견딜 수 없다는 사실을 근거로 들면서 자기의 주장을 펼 것이다. 또 인간과 가까운 종이 유럽의 온화한 기후에서도 성숙할 때까지 키워진 적이 없었다는 사실을 인용할지도 모른다. 여러 인종은 여러 종과 속의 포유류들이 서식하는 것과 동일한 분포를 보인다는 아가시의 글은 그에게 깊은 감명을 줄 것이다.[7] 오스트레일리아 원주민, 몽고인, 흑인종이 분명 이 사례에 해당한다. 그리고 호텐토트족의 경우도 뚜렷하지는 않지만 이에 해당하는 것으로 여겨진다. 그러나 월리스가 보여주었듯이 거대한 말레이반도와 오스트레일리아의 동물 분포 지역을 분할하는 선과 거의 동일한 선으로

---

믿는 녹스(R. Knox)는 『인종』(*Races of Man*, 1850, 201쪽)에서 젊은 멤논(내가 버취[Birch]에게 들은 바에 따르면 람세스 2세와 동일하다)이 안트베르펜*에 사는 유대인들과 특성이 같다고 강하게 주장했다. 내가 아무노프 3세의 상을 보았을 때 그 시설을 관리하는 능력 있는 두 사람은 아무노프 3세의 얼굴 생김새가 뚜렷한 흑인의 특징을 보였다고 판단했다. 나는 그들의 의견에 동의한다. 그러나 노트와 글리던은 앞의 책(146쪽, 〈그림-53〉)에서 아무노프 3세가 '흑인의 여러 특징을 혼합적으로 보인' 것이 아니라 혼혈이라고 설명한다.

6) 노트와 글리던이 『인류의 유형』, 1854, 439쪽에 인용했다. 그들은 확실한 증거도 제시했다. 그러나 포크트는 그 주제에 대해서 더 많은 조사가 필요하다고 생각했다.

7) L. Agassiz, "Diversity of Origin of the Human Races," *Christian Examiner*, 1850. 7.

나뉘는 파푸아 사람과 말레이 사람의 경우는 틀림없이 이에 해당한다. 아메리카 원주민들은 아메리카 대륙 전체에 걸쳐 분포한다. 처음에 이것은 위의 규칙에 어긋나는 것으로 보였다. 왜냐하면 남아메리카와 북아메리카의 생물 분포상이 서로 크게 다르기 때문이었다. 그러나 주머니쥐 같은 일부 생물은 빈치류(Edentata)*의 일부 종과 마찬가지로 남아메리카와 북아메리카에 걸쳐 두루 분포한다. 에스키모인은 극지방 동물들과 마찬가지로 전체 극지방 주위에 퍼져 있다. 분포 지역의 거리가 멀다고 해서 동물이 이에 비례하여 큰 차이를 보이는 것은 아니라는 사실을 알아야 한다. 그러므로 아프리카 대륙의 흑인과 다른 지역의 인종이 그곳에 각각 살고 있는 포유류보다 더 큰 차이를 보이고, 아메리카 대륙의 원주민과 다른 지역의 인종이 그곳에 각각 살고 있는 포유류에 비해 더 작은 차이를 보이는 것을 비정상적인 현상으로 여겨서는 안 된다. 어떤 섬이든 그곳에 인간이 원래부터 살고 있었다고 보기는 어렵다는 사실을 고려해야 한다. 따라서 섬에 사는 사람이라 하더라도 다른 지역에 사는 사람과 비슷하다.

가축의 한 변종이 있다고 가정할 때, 그것이 그저 변종에 불과한 것인지 아니면 그들이 다른 야생 종에서 유래된 별개의 종인지를 결정하는 데 모든 박물학자는 그들의 외부 기생충이 별개의 종인지 아닌지를 크게 강조할 것이다. 이것은 아주 특별한 경우이므로 나는 이 사실에 큰 중요성을 부여하고 싶다. 내가 이런 말을 하는 이유는 데니(H. Denny)가 내게 영국에 사는 개, 닭, 비둘기 등은 같은 종의 이에 감염된다는 사실을 알려주었기 때문이다. 머리는 여러 지역에 사는, 서로 다른 인종에 기생하는 이를 수집하여 면밀히 조사했다.[8] 그 결과 그는 이의 색깔뿐만 아니라 발톱과 다리의 구조도 서로 다르다는

---

8) T.A. Murray, *Transactions of the Royal Society of Edinburgh,* vol. 22, 1861, 567쪽.

것을 발견했다. 많은 표본을 얻을 수 있는 경우에는 그들 사이의 차이점이 항상 일정하게 나타났다. 태평양의 한 포경선에 상주했던 의사가 내게 알려준 바에 따르면 하와이 제도 원주민에게 극성을 부리던 이가 영국 선원의 몸으로 옮아오면 3~4일 내에 모두 죽어버린다고 한다. 그 의사가 내게 제공한 표본에 따르면 이 이들은 짙은 색깔을 띠고 있었으며 남아메리카 칠레의 원주민에게서 발견되는 이와 달라 보였다. 또 이 이들은 유럽의 이보다 더 크고 연해 보였다. 머리는 아프리카의 동부 해안과 서부 해안의 흑인, 호텐토트족, 카피르족에게서 네 종류의 이를 수집했다. 또 오스트레일리아 원주민에게서 두 종류, 북아메리카와 남아메리카에서 각각 두 종류의 이를 채집했다. 남아메리카의 이는 서로 다른 지역에 사는 원주민의 몸에서 채집된 것으로 보인다. 곤충의 경우 아주 근소한 구조 차이도 그것이 일정하게 나타나는 것이라면 일반적으로 그 차이는 종 수준의 가치가 있는 것으로 여겨진다. 그리고 여러 인종에 만연하는 기생충을 서로 다른 종으로 여긴다는 사실은 인종 자체를 별개의 종으로 취급해야 한다는 근거가 될 수 있을지도 모르겠다.

우리의 상상 속 박물학자는 자기의 연구를 그렇게 진척시킨 후 다음으로 서로 다른 인종을 교배시킬 때 어느 정도의 불임성이 나타나는지를 조사할 것이다. 그는 주의 깊고 현명한 관찰자인 브로카의 작품을 참조했을지도 모른다.[9] 그는 브로카의 작품에서 일부 인종은 서로 결혼하여 아기를 낳을 수 있으며 또 일부 인종은 그렇지 않다는 증거를 발견할지도 모른다. 오스트레일리아와 태즈메이니아의 원주민 여성은 유럽 남성의 아이를 낳을 수 없다는 주장이 제기된 적이 있다. 그러나 이 항목에 대한 증거는 거의 가치가 없는 것으로 밝혀

---

9) M.P. Broca, *On the Phenomena of Hybridity in the Genus Homo,* 영역본, 1864.

졌다. 순수 혈통의 흑인은 혼혈아를 죽인다. 최근에 발행된 한 기사에 따르면 11명의 어린 혼혈아가 동시에 살해되어 불태워졌다고 한다. 그들의 유골을 경찰이 발견했다.[10] 흑인과 백인 사이에서 태어난 혼혈아들은 서로 결혼하여 아이를 거의 낳지 못한다는 말도 있다. 반면에 찰스턴에 있었던 바흐만은 여러 세대 동안 혼혈아끼리 결혼한 가족을 알고 있다고 했는데 그들은 순수 백인이나 흑인 같은 정도의 번식력을 유지했다고 강하게 주장했다.[11] 라이엘(C. Lyell)은 과거에 이 주제에 대해 조사한 적이 있는데 그가 내게 알려준 바에 따르면 그도 같은 결론에 도달했다고 했다.[12] 바흐만에 따르면 1854년 미국에서 행한 인구조사에서 40만 5,751명의 혼혈아가 있는 것으로 밝혀졌다고 한다. 모든 상황을 고려해볼 때 이 숫자는 적어 보인다. 그러나 그것은 이들 계급의 지위가 낮고 안정되어 있지 못하다는 것이 어느 정도 그 이유가 될 것 같다. 또 여성들이 방탕한 것도 한몫을 차지하는

---

10) *Anthropological Review*, 1868. 4, 53쪽에 실린 머리의 흥미로운 편지를 참조하시오. 이 편지에서 알 수 있듯이 백인 남성의 아이를 낳은 오스트레일리아의 원주민 여성들이 나중에 자신의 종족에 대해서는 불임이 되었다는 스트르젤레키(Strzelecki) 백작의 설명은 그릇됨이 증명되었다. 콰트르파주도 오스트레일리아 원주민과 유럽인은 상호 불임이 아니라는 것을 보여주는 여러 증거를 수집했다(*Revue des Cours Scientifiques*, 1869. 3, 239쪽).

11) Bachman, *An Examination of Prof. Agassiz's Sketch of the Nat. Provinces of the Animal World*, 1855, 44쪽.

12) 롤프스는 내게 보낸 편지에서, 아랍 민족의 한 갈래인 사하라 종족과 베르베르족*과 흑인의 피가 섞인 종족을 발견했으며 그 종족에게는 매우 훌륭한 생식 능력이 있다고 했다. 그에 반해 리드(W. Reade)가 내게 알려준 바에 따르면 골드코스트*에 살고 있는 흑인들은 백인과 혼혈아에 대해 감탄하며 바라보지만, 혼혈아끼리 결혼하면 아이들이 별로 태어나지 않으며 태어난 아이들도 병약하기 때문에 서로 결혼을 해서는 안 된다는 격언이 있다고 한다. 리드가 말했듯이 우리는 이들의 믿음에 주의를 기울일 만하다. 왜냐하면 백인이 골드코스트를 찾아가 그곳에 거주한 지 400년이나 되어 그곳의 원주민들이 경험을 통해 지식을 얻을 만한 충분한 시간이 있었기 때문이다.

것 같다. 일정 수의 혼혈아가 흑인 집단 속으로 유입되는 현상은 항상 일어나고 있는 것이 틀림없다. 이것도 혼혈아가 감소하는 요인으로 작용할 것이다. 혼혈아의 생명력이 떨어지는 것은 잘 알려진 현상이라고, 믿을 수 있는 논문에서 제기한 바 있다.[13] 이것은 생식 능력의 감소에서 나온 별개의 고려 사항이지만 그들의 부모 인종이 서로 별개의 종이라는 증거로 제출할 수도 있을 것 같다. 극단적으로 서로 다른 동식물에서 태어난 잡종이 이른 나이에 쉽게 죽는다는 것은 의심할 여지가 없다. 그러나 혼혈아의 부모를 이같이 극단적인 서로 다른 종으로 취급할 수는 없다. 노새는 오래 살며 강한 것으로 유명하지만 불임이다. 노새를 보면 잡종이 보이는 번식력의 감소와 생활력 사이에 필연적인 연관성은 거의 없어 보인다. 다른 유사한 사례들을 더 들 수도 있다.

　모든 인종의 사람들이 상호 완전하게 생식 능력을 갖고 있다는 것이 차후에 증명되더라도 또 다른 이유 때문에 인종들을 별개의 종으로 취급하려는 사람은 생식 능력이나 불임성이 종을 구별하는 적절한 기준은 아니라고 조리 있게 주장할지도 모른다. 이런 특성들은 생활 조건의 변화나 가까운 종 사이의 교배에 따라 쉽게 영향을 받는다는 것을 우리는 알고 있다. 또 매우 복잡한 법칙의 지배를 받는다는 것도 알고 있다. 예를 들면 두 종의 암수가 서로 바뀌어 이루어진 교배의 경우는 생식 능력이 동일하게 나타나지 않는다. 확실히 서로 다른 종으로 등급이 매겨져야 할 생물들이 교배했을 때 철저한 불임성이 나타나는 경우부터 거의 완전한 생식 능력을 갖는 경우에 이르기까지 완벽한 연속 시리즈가 존재한다. 불임성의 정도가 부모의 외부

13) B.A. Gould, *Investigations in the Military and Anthropological Statistics of American Soldiers*, 1869, 319쪽.

구조나 생활 습성의 차이와 완전히 일치하는 것은 아니다. 여러 면에서 인간은 오랫동안 가축으로 길러온 동물들과 비교될 수 있다. 자연 상태에서 종간 교배가 일어나면 이것은 흔히 불임성으로 연결된다. 그런데 가축화는 바로 이런 불임성을 제거하는 경향이 있다는 팔라스주의(Pallasian doctrine)를 지지하는 방대한 증거들이 있다.[14] 이런 여러 가지 사항을 고려해볼 때, 인종 사이에 완전한 생식 능력이 있

---

14) *The Variation of Animals and Plants under Domestication*, vol. 2, 109쪽. 여기서 나는 독자들에게 이종 교배 때 생기는 종의 불임성이 특별하게 획득된 특성이 아니라는 것을 상기시키고 싶다. 이것은 특정한 나무들이 서로 접목되지 않는 것과 마찬가지로 종이 획득한 여러 가지 차이 때문에 부수적으로 일어나는 것이다. 이런 차이의 본질은 알려지지 않았다. 그러나 그들은 생식계와 밀접하게 관련되어 있으며 외부 구조나 체질의 일반적인 차이와는 그 관련성이 적다. 교배 대상이 되는 두 개체 중 어느 한쪽이나 양쪽 모두가 고정된 환경에 오랫동안 길들여짐으로써 불임이 일어날 수 있다. 이런 말을 하는 이유는 변화된 주위 환경이 생식계에 특별한 영향을 미친다는 사실을 알고 있기 때문이다. 그리고 앞에서도 말했듯이 자연 상태에서 교배하여 흔히 불임이 일어나는데, 가축화에 따르는 환경 변화는 이런 불임을 제거하는 경향이 있기 때문이다. 여기에는 신뢰할 만한 근거가 충분히 있다. 나는 다른 곳에서 (위의 책, 제2권, 185쪽과 『종의 기원』) 이종 교배로 생긴 불임이 자연선택을 통해 획득되지 않는다는 것을 보인 바 있다. 두 생물이 큰 불임성을 보일 때 이들 중에서 불임성이 더 강한 개체들의 보존과 생존으로 이런 불임성이 증가한다는 것은 거의 불가능하다. 왜냐하면 불임성이 증가할수록 그런 교배로는 자손의 수가 점차 줄어들 것이고 결국에는 단 하나의 개체만이 태어나 번식이 불가능해질 것이기 때문이다. 그러나 이것보다 더 심한 정도의 불임성이 있다. 게르트너(Gärtner)와 쾰로이터(Kölreuter)는 여러 식물 종이 포함되는 속(屬)에서 이종 교배가 일어난 경우, 아주 적은 종자만을 생산하는 종부터 단 하나의 종자도 생산하지 못하는 종까지 연속적으로 종을 나열할 수 있다는 것을 증명했다. 전혀 종자를 만들어내지 못하는 경우는 다른 종의 꽃가루에 의해 생식질이 부풀어오르는 것 같은 영향 정도만을 받는 경우다. 이런 상황에서 불임의 정도가 심한 개체가 선택된다는 것은 정말로 불가능하다. 불임 개체는 이미 종자를 생산하지 못한다. 그래서 생식질만이 영향을 받는 경우 자연선택을 통해 완전한 불임성이 획득될 수는 없는 것이다. 완전한 불임성은 다른 여러 등급의 불임성과 마찬가지로 이종 교배가 일어난 종의 생식계 조성 면에 어떤 알지 못하는 차이가 있기 때문에 일어난 부수적인 결과다.

다고 하더라도 우리가 여러 인종을 별개의 종으로 취급하는 것을 철저하게 배척하지는 못할 것이다.

이종 교배로 태어난 후손의 생식 능력과는 별도로 이들이 보이는 특징은 부모 종이 종으로 등급이 매겨질 것인지 변종으로 등급이 매겨질 것인지를 나타내주는 것으로 생각되었다. 그러나 증거를 면밀히 조사한 후 나는 어떤 보편적 규칙도 신뢰할 수 없다는 결론에 이르게 되었다. 이종 교배로 나타난 통상적인 결과는 잡종, 즉 중간 생물의 출현이다. 그러나 후손 중의 일부가 부모 중 어느 한쪽을 매우 많이 닮는 경우도 있다. 이런 현상은 특히 부모의 형질이 급격한 변이나 기형으로 보이는 경우에 일어나는 경향이 있다.[15] 롤프스가 아프리카에서 흑인과 다른 인종 사이에서 태어난 자식들을 관찰한 바에 따르면 이들은 완전하게 검거나 완전하게 희거나 또는 드문 경우이지만 얼룩무늬로 태어난다고 한다. 그래서 이것을 언급하는 것이다. 그에 반해 아메리카의 혼혈아들은 일반적으로 중간 외형을 보이는 것으로 잘 알려져 있다.

박물학자가 충분한 정당성을 갖고 여러 인종을 별개의 종으로 취급할 수도 있다는 것을 우리는 이제 알게 되었다. 왜냐하면 박물학자는 인종은 일부 중요한 구조와 체질을 포함해서 여러 가지 점에서 차이를 보이며 구별이 된다는 것을 알았기 때문이다. 또한 이런 차이는 아주 오랫동안 거의 일정하게 유지되었다. 모든 인류를 하나의 단일한 종으로 생각해보자. 그러면 인류가 보이는 다양성은 포유류 내에서 그 유례를 찾기 힘들 정도로 이례적인 것이 된다. 그것도 우리의 박물학자에게 어느 정도 영향을 미쳤을 것이다. 그는 소위 여러 인종의 분포가 포유류의 여러 별개 종의 분포와 일치한다는 사실을 생각

---

15) *The Variation of Animals and Plants under Domestication,* vol. 2, 92쪽.

했을 것이다. 마지막으로 모든 인종 간의 상호 생식 능력이 아직까지 완전히 증명된 것은 아니라고 주장할 수도 있다. 그리고 설사 증명된다 하더라도 그 사실 자체가 모든 인종이 동일한 종이라는 것을 보여주는 결정적인 증거는 아니라고 주장할 수도 있다.

이제부터는 질문의 다른 측면을 살펴보자. 만약 여러 인종이 같은 나라에 대규모로 섞여 있을 때 보통 종과 같이 계속하여 격리되었는지를 조사한다면 박물학자는 이것이 절대로 불가능하다는 것을 즉시 알게 될 것이다. 브라질에서 그는 흑인과 포르투갈인 사이의 수많은 혼혈아 집단을 볼 수 있을 것이다. 칠레와 남아메리카의 여러 지역에서는 여러 등급으로 혼합된 인디언과 에스파냐인들로 이루어진 큰 집단을 볼 수 있을 것이다.[16] 또 남아메리카 대륙에서 그는 흑인, 인디언, 유럽인 사이의 매우 복잡한 혼혈을 만나게 될 것이다. 그리고 식물계에서 확인한 바와 같이 이 같은 삼중 교잡은 이들이 서로 생식 능력이 있는지를 엄격하게 검증하는 수단이 된다. 그는 태평양의 한 섬에서 폴리네시아인과 영국인 사이의 혼혈로 이루어진 작은 집단을 발견할 것이다. 그리고 피지 제도에서는 폴리네시아인과 니그리토*가 여러 단계로 섞인 집단을 발견할 것이다. 아프리카 같은 곳에서도 유사한 사례를 많이 볼 수 있다. 그러므로 인종은 같은 나라에 살면서 융합되지 않을 만큼 크게 다른 것은 아니다. 그리고 융합이 전혀 일어나지 않는다는 사실은 두 집단을 별개의 종으로 인정하는 통상적이면서도 가장 훌륭한 판단 기준이 된다.

우리의 박물학자는 모든 인종 특유의 형질이 매우 가변적이라는

---

16) *Quatrefages, Anthropological Review,* 1869. 1, 22쪽에서 브라질의 파울리스타족의 성공과 활동력에 대해서 흥미로운 설명을 했다. 이들 집단은 포르투갈인과 인디언의 피가 섞인 사람들로 이루어져 있으며 다른 여러 인종의 피가 섞인 혼혈아도 발견되는 집단이었다.

사실을 깨닫자마자 또 크게 혼란스러워할 것이다. 이런 사실은 아프리카의 모든 지역에서 브라질로 들어온 흑인 노예를 처음 본 모든 사람에게 충격을 줄 것이다. 폴리네시아인과 그외의 다른 많은 인종에 대해서도 동일한 견해를 적용시킬 수 있다. 한 인종에게 항상 특징적으로 나타나는 불변의 형질을 찾는 것은 불가능할 것 같다. 야만인은 같은 종족 내에서도 그 형질이 균일하지 않다는 주장이 종종 제기되고 있다. 호텐토트족의 여성은 다른 어떤 종족보다도 뚜렷한 특징을 지니고 있다. 그러나 이런 특징도 항상 일정하게 나타나지는 않는 것으로 알려져 있다. 아메리카의 여러 부족은 피부색과 털의 양에서 상당히 큰 차이를 보인다. 마찬가지로 아프리카의 흑인은 피부색에서 어느 정도의 차이를 보이고 얼굴 생김새들도 서로 크게 다르다. 일부 인종의 두개골 형태는 매우 심한 변이를 보이며,[17] 다른 모든 형질에 대해서도 같은 원리가 적용된다. 이제 모든 박물학자는 값비싼 경험을 통해 가변적인 형질을 이용하여 종을 정의하려는 것이 얼마나 경솔한지를 배웠다.

그러나 여러 인종을 별개의 종으로 취급하는 것에 반대하는 모든 주장 중에서 가장 중요한 것은 우리가 알고 있는 모든 혼혈의 경우와 관계없이 그들이 점진적인 여러 등급으로 나뉘어 있다는 것이다. 인간에 대해서는 다른 어떤 동물보다도 더 많은 연구를 주의 깊게 진행시키며 그들을 어떻게 판단하는지에 대해 엄청나게 다양한 가능성이 여전히 존재한다. 학자에 따라 인간을 1개, 2개(버레이), 3개(재퀴노트), 4개(칸트), 5개(블루멘바흐), 6개(뷔퐁), 7개(헌터), 8개(아가시), 11개(피커링), 15개(성 빈센트), 16개(데물랭), 22개(모턴), 60개(크

---

17) 예를 들어 헉슬리는 미주 지역 원주민과 오스트레일리아 원주민, 그리고 남부 독일과 스위스에 사는 많은 사람의 두개골이 타르타르족*의 두개골만큼이나 짧고 넓다고 했다(*Transact. Internat. Congress of Prehist. Arch.*, 1868, 105쪽).

로퍼드), 또는 63개(버크)의 종이나 인종으로 분류하자는 다양한 견해들이 있다.[18] 이렇게 판단이 다양하다고 해서 여러 인종에게 종의 등급을 주지 말아야 한다는 것이 증명된 것은 아니다. 다만 이들은 서로 점진적으로 연결될 수 있으며 각각의 등급 사이에는 뚜렷이 다른 차이점이 거의 발견되지 않는다는 사실을 보여주는 것이다.

지극히 가변적인 생물 집단을 기술하는 임무를 불행하게도 떠맡은 모든 박물학자는 인간의 경우와 정말로 똑같은 사례(나는 경험을 통해 말하는 것이다)를 수없이 경험한다. 만약 신중하게 생각하는 박물학자라면 서로 단계적으로 변하는 모든 생물을 하나의 종으로 묶음으로써 결말을 낼 것이다. 왜냐하면 그는 자기가 정의할 수 없는 대상에 이름을 붙여줄 권리가 없다는 것을 인정할 것이기 때문이다. 이런 종류의 사례는 인간이 포함된 영장목, 즉 원숭이의 일부 속(屬)에도 나타난다. 반면에 긴꼬리원숭이(*Cercopithecus*) 같은 일부 속은 대부분의 종이 확실하게 결정되는 경우도 있다. 미국산 꼬리감기원숭이(*Cebus*)에 속하는 여러 종류를 일부 박물학자는 각각의 종으로, 다른 일부 박물학자는 여러 지리적 품종으로 분류한다. 만약 꼬리감기원숭이에 속하는 수많은 표본이 남아메리카의 모든 지역에서 수집되고 현재 별개의 종으로 여겨지는 여러 동물이 아주 작은 간격에 따라 서로 점진적으로 변하는 것이 발견된다면 그들은 단지 변종이나 품종으로 분류될 것이다. 대부분의 박물학자는 인종에 대해 이런 원리를 따르고 있다. 그렇지만 최소한 식물계에는 어쩔 수 없이 별개의 종으로 명명할 수밖에 없는 종들이, 상호 교배의 문제는 별개로 하더라도 수없이 많은 점진적인 단계로 서로 연결되는 경우가 있다는 것을 인정해야만 할

---

18) 웨이츠(Waitz)는 *Introduction to Anthropology*, 영역본, 1863, 198~208, 227쪽에서 이 주제에 대해 훌륭하게 논의했다. 위에서 언급한 내용 중 일부는 H. Tuttle, *Origin and Antiquity of Physical Man*, 1866, 35쪽에서 인용한 것이다.

것이다.[19]

　최근 일부 박물학자들은 진정한 종의 여러 특징이 있지만 그렇게 높은 등급으로 매기기 어려운 생물을 가리키기 위해서 '아종'(亞種)이라는 용어를 사용한다. 만약 우리가 여러 인종을 고귀한 종의 수준으로 끌어올리려는 여러 논의와, 다른 한편으로 그 경계를 뚜렷이 정하는 데 있어 극복하기 어려운 난국을 함께 생각해본다면 여기에서 아종이라는 용어를 사용하는 것이 타당할지도 모르겠다. 그러나 오랜 습관 때문에 '인종'(race)이라는 용어를 계속 쓸 수도 있다. 용어 선택은 가능하다면 동일한 정도의 차이에 대해 동일한 용어를 사용하는 것이 바람직할 때만 중요할 뿐이다. 그렇지만 불행하게도 이것은 거의 이루어진 적이 없다. 왜냐하면 일반적으로 커다란 속에는 구별하기 어려울 정도로 가까운 생물들이 들어 있는 반면, 동일 과(科)의 크기가 작은 여러 속에는 완전히 서로 다른 생물들이 들어 있기 때문이다. 그러나 위의 생물들은 모두 종의 등급을 동일하게 받아야만 한다. 다시 한 번 말하지만, 커다란 속에 포함되는 여러 종은 같은 정도로 서로 닮는 법이 없다. 그 대신 그들 중 일부는 행성 주위를 돌고 있는 위성처럼 일반적으로 다른 종의 주위에 있는 소집단을 이룰 수는 있다.[20]

　인류가 하나의 종으로 이루어졌는지 아니면 여러 종으로 이루어졌는지의 문제는 최근 많은 인류학자가 논의하고 있는 문제다. 그들은 일원발생론자(monogenist)와 다원발생론자(polygenist)로 나뉜다. 진

---

19) 내겔리(Nägeli)는 그의 *Botanische Mittheilunge*, vol. 2, 1866, 294~369쪽에서 여러 가지 인상적인 사례들을 조심스럽게 묘사했다. 그레이(A. Gray)도 북아메리카의 국화과 식물에 나타나는 일부 중간 유형에 대해 비슷하게 언급했다.

20) *Origin of Species.*

화론을 믿지 않는 사람들은 종을 개별적인 창조물로 볼 것이다. 어떤 의미로는 별개의 존재로 볼 것이다. 또 그들은 다른 생물을 종으로 분류하는 과정에서 일반적으로 추구하는 방법과 유사한 방법으로 어떤 형태의 인간을 '종'(species)으로 여길지를 결정해야만 한다. 그러나 '종'이라는 용어에 대한 정의가 보편적으로 받아들여지기 전까지는 이것을 결정하려는 시도는 희망이 없어 보인다. 그리고 종에 대한 정의에는 창조 활동 같은 애매한 요소가 포함되어서는 안 된다. 몇 채의 집이 함께 모여 마을이나 읍이나 도시를 이루는지에 대한 아무런 정의도 내리지 않고 무모한 시도를 하는 것이 아닌지 모르겠다. 북아메리카와 유럽에 살고 있는 여러 포유류, 조류, 곤충, 식물의 아주 흡사한 친척들을 종으로 분류하느냐 지리적 품종으로 분류하느냐의 문제는 절대로 끝나지 않을 어려운 문제다. 이것은 대륙에서 얼마 떨어지지 않은 많은 섬에 살고 있는 대부분의 생물에게도 똑같이 적용될 수 있는 문제다.

현재 대부분의 젊은 세대는 진화론을 받아들인다. 진화론을 인정하는 박물학자들은 모든 인종이 하나의 원시적인 줄기에서 갈라져 나왔다는 것을 인정한다. 그들이 보이는 차이를 나타내기 위해 인종을 별개의 종으로 생각하느냐 생각하지 않느냐는 것은 별개의 문제다.[21] 우리가 키우는 여러 품종의 가축이 하나 또는 그 이상의 종에서 갈라져 나왔는지 여부는 조금 다른 문제다. 자연계에서 같은 속에 들어가는 모든 종의 경우와 마찬가지로 모든 인종이 하나의 원시 줄기에서 갈라져 나왔다는 것을 받아들인다고 해보자. 그렇더라도 오늘날 모든 품종의 개가 갖고 있는 서로 다른 여러 특징이 인간이 어떤 한 종

---

21) 이 효과에 대해서는 *Fortnightly Review*, 1865, 275쪽에 실린 헉슬리의 글을 참조하시오.

을 사육한 이래 획득된 것인지, 아니면 자연에서 이미 분화된 별개의 종에서 유래되어 전달된 것인지 여부는 논의할 만한 주제다. 인간에 대해서는 그런 질문을 제기하지 않는다. 왜냐하면 인간은 과거 어느 시점에서든 길들여졌다고 말할 수 없기 때문이다.

하나의 줄기에서 여러 인종이 분기하기 시작하는 초기 단계에는 인종의 수와 그들이 보이는 차이가 적었을 것이 틀림없다. 결과적으로 그들의 서로 다른 형질을 고려하여 그 당시의 여러 인종을 별개의 종으로 분류하는 것은 현재보다 훨씬 더 설득력이 약할 것이다. 그런데도 종이라는 용어는 인위적이기 때문에 초기의 인종들이 보이는 차이가 비록 아주 미미하다 하더라도 그 차이가 현재보다 일정하고 서로 점진적인 단계로 이어져 있지 않다면 일부 박물학자는 그들을 별개의 종으로 분류했을 것이다.

가능성이 별로 없어 보이지만 여러 갈래의 초기 조상들이 갖고 있었던 형질이 크게 달라 현존하는 인종 간의 차이보다 그 정도가 훨씬 심했으며, 포크트가 제안했듯이, 그후에 그들의 형질이 서로 비슷하게 수렴되었을 가능성도 전혀 배제할 수는 없다.[22] 우리가 같은 목적을 위해 서로 다른 두 종의 후손을 계속해서 선택한다면 일반 외형에 관한 한 때때로 상당한 정도의 수렴을 일으킬 수 있다. 나투지우스가 보여주었듯이 서로 다른 두 종에서 유래된 개량 돼지의 사례에서 이런 수렴성이 잘 나타난다.[23] 그리고 개량 소의 사례에서도 어느 정도의 수렴성이 나타난다. 위대한 해부학자인 그라티올레(Gratiolet)는 유인원을 자연적인 소집단으로 묶을 수 없다고 주장한다. 그의 주장에

---

22) C. Vogt, *Lectures on Man,* 영역본, 1864, 468쪽.
23) H. von Nathusius, *Die Rassen des Schweines,* 1860, 46쪽; *Vorstudien für Geschichte, etc., Schweinesscäbdel,* 1864, 104쪽. 소에 대해서는 Quatrefages, *Unité de l'Espèce Humaine,* 1861, 119쪽을 참조하시오.

따르면 오랑우탄은 긴팔원숭이나 셈노피테쿠스(*Semnopithecus*) 원숭이가 크게 발달한 것이고, 침팬지는 마카쿠스(*Macacus*) 원숭이가 크게 발달한 것이며, 고릴라는 개코원숭이가 크게 발달한 것이라고 한다. 이 주장은 거의 전적으로 뇌의 형질을 고려해서 제기한 것이다. 만약 이런 결론을 받아들인다면 최소 외부 형질에 관한 한 이것은 수렴의 사례가 될 것이다. 유인원이 다른 원숭이에 비해 여러 면에서 많이 닮았다는 것이 그 이유가 될 것이다. 고래가 어류와 비슷하듯이 생물들이 보이는 모든 외관적 유사성은 사실 수렴의 사례라고 말할 수 있을 것이다. 그러나 적응으로 생긴 외관적 유사성에 대해 수렴이라는 용어를 사용한 적은 한 번도 없었다. 그렇더라도 서로 크게 다른 생물들이 보이는 많은 구조적 유사성이 모두 수렴 때문이라고 하는 것은 너무 성급한 판단 같다. 결정의 형태는 분자 간의 힘에 따라서만 결정된다. 서로 다른 물질이 서로 같은 형태를 취할 수도 있다는 것은 그리 놀라운 사실이 아니다. 그러나 생물계에서는 각 생물의 형태가 무한히 많은 복잡한 관계, 즉 변이에 따라 결정된다는 것을 명심해야 한다. 이런 변이는 매우 복잡해 일일이 추적할 수도 없을 정도다. 또 각 생물의 형태는 변이가 보존되느냐 그렇지 않느냐에 달려 있으며 변이의 보존 여부는 물리적 환경에 달려 있다. 또한 각 생물의 형태는 서로 경쟁하는 주변 생물의 영향을 매우 많이 받는다. 그리고 마지막으로 생물의 형태는 그에게 유전적으로 기여한 수많은 조상들에게서의 유전(유전은 그 자체로서 변동의 한 요인이다)에 의해 영향을 받는다. 그 많은 조상의 형태도 이처럼 복잡한 관계를 통해 결정된 것이다. 두 생물에서 유래된 후손의 변화가 심해 그들이 서로 크게 다르다면 나중에 그들의 전체 구조가 거의 동일할 정도로 수렴한다는 것은 거의 불가능할 것 같다. 나투지우스에 따르면 위에서 언급했던 돼지의 수렴성 품종들의 경우에 그들이 원시적인 두 줄기에서 유래되었다는 증거는 그들 두개골의 일부 뼛속에 아직도 뚜렷이 남아 있다고 한다. 일부 박물학자가 추정하는 것처럼 인종이 오랑우탄과 고릴라가 보이는 차이만큼 큰 차이를 보이는 두 개 이상의 종에서 유래되었다면 일부 뼈의 뚜렷한 차이점이 오늘날의 인간에게서 여전히 발견되리라는 것은 의심할 여지가 없다.

현존하는 인종들이 피부색, 머리칼, 두개골 모양, 신체의 비율 등 많은 면에서 서로 다르더라도 전체 구조를 고려한다면 그들이 엄청나게 많은 면에서 서로 닮았다는 것을 알게 될 것이다. 이들 중 많은 특징은 너무 하잘것없거나 지나치게 특이해서 이런 특징을 별개의 종이나 품종이 원래부터 독자적으로 획득했다고 여긴다는 것이 극히 불가능해 보인다. 대부분의 서로 다른 인종이 갖고 있는 정신 능력이 매우 유사하다는 것을 고려한다면 이들이 각자의 정신 능력을 독자적으로 획득했다고 보기는 역시 어려울 것 같다. 우리가 알기로 아메리카 원주민, 흑인, 유럽인의 정신은 매우 큰 차이를 보인다. 그러나 나는 비글호에서 푸에고 제도 원주민과 함께 생활하는 동안에 그들의 정신이 우리와 얼마나 닮았는지를 보여주는 수없이 많은 세세한 특징을 접하면서 계속하여 놀랐다. 그리고 나와 한때 친하게 지냈던 순수 혈통의 한 흑인도 마찬가지였다.

타일러와 러벅의 흥미로운 작품들을 읽게 될 사람은 모든 인종의 사람들이 미각, 기질, 습성 면에서 아주 유사하다는 사실에 크게 감명받지 않을 수 없을 것이다.[24] 즐거울 때 그들은 모두 춤을 추고 격렬한 음악을 연주하며 연극을 하고 그림을 그리며 북을 친다. 그외에도 자신을 장식하는 무엇인가를 한다. 그들은 동일한 감정에 고무되

---

24) E.B. Tylor, *Early History of Mankind*, 1865. 몸짓 언어에 대해서는 54쪽을 참조하시오. J. Lubbock, *Prehistoric Times*, 2nd ed., 1869.

었을 때 얼굴에 나타난 동일한 표정을 보고 동일하게 지르는 소리를 들으면서 상대의 몸짓 언어를 서로 이해한다. 어찌 보면 똑같다고 할 수 있는 이런 유사성은 서로 다른 원숭이들이 서로 다른 얼굴 표정을 짓고 서로 다른 소리를 지르는 것과 비교해보면 정말 놀라운 것이다. 활과 화살을 이용한 사격 기술은 하나의 공통 조상에게서 전수된 것이 아니라는 훌륭한 증거가 있다. 그러나 웨스트로프와 닐슨(Nilsson)에 따르면 돌로 만든 화살촉은 아주 멀리 떨어진 두 지역에서도, 또 아주 먼 옛날의 것과 비교해보아도 거의 동일하다는 것을 알 수 있다.[25] 이것은 여러 인종이 갖고 있는 발명 능력과 정신 능력이 서로 비슷하다는 사실로만 설명할 수 있다. 고고학자들은 지그재그형 장식 같은 일부 장식이 전 세계에 걸쳐 널리 유행한 사실에 대해서도 똑같은 설명을 하고 있다.[26] 그리고 죽은 사람을 커다란 돌 아래에 매장하는 것 같은 여러 가지 단순한 신앙과 습관이 널리 퍼져 있는 것에 대해서도 마찬가지다. 남아메리카에서 관찰한 바에 따르면 그곳 사람들은 다른 수많은 지역의 사람들과 마찬가지로 높은 언덕의 정상에 돌을 던져 쌓아놓는 행위가 일반화되어 있다.[27] 이것은 어떤 훌륭한 사건을 기록하는 의미이거나 죽은 사람을 매장하기 위한 것이다.

여러 가축 품종이나 자연에서 발견되는 친척 동물 사이에 습성, 기호, 체질의 수많은 세부 항목이 상당 부분 일치한다는 사실을 알았을 때 박물학자들은, 이들 동물이 이 같은 특징을 제공한 공통 조상에게서 분기했다는 것을 주장하는 수단으로 이 사실을 이용한다. 또 결과

---

25) H.M. Westropp, "On Analogous Forms of Implements," ed. J. Lubbock, *Memoirs of Anthropological Society; The Primitive Inhabitants of Scandinavia,* 영역본, 1868, 104쪽.

26) H.M. Westropp, "On Cromlechs," *Journal of Ethnological Society; Scientific Opinion,* 1869. 6. 2, 3쪽에서 언급되었다.

27) *Journal of Researches during the Voyage of the 'Beagle'.* 46쪽.

적으로 이들 모두가 한 종으로 취급되어야 한다는 것을 주장하는 수단으로 이 사실을 이용한다. 동일한 주장을 인종에게도 설득력 있게 적용시킬 수 있을 것이다.

신체 구조와 정신 능력 면에서(여기서 유사한 습성에 대해서는 언급하지 않겠다) 여러 인종 간의 수없이 많은 사소한 유사점이 모두 독자적으로 획득되었다고 보기는 어렵다. 이 같은 유사점은 그런 특징을 갖고 있는 하나의 조상에게서 전달되었을 것이 틀림없다. 그렇게 해서 우리는 이 지구상에 단계별로 퍼지기 전의 인간 초기 상태를 어느 정도 파악할 수 있다. 여러 인종의 특징이 상당한 정도로 분기되기 전에 여러 대륙으로 인간이 퍼져나가는 사건이 선행되었다는 것은 의심할 여지가 없다. 그렇지 않았다면 우리는 서로 다른 대륙에서 서로 동일한 인종을 만날 수 있겠지만 이런 일은 절대로 일어나지 않는다. 러벅은 현재 지구의 모든 곳에서 미개인들이 행하는 여러 가지 기술을 비교해본 후, 인간이 그의 출생지에서 처음으로 벗어날 때에 갖고 있지 않았던 기술에 대해 일일이 열거했다. 러벅의 작업이 가능했던 이유는 한번 익힌 기술은 절대로 잊혀지지 않는다는 원리가 있기 때문이다.[28] 그렇게 해서 그는 '칼끝이 진보된 것에 지나지 않는 창, 그리고 긴 망치에 지나지 않는 몽둥이만이 인간이 여러 지역으로 이주하기 전부터 갖고 있던 유일한 기술'이라는 것을 보였다. 그렇지만 그는 불을 만드는 기술이 그 당시 이미 발견되었을 것이라는 사실을 인정했다. 왜냐하면 현존하는 모든 인종에게서 불은 보편적으로 이용되며 또 옛 유럽의 동굴 거주자들도 불을 알고 있었기 때문이다. 조잡한 카누나 뗏목을 만드는 기술도 마찬가지로 알려졌을 것이다. 그러나 인간이 아주 먼 옛날에 살았던 당시에는 여러 곳에서 육지의

---

28) J. Lubbock, *Prehistoric Times*, 1869, 574쪽.

높이가 지금과 달랐기 때문에 인간은 카누의 도움 없이도 넓게 퍼졌을 것이다. 러벅은 "현존하는 많은 인종이 4보다 큰 숫자를 알지 못하는 것으로 보아 우리의 먼 조상도 기껏해야 10 정도를 셀 수 있었을 것"이라고 했다. 그런데도 그 옛날에 인간에게 있던 지적 능력과 사회적 능력이 오늘날 가장 하등한 미개인의 능력보다 그렇게 극단적으로 낮을 수는 없었을 것이다. 만약 그들의 능력이 극단적으로 낮았다면 그들은 생존경쟁에서 탁월한 성공을 거두지는 못했을 것이다. 그들이 크게 성공을 거두었다는 것은 그들이 과거에 널리 확산된 사실로 미루어 알 수 있다.

근본적인 차이를 보이는 언어들이 있다는 사실을 근거로 일부 언어학자들은, 최초로 널리 확산되기 시작했을 당시의 인간은 말하는 동물이 아니었다고 추측한다. 그러나 오늘날의 언어보다 훨씬 불완전한 언어가 몸짓의 도움을 받으며 사용되었을지도 모른다. 게다가 차후에 더 크게 발달한 언어가 생겨났다는 흔적은 찾을 수가 없다. 과거에 인간이 우세한 지위를 차지했다는 것은 인간의 지능이 어느 정도 높았다는 것을 말해주는 것인데, 비록 불완전하다 하더라도 어느 정도의 언어를 사용하지 않았다면 인간이 높은 지능을 갖게 되었다고 보기는 어려워진다.

몇 가지 조잡한 기술만을 갖고 있으며 언어 능력도 극히 불완전했을 당시의 원시인을 인간이라고 부를 만한 가치가 있는지의 여부는 우리가 어떤 정의를 채택하느냐에 달려 있다. 유인원 같은 생물부터 현재의 인간에 이르기까지 눈에 띄지 않을 정도로 점진적으로 변하는 일련의 생물체에서 '인간'이라는 용어를 사용해야 할 명확한 지점을 꼬집어 말하는 것은 불가능할 것이다. 그러나 이것은 별로 중요한 문제가 아니다. 다시 한번 말하지만 소위 말하는 인종을 그렇게 해서 종으로 묶을 것인지, 아종으로 나눌 것인지는 별로 중요하지 않다. 그러나 아종이라는 용어가 더 적절한 것 같다. 오래지 않아 사람들은 틀림없이 진화론을 보편적으로 받아들일 것이다. 그때가 되면 일원발생론자와 다원발생론자 사이의 논쟁은 눈에 띄지 않게 조용히 사라질 것이다. 이것이 우리가 마지막으로 내릴 수 있는 결론이다.

　가끔 그렇다고 생각하기는 하지만 각각의 아종, 즉 인종이 단 한 쌍의 조상에게서 갈라져나왔는지에 대한 문제를 살펴보지도 않은 채 그냥 지나칠 수는 없다. 가축의 경우 한 쌍의 부모에게서 나온 여러 후손을 조심스럽게 교배시킴으로써 새로운 품종을 쉽게 만들 수 있다. 심지어는 어떤 새로운 특징을 갖고 있는 단 한 마리의 동물에게서 새로운 품종을 만들 수도 있다. 그러나 대부분의 인종은 선택받은 한 쌍에게서 의도적으로 형성된 것이 아니다. 여러 인종은 유용하고 바람직한 습성이 약간이라도 서로 다른, 수많은 개체가 보존됨으로써 자연스럽게 형성된 것이다. 한 나라에서는 크고 강한 말을, 그리고 다른 한 나라에서는 가볍고 빠른 말을 계속해서 선호했다면 오랜 시간이 지난 후 결국 두 개의 새로운 아품종(亞品種)이 만들어질 것이라고 우리는 확신할 것이다. 각각의 나라에서 각각 한 쌍의 말을 격리하여 그로부터 후손을 번식시키지 않고도 가능한 것이다. 많은 품종이 그렇게 해서 만들어졌다. 그들이 만들어지는 방법은 자연에서 새로운 종이 만들어지는 것과 매우 흡사하다. 포클랜드 제도에 들여온 말이 오랜 세대를 거치며 더욱 작아지고 약해졌다는 것을 우리는 알고 있다. 반면에 팜파스 대초원에서 야생으로 달리며 살아가는 말은 크고 거친 머리를 지니게 되었다. 그 같은 변화들은 한 쌍의 동물에 의해서 일어나는 것이 아니고 동일한 환경의 영향을 받는 모든 개체 때문에 일어나는 것이 분명하다. 여기에 아마도 환원 유전의 원리가 도움을 주었을 것이다. 그런 경우의 새로운 아품종은 한 쌍의 부모에게서 유래된 것이 아니고 매우 다양한 많은 개체에게서 유래된 것이다.

인종도 비슷하게 만들어졌다는 결론을 내려도 될 것 같다. 인종 간의 차이는 서로 다른 환경에 노출된 직접적인 결과이거나 선택의 간접적인 결과다. 이 마지막 주제에 대해서는 잠시 후 다시 살펴보게 될 것이다.

**인종의 절멸**　많은 인종과 '아인종'(亞人種)이 부분적으로 사라졌거나 완전히 절멸했다는 것은 역사적으로 잘 알려진 사실이다. 훔볼트(A. von Humboldt)는 남아메리카에서 특이한 앵무새 한 마리를 보았는데, 그 앵무새는 사라진 부족의 언어 중에서 한 단어를 발음할 수 있는 유일한 동물이었다고 한다. 세계의 모든 지역에서 발견된 옛 유적과 석기에 관한 전통이 오늘날까지 보존되어 있지 않은 것으로 보아 과거에 많은 인종이 절멸했다는 것을 알 수 있다. 과거 인종의 후예로 남아 있는 작고 몰락한 일부 부족이 다른 지역과 격리된 주로 산악 지역에 여전히 생존하고 있다. 샤프하우젠에 따르면 "유럽의 옛 인종들은 모두 현존하는 가장 하등한 미개인보다도 더 미개했다"[29]고 한다. 그러므로 그들은 현존하는 어떤 인종과도 어느 정도는 달랐을 것이 틀림없다. 레제이지*에서 발굴된 유해에 관해 설명한 브로카에 따르면 비록 모든 유해가 불행하게도 단 하나의 과에 포함되는 것으로 나타나기는 했지만 그들이 하등한 특징인 원숭이의 특징과 고귀한 특징을 가장 보기 드물게 조합해서 갖고 있는 인종이라고 했다. 이 인종은 "우리가 들어본 적이 있는 과거의 어떤 인종과도 다르고 현재의 어떤 인종과도 다른 전혀 별개의 인종이다."[30] 이 인종은 벨

29) Schaaffhausen, *Anthropological Review*, 1868. 10, 431쪽에 실린 번역물.
30) *Transactions, International Congress of Prehistoric Archaeology*, 1868, 172~175쪽. *Anthropological Review*, 1868. 10, 410쪽에 실린 브로카(M.P. Broca)의 번역물도 참조하시오.

기에의 여러 동굴에서 발견된 제4기 인종들과도 달랐다.

인간은 생존하는 데 극도로 불리하게 보이는 환경에서 오랫동안 버틸 수 있다.[31] 인간은 카누나 도구를 만들 만한 나무도 없는 북극의 극단적인 지역에서 오랫동안 살아왔다. 그곳에서 인간은 고래 기름을 연료로 이용했으며 눈을 녹여 마실 물을 구했다. 아메리카 대륙의 남쪽 끝에 사는 푸에고 제도 원주민은 옷이나 오두막이라고 부를 만한 어떤 건축물의 보호 없이도 살아간다. 남아프리카 원주민들은 위험한 맹수들이 가득한 건조한 평원을 떠돌아다니며 생활한다. 인간은 히말라야 언저리의 테라이 습지부터 열대 아프리카의 전염병이 들끓는 지방에 이르기까지 다양한 환경의 온갖 지독한 조건을 견뎌낼 수 있다.

절멸은 주로 부족과 부족 간의 경쟁이나 인종과 인종 간의 경쟁으로 일어난다. 인구 증가를 억제하는 갖가지 저지 작용은 늘 일어난다. 그래서 미개한 부족의 인구수는 억제되는 것이다. 주기적으로 찾아오는 식량 부족, 유목 습성과 그에 따른 유아 사망, 장기간에 걸친 수유, 전쟁, 사고, 질병, 방탕, 여자 도둑질, 유아 살해 그리고 특히 생식 능력의 감소가 인구 증가를 억제하는 요인으로 작용한다. 이러한 저지 작용의 어느 하나가 작용하게 되면 그 힘이 아무리 미미하더라도 부족은 감소하게 될 것이다. 그리고 인접하는 두 부족 중에서 한 부족이 다른 부족에 비해 숫자도 줄어들고 힘도 약해지면 전쟁, 학살, 만행, 노예, 흡수로 이들 사이의 경쟁은 결국 곧 해결될 것이다. 약한 부족이 그렇게 갑작스럽게 사라지지는 않더라도 일단 한번 줄어들기 시작하면 결국에는 그런 식으로 절멸되는 것이 보통이다.[32]

---

31) Gerland, *Über das Aussterben der Naturvölker,* 1868, 82쪽.
32) 게르란트는 앞의 책, 12쪽에서 이런 진술을 지지하는 사례들을 제시했다.

문명국가가 미개 부족과 접촉하게 되었을 때, 지독한 기후가 원주민에게 유리하게 작용하지 않는다면 투쟁은 짧게 끝난다. 문명국가가 승리를 거두는 원인은 분명하고 단순한 면도 있고 복잡하고 애매한 면도 있다. 토지를 개간하게 되면 여러 면에서 미개인들에게 치명적인 효과가 일어난다는 것을 우리는 알고 있다. 왜냐하면 그들은 그들의 습관을 바꿀 수 없으며 바꾸려 하지도 않을 것이기 때문이다. 새로운 질병과 타락이 매우 큰 파괴력을 발휘하는 경우도 있다. 새로운 질병은 수많은 사람을 죽이는 원인이 되는 것 같다. 이런 현상은 파괴적인 질병에 잘 걸리는 사람이 점차 제거되어 사라지기 전까지는 계속해서 일어난다.[33] 알코올 도수가 높은 술도 같은 영향을 미치는 것 같다. 너무도 많은 미개인이 술에 대한 탐닉을 극복하지 못하고 있다. 사실인지 확실치는 않으나 멀리 떨어져 살던 사람이 처음으로 만나면 질병이 생긴다.[34] 밴쿠버섬에서 죽은 시체를 세밀하게 조사했던 스프로트는, 유럽인들이 출현하면서 바뀐 생활 습관 때문에 많은 원주민이 죽게 되었다고 믿었다. 아주 하찮은 것에 대한 커다란 정신적 압박감 때문에 "원주민은 그들을 둘러싸고 있는 새로운 삶에 당황하게 되고 우둔해진다. 그들은 노력하려는 동기를 잃고 전혀 새로운 노력을 기울이지 않게 된다."[35]

국가가 경쟁에서 성공하려면 그들의 문명화 정도가 가장 중요한 요인으로 작용하는 것 같다. 몇백 년 전만 해도 유럽은 동양에 사는 야만인들의 침략을 두려워했다. 오늘날 유럽은 그런 공포를 전혀 갖

---

33) 이 효과에 대해서는 홀런드(H. Holland)의 *Medical Notes and Reflections*, 1839, 390쪽을 참조하시오.

34) 나는 *Journal of Researches during the Voyage of the 'Beagle'*, 435쪽에 이 주제에 대해 상당히 많은 분량의 사례들을 소개했다. 게르란트의 위의 책, 8쪽도 참조하시오. 푀피그(Poeppig)는 "문명화의 활기는 미개인에게는 독"이라고 말했다.

35) Sproat, *Scenes and Studies of Savage Life*, 1868, 284쪽.

지 않을 것이다. 배젓이 말했듯이 현대의 문명국가가 일어나기 전에 고전국가들이 쇠약해졌듯이, 과거에 고전국가가 일어나기 전에 미개인들이 쇠약해지지 않았다면 그것은 더욱 이상한 일이다. 미개인들이 그렇게 사라지게 되었다면 고전국가의 옛 도덕가들은 그 사건을 생각하며 글이라도 남겼을 것이다. 그러나 사라져가는 야만인들을 애도하는 그 당시의 글은 어디에서도 찾아볼 수가 없다.[36] 대부분의 경우 멸망이 일어나는 가장 중요한 원인은 생식 능력의 감소와 질병, 특히 어린이들의 질병 때문인 것 같다. 이런 질병은 변화된 생활 조건 때문에 생긴다. 새로운 환경은 그들에게 특별한 해를 끼치지 않지만 그들은 새로운 환경의 영향을 크게 받는다. 내가 이 주제에 주의를 기울이게 된 것은 하워스(H.H. Howorth)의 영향이 컸다. 그는 내게 이 주제에 대한 정보를 주었다. 나는 다음과 같은 사례들을 수집했다.

태즈메이니아가 식민지로 처음 개척되었을 때, 원주민의 수는 대략 7,000에서 2만 정도였던 것으로 추정한다. 그들의 숫자는 곧 급격하게 감소했다. 주요 원인은 영국인과 벌인 전투와 서로서로 벌인 싸움이었다. 식민지 개척자들이 일으킨 그 유명한 '사냥'이 끝난 후 살아남은 원주민들이 정부에 투항했을 때, 원주민의 수는 단지 120명에 지나지 않았다.[37] 그들은 1832년 플린더스섬으로 이주되었다. 이 섬은 태즈메이니아와 오스트레일리아 사이에 있는 섬으로 길이가 64킬로미터, 폭이 19~29킬로미터 정도였다. 섬은 위생적으로 보였으며 원주민들은 대접을 잘 받았다. 그런데도 그들은 건강상 큰 고통을 겪었다. 1834년에 집계된 원주민의 수는 성인 남자가 47명, 성인 여자가 48명, 어린이가 16명으로서 총 111명이었다(J. Bonwick, 250쪽). 1835년에는

---

36) W. Bagehot, "Physics and Politics," *Fortnightly Review*, 1868. 4. 1.
37) 여기서 언급한 모든 말은 J. Bonwick, *The Last of the Tasmanians*, 1870에서 인용한 것이다.

100명만이 남았다. 인구는 매우 급격하게 감소했고, 그들 스스로도 다른 곳에 있었다면 그렇게 빨리 사라지지 않았을 것이라고 생각했다. 그에 따라 그들은 1847년 태즈메이니아 남부에 있는 오이스터만으로 이주되었다. 그 당시(1847년 12월 20일) 원주민의 수는 남자가 14명, 여자가 22명, 어린이가 10명이었다.[38] 그러나 집터가 바뀐 것이 효력을 발휘하지는 못했다. 질병과 죽음이 여전히 그들을 쫓아왔다. 그래서 1864년에는 한 남자(그는 1869년에 죽었다)와 세 명의 늙은 여자만이 외롭게 살아가고 있었다. 여자들의 불임은 모든 사람의 건강이 나빠지거나 쉽게 죽는 것 이상으로 주목할 만한 상황이다. 오이스터만에 단지 아홉 명의 여자만이 남았을 때, 그들은 본윅에게 자기들 중에서 단지 두 명만이 아이를 낳아본 경험이 있다고 말했다(386쪽). 그 두 명의 여자가 낳은 아이는 모두 세 명에 불과했다!

이런 이상한 상황이 일어난 원인에 대해 스토리(Story)는 원주민들을 문명화시키려는 시도가 죽음을 불러일으켰다고 말했다. "익숙하고 방해받지 않는 곳에서 그냥 살도록 내버려두었다면 그들은 더 많은 아이를 키우며 사망률도 훨씬 줄어들었을 것이다." 원주민을 세밀하게 관찰했던 데이비스(Davis)는 다음과 같이 말했다. "출생은 거의 없었고 사망은 많았다. 이것은 그들의 삶과 식량이 바뀐 탓일 것이다. 그러나 더욱 큰 원인은 그들이 반 디멘의 땅에서 추방되고 그에 따라 그들의 영혼이 억압된 데 있다"(J. Bonwick, 388, 390쪽).

오스트레일리아의 서로 멀리 떨어진 두 지역에서도 비슷한 상황이 관찰되었다. 유명한 탐험가인 그레고리(Gregory)는 퀸슬랜드에서 본윅에게 다음과 같이 말했다. "가장 최근에 개척한 식민지에서도 원주

---

38) 이것은 태즈메이니아 총독이었던 데니슨(W. Denison)이 *Varieties of Vice-Regal Life*, vol. 1, 1870, 67쪽에서 한 말이다.

민들은 그들의 번식력이 줄어들고 쇠퇴가 다가오고 있다는 것을 이미 느끼고 있습니다." 머치슨강을 찾아갔던 상어만(Shark's Bay)의 원주민 13명 중에서 12명이 3개월 내에 기력이 소진하여 죽고 말았다.[39]

뉴질랜드 마오리족의 감소 현상을 주의 깊게 연구한 팬턴은 훌륭한 보고서를 작성했다. 다음에 언급되는 것 중에서 하나를 제외하고는 모두 그의 보고서에서 갖고 온 것이다.[40] 1830년 이래 원주민을 포함한 전체 인구가 계속해서 감소하고 있다는 것은 널리 알려진 사실이다. 이런 추세는 지금도 여전히 지속되고 있다. 지금까지 원주민에 대해 실질적인 인구조사를 벌인다는 것이 불가능한 것으로 나타나기는 했지만 많은 지역에 파견되어 있는 지사들이 원주민의 인구수를 조심스럽게 추정했다. 결과는 믿을 만한 것 같다. 그 결과에 따르면 1858년 이전 14년 동안 감소율은 19.42%였다. 그렇게 세심하게 관찰된 부족 중 일부는 160킬로미터나 서로 떨어져 살고 있다. 일부는 해안에 살며 일부는 내륙 지방에 산다. 그들의 생계 수단과 관습은 어느 정도 서로 달랐다(28쪽). 1858년의 총 인구수는 5만 3,700명으로 추산되었다. 14년 후인 1872년에 인구조사를 다시 했다. 인구수는 단지 3만 6,359명에 불과했다. 무려 32.29%가 감소한 것이다![41] 팬턴은 인구 감소의 여러 원인이 불충분하다는 것을 조목조목 보인 후, 인구가 크게 감소한 이유를 새로운 질병, 여자들의 방탕, 음주, 전쟁 등의 탓으로 돌렸다. 그러나 무엇보다도 중요한 원인으로는 여자들의 불임과 어린이들의 사망률이 매우 높다는 것을 지적했다(31, 34쪽). 이것의

---

39) 이 사례에 대해서는 J. Bonwick, *Daily Life of the Tasmanians*, 1870, 90쪽과 *The last of the Tasmanians*, 1870, 386쪽을 참조하시오.

40) Fenton, *Observations on the Aboriginal Inhabitants of New Zealand*, 1859, 정부 간행.

41) A. Kennedy, *New Zealand*, 1873, 47쪽.

증거로 그는 1844년을 기준으로 어른 2.57명당 어린이 한 명이 있다는 것을 보였다(33쪽). 그렇지만 1858년의 어린이 수는 어른 3.27명당 한 명에 불과했다. 어른들의 사망률도 상당히 높았다. 그는 인구 감소의 또 다른 원인으로 성의 불균형을 들었다. 왜냐하면 여자들이 남자들보다 태어난 수가 적었기 때문이다. 이 마지막 문제는 아마 전혀 다른 원인 때문에 생겼을 것이다. 이 문제에 대해서는 앞으로 다시 살펴보겠다. 팬턴은 뉴질랜드의 인구 감소와 아일랜드의 인구 증가를 대비하며 깜짝 놀랐다고 한다. 두 나라는 기후가 크게 다르지 않고 주민들도 오늘날 거의 비슷한 습성을 갖고 있는 곳이다. 마오리족 자신들은 "그들이 쇠퇴한 이유를 새로운 식량과 의복, 그리고 그에 따른 생활 습성의 변화 탓으로 어느 정도 돌렸다"(35쪽). 변화된 상황이 번식 능력에 미치는 영향을 고려해볼 때 옳은 견해일 수도 있다. 1830년부터 40년 사이에 인구가 감소하기 시작했다. 팬턴의 설명에 따르면 (40쪽) 1830년경에 옥수수를 물에 오랫동안 담가두어 변화시킨 후 가루를 만드는 기술이 발견되어 널리 퍼지게 되었다. 이것은 원주민의 생활 습성이 변하기 시작했다는 것을 의미하는 것이다. 이런 변화는 뉴질랜드에 극소수의 유럽인이 거주하기 시작했을 때부터 일어났다. 내가 1835년 그곳을 방문했을 때 원주민들의 의복과 음식은 이미 상당히 변해 있었다. 그들은 감자나 옥수수 그리고 그외의 작물을 재배했으며 그것들을 영국산 상품이나 담배와 교환했다.

패트슨(Patteson) 주교가 자주 말한 바에 따르면[42] 뉴헤브리디스 제도*와 그 근처의 여러 섬에 사는 멜라네시아 사람들이 선교사 교육을 받기 위해 뉴질랜드, 노픽섬 그리고 다른 우호적인 장소로 이주되었을 때 그들은 크게 병을 앓아 많은 수가 죽었다고 한다.

---

[42] C.M. Younge, *Life of J. C. Patteson*, 1874, 특히 제1권의 530쪽을 참조하시오.

하와이 제도 원주민이 감소한 것은 뉴질랜드의 경우만큼이나 유명하다. 쿠크(Cook) 선장이 1779년 하와이 제도를 발견했을 때 그곳의 인구는 대략 30만 명 정도였던 것으로 추산된다. 1823년 대략적으로 이루어진 인구조사에 따르면 그곳에는 14만 2,050명의 주민이 살고 있었다. 1832년과 그 이후에 정확한 인구조사가 이루어졌지만 내가 얻을 수 있었던 자료는 다음과 같은 몇 가지에 지나지 않았다.

| 연도 | 원주민 인구수 (1832년부터 1836년까지의 수치는 원주민과 섬에 새로 유입된 외국인 수를 합산함) | 퍼센트로 나타낸 연중 감소율. 연속적인 인구조사 기간에 일정한 비율로 감소했다고 가정함. 인구조사가 불규칙하게 시행됨 |
|---|---|---|
| 1832 | 130,313 | |
| 1836 | 108,579 | 4.46 |
| 1853 | 71,019 | 2.47 |
| 1860 | 67,084 | 0.81 |
| 1866 | 58,765 | 2.18 |
| 1872 | 51,531 | 2.17 |

여기서 우리는 1832년부터 1872년까지 40년의 간격을 보았다. 이 기간에 인구는 68%나 줄어들었다! 대부분의 학자는 이것을 여자들의 방탕, 과거의 처참한 전쟁, 정복당한 부족에게 부과된 과중한 노동 그리고 새로 유입된 질병 탓으로 돌렸다. 여러 경우에 있어 질병의 파괴력은 대단했다. 위의 원인들뿐만 아니라 그외의 다른 비슷한 원인들이 매우 효과적으로 작용하는 것은 의심할 여지가 없다. 1832년부터 1836년 사이의 극단적인 감소율도 이것으로 설명할 수 있을 것이다. 그러나 가장 강력한 원인은 생식 능력의 감소인 것 같다. 1835년부터 1837년 사이에 하와이 제도를 방문했던 미국 해군의 루셴버거(Ruschenberger)에 따르면 하와이의 한 지역에는 1,134명의 남자 중 단지 25명의 남자만이 가정을 꾸리고 있었다고 한다. 또 다른 지역에

서는 637명의 남자 중 단지 10명의 남자만이 가정을 꾸리고 있었는데 그들의 아이는 기껏해야 세 명에 불과했다고 한다. 결혼한 80명의 여자 중 아이를 낳은 여자는 39명에 불과했다. 그리고 공식 보고서에 따르면 섬 전체에서 기혼 부부의 평균 아이 수는 0.5명에 불과했다. 이것은 오이스터만에 사는 태즈메이니아 사람들의 평균치와 거의 정확하게 일치하는 값이다. 1843년 자서전을 발간한 자베스(Jarves)는 다음과 같이 말했다. "세 명의 아이를 둔 부모는 모든 세금을 내지 않았다. 그보다 많은 아이가 있는 가족은 땅을 선물로 받고 여러 장려품도 받았다." 이처럼 유례를 찾아보기 힘든 정부의 법령은 그 인종의 생식 능력이 얼마나 감소했나를 잘 보여주는 단적인 예다. 비숍(A. Bishop)은 1839년 『하와이 스펙테이터』(*Hawaiin Spectator*)*에 많은 어린이가 아주 어렸을 때 죽는다는 글을 기고했다. 스탤리(Staley) 주교는 뉴질랜드에서도 같은 현상이 벌어진다고 내게 알려주었다. 이것은 여자들이 아이들에게 소홀한 탓이다. 그러나 더 큰 이유는 아이들이 부모의 생식 능력이 감소되는 것과 연관해 선천적으로 허약한 체질로 태어난다는 것이다. 더구나 남아의 출생률이 여아의 출생률보다 훨씬 높은 사례는 뉴질랜드에서도 나타나는데, 1872년의 인구조사에 따르면 여자가 2만 5,247명인 데 반해 남자는 3만 1,650명이었다. 이것은 여자 100명당 남자가 125.36명의 비율이었다. 이에 반해 모든 문명 국가에서는 여자의 수가 남자의 수보다 많다. 여자들의 생식 능력이 낮은 것은 여자들의 방탕과 어느 정도 관련되어 있음이 틀림없다. 그러나 변화된 생활 습성이 훨씬 더 영향을 많이 미쳤을 것이다. 동시에 생활 습성의 변화는 특히 어린이 사망률이 높아진 이유가 될 것이다. 1779년에는 쿡이 하와이를 탐험했으며, 1784년에는 밴쿠버(G. Vancouver)가 하와이를 찾아왔다. 이들 섬은 그후에도 포경선의 선원들이 자주 방문하는 곳이 되었다. 1819년에 선교사들이 도착했을 때는 우상 숭배는 이미 사라졌고 왕을 중심으로 여러 변화가 일어나고 있었다. 이후에 원주민들의 거의 모든 생활 습성은 빠르게 변했다. 그래서 그들은 곧 태평양의 모든 섬 중에서 가장 훌륭한 문명을 이루게 되었다. 내게 정보를 제공해준 사람 중의 하나인 코안(Coan)은 그곳 섬에서 태어났는데 그에 따르면 50년 동안 그곳에서는 1,000년 동안 영국에서 일어난 생활 습성의 변화보다 더 큰 변화가 일어났다고 했다. 스텔리 주교에게서 얻은 정보에 따르면 비록 많은 종류의 과일이 도입되고 사탕수수가 널리 이용되어도 아주 가난한 계층의 사람들은 그들의 음식 습관을 크게 바꾼 것 같지 않다고 한다. 그러나 그들은 유럽인을 열심히 흉내내려고 했기 때문에 그들의 의복은 매우 일찍 바뀌었다. 그리고 많은 사람이 술을 마시게 되었다. 비록 이런 변화가 사소해 보일지라도 동물에 대해 알려진 사실에 따르면 이런 변화가 원주민들의 생식 능력을 감소시킬 만한 충분한 근거가 될 수도 있다고 나는 믿고 있다.[43]

마지막으로 맥나마라는 벵골만 동부 해안의 안다만 제도*에 사는 허약하고 쇠퇴한 주민에 대해 다음과 같이 말했다.[44] "그들은 기후의 작은 변화에도 지극히 민감하게 반응했다. 사실 그들이 살던 섬에서 그들을 밖으로 내보내면 음식이나 외부 영향과는 관계없이 대부분

---

43) 앞서 말한 대부분의 내용들은 *Jarves, History of the Sandwich Islands,* 1843, 400~407쪽에서 갖고 온 것이다. H.T. *Cheever, Life in the Sandwich Islands,* 1851, 277쪽. 루셴버거의 글은 J. Bonwick, *The Last of the Tasmanians,* 1870, 378쪽에서 인용했다. 비숍의 글은 E. Belcher, *Voyage Round the World,* vol. 1, 1843, 272쪽에서 인용했다. 내가 몇 년 동안의 인구조사 자료를 이용할 수 있었던 것은 뉴욕의 유먼스(Youmans)의 요청에 따랐던 친절한 코안 덕분이다. 대부분의 경우에 나는 유먼스가 제시한 수치들과 여러 학자가 제시한 위의 수치들을 비교했다. 나는 1850년의 인구조사를 제외시켰는데 제시된 두 숫자가 서로 크게 달랐기 때문이다.

44) Macnamara, *The Indian Medical Gazette,* 1871. 11. 1, 240쪽.

죽고 말았다." 또 그는 네팔 계곡에 살고 있는 주민들에 대해 설명했다. 그곳은 여름에 몹시 더운 지역이었는데 그곳의 주민들이 평야 지대로 이주했을 때 이질과 열로 고통받았다고 했다. 또한 인도의 여러 산악 부족들도 마찬가지였다. 그들이 평야 지대에서 1년을 지내려고 하다가는 대부분 죽고 만다.

그러므로 야생 생활을 하는 많은 종족이 새로운 기후에 처하는 경우뿐만 아니라 생활 조건이나 생활 습성이 바뀌는 경우 건강상 큰 고통을 겪는다는 것을 알 수 있다. 단순히 생활 습성이 바뀌는 것이 그들에게 해를 끼치는 것으로 보이지는 않으나 위와 같은 효과를 일으키는 것 같다. 그리고 아이들이 더 큰 고통을 겪는 경우가 흔한 것 같다. 맥나마라가 말했듯이 인간은 엄청나게 다양한 기후와 그외의 여러 변화를 잘 견뎌낼 수 있지만 이것은 문명화된 인종에게만 해당된다고 한다. 야생 상태의 인간은 이 점에서 그의 가장 가까운 친척인 유인원만큼이나 변화의 영향을 쉽게 받는 것 같다. 고향을 떠나 오랫동안 생존한 유인원은 단 한 마리도 없었다.

태즈메이니아 사람, 마오리 사람, 하와이 원주민 그리고 명백하게도 오스트레일리아 원주민의 사례처럼 변화된 환경 때문에 생식 능력이 떨어지는 것은 질병에 잘 걸리거나 쉽게 죽을 수 있다는 사실보다 더욱 중요하다. 왜냐하면 생식 능력이 약간만 떨어져도 그것은 인구의 증가를 저지하는 여러 원인과 함께 작용하여 조만간 그 집단의 절멸을 일으킬 수 있기 때문이다. 생식 능력이 떨어지는 것을 여자들의 방탕 때문으로 설명할 수 있는 경우도 있을 것 같다(최근까지 나타난 타히티 사람들의 사례처럼). 그러나 팬턴은 뉴질랜드 원주민이나 태즈메이니아 원주민의 경우, 여자들의 방탕만으로는 생식 능력이 떨어지는 것을 충분히 설명할 수 없다는 것을 보였다.

앞에서 인용한 논문에서 맥나마라는 말라리아의 영향권 지역에 살고 있는 주민들이 불임이 되는 경향이 강하다는 믿음을 피력했고 이에 대한 근거를 제시했다. 그러나 이것을 앞에서 언급한 여러 사례에 적용시킬 수는 없다. 어떤 학자들은 섬에 사는 원주민들이 오랫동안 지속된 상호 교배 때문에 생식 능력이 떨어지고 병을 앓게 된다고 제안했다. 그러나 위의 경우에는 원주민의 불임이 유럽인이 출현한 것과 매우 밀접하게 관련되어 있어 이 설명을 받아들이기 어렵다. 또한 상호 교배의 악영향이 인간에게 매우 민감하게 작용한다는 사실을 내세울 만한 어떤 근거도 현재까지는 없다. 특히 뉴질랜드와 다양한 섬으로 구성된 하와이 제도처럼 큰 지역에서는 말이다. 이에 반해 노픽섬에 현재 거주하는 주민들은 인도의 토다족*이나 스코틀랜드 서부 제도의 주민들처럼 거의 모두가 아주 가까운 친족인 것으로 알려져 있다. 그러나 그들의 생식 능력은 떨어지지 않은 것 같다.[45]

하등동물의 유사한 사례를 통해 더욱 그럴듯한 견해가 제안되었다. 비록 그 이유를 알 수는 없지만 생식계는 변화된 생활 환경에 크게 영향을 받을 수 있는 것으로 알려져 있다. 이렇게 민감성이 큰 것은 이로운 결과를 가져올 수도 있고 해로운 결과를 가져올 수도 있다. 이 주제에 대해서는 내가 쓴 『가축화에 따른 동식물의 변이』 제2권, 제18장에 다양한 여러 사례가 실려 있다. 여기서는 아주 간단하게 개괄적인 것만을 제시하겠다. 이 주제에 관심이 있는 사람은 위의 작품을 참조하면 된다. 아주 약간의 변화가 대부분의 생물에서 건강을 증진시키고 활력을 불어넣으며 생식 능력을 높일 수 있다. 반면에 어떤 변화는 대부분의 동물을 불임으로 만드는 것으로 알려져 있다. 가장

---

45) 노픽섬의 긴밀한 친족 관계에 대해서는 W. Denison, *Varieties of Vice-Regal Life*, vol. 1, 1870, 410쪽을 참조하시오. 토다족에 대해서는 1873년에 발간된 마셜 대령의 책 110쪽을 참조하시오. 스코틀랜드의 서부 제도에 대해서는 Mitchell, *Edinburgh Medical Journal*, 1865. 3~6을 참조하시오.

잘 알려진 사례 중의 하나는 길들여진 코끼리들이다. 이들은 아바 지역에서는 종종 번식하지만 인도에서는 번식하지 않는다. 아바 지역에서는 암컷 코끼리들이 숲속을 어느 정도 배회할 만한 공간이 있다. 즉 좀더 자연스러운 서식 조건이 형성되어 있는 것이다. 여러 미국산 원숭이가 자신의 지역에서 암수 모두 오랫동안 함께 생활할 경우 번식 능력이 극히 떨어지거나 전혀 번식하지 않았다. 인간과의 유연 관계로 보아 이것이 더욱 적절한 사례일 것이다. 포획된 야생동물에게서 아주 사소한 조건의 변화가 종종 불임을 유발한다는 것은 놀라운 사실이다. 우리가 사육하는 가축들은 자연 상태에 있었을 때보다 가축이 된 후 더욱 생식 능력이 높아졌다는 사실을 생각해볼 때 이것은 더욱 이상한 일이다. 가축 중 일부는 매우 자연스럽지 않은 환경에서도 생식 능력이 떨어지지 않고 잘 견뎌낼 수 있다.[46] 어떤 종류의 동물들은 다른 동물에 비해 포획되었을 때 더 큰 영향을 받는다. 그리고 같은 집단의 모든 종은 같은 영향을 받는 것이 일반적이다. 그러나 때로는 한 집단 내에서 단 한 종만이 불임이 되고 다른 종들은 전혀 영향을 받지 않는 경우도 있다. 반대로 다른 대부분의 종이 번식하지 못할 때 단 하나의 종만이 번식력을 보유할 수도 있다. 어떤 종의 수컷과 암컷은 그들이 살던 곳에서 사로잡히거나 속박된 상태로 살게 되었을 때 절대로 짝을 짓지 않는다. 다른 종들은 그런 상황에서 짝을 짓는 경우도 있지만 새끼를 낳지는 않는다. 또 다른 종들은 새끼를 낳기도 한다. 그러나 자연 상태보다는 새끼를 덜 낳는다. 앞에서 언급한 사람의 경우를 고려해보았을 때, 어린이들이 약하고 병약해지거나 기형이 되어 어린 시절에 죽는 경향이 있다는 것을 언급하는

---

46) 이 항목에 대한 증거로 *The Variation of Animals and Plants under Domestication*, vol. 2, 111쪽을 참조하시오.

것이 중요하다.

　일반적으로 생식계는 생활 환경의 변화에 쉽게 영향받는다. 이런 현상은 우리의 가장 가까운 친척인 사수목 동물에서도 마찬가지로 나타난다. 따라서 이런 현상이 원시 상태의 인간에게도 일어났으리라는 것은 거의 의심할 여지가 없다. 그러므로 어떤 인종의 미개인이라도 그들의 생활 습성이 갑자기 바뀌게 되면 그들은 어느 정도 불임성을 띤다. 그리고 그들의 어린 자식들은 건강상 고통을 겪는다. 이것은 자연 상태에서 격리된 인도코끼리와 치타, 아메리카 대륙의 여러 원숭이 그리고 모든 종류의 동물 집단에서도 똑같은 방식과 원인으로 작용한다.

　따라서 우리는 섬에서 오랫동안 살아오며 거의 한결같은 조건에 처해 있었던 원주민이 생활 습성의 작은 변화에도 왜 그렇게 큰 영향을 받을 수밖에 없는지 그 이유를 알 수 있다. 문명화된 인종은 미개인에 비해 모든 종류의 변화를 훨씬 더 잘 견디어낸다. 이 점에서 문명화된 인종은 가축과 비슷하다. 왜냐하면 가축들이 가끔 건강이 나빠지는 경우는 있지만(예를 들면 인도에 간 유럽의 개처럼), 불임이 되는 경우는 좀처럼 없기 때문이다. 흔치 않게 약간의 사례가 보고되기는 했지만 말이다.[47] 문명화된 인종과 가축이 이런 면책 특권을 갖는 것은 아마 그들이 대부분의 야생동물보다 다양하고 변화무쌍한 환경에 노출된 경험이 많았고 그 때문에 그런 환경에 어느 정도 익숙해졌기 때문일 것이다. 그리고 그들이 과거에 여러 지역을 거치며 이주하면서 서로 다른 집단이나 아품종과 교배했기 때문일 것이다. 문명화된 인종과 교배하는 것은 변화된 환경 때문에 일어나는 나쁜 결과를 피하는 면책 특권을 토착 인종에게 당장 제공하게 된다. 그러므로 타히티 사

---

47) *The Variation of Animals and Plants under Domestication,* vol. 2, 16쪽.

람과 영국 사람 사이에서 태어난 후손들이 피트카이른섬에 정착한 후 지나치게 빨리 증가하여 섬 전체에 가득해서 1856년에는 노픽섬으로 이주되었을 정도였다. 그 당시 그들은 60명의 기혼자와 134명의 어린이로 모두 194명이었다. 노픽섬에서도 그들은 매우 빠르게 증식했다. 그들 중 16명이 1859년에 피트카이른섬으로 되돌아갔지만 1868년에 노픽섬의 인구는 300명에 달했다. 남자와 여자의 수는 정확히 같았다. 이 사례와 태즈메이니아의 사례는 뚜렷한 대조를 이룬다. 노픽섬의 주민들은 불과 12년 6개월 만에 194명에서 300명으로 증가한 반면, 태즈메이니아 사람들은 15년 동안 120명에서 46명으로 감소했다. 46명 중 어린이는 10명에 불과했다.[48]

다시 보건대 1866년과 1872년의 인구조사를 비교해보면 순수 혈통의 하와이 제도 원주민은 8,081명이 감소했다. 반면에 건강하다고 여길 수 있는 혼혈아는 847명이 증가했다. 그러나 이 인원이 혼혈 1세대만을 고려한 것인지 모든 혼혈을 고려한 것인지는 알 수 없다.

내가 여기서 제시한 사례는 모두 문명화된 인간들이 이주하면서 새로운 환경이 만들어지고 그 새로운 환경에 처하게 된 원주민들에 관련된 것들이다. 그러나 다른 종족의 침략 같은 원인 때문에 그들이 고향을 버리고 생활 습성을 바꾸게 되었을 때에도 불임과 질병이 생겼을 것이다. 야생동물을 가축으로 만든다는 의미는 이들을 처음 포획했을 때 이들에게 자유스럽게 교배할 수 있는 능력이 있다는 뜻이 된다. 그런데 야생동물이 가축화되는 과정을 저지하는 작용과 미개인이 문명과 접촉하여 문명인으로 살아남는 과정을 저지하는 과정, 즉 생활 습성의 변화로 불임이 일어나는 과정이 동일하다는 사실은 흥미롭다.

---

48) 이런 세부적인 내용은 Belcher, *The Mutineers of the Bounty*, 1870과 하원의 지시로 인쇄된 *Pitcairn Island*, 1863. 5. 29에서 따온 것이다. 이어지는 하와이 제도 원주민들에 관한 이야기는 *Honolulu Gazette*와 코안의 작품에서 얻은 것이다.

마지막으로 인종이 점차적으로 감소하고 결국에 가서는 절멸하는 과정이 시간과 장소에 따라 서로 다른 원인 때문에 일어나는 매우 복잡한 문제이기는 하지만 이것은 고등동물의 절멸을 통해 제안된 문제와 같은 것이다. 예를 들어 화석상의 말은 남아메리카에서 사라졌으며 바로 뒤이어 같은 지역 내에서 수많은 에스파냐어로 대체되었다. 뉴질랜드 원주민들은 이런 '병행 진화'를 잘 알고 있는 것 같다. 왜냐하면 그들은 유럽 쥐 때문에 지금은 거의 절멸한 토종 쥐의 운명에 자신들의 미래 운명을 비교하기 때문이다. 우리가 상상력을 펴기에는 어려움이 많다. 그리고 만약 우리가 여러 작용의 정확한 원인과 방식을 확인하려 한다면 정말로 어려운 것이 사실이다. 그렇지만 모든 종과 모든 인종의 증가가 여러 가지 수단으로 끊임없이 저지되고 있다는 사실을 가슴속에 간직하는 한, 어렵다고 포기할 수만은 없다. 설사 아무리 작은 것이라 하더라도 새로운 저지 작용이 생기면 인종수는 틀림없이 줄어들고 결국에는 절멸하게 될 것이다. 대부분의 사례에서 최후는 다른 종족의 침략으로 재빠르게 결정되고 만다.

**인종의 형성**　별개 인종의 교잡으로 새로운 인종이 형성되는 경우도 있다. 유럽인과 힌두인은 모두 동일한 아리아 계열에 속하며 기본적으로 동일한 언어를 사용하지만 외모는 많이 다르다. 반면에 유럽인은 셈족에 속하는 유대인과 외모는 거의 다르지 않지만 완전히 다른 언어를 사용한다. 브로카는 이런 특이한 사례에 대해 설명하면서 아리아 계열의 한 갈래가 크게 퍼져나가서 토착 종족들과 대규모 교잡이 일어나면서 이루어진 결과라고 했다.[49] 인접하는 두 인종 사이에 교잡이 일어나면 이질적인 혼합이 첫 결과로 나타난다. 그래서 헌터

---

49) M.P. Broca, "On Anthropology," 번역본, *Anthropological Review*, 1868. 1, 38쪽.

는 인도의 산악 부족인 산탈리족을 설명하면서 '산악 지역에 사는 검고 땅딸막한 종족부터 키가 크고 올리브 피부색을 띠며 지적인 이마와 조용한 눈, 높고 좁은 이마의 브라만족까지' 이어주는 수백 개의 미세한 단계들을 추적할 수 있다고 했다. 그래서 법정에서는 목격자에게 그들이 산탈리족인지 힌두인인지를 묻는 것이 필요하다.[50] 폴리네시아 제도의 일부 섬에 사는 사람들처럼 서로 다른 두 인종의 교잡으로 형성되어 순수한 혈통은 거의 남아 있지 않은 이질적인 집단의 사람들이 동질적이 될 수 있는지는 직접적인 증거가 없어 알 수 없다. 그러나 우리가 키우는 가축은 교잡을 통한 잡종이 여러 세대에 걸쳐 조심스럽게 선택되면서 동질적으로 고정될 수 있다.[51] 따라서 우리는 이질적인 집단이 오랜 세대에 걸쳐 자유스러운 교잡이 일어난다면 선택의 기반을 제공할 것이며, 환원 유전으로 과거로 되돌아가는 경향을 억제할 수 있으리라고 추정할 수 있다. 그래서 교잡된 인종이 부모 인종의 형질을 동일하게 갖고 있지는 않더라도 궁극적으로는 동질적으로 될 것이다.

인종의 모든 차이점 중에서 피부색은 가장 뚜렷하고 두드러진 차이다. 이런 유형의 차이는 서로 다른 기후에 오랫동안 노출됨으로써 형성된 것으로 설명할 수 있다는 것이 과거의 생각이었다. 그러나 팔라스는 이것이 틀렸다는 것을 최초로 보였다. 그후 거의 모든 인류학자가 팔라스의 의견을 따르게 되었다.[52] 이러한 견해는, 자기들의 땅에서 오랫동안 살았던 여러 피부색의 인종들이 보이는 분포가 그에

---

50) W.W. Hunter, *The Animals of Rural Bengal*, 1868, 134쪽.

51) *The Variation of Animals and Plants under Domestication*, vol. 2, 95쪽.

52) Phallas, *Act. Acad. St. Petersburg*, 1780, 제2부, 69쪽; 루돌피(Rudolphi)는 *Beiträge zur Anthropologie*, 1812에서 팔라스의 의견을 따른다. 고드롱(Godron)은 *De l'Espèce*, 1859, tom. 2, 246쪽 등에서 이 증거를 훌륭하게 요약했다.

해당하는 기후 차이와 일치하지 않는다는 사실 때문에 주로 배척되었다. 그런 사례에 약간의 무게를 실어줄 만한 네덜란드 출신의 가족들이 있다. 확실한 소식통에 따르면 그들은 남아프리카에서 300년이나 살았지만 피부색은 조금도 변하지 않았다고 한다.[53] 동일한 주장을 집시와 유대인을 대상으로 확인할 수 있을 것 같다. 유대인들이 동질적이라는 것은 어느 정도 과장된 표현일 수는 있으나 집시와 유대인은 세계 여러 지역에 살면서도 그들 고유의 모습을 간직하고 있다.[54] 매우 습도가 높은 환경이나 매우 건조한 환경은 단순한 햇빛보다 피부색을 변형시키는 데 더 큰 영향을 미치는 것으로 추정된다. 그러나 남아메리카의 오비그니와 아프리카의 리빙스턴은 습도와 건조에 대해 정반대의 결론에 도달했다. 따라서 이 항목에 대한 결론을 너무 확신을 갖고 다루어서는 안 된다.[55]

내가 다른 곳에서도 언급한 바 있는 여러 가지 사실에 따르면 피부와 머리칼의 색깔은 놀랍게도 특정한 식물 독소의 작용과 특정한 기생충의 공격에 대한 완전한 면역성과 관련되어 있는 경우가 있다. 따라서 내 생각으로는 흑인이나 피부색이 짙은 인종들은, 오랜 세대에 걸쳐 그들이 살던 땅에서 발생한 독소의 끔찍한 영향력을 벗어난 사람들의 피부색이 짙었기 때문에 그런 피부색이 생기게 된 것 같다.

웰스도 똑같은 생각을 이미 오래전에 했다는 것을 나는 나중에야 알았다.[56] 흑인들이나 심지어 혼혈아들까지도 열대 아메리카의 파괴

---

53) 스미스(A. Smith)의 이론을 녹스가 *Race of Man*, 1850, 473쪽에서 인용했다.
54) 이 항목에 대해서는 콰트르파주의 *Revus des Cours Scientifiques*, 1868. 10. 17, 731쪽을 참조하시오.
55) Livingstone, *Travels and Researches in South Africa*, 1857, 338~339쪽. 오비그니(A. d'Orbigny)의 말을 고드롱이 앞의 책, 제2권, 266쪽에서 인용했다.
56) 1813년 왕립학회에서 낭독하고 1818년에 그의 평론집에 실린 논문을 참조하시오. 나는 『종의 기원』에서 「역사적 개요」("Historical Sketch")에 대해서 설

적인 질병인 황열병에 거의 걸리지 않는다는 사실은 이미 오래전에 알려졌다.[57] 그들은 치명적인 질병인 간헐열에도 대부분 걸리지 않는다. 간헐열은 아프리카 해안 4,200킬로미터에 걸쳐 유행하는 병으로 아프리카에 식민지를 개척한 백인의 1/5을 해마다 죽이고 1/5을 고향으로 후송시키는 질병이다.[58] 흑인들이 이 병에 대해 갖고 있는 면역성은 알려지지 않은 체질의 특이성에 따라 어느 정도는 물려받은 것으로 보이며 어느 정도는 순응한 결과인 것 같다. 푸셰의 말에 따르면 멕시코 전쟁에 파견되기 위해 이집트 총독에게 차용되어 아프리카의 수단 근처에 징집되어 모인 흑인 집단은 아프리카의 여러 지역에서 처음부터 모인 흑인들과 마찬가지로 황열병에 걸리지 않았으며 서인도의 기후에도 잘 적응했다고 한다.[59] 순응이 한몫을 한다는 사실은 많은 사례에서 알려졌다. 흑인이 추운 기후에 어느 정도 거주한 후에는 열대병에 걸리는 확률이 다소 높아지는 것으로 알려졌다.[60] 백인이 오랫동안 거주했던 곳의 기후가 흑인에게도 어느 정도 영향을 미친 것이다. 이런 말을 하는 이유는 1837년 데마라라에서 살인적인 황열병이 돌았을 때 블레어(Blair)는 이주민들의 사망률이 그들이 전에 살았던 나라의 위도와 비례한다는 것을 밝혔기 때문이다. 흑인이 갖고 있는 면역성이 순응의 결과라고 한다면 그것은 그들이

---

명하면서 16쪽에 웰스(Wells)의 견해를 말했다. 체질적 특이성과 관련된 여러 가지 색깔의 사례들이 나의 『가축화에 따른 동식물의 변이』(제2권, 227, 335쪽)에 실려 있다.

57) 예를 들어 노트와 글리던의 *Types of Mankind,* 68쪽을 참조하시오.

58) 툴로크(Tulloch) 소령이 1840년 4월 20일 통계학회에서 낭독하고, *Athenaeum,* 1840, 353쪽에 실은 논문이 있으니 참조하시오.

59) M.G. Pouchet, *The Plurality of the Human Races,* 번역본, 1864, 60쪽.

60) Quatrefages, *Unité de l'Espèce Humaine,* 1861, 205쪽; Waitz, *Introduction to Anthropology,* 번역본, vol. 1, 1863, 124쪽. 리빙스턴은 그의 *Travels and Researches in South Africa*에서 유사한 사례들을 소개했다.

장구한 세월에 걸쳐 해당 원인에 노출되었다는 것을 의미한다. 왜냐하면 태곳적부터 열대 아메리카에 살았던 원주민들은 황열병을 벗어나지 못하기 때문이다. 트리스트람(H.B. Tristram)에 따르면 북아프리카의 일부 지역에서는, 흑인들은 안전하게 살지만 원주민들은 해마다 떠난다고 한다.

흑인의 면역성이 피부색과 조금이라도 관련되어 있다는 것은 단순한 추측에 지나지 않는다. 그러나 피부색이 혈액이나 신경계나 다른 조직의 차이와 어느 정도 관련되어 있을 수는 있다. 앞에서 언급한 사실과 체력 소모 경향과 얼굴빛 사이에 틀림없이 존재하는 관련성을 생각해볼 때 이런 추측이 불가능한 것으로 보이지는 않았다. 따라서 나는 그것이 얼마나 광범위하게 적용될 수 있는지를 조사해보려 했지만 거의 성공을 거두지 못했다.[61] 아프리카 서부 해안에서 오랫

---

61) 1862년 봄 나는 육군 의무과 총감독관의 허가를 받아 외국의 여러 연대에서 근무하는 군의관들에게 칸이 비어 있는 표를 다음의 글과 함께 보냈다. 그러나 되돌아온 회신은 하나도 없었다. "가축 피부 부속 기관의 색깔과 체질 사이의 관련성을 조사한 바 있습니다. 또한 인종의 피부 색깔과 그들이 살고 있는 기후 사이에도 어느 정도의 상관성이 있다는 것은 잘 알려진 사실입니다. 따라서 다음의 조사는 매우 가치가 있을 것으로 사료됩니다. 즉 유럽인의 머리털 색깔과 열대 지방의 질병에 대한 감수성 사이에 어떠한 관련성이 있는지를 조사하려는 것입니다. 만약 여러 연대의 군의관께서 비위생적인 열대 지방에 근무하셨을 때, 후송된 병자들 중 몇 사람이 짙은 머리 색깔이었으며 몇 사람이 옅은 머리 색깔이었는지, 또 중간 정도의 머리 색깔은 몇 명이었는지 비교하기 위해 그 숫자를 측정했다면, 또 만약 말라리아, 황열병 또는 이질을 앓고 있는 사람들에 대해 이와 유사한 측정을 귀하께서 하셨다면, 그것들을 모두 모아서 수천 건의 사례에 대한 일람표로 만들려고 합니다. 이 자료를 토대로 머리털 색깔과 열대 질병에 대한 감수성의 상관성이 명백하게 밝혀질 수 있을 것입니다. 물론 아무 관련성도 발견되지 않을 수 있습니다. 그러나 조사는 그 자체로 시행할 만한 가치가 있는 것입니다. 모종의 긍정적인 결과를 얻는다면 그것은 특정 목적에 맞게 사람을 선발하는 데 실제적으로 이용할 수도 있습니다. 이론적으로 그 결과는 아주 흥미로울 것입니다. 비위생적인 열대 기후에 오랫동안 거주했던 인종은 긴 세대를 통해 짙은 머리 색

동안 살았던 고(故) 다니엘(Daniell)은 그 같은 관련성을 믿지 않는다고 내게 말했다. 그는 유별나게 피부가 희었으며 그곳의 기후를 놀라울 정도로 잘 견디어냈다. 그가 소년 시절 그 해안에 도착했을 때 나이 들고 경험 많은 흑인 족장이 그의 외모를 보고 예견한 것이 있었는데 그것이 그대로 된 것이다. 앤티가*의 니콜슨(Nicholson)은 이 주제에 대해 주의 깊게 들은 후, 짙은 피부색의 유럽인들이 옅은 색의 유럽인에 비해 황열병에 잘 걸리지 않는다는 글을 보내왔다. 해리스(J.M. Harris)는 검은 머리칼의 유럽인이 다른 유럽인에 비해 무더운 기후를 잘 견디어낸다는 사실을 전적으로 부인했다. 대신에 그는 경험으로 아프리카 해안 지방에서 봉사할 사람을 고를 때 머리 색깔이 빨간 사람들을 골랐다고 한다.[62] 그러므로 이렇게 미세한 사례들이 계속 추가될수록 가설의 근거는 사라지는 것 같다. 즉 황열병을 일으키는 영향에 오랫동안 노출되는 동안, 생존율이 높은 짙은 피부색의 사람들에게서 검은 피부색의 사람들이 생겨났다는 가설은 그 근거가 약해지는 것이다.

샤프에 따르면 열대의 태양은 백인의 피부를 태우며 물집이 생기게 하지만 흑인의 피부에는 전혀 손상을 주지 않는다고 한다.[63] 계

---

깔이나 짙은 얼굴빛을 가진 개체들이 보존되는 과정을 통해 짙은 색깔을 갖게 될 수도 있다는 증거가 있습니다."

[62] *Anthropological Review*, 1866. 1, 21쪽. 샤프(Sharpe)는 *Man a Special Creation*, 1873, 118쪽에서 인도에 대해 다음과 같이 말했다. "일부 군의관들은 옅은 머리 색깔에 불그스레한 안색을 띠는 유럽인들이 짙은 머리 색깔에 누르스름한 안색을 띠는 유럽인에 비해 열대 지방의 질병에 덜 걸린다는 것을 알게 되었습니다. 그리고 내가 아는 한 이것에는 충분한 근거가 있는 것 같습니다." 그에 반해 시에라리온*에서는 헤들(Heddle)과 함께 근무했던 사람들 중에서 서아프리카 해안의 기후 때문에 "죽은 사무관이 죽지 않은 사무관보다 더 많았다"(W. Reade, *African Sketch Book*, vol. 2, 522쪽). 그는 버턴 선장과 마찬가지로 정반대의 견해를 갖고 있었다.

속해서 그는 이것이 개인의 체질에 따라 결정되는 것이 아니라고 했다. 왜냐하면 6~8개월 된 아이들도 벌거벗은 채 햇빛에 노출되어도 전혀 영향을 받지 않기 때문이다. 한 군의관 때문에 나는 다음과 같은 사실을 알 수 있었다. 얼마 전 그는, 겨울에는 괜찮은데 해마다 여름이면 주근깨보다 큰 옅은 갈색 반점이 손에 생겼는데 피부의 흰 부분이 햇볕에 타고 물집이 생길 때에도 이 반점만큼은 영향을 받지 않았다고 한다. 하등동물에도 흰 털로 덮인 부분과 그외의 부분 사이에는 태양의 작용에 대해 체질적으로 서로 다른 영향이 나타났다.[64] 짙은 피부가 화상을 입지 않는다고 해서 인간이 자연선택을 통해 짙은 피부를 점진적으로 획득하게 되었는지 확실하게 알 수는 없다. 만약 그것이 사실이라면 피부색이 옅은 힌두인이 반도의 중부 지역과 남부 지역에 사는 피부색이 짙은 원주민들보다 인도에서 살아온 기간이 덜 짧다고 가정해야 하듯이, 열대 아메리카의 원주민들이 그곳에서 살아온 기간은 아프리카의 흑인이나 말레이 제도의 남쪽 지역에 사는 파푸아 사람들보다 훨씬 더 짧다고 가정해야만 한다.

현재 우리의 지식으로 여러 인종이 어떤 이익이나 기후의 직접적인 작용으로 피부색이 서로 다르게 되었는지 설명할 수는 없을지라도 우리는 기후의 작용을 무시해서는 안 된다. 왜냐하면 특정한 유전 효과가 기후의 영향으로 생긴다는 믿을 만한 훌륭한 근거가 있기 때문이다.[65]

---

63) Sharpe, *Man a Special Creation*, 1873, 119쪽.

64) *The Variation of Animals and Plants under Domestication*, vol. 2, 336~337쪽.

65) 에티오피아와 아라비아에 거주함으로써 생기는 효과나 그외의 사례에 대해서는 *Revue des Cours Scientifiques*, 1868. 10. 10, 724쪽에 실린 콰트르파주의 글을 참조하시오. 롤레(F. Rolle)는 *Der Mensch, seine Abstammung*, 1865, 99쪽에서 카니코프(Khanikof)의 연구 내용을 근거로 조지아에 정착한 많은 독일 가정 중에서 대다수가 두 세대를 거치며 짙은 머리 색깔과 눈동자를 획득하

우리는 제2장에서 생활 조건이 신체 구조의 발달에 직접적인 영향을 미치며 이런 효과는 유전된다는 것을 살펴본 적이 있다. 예를 들어 미국에 정착한 유럽의 이주민들은 외모에서, 미세하지만 매우 빠른 변화를 겪고 있다는 사실이 널리 인정되고 있다. 그들의 몸과 팔다리는 길어졌다. 그리고 내가 버니스(Bernys) 대령에게서 들은 바에 따르면 최근 미국에서 일어난 전쟁에서 이에 대한 훌륭한 증거를 얻었다고 한다. 미국인을 위해 만든 기성복을 입은 독일 연대의 병사들은 우스꽝스러운 모습을 연출했는데 미국인을 위해 만든 기성복은 독일 병사들이 입기에는 모든 것이 다 길었다. 또한 여러 남부 주의 경우, 집에서 일하는 제3세대 노예들이 들에서 일하는 노예들에 비해 외모가 크게 다르다는 것을 보여주는 수많은 증거도 있다.[66]

　　그러나 전 세계에 분포하는 여러 인종을 살펴보면, 그들이 비록 엄청나게 긴 시간 동안 서로 다른 생활 환경에 노출되었다 하더라도 그것만으로 그들의 서로 다른 특징을 설명할 수 없다는 것을 알아야만 한다. 에스키모인들은 오로지 육식만을 하며 산다. 그들은 두꺼운 모피로 옷을 만들어 입으며 극도의 추위와 긴 어둠 속에 살고 있지만 그들의 외형은 채식만을 하며 밝은 태양 아래서 거의 벌거벗은 채 살고 있는 중국 남부의 주민들과 크게 다르지 않다. 옷을 입지 않고 살아가는 푸에고 제도 원주민들은 황폐한 해안에서 얻은 식량으로 살아가며 브라질의 보토쿠도족은 내륙 지방의 무더운 산림 지역을 떠돌아다니며 주로 채식 생활을 한다. 그러나 이 부족들은 서로 아주 많이 닮아서 일부 브라질 사람들은 비글호에 타고 있었던 푸에고 제

---

　　게 되었다고 말한다. 포브스(D. Forbes)는 안데스 산맥에 사는 케추아족은 그들이 사는 골짜기의 위치에 따라 피부색이 많이 다르다고 했다.
66) Harlan, *Medical Researches*, 532쪽. 콰트르파주는 이 항목에 대한 많은 증거들을 수집하여 *Unité de l'Espèce Humaine*, 1861, 128쪽에 제시했다.

도 사람들을 보토쿠도족 원주민으로 착각한 적도 있었다. 열대 아메리카의 여러 원주민과 마찬가지로 보토쿠도족 원주민들은 대서양의 반대쪽 해안에 살고 있는 흑인들과는 전혀 다르다. 이들 흑인들도 비슷한 기후에 노출되어 있으며 거의 동일한 생활 습관을 따르고 있는데도 말이다.

인종 간의 차이는 신체 구조의 일부를 많이 사용하거나 덜 사용함으로써 생기는 유전 효과로는 아주 조금밖에 설명할 수 없다. 평소 카누 생활을 하는 사람은 그들의 다리가 다소 짧아지는 경향이 있다. 고원 지대에서 생활하는 사람은 가슴이 넓어지는 경향이 있다. 특정한 감각 기관을 계속해서 사용하는 사람은 사용하는 감각 기관의 공간이 확장되는 경향이 있으며 그 결과 그들의 얼굴 모습이 변하게 된다. 문명국가에서 턱을 덜 사용함으로써 생긴 작은 턱—다른 근육을 습관적으로 사용하면 다른 표정이 나타나게 된다—과 더욱 큰 정신 활동을 한 결과로 생긴 큰 뇌는 미개인과 비교했을 때 일반적인 외모 면에서는 상당한 차이를 만들었다.[67] 뇌는 커지지 않으면서 신장만 커지면 (앞서 예를 들었던 토끼의 사례로 판단하건대) 일부 인종의 경우 머리 모양이 길쭉한 장두형 두개골이 출현한다.

마지막으로 우리가 잘 알지 못하는 발생의 상호 관련성이 작용하는 경우도 있다. 예를 들면 상안와융기*가 크게 돌출되면 이에 연결된 근육이 크게 발달하는 것과 같은 경우다. 북아메리카에 살고 있는 만단족의 경우 머릿결과 피부색은 연관성이 있다. 마찬가지로 피부색과 머릿결은 상호 관련되어 있는 것이 틀림없다.[68] 또한 피부색과 피

---

67) Schaafhausen, *Anthropological Review,* 1868. 10, 429쪽을 참조하시오.
68) 캐틀린(G. Catlin)은 *North American Indians,* 3rd ed., vol. 1, 1842, 49쪽에서 만단족의 경우 모든 연령층의 남녀에서 10명에서 12명에 한 명꼴로 밝은 은회색 머리칼이 나타났으며 그것은 유전된다고 했다. 이 은회색 머리칼은 말

부 냄새도 서로 관련되어 있다. 양(羊)의 여러 품종에서 일정한 피부 면적에 돋은 털의 숫자와 배설공(排泄孔)의 숫자는 상관성이 있다.[69] 만약 우리의 가축들에게 나타나는 유사성을 통해 판단해보면 인간의 신체 구조에 나타나는 많은 변형이 이 같은 상관 발달의 원리를 따르고 있다는 것을 알게 될 것이다.

이제까지 우리는 인종 간의 신체 구조 차이가 생활 습성의 직접적인 작용이나 신체 구조의 계속적인 사용에 따른 효과뿐만 아니라 상관의 원리를 통해 만족스러울 정도로 설명할 수 없다는 것을 알았다. 그러므로 우리에게 늘 일어나는 개인 간의 미세한 차이가 긴 세대 동안에 자연선택을 통하여 보존되며 증가되는지에 대해 궁금해하지 않을 수 없다. 그러나 여기서 우리는 유리한 변이들만이 자연선택을 통해 보존될 수 있다는 견해에 즉각적으로 부딪히게 된다. 그리고 오류가 없는 것은 아니겠지만 우리가 판단할 수 있는 한, 인종 간의 어떤 차이도 인간에게 직접적이거나 특별한 기여를 하지는 않는다. 지적 능력과 도덕 능력 또는 사회적 능력은 물론 예외가 되어야 한다. 마찬가지로 인종 간의 모든 외부 구조에서 큰 변이성이 있는 것으로 보아 그들이 크게 중요한 것이 될 수 없다는 것을 알 수 있다. 만약 그것들이 중요한 것이라면 오래전에 고정되어 보존되었거나 제거되었을 것이다. 이 점에서 인간은 박물학자들이 다형(多形)적이라고 일컫는 생물과 유사하다. 생물의 다형성은 변이가 매우 많다는 것을 의미하는 것으로서 그런 변이가 별로 중요하지 않으며 자연선택의 작용을 받지 않는다는 것을 보여주는 것이다.

---

의 갈기처럼 거칠지만 다른 색깔의 머리칼은 가늘고 부드러웠다고 한다.
69) 피부의 냄새에 대해서는 Godron, *De l'Espèce, tom.* 2, 217쪽을 참조하시오. 피부의 배설공에 대해서는 Wilckens, *Die Aufgaben der Landwirth. Zootechnik,* 1869, 7쪽을 참조하시오.

따라서 인종의 차이를 설명하려는 우리의 모든 시도는 심한 좌절을 겪는다. 그러나 '성선택'(Sexual Selection)이라고 일컫는 중요한 요인이 아직 남아 있다. 이것은 많은 동물에서와 마찬가지로 인간에게도 강력하게 작용했던 것처럼 보인다. 성선택으로 인종 간의 모든 차이를 설명할 수 있다고 주장하려는 것이 아니다. 이유가 밝혀지지 않은 나머지가 그대로 남아 있다. 그것에 대해 무지한 우리는 다음과 같이 말할 수밖에 없다. 즉 둥근 머리든 길쭉한 머리든, 조금 긴 코든 짧은 코든, 사람들은 계속해서 태어날 것이고 그런 미세한 차이는 고정되고 일정하게 유지될지 모른다. 만약 변화를 야기했던 미지의 원인이 오랜 세월에 걸친 상호 교배를 통해 더욱 일정하게 작용한다면 말이다. 그런 변이는 일시적인 계급 아래서 일어나는데 이 책의 제2장에서 논의한 바 있다. 이러한 변이는 더 나은 용어가 없는 관계로 종종 '자발적 변이'라고 부른다. 성선택의 효과를 과학적으로 정확하게 나타낼 수 있다고 말하는 것이 아니다. 다만 인간이 성선택으로 변화되지 않았다면 수많은 동물에게 강력한 영향을 미치는 것으로 보이는 성선택에 대해 우리는 아무런 설명도 할 수 없다는 것을 알게 될 것이다. 더 나아가 피부색, 털, 얼굴 생김새 등과 같은 인종 간의 차이가 성선택의 영향을 받는다는 사실이 밝혀질 수도 있다. 그러나 이 주제를 제대로 다루기 위해서는 전체 동물계를 다시 조사할 필요가 있다는 사실을 나는 알게 되었다. 그래서 나는 이 책의 제2부를 성선택에 할애했다. 마지막에 나는 인간에 관한 주제로 되돌아갈 것이다. 그리고 인간이 성선택 때문에 얼마나 많이 변형되었는지를 보인 후, 제1부 전체에 대한 요약을 간단하게 제시하겠다.

## 인간과 유인원의 뇌 구조와 발생의 유사점과 차이점에 대한 기록

헉슬리(대영제국 학사원 회원)

인간과 유인원의 뇌 구조에서 나타나는 차이의 본질과 그 범위에 대한 논쟁은 약 15년 전부터 일어나기 시작했는데 오늘날에는 논쟁의 주제가 과거와 많이 달라지기는 했지만 아직 결말이 나지는 않았다. 인간의 뇌에는 대뇌반구 후엽 같은 뚜렷한 구조가 있으며 그 속에 포함된 '가쪽뇌실 뒤뿔'(posterior cornu of the lateral ventricle)과 '소해마'(hippocampus minor)가 있다. 그런데 모든 유인원의 뇌에는 이런 구조가 존재하지 않는다는 주장이 계속해서 끈질기게 제기되고 있다.

그러나 유인원 뇌의 이들 구조가 인간만큼 잘 발달되어 있거나 심지어는 인간보다 더 잘 발달되어 있는 경우도 있다. 또 여우원숭이를 제외한 모든 영장류는 이들 부위가 잘 발달되어 있는 것이 특징이다. 이런 사실은 현재 비교해부학 분야에서 그 어떤 명제보다도 확고한 기초가 되고 있다. 최근 많은 해부학자가 인간과 고등 유인원의 대뇌반구 표면에 나타나는 복잡한 뇌고랑(sulcus)과 뇌이랑(gyrus)의 배열에 특별히 많은 관심을 기울여왔다. 이 해부학자들은 한결같이 이들 구조의 모습이 인간과 유인원에서 매우 동일한 유형으로 배치되어 있다는 것을 인정한다. 침팬지 뇌의 모든 주요 뇌고랑과 뇌이랑은 인간과 매우 흡사하다. 그래서 침팬지와 인간의 뇌에 사용하는 용어들은 모두 동일하다. 이 점에서는 이견이 없다. 몇 년 전 비쇼프는 인간과 유인원의 대뇌주름에 관한 연구 논문을 한 편 발표했다.[70] 그는

---

70) Bischoff, "Grosshirnwindungen des Menschen," *Abhandlungen der K. Bayerischen Akademie*, Bd. 10, 1868.

학식 있는 나의 동료 학자로서 그는 절대로 유인원과 인간의 차이가 갖는 가치를 축소시키려는 의도가 없음을 잘 알기에 나는 기꺼이 이 것을 인용한다.

"유인원 중에서도 특히 오랑우탄, 침팬지, 고릴라의 체제는 다른 어떤 동물보다도 인간과 매우 흡사하다. 이것은 어느 누구도 반박할 수 없는 아주 잘 알려진 사실이다. 이 문제를 체제만의 견해로만 본다면 아무도 린네(C. von Linnaeus)의 견해를 논박하지 않을 것이다. 린네는 인간을 그저 특이한 하나의 종으로서 포유류와 유인원의 꼭대기에 두어야 한다고 주장했다. 인간과 유인원의 모든 기관은 너무도 흡사하여 이들이 실제로 차이를 보인다는 것을 밝히려면 매우 정확한 해부학적 조사가 필요하다. 뇌도 그렇다. 인간, 오랑우탄, 침팬지, 고릴라의 뇌의 경우 각자의 중요한 차이점이 있는 것은 사실이지만 서로 무척 닮았다"(101쪽에서 부분적으로 인용).

그러면 유인원의 뇌와 인간의 뇌가 보이는 기본적인 특징이 비슷하다는 것에 대해서는 논쟁할 여지가 전혀 없게 된다. 또 침팬지, 오랑우탄, 인간의 대뇌반구의 뇌고랑과 뇌이랑의 세부적인 배열에서조차 놀랄 정도로 유사성이 나타난다는 사실도 역시 논쟁할 여지가 없다. 가장 고등한 유인원의 뇌와 인간의 뇌가 보이는 차이에 대해서도 이런 차이의 본질과 그 정도에는 어떤 심각한 문제도 남지 않는다. 인간의 대뇌반구가 오랑우탄과 침팬지의 대뇌반구보다 절대적으로나 상대적으로 더 크다는 것은 인정되고 있다. 또한 사람 대뇌의 전두엽은 두개골의 천장이 위로 뻗어 있어서 덜 튀어나와 있다는 것도 인정되고 있다. 인간의 뇌이랑이나 뇌고랑이 일반적으로 덜 대칭적이고 이차적인 주름이 훨씬 더 많이 형성되어 있다는 것도 잘 알려진 사실이다. 또한 측두후두틈새(temporo-occipital fissure)는 유인원의 뇌에서는 매우 뚜렷하게 나타나지만 인간의 뇌에서는 뚜렷하지 않다는 것도 인정되고 있다. 그러나 이 같은 어떤 차이도 인간과 유인원의 뇌 사이에 뚜렷한 경계가 되지 않는다는 것 역시 틀림없는 사실이다. 예를 들어 그라티올레가 밝힌 인간 뇌의 측두후두틈새에 대해 터너는 다음과 같이 말했다.[71]

"어떤 뇌에서는 대뇌반구의 가장자리가 톱니 모양 정도로 단순하게 나타나지만 어떤 경우에는 바깥쪽을 향하여 어느 정도 가로지르는 경향이 나타난다. 나는 한 여성의 오른쪽 대뇌반구에서 이것이 바깥쪽으로 5.1센티미터 이상 지나가는 것을 보았다. 그리고 또 다른 우반구의 사례에서는 1센티미터 정도 바깥쪽으로 뻗다가 반구의 바깥 표면의 아래쪽 가장자리가 아래쪽으로 신장된 경우도 있었다. 대부분의 사수목 동물에서 이 틈새는 뚜렷하게 구별되지만 대부분의 인간 뇌에서 이 틈새가 불완전하게 나타나는 이유는 다음과 같다. 인간의 뇌에서는 뇌의 표면에 형성된 뚜렷한 이차 주름이 '두정엽'(parietal lobe)과 '후두엽'(occi-pital lobe)을 연결하며 이 부위를 덮기 때문이다. 이러한 연결 이랑이 '세로틈새'(longitudinal fissure)에 가까이 있을수록 외부로 나타나는 두정후두틈새(parieto-occipital fissure)는 짧아지게 된다"(12쪽에서 부분적으로 인용).

그러므로 그라티올레가 밝힌 두정후두틈새가 사라지는 것은 인간 뇌에 일정하게 나타나는 특징이 아니다. 그렇다고 그것이 충분히 발달하는 것이 고등 유인원 뇌의 일반적 특징이 되는 것도 아니다. 침팬지에서 '연결주름'(bridging convolution)에 의해 한쪽의 두정후두틈새가 어느 정도 사라지는 현상에 대해서는 롤스턴(Rolleston), 마셜, 브로카, 터너 등이 여러 번 밝힌 바 있다. 이 주제에 대해 특별하게 다

---

71) W. Turner, *Convolutions of the Human Cerebrum Topographically Considered*, 1866, 12쪽.

룬 한 논문에서 터너는 다음과 같은 결론을 내렸다.[72]

"막 언급했던 침팬지 뇌에 관한 세 가지 표본에 따르면 그라티올레가 보이려 했던 일반화를 보편적으로 적용할 수 없음이 분명하다. 그라티올레는 일차 연결주름이 전혀 없다는 것과 이차 연결주름이 숨어 있다는 것을 보이려고 했다. 이차 연결주름은 기본적으로 침팬지 뇌의 특징적인 모습이었기 때문이다. 이들 중 단지 하나의 표본만이 그라티올레가 표현하려던 규칙을 따르고 있었다. 나는 현재까지 묘사된 침팬지 대부분의 뇌에서만큼은 뇌의 상부 연결주름이 한쪽 반구에만 존재했다고 생각하고 싶다. 이차 연결주름이 밖으로 드러나는 경우는 틀림없이 흔하지 않다. 그리고 아직까지는 단지 뇌 (A)의 한 사례만이 알려진 것으로 알고 있다. 과거 여러 학자들은 두 개 반구에 나타난 주름이 비대칭적 배열을 보인다고 했는데 이런 모습은 이 표본에도 잘 나타나 있다"(8, 9쪽).

측두후두틈새나 두정후두틈새의 존재가 고등한 유인원과 인간을 구별하는 특징이기는 하지만 광비원류의 뇌 구조를 고려해보면 이런 특징이 갖는 가치는 매우 의심스러워 보인다. 사실 측두후두틈새가 협비원류, 즉 구세계 원숭이에게 늘 나타나는 구조이지만 신세계 원숭이에게는 잘 발달하는 경우가 없다. 덩치가 작은 광비원류에는 존재하지도 않으며 굵은꼬리원숭이(*Pithecia*)에게는 흔적으로만 나타난다.[73] 그리고 거미원숭이(*Ateles*)에게는 연결주름에 의해 어느 정도 사라진 상태로 관찰된다.

단일 집단 내에서 그같이 변이가 있는 형질에 대해서는 분류학적

---

72) 침팬지 뇌의 연결주름에 특별히 주목하시오. *Transactions of the Royal Society of Edinburgh*, 1865~66.

73) W.H. Flower, "On the Anatomy of Pithecia Monachus," *Proceedings of the Zoological Society*, 1862.

으로 큰 가치를 부여할 수 없다.

인간 뇌의 좌우반구 주름에서 나타나는 비대칭성의 정도는 개인적으로 차이가 있는 것으로 밝혀졌다. 그리고 부시먼 뇌의 좌우반구 이랑과 고랑이 유럽인의 뇌에 비해 훨씬 간단하며 대칭이라는 사실이 밝혀졌다. 반면에 침팬지들이 보이는 복잡성과 비대칭성은 주목할 만하다. 이것은 브로카가 어린 침팬지 수컷의 뇌 연구에서 밝힌 것이다 (*L'ordre des Primates*, 165쪽, 〈그림-11〉).

게다가 절대적 크기의 문제에서도 건강한 사람을 대상으로 가장 큰 뇌와 가장 작은 뇌의 차이는 건강한 사람의 가장 작은 뇌와 침팬지나 오랑우탄의 가장 큰 뇌의 차이보다도 크다는 것이 밝혀졌다.

더군다나 침팬지와 오랑우탄의 뇌는 사람의 뇌와 비슷하지만 두 개의 칸디칸티아체(corpora candicantia)를 갖고 있다는 점에서 하등한 유인원의 뇌와 다르다. 그러나 동일한 구세계 원숭이인 치노몰파 (Cynomorpha)*는 단 한 개의 칸디칸티아체만을 갖는 경우도 있다.

이런 사실들을 고려하여 나는 1863년에 분명히 언급한 내용들을 1874년 올해에 주저하지 않고 다시 다음과 같이 주장한다.[74]

"그러므로 대뇌 구조에 관한 한, 인간이 침팬지나 오랑우탄과 크게 다를 것이 없다는 것은 명백하다. 심지어 이 차이는 유인원과 원숭이의 차이보다도 적다. 그리고 인간과 침팬지 뇌의 차이는 침팬지와 여우원숭이 뇌의 차이와 비교해볼 때 그렇게 차이를 보인다고 볼 수는 없다."

내가 조회했던 논문에서 비쇼프는 두 번째 부분의 언급을 부정하지 않았다. 그러나 그는 제일 먼저 만약 오랑우탄의 뇌와 여우원숭이의 뇌가 크게 다르다면 그것은 놀라운 것이 아니라고 부적절하

---

74) *Man's Place in Nature*, 102쪽.

게 언급했다. 그는 다음과 같이 주장했다. "만약 우리가 인간의 뇌를 오랑우탄의 뇌와 비교하고, 오랑우탄의 뇌를 침팬지의 뇌와 비교하고, 또 침팬지의 뇌를 고릴라의 뇌와 비교하는 식으로 연속적으로 긴팔원숭이(*Hylobates*), 셈노피테쿠스(*Semnopithecus*), 개코원숭이(*Cynocephalus*), 긴꼬리원숭이(*Cercopithecus*), 마카쿠스(*Macacus*), 꼬리감기원숭이(*Cebus*), 칼리트릭스(*Callithrix*), 여우원숭이(*Lemur*), 스테놉스(*Stenops*), 대나무여우원숭이(*Hapale*)와 비교한다면 우리는 인간의 뇌와 오랑우탄이나 침팬지의 뇌의 발달 과정에서 발견했던 틈새보다 큰 틈새를 발견할 수 없을 것이다. 아니 그 정도의 틈새도 발견하지 못할 것이다."

우선 이런 주장이 옳은지 옳지 않은지에 대한 나의 답변과 『자연에서 인간의 위치』에서 선언한 명제와는 아무 관련이 없다. 그 당시 나는 대뇌주름의 발달만을 언급한 것이 아니었고 전체 뇌의 구조를 언급한 것이었다. 만약 자기가 비평했던 작품의 96쪽을 조회하는 수고를 했다면 사실 비쇼프는 다음과 같은 문장을 발견했을 것이다. "비록 원숭이 뇌의 시리즈에서 진정한 구조적 틈새가 존재할지라도 이런 틈새가 인간과 유인원 사이에 있지 않고 하등한 원숭이와 가장 하등한 원숭이 사이, 즉 다른 말로 표현하면 구세계 원숭이, 신세계 원숭이, 원숭이, 여우원숭이 사이에 있다는 것은 우리의 현재 지식의 범위에서 생각하더라도 놀랄 만한 상황이다. 지금도 여전히 조사하고 있는 모든 여우원숭이의 소뇌는 위쪽에서 보았을 때 일부분만 보인다. 그리고 소뇌의 후엽은 그 속에 들어 있는 뒤뿔, 소해마와 함께 다소 흔적적이다. 그에 반해 모든 명주원숭이, 아메리카 원숭이, 구세계 원숭이, 개코원숭이나 인간과 닮은 유인원은 소뇌가 대뇌엽 때문에 뒤쪽으로 완전히 가려져 있으며 커다란 뒤뿔과 잘 발달된 소해마를 갖고 있다."

이 진술은 이 구조가 만들어진 시기를 알려주는 정말로 정확한 설명이었다. 그리고 이것은 큰긴팔원숭이와 울음원숭이의 후엽이 비교적 작게 발달된다는 차후의 발견 때문에 약화되지 않을 것으로 보였다. 이런 두 종의 후엽이 예외적으로 간결하다는 사실에도 그들의 뇌가 여우원숭이의 뇌와 약간이라도 비슷하다고는 아무도 주제넘게 말하지 않을 것이다. 이상하게도 비쇼프는 대나무여우원숭이를 당연히 있어야 할 자리에 두지 않았다. 만약 비쇼프가 선택했던 동물들을 다음의 순서로 그 계열을 나열한다고 해보자. 즉 사람, 굵은꼬리원숭이(*Pithecia*), 트로글로디테스(*Troglodytes*), 긴팔원숭이, 셈노피테쿠스, 개코원숭이, 긴꼬리원숭이, 마카쿠스, 꼬리감기원숭이, 칼리트릭스, 대나무여우원숭이, 여우원숭이, 스테놉스의 순서로 나열해보자. 그러면 나는 이 계열에서 가장 큰 틈새가 대나무여우원숭이와 여우원숭이 사이에 있으며 이 틈새는 그 계열에 인접한 어떠한 두 종류가 보이는 틈새보다도 훨씬 더 크다는 것을 다시 주장하려 한다. 비쇼프가 책을 쓰기 오래전에 그라티올레는 여우원숭이 대뇌의 특징이 다른 영장류와는 크게 다르다고 제안했다. 비쇼프는 이 사실을 무시한다. 또 플라워가 자바의 로리스 원숭이 뇌를 설명하는 과정에서 다음과 같은 사실을 관찰했다는 것도 무시하는 것 같다.[75]

"정말로 놀랄 만한 사실은 다음과 같다. 즉 여러 면에서 여우원숭이와 비슷하다고 생각할 수 있는 원숭이들, 즉 광비원류의 하등한 원숭이들이 대뇌 후엽이 발생하는 과정만큼은 여우원숭이와 전혀 다르다는 사실이다."

그후 지난 십 년간 아주 많은 사람이 어른의 뇌 구조를 연구했으며 그 때문에 우리 지식이 늘어났고 이것은 내가 1863년에 한 말을 정

---

75) W.H. Flower, *Transactions of the Zoological Society*, vol. 5, 1862.

당화시켜주었다. 인간과 유인원의 성체 뇌가 보이는 유사성은 받아들이더라도 사실 그들은 큰 차이를 보인다고 한다. 왜냐하면 그들은 발생 방법에서 근본적인 차이를 보이기 때문이다. 만약 발생 과정에서 그러한 근본적인 차이가 실제로 존재한다면 이 주장의 효력을 나만큼 인정하려는 사람은 없을 것이다. 그러나 나는 그런 차이가 존재한다는 것을 부정한다. 오히려 인간과 유인원의 뇌 발달 과정은 근본적으로 일치한다.

그라티올레는 유인원과 사람 뇌의 발달에 근본적인 차이가 있다는 것을 처음으로 밝혔다. 그가 밝힌 차이는 다음과 같다. 즉 유인원에서 처음으로 나타나는 뇌의 여러 고랑이 대뇌반구의 뒤쪽에 있는 반면 사람 태아의 뇌고랑은 전두엽에서 최초로 관찰된다는 것이다.[76]

이런 일반적인 언급은 두 가지 관찰에 근거를 두고 있다. 하나는 막 태어나려는 긴팔원숭이에서 얻은 사실로[77] 원숭이 뇌의 뒤쪽 이

---

[76] "모든 원숭이는 뇌의 뒤쪽 주름이 먼저 발달하고 앞쪽 주름이 늦게 발달한다. 또한 배발생 시기의 뒤쪽 척추뼈와 두정엽은 비교적 아주 큰 편이다. 인간은 처음으로 나타나는 앞이마 주름의 출현 시기에 관해서 놀랄 만한 차이를 나타낸다. 그러나 전두엽의 일반적인 발달은 원숭이와 비슷하게 체형의 크기에 맞춰 형성되는 것으로 여겨진다"(Gratiolet, *Mémoire sur les plis cérébers de l'Homme et des Primateaux*, 39쪽, 〈표-4〉, 〈그림-3〉).

[77] 그라티올레의 말은 다음과 같다. "태아에서 기복이 심한 후대뇌의 주름은 잘 발달하지만 전두엽의 주름은 식별하기가 어렵다"(39쪽에서 부분 인용). 그러나 그림(삽화 4, 〈그림-3〉)에는 '롤란도 틈새'(fissure of Rolando)와 전두고랑이 아주 잘 나타나 있다. 그런데도 알릭스(Alix)는 "Notice sur les travaux anthropologiques de Gratiolet," *Mém. de la Société d'Anthropologie de Paris*, 1868, 32쪽에서 다음과 같이 썼다. "그라티올레는 아주 고등한 긴팔원숭이 태아의 손과 뇌에 대해 조사하고는 긴팔원숭이가 오랑우탄과 비슷하다고 했다. 오랑우탄은 유능한 박물학자들이 매우 고등하게 취급하는 유인원이다. 헉슬리는 이 점에 대해 망설이지 않았다. 헉슬리는 그라티올레가 보았던 긴팔원숭이 태아 뇌에서 전두엽의 주름이 나타나기 전에 측두엽의 회전 구조가 이미 나타나기 시작한다고 했다. 그래서 그는 인간 뇌의 회선 구조 발달이 원숭이의 경우와 반대라고 자신 있게 말했다."

랑은 잘 발달되어 있었지만 전두엽은 거의 나타나지 않았다(39쪽에서 부분 인용). 또 다른 한 사례는 임신한 지 22주에서 23주 지난 인간 태아의 경우로서 '대뇌섬'이 노출되어 있는데도 그라티올레는 "전두엽의 작은 절흔과 약간 깊은 주름이 있는 것으로 보아 이 시기에 다른 곳에 있는 후두엽은 아주 약간만 분리된다는 것을 알 수 있다. 대뇌 표면의 나머지 부분은 아직도 완전한 평면 구조를 보이며 어떤 주름도 나타나지 않는다"고 말했다.

뇌에 대한 세 개의 그림은 인용된 작품의 플레이트 2, 〈그림-1, 2, 3〉에 제시되었다. 이 그림들은 대뇌반구의 위쪽, 옆쪽, 아래쪽을 보여주는 그림이지만 내부의 모습은 보여주지 않는다. 대뇌반구 표면의 뒤쪽 절반에 있는 '전두측두고랑'이 앞쪽 절반의 모호한 고랑보다 훨씬 더 뚜렷하게 나타나는 한, 이 그림이 그라티올레가 설명한 것을 절대로 보여주지 못한다는 것을 알아야 한다. 이 그림이 옳다면 그라티올레의 결론은 결코 정당화되지 못한다. "그러므로 긴꼬리원숭이, 긴팔원숭이의 뇌와 사람 태아의 뇌 사이에는 중요한 차이가 있는 것이다. 사람의 경우에는 측두주름이 나타나기 훨씬 전에 전두주름이 존재하는 것이다."

그렇지만 그라티올레 이후부터 뇌의 고랑과 이랑의 발생 과정은 슈미트(Schmidt), 비쇼프, 판슈(Pansch)가 새롭게 조사하는 대상이 되었다.[78] 특히 에커의 공이 컸는데 에커의 작품은 이 주제에 대한 여러 연구 논문 중에서 가장 최근에 나왔을 뿐만 아니라 가장 완벽한 것이다.[79]

---

78) "Über die typische Anordnung der Furchen und Windungen auf den Grosshirn-Hemisphären des Menschen und der Affen," *Archiv für Anthropologie,* Bd. 3, 1868.

79) Ecker, "Zur Entwicklungs Geschichte der Furchen und Windungen der

그들의 연구 결과는 최종적으로 다음과 같이 요약할 수 있을 것 같다.

1. 인간 태아의 측틈새는 임신 3개월에 형성된다. 임신 3개월과 4개월에 대뇌반구는 측틈새를 제외하고는 매끈하며 둥글다. 그리고 이 시기의 대뇌반구는 소뇌를 덮으며 뒤로 뻗어 있다.

2. 고랑(이렇게 부르는 것이 적절하다)은 태아 4개월 말부터 6개월 초 사이에 나타나기 시작한다. 그러나 에커는 이들 구조가 출현하는 시기뿐만 아니라 출현하는 순서도 개인적으로 큰 차이를 보인다고 조심스럽게 지적했다. 그러나 전두고랑과 측두고랑이 가장 먼저 출현하는 경우는 절대로 없다.

사실 처음으로 출현하는 고랑은 대뇌반구의 안쪽에 자리 잡고 있다(어느 곳인지는 의심스럽다. 그라티올레는 태아에서 그 부분을 조사한 것 같지 않으며 그저 대충 훑어본 것 같다). 그것은 내부의 '수직 고랑'(후두두정고랑)이거나 '새발톱고랑'(calcarine sulcus)으로서 이 두 고랑은 서로 막혀 있지만 결국에는 통하게 된다. 일반적으로 후두두정고랑은 이 둘보다 먼저 출현한다.

3. 이 시기의 뇌 후반부에는 또 다른 하나의 고랑인 '후두두정고랑', 즉 '롤란도 틈새'라고 일컫는 고랑이 형성된다. 그리고 여섯 달 정도에 전두엽, 두정엽, 측두엽, 후두엽에 여러 주요 고랑이 형성된다. 그러나 이들 중 어느 하나가 다른 것에 비해 늘 일정하게 먼저 출현한다는 명백한 증거는 없다. 그리고 에커가 설명하고 제시한 그림(212~213쪽에서 부분 인용, 〈표-2〉, 〈그림-1, 2, 3 4〉)에서, 유인원의 명백한 특징인 전두측두고랑이 후두두정고랑보다 더 크게 발달하지는 않을지라도 비

---

Grosshirn-Hemisphären im Foetus des Menschen," *Archiv für Anthropologie*, Bd. 3, 1868.

교적 잘 발달되고 전두고랑보다 더 뚜렷하다는 것은 주목할 만하다.

현재 그들이 나타내는 것을 그대로 받아들인다면 인간 태아의 뇌고랑과 뇌이랑의 출현 순서는 진화의 일반 원리와 완전한 조화를 이루는 것으로 보인다. 또한 비록 많은 점에서 그 형태가 현재 살고 있는 영장류와 다르다는 것은 의심할 여지가 없지만 인간이 유인원을 닮은 생물에서 진화했다는 견해와도 어울린다.

베어(K.E. von Baer)가 반세기 전에 내게 가르쳐준 바에 따르면, 동물이 발달하는 과정에서 동물들은 그들을 포함하는 큰 집단의 특징을 가장 먼저 갖고 점차로 과, 속, 종의 범위로 국한되는 형질을 띤다. 이와 동시에 베어는 고등동물의 어떤 발생 단계도 하등동물의 성체 상태와 정확히 동일한 경우는 없다는 것을 증명했다. 올챙이는 어류의 모든 특징을 갖고 있으므로 개구리는 생애의 어느 한 시기에 어류의 상태를 경유한다는 것이 옳다는 것은 틀림없다. 개구리가 올챙이 상태에서 더 발생하지 않았다면 어류로 분류되었을 것이다. 그러나 올챙이는 우리가 아는 어떤 어류와도 아주 다르다는 것 역시 틀림없는 사실이다.

마찬가지로 5개월 된 인간 태아의 뇌는 유인원의 뇌와 같다고 말할 수 있을 것이다. 그뿐만 아니라 명주원숭이의 뇌와 같다고도 볼 수 있을 것이다. 왜냐하면 대뇌 고랑 없이 측틈새와 새발톱고랑으로 장식된 특히 크게 발달된 후두엽을 포함하는 태아의 대뇌반구는 명주원숭이를 포함하는 영장류 집단에서만 발견되는 특징이기 때문이다. 그러나 그라티올레가 말했듯이 인간 태아의 뇌는 측틈새가 넓게 열려 있다는 면에서 현존하는 어떤 명주원숭이의 뇌와도 다르다는 것 역시 틀림없는 사실이다. 인간 태아의 뇌는 발생이 많이 진행된 명주원숭이 태아의 뇌와 훨씬 더 많이 닮았으리라는 것은 의심할 여지가 없다. 그러나 우리가 명주원숭이 뇌의 발달에 대해 알고 있는 것은 아무것도 없다. 내가 알기로 광비원류에 대해 유일하게 관찰한 사람은 판슈였다. 그는 꼬리감기원숭이의 일종인 체부스 아펠라(*Cebus apella*)의 뇌에서 측틈새와 깊은 새발톱고랑 외에도 매우 얕은 전두측두고랑을 발견했다. 이제 이 사실을 다른 상황, 즉 전두측두고랑이 다람쥐원숭이 같은 광비원류에 존재한다는 사실과 함께 생각해보자. 다람쥐원숭이는 대뇌반구의 앞쪽 외부에 고랑의 흔적이 약간 존재하거나 전혀 존재하지 않는데, 이것을 고려한다면 위의 사실은 광비원류의 뇌에서 앞쪽보다는 뒤쪽에 먼저 고랑이 출현한다는 그라티올레의 가설을 옹호하는 훌륭한 증거가 될 것임이 틀림없다. 그러나 광비원류에게 해당되는 규칙이 협비원류까지 확장되는 것은 절대로 아니다. 우리는 치노몰파* 원숭이의 뇌 발달에 관한 어떠한 정보도 갖고 있지 않다. 그리고 안트로몰파(Anthromorpha)* 원숭이의 뇌에 대해서는 이미 언급한 대로 출생 직전 긴팔원숭이 뇌에 관한 설명만이 있을 뿐이다. 현재로는 침팬지나 오랑우탄의 뇌고랑이 인간의 뇌고랑과 동일한 순서로 나타나지 않는다는 것을 보여줄 만한 어떤 증거도 없다.

그라티올레는 다음과 같은 경구로 자기 책의 서론을 시작한다. "과학에서 지나치게 서둘러 결론을 이끌어내는 것은 위험하다." 그러나 자기 책의 중간에서 인간과 유인원의 차이에 대해 논의를 시작하면서 그는 자신의 이 훌륭한 격언을 잊지 않았나 싶다. 이제까지 연구한 포유류 뇌에 관한 지식에 가장 훌륭하게 기여한 이 탁월한 학자가 뛰어난 연구로 얻은 자신의 자료가 부족하다는 것을 인정한 최초의 학자였을 것이라는 사실은 의심할 여지가 없다. 불행한 것은 기초도 이해하지 못하는 사람들이 계몽주의를 반대하는 근거로 그의 결론을 이용했다는 점이다.[80]

그러나 측두고랑과 전두고랑의 상대적인 출현 순서에 관한 그라티올레의 가설이 옳고 그름을 떠나 모든 사실은 그대로 남아 있다는 것이 중요하다. 즉 측두고랑과 전두고랑이 출현하기 전에 인간 태아의 뇌는 하등한 영장류 집단(여우원숭이는 제외)에서만 발견되는 특징을 갖고 있다는 것도 중요하다. 그리고—만약 인간이 여러 영장류의 기원이 되는 생물에서 점진적인 변형을 통해 유래된 것이 사실이라면—이것이야말로 바로 우리가 기대하는 것이다.

---

80) 예를 들어 아베 르콩트(l'Abbe Lecomte)의 대단한 소책자 *Le Darwinisme et l'origine de l'Homme*, 1873을 참조하시오.

# 용어 해설

ㄱ

**가우초** 남아메리카의 카우보이로서 유럽인과 인디언의 혼혈아.

**과상돌기공**(顆上突起孔) 상완골의 아래 끝부분에 있는 큰 구멍.

**관체** 에스파냐 카나리아 제도의 지명.

**광경근**(platysma) 목 부위의 근막에서 기시하여 하악과 입의 주위 피부에 부착하는 판상근으로 넓은목근이라고도 한다.

**견봉기저근** 견갑골 외측의 견봉 기저부에 자리 잡은 근육.

**경골** 무릎 아래에서 발목까지의 뼈.

**경린어** 경골과 연골이 섞여 있고 아가미 뚜껑과 부레가 있으며 철갑상어 등이 이에 포함된다.

**골드코스트** 가나 공화국의 일부로 예전에 노예 무역의 중심지였다.

**구개피열** 구개의 정중선에 선천성 균열이 있는 질환.

**근막층**(panniculus carnosus) 털이 있는 동물의 표재성 근막 내에 있는 얇은 층을 말한다.

**근속**(muscular fasciculus) 근육 세포가 다발로 모여 있는 구조를 일컫는 말로 근다발, 근육다발이라고도 한다.

**긴팔원숭이**(*Hylobates*) 긴 팔을 이용하여 나뭇가지에 매달려 이리저리 흔들다가 다른 나뭇가지로 옮겨 다닌다.

**꼬리감기원숭이**(*Cebus*) 중남미에 살고 있는 원숭이로 긴 꼬리를 이용하여 나뭇가지를 휘어감는다.

ㄴ

**나울레테** 1866년 벨기에에서 발견된 고대 동굴.

**노퍽** 영국 동부의 주.

**뇌졸중** 뇌혈관 장애에 따른 급격한 신경 장애로 중풍이라고도 한다.

**뉴펀들랜드 개** 온순하고 헤엄을 잘 쳐 인명 구조에 사용하는 개.

**뉴헤브리디스 제도** 오스트레일리아 북동쪽 남태평양상의 제도.

**니그리토** 동남아시아와 오세아니아 등에 사는 키가 작은 흑인족.


### ㄷ

**다야크족** 보르네오섬 내륙에 분포하는 부족.

**단공류** 조류와 파충류의 특징이 있는 하등 포유류로 새끼가 아닌 알을 낳고 총
　　배설강이 있다. 예로 오리너구리와 바늘두더지가 있다.

**대이륜**(對耳輪) 이륜의 안쪽에 형성되어 있는 융기.

**대이주**(對耳珠) 외이공 후하방의 연골성 돌출로 이주와 마주하고 있다.

**드리오피테쿠스**(*Dryopithecus*) 어금니와 앞니가 작은 것이 특징인 유인원.


### ㄹ

**라플란드** 스칸디나비아반도 최북부 지역.

**레세 계곡** 벨기에 남동부에 있는 계곡.

**레제이지** 프랑스의 지명.

**리트리버** 총으로 쏜 사냥감을 물어오도록 훈련을 받은 사냥개.


### ㅁ

**마다가스카르** 아프리카 남동부의 섬.

**모트모트새**(*Eumomota superciliaris*) 미대륙의 열대 지방에 사는 물총새의 일종.


### ㅂ

**바스크 언어** 에스파냐 서부 지방의 언어.

**바우어버드**(bowerbird) 나뭇가지들을 이용하여 바닥에 정자를 세우고 여러 가지
　　로 장식한 후 암컷을 유인하는 풍조과의 조류.

**배발생** 수정란에서 한 개체로 태어나기까지의 과정.

**백내장** 눈의 수정체가 혼탁해지는 질환.

**범생 가설**(hypothesis of pangenesis) 생식 세포 내에는 신체의 모든 세포에서 유래
　　한 제뮬, 즉 눈에 보이지 않는 기원이 들어 있어 이것이 유전 현상을 일으키
　　는 본질이라는 가설로 다윈이 『가축화에 따른 동식물의 변이』(*The Variation*

*of Animals and Plants under Domestication*)에서 최초로 제안했다.

**베르베르족** 북아프리카 산지의 한 종족.

**보릴** 프랑스의 도시.

**복귀돌연변이**(reversion) 오랫동안 나타나지 않았던 조상의 형질이 갑자기 출현하는 것.

**복직근**(rectus abdominalis) 치골에서 기시하여 흉골의 하단부인 검상돌기에 이르는 근육으로 배곧은근이라고도 한다.

**볼프체**(corpora Wolffiana) 척추동물의 배발생 과정에서 출현하는 배설 기관으로 중신이라고도 부른다.

**부장근**(副掌筋) 손바닥에 존재하는 근육의 일종.

**비저병** 말이나 노새의 접촉성 전염병으로 사람에게 전염된다. 박테리아로 매개되며 턱 부위가 붓고 다량의 콧물이 흘러나온다.

**빈치류**(Edentata) 개미핥기, 나무늘보 등과 같이 앞니와 송곳니가 없는 동물.


**ㅅ**

**사수목**(四手目) 물건을 움켜잡을 수 있는 네 개의 손이 있다는 의미로 원숭이류가 이에 포함된다.

**상동 구조** 발생학적으로 그 기원이 같은 구조로서, 사람의 팔, 개의 앞다리, 박쥐의 날개 등이 상동 구조가 될 수 있다.

**상완골** 어깨에서 팔꿈치까지의 뼈.

**상안와융기** 눈 위쪽에 자리 잡은 전두골의 융기부.

**샌드위치 제도** 하와이의 옛 이름.

**쇄골거근** 쇄골을 위로 올리는 작용을 하는 근육.

**수포진** 작은 수포들을 특징으로 하는 급성 염증성 피부 질환.

**순막** 많은 척추동물에서 눈의 안쪽 구석에 존재하는 결막의 주름이 확장되어 발달한 안구의 표면을 덮는 구조로 깜빡눈꺼풀이라고도 한다.

**시신세**(Eocene period) 약 5,800만 년 전부터 3,600만 년 전까지에 이르는 시기로 포유류가 출연했으며 에오세라고도 한다.

**시에라리온** 서아프리카 남서부 대서양에 접한 공화국.

**신근** 관절을 펴는 근육으로 폄근이라고도 한다.

**three-score and ten** 70을 의미한다.

## ㅇ

**아이마라족** 볼리비아와 페루의 티티카카호 주변 산악 지대에 살고 있는 인디언.

**아잔투이** 프랑스 파리 근처의 도시.

**아티카** 고대 그리스 남동부의 국가.

**안다만 제도** 벵골만 동쪽, 말레이반도 서쪽에 있는 인도의 섬.

**안트로몰파**(Anthromorpha) 머리 모양이 사람의 머리 모양을 닮았다는 데서 유래
한 용어.

**안트베르펜** 벨기에의 항구 도시.

**앤티가** 카리브해 동부의 독립국.

**어기류**(魚鰭類) 어류의 지느러미를 갖는 종류라는 의미로서 멸종된 해산 파충류
다. 체형은 돌고래 모양이고 주둥이는 매우 길쭉하다.

**에를랑겐** 독일 남부 바이에른의 도시.

**유양돌기** 측두골의 아랫부분이 아래쪽으로 돌출된 부위로 외이도의 뒤쪽에 있으
며 여러 근육이 부착한다.

**이륜**(耳輪) 외이의 가장자리로 귓바퀴라고도 한다.

**이수목**(二手目) 두손 동물, 두 개의 손을 갖는다는 뜻으로 두 발로 직립했다는 의
미로도 해석할 수 있다.

**이주**(耳珠) 외이공 전방의 연골성 돌출로 귀구슬이라고도 한다.


## ㅈ

**자고** 꿩과의 조류로 메추라기와 비슷하며 사냥감으로 이용된다.

**자궁각**(子宮角) 좌우의 수란관이 뻗어나가는 자궁의 양쪽 끝부분.

**자웅동체**(雌雄同體) 한 개체 내에 암수의 형질이 동시에 발달하는 것으로 암수한
몸이라고도 한다.

**장무지굴근** 엄지손가락을 굽히는 작용을 하는 긴 근육.

**저작근** 음식을 씹기 위해 아래턱을 위로 당기는 근육.

**전완골** 팔꿈치에서 손목까지의 뼈.

**종말끈** 척수의 하단부가 급격하게 가늘어진 구조.

**중복자궁** 양쪽 자궁이 하나로 합쳐지지 않는 자궁.

**중신세**(Miocene period) 지질학적 시기 중 하나로 약 2,500만 년 전부터 1,200만
년 전까지의 시기로 초식 포유류가 출현했으며 마이오세라고도 한다.

**중족골** 발가락뼈의 기저부에 있으며 발바닥의 앞쪽 절반을 이루는 뼈.

**좌골조면** 근육이 부착하는 좌골의 거친 면으로 좌골의 가장 아래쪽에 해당한다.

## ㅊ

**창꼬치** 공격성이 강한 물고기로서 다 자라면 1.4미터에 달한다.

**척수** 중추신경계의 일부로 뇌에 연결되고 몸과 뇌 사이의 신경전달 역할을 담당한다.

**천추골** 요추골 아래에 있으며 골반의 뒤쪽을 이루는 척추골로 아래에는 미골이 붙어 있다.

**체라토두스**(*Ceratodus*) 오스트레일리아산 폐어.

**체부스 아자레**(*Cebus azarae*) 꼬리감기원숭이의 일종.

**추체** 척추골의 중심부로 척추골몸통이라고도 한다.

**치노몰파**(Cynomorpha) 머리 모양이 개의 머리를 닮았다는 데서 유래한 용어.

**치노피테쿠스 니게르**(*Cynopithecus niger*) 엉덩이 부위가 화려한 색깔을 띠는 원숭이의 일종.

**치우** 지능도가 3~7세 정도인 저능자로 백치보다는 지능이 높다.

## ㅋ

**카타르** 감기 증상처럼 점액질의 콧물과 가래가 생기는 질병.

**카피르족** 남아프리카 반투족의 하나.

**켈트족** 아일랜드, 웨일스에 사는 부족.

## ㅌ

**타르타르족** 중세에 아시아와 서유럽에 분포했던 여러 종족으로 주로 몽고 인종과 터키 사람으로 구성되었다.

**태즈메이니아** 오스트레일리아 남동쪽의 섬.

**테리어** 사냥과 애완용으로 키우는 개.

**토다족** 인도의 고원 지대에 사는 부족.

**티롤** 오스트리아 서부와 이탈리아 북부의 알프스 산맥 지방.

**티에라델푸에고 제도** 남아메리카 남단의 여러 섬.

## ㅍ

**파야구아스 인디언** 파라과이에 거주하는 인디언 부족의 이름.

**팜파스** 아르헨티나를 중심으로 남아메리카에 형성되어 있는 대초원.

**퍽**(Puck) 영국의 전설 속 장난꾸러기 요정.

**포클랜드 제도** 남아메리카 남동부에 있는 여러 섬.

ㅎ

『하와이 스펙테이터』(*Hawaiin Spectator*) 하와이에서 발간되는 신문.

**호텐토트족** 남아프리카 원주민의 하나.

**후경골근** 다리의 정강뼈 뒤쪽에 있는 근육으로 뒤정강근이라고도 한다.

**흉골근**(musculus sternalis) 대흉근의 흉늑기시부에서 흉골에 평행하게 지나는 근.

# 찾아보기

## 지은이 찰스 다윈

영국의 박물학자로서 지구상의 모든 생물이 자연선택을 통해 공통조상에서 유래되었다는 진화론을 주장했다. 젊은 시절 라이엘의 『지질학 원론』에 크게 영향을 받은 다윈은 1831년부터 5년간 영국의 과학탐험선인 비글호를 타고 세계를 탐험한다. 남아메리카에서 많은 화석을 발견한 다윈은 과거에 멸종한 생물이 현재 살아 있는 종과 유사하고, 특히 태평양의 갈라파고스 제도에 서식하는 동식물이 기후 조건이 비슷한 남아메리카 대륙에 존재하는 동식물과 크게 다르다는 것을 관찰한다. 그러면서 생물이 지역에 따라 서로 다르게 변할 수 있다고 생각하게 된다. 런던으로 돌아온 다윈은 표본에 대한 깊은 고찰과 지속적인 연구를 통해 진화가 일어났으며, 이러한 변화는 서서히 일어났고, 오랜 세월이 필요했으며, 현존하는 모든 종은 결국 하나의 생명체에서 기원했다는 이론을 세우게 된다. 다윈은 종 내의 변이가 무작위하게 일어났고 이렇게 다양한 변이를 갖춘 개체들은 환경의 적응능력에 따라 선택되거나 소멸된다고 했다. 다윈은 그의 이론을 『종의 기원』에 담아 출판한다. 다윈의 이론은 일부 학자에게는 열렬한 지지를 받았지만 종교계에 엄청난 파문을 던졌고, 많은 사람에게 맹렬한 비난을 받았다. 다윈 자신은 신학과 사회학에 관한 언급을 극도로 꺼렸지만, 많은 학자가 자신들의 이론을 지지하는 수단으로 다윈의 이론을 이용하면서 과학계뿐만 아니라 사회 전반에 걸쳐 큰 영향을 미치게 된다. 다윈은 평생을 묵묵하게 자신의 연구에 정진한 학자로서 『비글호 탐험』(1839)과 『종의 기원』(1859)에 이어, 『가축과 재배작물의 변이』(1868), 『인간의 유래』(1871), 『인간과 동물의 감정표현』(1872) 등의 책을 저술했다. 『인간의 유래』에서 다윈은 『종의 기원』(1859)에서 펼친 자신의 이론을 인간에게 적용하는 한편, 성(性)선택에 대해 자세하게 논의한다.

## 옮긴이 김관선

김관선(金寬善)은 1960년생으로 고려대학교 생물학과를 졸업하고, 같은 학교
대학원에서 곤충의 뇌발생에 관한 연구로 이학석사, 이학박사 학위를 받았다.
서남대학교 생명과학과 교수로 있다가 미국으로 건너가
페어리디킨슨 대학교 컴퓨터 사이언스 대학원 과정을 마쳤다.
지금은 미국 뉴저지에서 수학과 통계학을 가르치고 있다.
주요 연구 분야는 곤충의 신경계 발생이며, 저서로는 『대학생물학』『세포생물학』
『세포의 미세구조』『생물통계학』『Algebra I and II』『SAT Math』『SAT II Biology』
『Terminology for SAT II Biology and AP Biology』 등이 있으며,
역서로는 『아, 나의 아픈 허리여!』『종의 기원』『How to Read 다윈』이 있다.

HANGIL GREAT BOOKS **193**

인간의 유래 1

**지은이** 찰스 다윈
**옮긴이** 김관선
**펴낸이** 김언호

**펴낸곳** (주)도서출판 한길사
**등록** 1976년 12월 24일
**주소** 10881 경기도 파주시 광인사길 37
**홈페이지** www.hangilsa.co.kr
**전자우편** hangilsa@hangilsa.co.kr
**전화** 031-955-2000~3 **팩스** 031-955-2005

**부사장** 박관순 **총괄이사** 김서영 **관리이사** 곽명호
**경영이사** 김관영 **편집주간** 백은숙
**편집** 박홍민 노유연 배소현 임진영
**관리** 이주환 문주상 이희문 원선아 이진아 **마케팅** 이영은
**디자인** 창포 031-955-2097
**CTP출력·인쇄** 예림 **제책** 경일제책사

제1판 제1쇄 2006년 2월 20일
개정판 제1쇄 2025년 2월 28일

값 30,000원

ISBN 978-89-356-7891-4 94080
ISBN 978-89-356-6427-6 (세트)

• 잘못 만들어진 책은 구입하신 서점에서 바꿔드립니다.

# 한길그레이트북스 인류의 위대한 지적 유산을 집대성한다

● 한길그레이트북스는 계속 간행됩니다.